KB168323

등산, 도전의 역사

등산,
Alpinism
도전의 역사

알피니즘, 정상을 향해 나아가는 인류의 위대한 기록

이용대 지음

해냄

산에 도전한 250년 역사를 읽다

이 책은 두 세기가 넘는 시간에 걸쳐 인류가 험난한 산에 도전해 온 등산의 역사를 살펴보기 위해 쓴 책입니다. 그동안 인류가 수많은 산에서 불가능해 보이는 일에 도전하여 이룩한 성공과 실패의 기록, 흥미로운 일화, 가혹한 자연과 싸워 이기는 인간 승리의 이야기들이 이 책의 일관된 주제입니다.

인류가 미지의 산에 도전하기 시작한 등산의 여명기로부터 자신의 한계에 도전해 온 오늘에 이르기까지 역사적인 사건들을 모아 250여 년의 자취를 한 권의 책으로 만들었습니다.

세계 등반사를 크게 나누어 보면 알피니즘의 탄생, 알프스 초등 경쟁, 히말라야 초등 경쟁, 요세미티와 세로 토레 거벽 등반, 현대의 자유 등반 시대로 구분할 수 있습니다. 이렇게 오랜 세월 동안 발전해 온 등산의 역사와 각 시대의 특성을 책 한 권에 담아낸다는 것은 무리가 아닐 수 없었습니다.

지리학적인 탐험 시대가 끝난 오늘날에는 '미답의 고봉'이나 '미지의 세계'가 사라졌습니다. 오늘날 우리에게 중요한 것은 산의 높이보다는 산에 오르는 과정과 정신입니다. 즉, 고도高度보다는 오르는 태도態度를 중시하게 되었습니다. 그런 점이 오늘날의 등산 정신입니다.

이 책은 세계 등산사에 대한 통사적 고찰입니다. 이 책의 초판인 『알피니즘, 도전의 역사』가 처음 출간된 것은 2007년 여름이었습니다. 지난 10년 동안 세계 등산계에는 여러 가지 변화가 있었습니다. 그 변화와 그동안 불분명했던 사건들은 새로운 자료 발굴을 통해 보완하여 개정판에 담았습니다.

한국 근대 등산 태동기의 기록, 미국 요세미티의 자유 등반 기록, 동서 냉전 시대 죽의 장막에 가려져 있던 중국의 등반 기록, 남미 세로 토레에서 세워진 새로운 기록들, 그리고 히말라야와 여러 지역의 거벽에서 신기원을 이룩한 유명 알피니스트의 열전과 일화 등을 새로 추가했습니다.

알피니즘 250여 년의 흐름 속에서 우리는 한 시대를 빛낸 등산 영웅들을 너무나 많이 보아 왔습니다. 윔퍼, 머메리, 맬러리, 벨첸바흐, 에르조그, 힐러리, 불, 하러, 카신, 테레이, 보나티, 메스너, 쿠쿠츠카, 보닝턴, 쿠르티카, 귈리히, 로빈스, 린 힐, 데스티벨 등 책의 말미에는 그들의 빛나는 행적을 실어 본문에서 못 다한 이야기들을 담았습니다.

개정판에서는 유명 등반가 몇 사람을 더 추가해 보통 사람들이라면 평생을 살아도 체험할 수 없는 흥미진진한 이야기들을 밝혔습니다. 또한 등반사적으로 유명한 사진이나 도판들을 되도록 많이 실어 독자들의 이해와 흥미를 이끌기 위해 노력했습니다.

대부분의 역사서가 그러하듯이 객관적인 사실에 치중하다 보면 그

내용이 건조하고 딱딱해져 지루해질 수밖에 없지만 이 책에서는 등반 과정에서 일어난 흥미로운 에피소드들을 수록하여 전문가는 물론 일반인들도 흥미를 잃지 않고 읽어 내려갈 수 있도록 했습니다. 말하자면 인물과 비화 중심으로 이야기를 묶었습니다.

이 책의 초판이 나오기 전까지 한국인이 쓴 등산의 역사가 국내에서 단행본으로 출간된 일은 없었습니다. 저는 30여 년간 여러 등산학교 강의 현장에서 등산의 역사를 강의해 오면서 등산사에 관한 텍스트가 부족하다는 사실에 갈증을 느꼈습니다.

또한 우리는 이미 등산 선진국 대열에 올라섰고 어림잡아 등산 인구 1,800만 시대의 열기 속에서 산에 오르고 있습니다. 등산은 이제 스포츠가 아니라 전 국민이 즐기는 삶의 한 방편이 된 지 오래입니다. 이런 시점에 등산 역사에 관한 입문서 한 권 정도는 갖추어야 한다는 생각에 자료를 발굴하고 글을 쓰기에 이르렀습니다.

이 책에서는 한국 등반사를 세계 등반사 안에 배치했습니다. 비록 한국 등반사를 다룬 분량은 적지만 세계 산악계에서 역사적 사건이 일어날 때 한국의 산악인들은 어떤 등반을 하고 있었는가를 객관적 시각에서 비교 기술했습니다. 그 결과 이 책을 통하여 우리의 등반을 제대로 돌아볼 수 있게 되었습니다.

등산 인구 증가에 걸맞게 이제 산에 대한 인식도 전환되어야 할 때입니다. 서구 산악 선진국들이 문화와 사회·경제적인 면에서도 선진국인 것처럼 우리나라도 산악 문화가 보다 풍부해져야 합니다. 산은 행위의 대상일 뿐만 아니라 탐구의 대상입니다. 두 세기 넘게 이어진 등산의 역사와 철학이 그걸 증명하고 있습니다.

미국의 등산사가 제임스 램지 울먼은 등산 역사물 읽기의 필요성에 대해 이렇게 말했습니다. "등산은 지구상의 돌출된 부분을 올라가고 내려가는 막연한 개념이 아니다. 등산은 과거의 경험과 실험이 없었다면 존재하지 않는 역사라는 실체를 지닌 스포츠다."

우리는 이 말을 곱씹어 보아야 합니다. 오늘날의 발전된 등반은 과거의 경험과 실험이 없었다면 기대할 수 없는 결과입니다. 그래서 등산의 역사를 살펴본다는 것은 매우 중요한 일이라 하겠습니다. 우리는 과거의 경험으로부터 성장하기 때문에 더욱 그렇습니다.

끝으로 귀중한 사진 자료를 보내 주신 전병구, 남선우, 변기태, 정갑수, 김창호, 이명희, 이영준, 염동우, 오영훈 님께 감사의 뜻을 전합니다.

2017년 북한산 자락에서

이용대

일러두기

- 외래어 인명 및 지명, 고유명사는 현행 국립국어원의 정책을 따라 표기했다. 단, 국내 산악계의 오랜 관행을 따르는 것이 독자의 편의에 부합한다고 판단한 경우는 예외로 하여 표기했다.

  예) 에드워드 휨퍼Edward Whymper → 에드워드 윔퍼
  앨버트 프레더릭 머머리Albert Frederick Mummery → 앨버트 프레더릭 머메리

- 책명 표기에서 국내에 번역된 적이 있는 경우는 번역서의 제목을 적고, 번역된 적이 없는 경우는 우리말 제목을 임의로 붙이고 원문과 함께 표기했다.
- 국내 번역서의 경우 원서와 번역서의 출간연도를 함께 적었다.
- 본문에 나오는 용어에 대한 추가 설명은 저자의 저서 『등산상식사전』을 참고할 것을 추천한다.

■ 차례

1부

알피니즘, 근대 등반의 시작

1장

등산의 여명기

등반의 역사는 도전과 극복의 역사다. 그리고 인류가 험난한 자연에 도전해 나가면서 한계 영역을 설정하고 그것을 극복해 나간 변천의 과정이다. 1786년 이래 250여 년에 걸친 등반 역사는 자연에 도전해 온 인간의 정신과 행동 양식의 산물이다. 등반은 지난 두 세기 동안 빠른 속도로 발전해 왔다. 처음에는 인간의 능력이 닿지 못했던 높은 산 정상에 오르는 것으로 출발했지만 차츰 미답봉이 없어지자 그 양식이 인간의 한계 극복의 역사로 변천했다.

오늘날 지구상에 사람의 발길이 닿지 않은 미답봉이나 미지의 세계는 거의 없다. 이로써 초창기의 고답적인 의미의 등반은 퇴조했지만 높이를 추구하고 어려운 자연환경을 극복해 가려는 인간의 욕구와 등반

영역은 더 넓혀지고 있어 앞으로도 새로운 시도는 꾸준히 이어질 것이다.

조지아 시물러
16세기경 스위스 북부 산군을 탐사 등반했다.

인류가 산과 인연을 맺기 시작한 최초의 기록은, 르네상스 시기인 16세기경으로 거슬러 올라간다. 레오나르도 다빈치는 최초로 조직적이고 과학적인 탐사 등반을 진행하기도 했다. 다빈치는 기상 조사와 관측을 위해 페나인 산군을 탐사했고, 조지아 시물러가 스위스 북부 산군을 탐사 등반했다. 이때의 기록이 최초의 산악 보고서로 평가받고 있다.

오랫동안 산은 용과 악마가 사는, 사람이 살 수 없는 죽음의 거처로 알려져 왔다. 몽블랑 등정의 역사가 쓰이기 이전에는 다른 나라의 영토를 정복하기 위한 군사 작전상의 이유로 산을 넘었을 뿐이다.

기원전 328년 마케도니아의 알렉산더 대왕은 카불을 정복하기 위해 힌두쿠시 산맥을 넘었으며, 기원전 218년 카르타고의 한니발 장군도 로마 제국을 공격하기 위해 코끼리 떼를 몰고 코티안 알프스의 프티 생 베르나르Petit St. Bernard를 넘었다. 또 기원전 로마의 시저가 갈리아를 원정할 때도 알프스를 넘었으며, 프랑스의 나폴레옹도 이탈리아를 침공할 때 알프스의 생 베르나르 고개St. Bernard Pass를 넘기도 했다.

그 외에 수정 채취업자나 영양 사냥꾼이 광물 채취나 수렵 등의 목적으로 산속을 헤집고 다녔다. 그들의 행위가 등산은 아니었지만, 적

(왼쪽)오라스 베네딕트 드 소쉬르 1760년에 현상금을 걸고 몽블랑 등정을 제의했다.
(오른쪽)미셸 가브리엘 파카르 1786년에 자크 발마와 함께 몽블랑을 등정한다.

어도 산에는 용이나 악마가 살지 않는다는 사실만은 확인시켜 주었다. 그리고 그들을 따라 과학자나 여행자들이 산으로 들어가기 시작했다.

인류가 18세기 후반에서 19세기 초에 등반을 시작한 것은 우연한 일이 아니다. 등반은 인간이 산을 대하는 방법과 생각이 바뀌면서부터 생긴 자연스러운 현상이었다. 사람들은 몽블랑 초등 이후 오랜 세월 동안 막연하게 간직했던 공포를 물리치고 산과 친숙할 수 있는 계기를 마련하게 된다.

순수한 목적의 등반을 하게 된 것은 1760년 이후의 일이다. 스위스의 자연과학자 오라스 베네딕트 드 소쉬르Horace Bénédict de Saussure가 알프스 최고봉인 몽블랑(Mont Blanc·4,807m) 등정을 제의하고, 26년이 지난 1786년 몽블랑을 등정한 것이 근대 등반의 시초가 된다. 이것은 미지의 세계를 찾아 순수한 의도로 오른 최초의 모험이었으며 이때의 주역은 두 명의 프랑스 사람, 자크 발마Jacques Balmat와 미셸 가브리엘 파카르Michel Gabriel Paccard였다.

이들의 몽블랑 등정 성공으로 사람들은 두려움 없이 고개를 들어 산을 쳐다볼 수 있게 되었고, 고산에 대한 전설과 미신이 타파되는 중요한 계기가 된다. 이들의 등정이 산에는 용이나 악마가 살지 않는다는 확신을 심어 주었다.

등산을 목적으로 오른 몽테귀유

사람과 산의 관계는 먼 옛날부터 긴밀하게 이어져 왔다. 신앙을 목적으로 산속에서 수행을 하기도 했고, 다른 나라를 침략하거나 다른 나라의 침략을 막기 위해 산에서 군사 작전을 펴기도 했다. 의식주 해결의 방편으로 수렵을 하거나 식용 식물이나 광물을 채취하기 위해서도 산에 올랐지만 그것은 등산이라고 할 수는 없는 것이었다.

산에 오르는 행위 자체에 순수한 목적이 있는 등산은 18세기에 이르러서야 꽃피기 시작했지만 서양의 여러 기록을 살펴보면 이런 등산이 시작되기 이전에도 산에 오른 사실이 발견된다. 알렉산더 대왕이나 한니발 장군이 힌두쿠시나 알프스를 넘은 것은 오로지 군사 목적에서였다.

이후 사람들이 산에 오른 기록은 1492년 프랑스 도피네 알프스의 암봉 몽테귀유(Mont Aiguille · 2,085m) 등정이다. 프랑스 샤를 8세의 시종인 드 보프레가 왕의 명령을 받고 등반한 것으로 몽테귀유의 등반은

몽블랑 등반 모습 로프와 사다리를 이용한 1790년 당시의 등반 그림

순수한 목적으로 산의 정상에 선 최초로 완벽하게 공인된 등반이라 할 수 있다. 특히 이 등반에서는 사다리를 사용해서 오르기도 하여 인공 보조 용구를 처음 사용한 등반으로 기록되고 있다.

그러나 그가 암벽을 어떤 방법으로 올랐는지에 대해서는 알려진 기록이 없다. 이 봉은 높지는 않으나 절벽에 가까운 암탑으로 최근의 등반 기술로도 기술적인 클라이밍이 요구되는 대상이다.

1492년은 콜럼버스가 아메리카 대륙을 발견하여 지리학적 탐험의 시대를 연 해이기도 하다.

1521년에는 스페인의 코르테스가 휘하의 병사에게 명하여 멕시코의 화산 포포카테페틀(Popocatépetl · 5,450m)을 등정했다. 이 등정은 산 정상에서 화약 제조용으로 쓸 수 있는 유황을 채취해 오는 것이 목적이었다고 기록은 전하고 있다.

1574년에는 최초의 등산 기술서가 출판된다. 이 책은 취리히 대학의 요지아스 짐러Josias Simler 교수가 눈 덮인 알프스를 넘는 여행자들을 위해서 설상 보행 기술, 로프, 크램폰, 선글라스 등의 사용법과 크레바스* 와 눈사태의 위험 등을 언급한 책이다.

이상은 스포츠로서 자리 잡기 이전에 이루어진 등산에 관한 여러 가지 기록이며, 스포츠로서의 등산이 확실한 형태로 나타난 것은 알프스 최고봉 몽블랑 등정이 시초가 된다. 물론 이 첫 등정에 상금이 걸린 것은 바람직한 일이라고는 할 수 없지만 이것이 본격적인 등산의 효시라고 할 수 있다.

알피니즘의 정의

등산을 뜻하는 알피니즘Alpinism이란 말의 어원은 유럽의 알프스에서 왔다. 현재 일반화된 알피니즘의 어원은 프랑스어 Alpinisme에서 시작된 후 주변의 여러 국가로 퍼지면서 이탈리아는 Alpinismo, 독일은 Alpinismus, 영국은 Alpinism으로 뒤따라 부르게 되었으며, 등산이 알프스 지역을 벗어나 전 세계로 퍼져 나가면서 알피니즘이란 명칭은 일반화된다.

이 점에 대해 프랑스의 등산가 폴베 시에로는 만일 등산의 시원지가 알프스가 아닌 히말라야였다면 히말라야이즘, 안데스에서 시작되었다면 안데시즘으로 불렸을지도 모른다고 했다. 알프스나 알피니즘이란 단어는 사

크레바스 crevasse
빙하 지대의 갈라진 틈새.

전적인 의미를 떠나 산과 관련된 모든 주제와 연결되어 있으며 서구 문명의 역사와도 밀접한 관계를 맺고 있다.

그렇다면 등산, 즉 알피니즘이란 무엇인가? 이 점에 대한 의문은 다음과 같이 요약할 수 있다. 영국의 월트 언스워스Walt Unsworth에 의해 발간된 『등산 백과 사전(*Encyclopedia of Mountaineering*)』에서는 알피니즘을 "눈과 얼음으로 덮인 알프스와 같은 고산에서 행하는 등반"이라고 정의하고 있다.

근대 등반의 시작, 소쉬르의 제언과 몽블랑 등정

1760년 어느 날 소쉬르는 프레방(2,526m) 산에 올라 맞은편에 있는 몽블랑을 보고 그 장엄함에 감동한 나머지 몽블랑 등정을 결심하고 '누구든지 이 산에 오르는 사람에게 상금을 주겠다'고 현상금을 내걸었다. 그는 이제까지 아무도 오르지 못한 신비스러운 이 산의 정체를 밝히고 싶었다.

알프스 가까이 사는 산마을 주민들은 산꼭대기에는 악마가 살고 있으며 낙빙과 눈사태를 일으켜 사람들을 해친다고 믿고 있었기 때문에 소쉬르의 제안 이후 26년 동안 아무도 이 산에 오르려 하지 않았다.

그 당시 취리히의 시립 병원 의사이자 저명한 과학자로 알려진 요한 야콥쇼히저란 사람도 알프스의 산속에는 용이 살고 있다고 주장할 정도로 많은 사람들이 산에 무지했다. 그는 현대 고생물학의 기초를 닦은 저명한 과학자였음에도 이런 생각을 하고 있었다. 소쉬르는

비박 Biwak
(독일어) 갑작스러운 이유로 지형지물 혹은 지니고 있는 장비를 이용해 계획에 없던 노숙을 하는 것. 천막을 사용하지 않는 일체의 노영.

과학적인 분석으로 이 산의 신비를 밝히고 싶어 현상금을 걸었지만 결국 아무도 정상에 오르려 하지 않았다.

1783년과 1785년에 두 차례의 도전을 감행한 사람이 있었지만 기상 탓으로 모두 실패했다. 이 두 번의 도전에 동참했던 사람 중에는 후일 몽블랑의 첫 등정자가 되는 샤모니의 의사 미셸 파카르가 끼어 있었다.

몽블랑 첫 등정의 쾌거는 1786년 8월 8일에 이루어졌다. 파카르와 포터로 고용됐던 수정 채취꾼 자크 발마가 복잡한 후일담을 안고 마침내 정상 등정에 성공한다. 이때는 프랑스 혁명 3년 전이었으며 이로써 마침내 근대 등반의 문이 열린다.

몽블랑 등정은 등반 업적의 끝이 아니라 시작이었다. 이 두 사람의 거사는 알프스 등반의 여명을 알리는 기념비적인 첫걸음이었으며 근대 등반의 기원으로 받아들여지고 있다. 산이 공포와 신앙만의 대상이었던 시대는 이로써 막을 내린다.

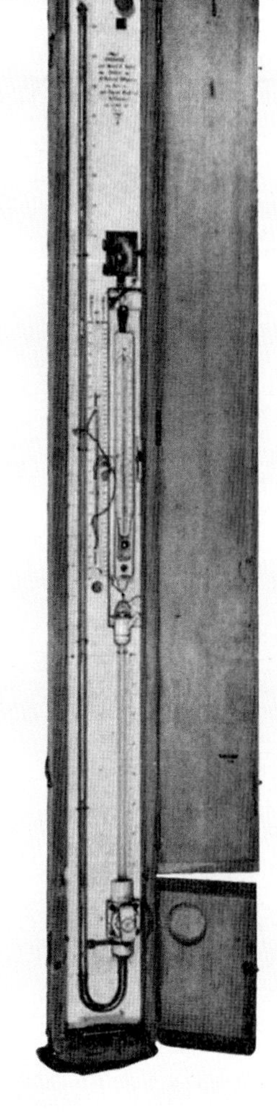

소쉬르의 기압계

이 두 사람은 2,392미터 높이에서 비박*을 한 후 고산병과 설맹, 동상 등의 증세에 시달리면서 등반을 했다. 로프나 크램폰 같은 등산 장비도 없이 크레바스를 건너고 깊은 눈을 헤치면서 비박 장소를 출발한 지 15시간 만에 몽

초기 등산인들의 모습 험준한 설산의 크레바스를 건너고 있다.

블랑 정상에 오른다. 당시 이들이 사용한 용구는 알파인 스틱, 간단한 방한복, 기압계, 온도계 등과 약간의 식량이 전부였다.

이 두 사람의 도전은 당시 상황으로 보아서는 목숨을 건 모험이었다. 그들의 행동을 스포츠라고 여긴 사람도 없었거니와 등산이라는 말조차 없던 시대에 미지의 세계를 극복한 이들이야말로 등반의 선구자이며 이 등정을 근대 등반의 효시라고 말할 수 있다.

몽블랑 초등정 후에 발마는 혼자서 영웅이 되려는 의도로, 파카르는 정상에 서지 못했고 자기 혼자서 올랐다고 주장하는 등 악의에 찬 허위 선전으로 파문을 일으킨다. 이 세기적인 사건은 오랜 기간 동안 정사로 인정받지 못하다가 100여 년의 세월이 흐른 뒤에야 그 진상이 세상에 밝혀진다.

당시 이 두 사람의 등정 모습을 산록에서 망원경으로 지켜본 독일의 과학자 폰겔스 도로프는 그들이 오른 루트의 시간, 등정 모습을 스케치하여 자세한 기록으로 남겼다. 훗날 이 자료가 두 사람 사이에서 벌어진 싸움의 소중한 고증 자료가 되었다.

(위)샤모니에 세워진 소쉬르와 발마의 동상
(아래)파카르의 좌상 몽블랑 등정 시비 때문에 1986년에 뒤늦게 세워졌다.

또한 1895년에 알파인 클럽 회장을 지낸 영국의 탐험가 더글러스 윌리엄 프레시필드Douglas William Freshfield의 집요한 추적이 보태져 그 진상이 백일하에 드러난다.

그는 소쉬르의 증손이 보관한 일기를 찾아내서 비로소 파카르가 정상을 밟은 것이 사실임을 확인한다. 프레시필드는 1920년에 소쉬르의 전기 『오라스 베네딕트 드 소쉬르의 생애(*The Life of Horace Bénédict de Saussure*)』를 펴낼 정도로 소쉬르에 관해 깊이 연구해 온 사람이다.

혹자는 발마와 파카르가 소쉬르의 현상금을 목적으로 몽블랑에 올랐기 때문에 동기 자체가 순수한 등반이라고 볼 수 없어 근대 등반의 시초로 볼 수 없다는 이견을 내세우기도 한다.

근대 등반의 아버지 소쉬르

몽블랑의 두 번째 등정은 소쉬르에 의해 1787년 8월에 이루어진다. 그는 스포츠 등산의 첫 계기를 마련했고 스스로가 몽블랑 재등에 성공해 '근대 등반의 아버지'로 불린다. 등반의 여명기에 이들이 사용한 장비란 보잘것없는 것들이었다.

소쉬르는 무게가 68킬로그램이나 나가는 이불과 장작, 짐꾼 전원이 잘 수 있는 대형 천막, 크레바스를 건널 때 사용할 몇 개의 사다리를 준비해서 20명의 짐꾼에게 지게 했다.

이 등반에서 소쉬르는 과학자다운 면모를 보여주기도 했다. 그는 정상에 오랫동안 머물면서 가지고 간 여러 계기를 사용해서 몽블랑의 높이를 4,755미터로 측정한다. 파카르가 한 해 전 첫 등정 때 측정한 높이는 4,738미터였다. 소쉬르가 측정한 수치가 현재 쓰이고 있는 높이인 4,807미터에 더 가까운 편이다.

등반의 여명기에 사람들이 어떤 모습으로 산에 올랐는지를 살펴보는 것도 흥미로운 일이다. 소쉬르가 두 번째로 몽블랑을 등반할 때 빙하를 오르는 그들 일행의 등반 모습을 담은 동판화가 있다.

이 그림은 알프스 여명기에 있었던 등산 풍속화로, 알프스에 관한 여러 문헌에 실려 있다. 풍속화 속의 일행은 모두가 긴 알파인 스틱을 사용하고 있으며 그 끝에 갈고리가 붙어 있는 것으로 보아 이것이 원시적인 형태의 피켈*이 아닌가 짐작된다. 또 한 가지 흥미로운 모습은 3미터 정도의 긴 나무 막대를 여러 명이 잡고 가는 모습이다.

이것은 소쉬르가 말한 '이동식 막대기'로 여러 명이 한 줄을 묶고 등반하는 안자일렌*의 시초라 생각되는데, 긴 막대는 로프의 역할을 대

소쉬르 일행의 등산 모습을 담은 동판화 보잘것없는 장비로 깎아지른 듯한 빙하를 오르고 있다.

신한 것이라 생각된다. 이 방법의 효과에 대해 소쉬르는 1789년에 출판된 『알프스 여행기(*Voyages dans les Alpes*)』에서 '서로 누를 끼치지 않는 가장 안전한 방법'이라고 설명하고 있다.

당시 그들이 사용한 등산 장비는 나무 상자에 담은 기압계, 알파인 스틱, 고글, 쇠 징을 박은 등산화, 나침반 등 극히 초보적인 것들이었다. 이들은 이렇듯 보잘것없는 용구를 사용해 등산을 했지만, 모든 일의 처음은 이런 식으로 출발하는 것이 아니겠는가.

피켈 pickel
눈이나 얼음이 덮인 곳에서 사용하는 장비로 도끼, 지팡이 등의 기능으로 사용된다.

안자일렌 Anseilen
(독일어) 등반자 일행이 로프로 서로를 연결하여 상호 간에 안전을 확보하는 것.

빙하학자와 문인들이 산에 오르다

19세기 등산에서 눈에 띄는 것은 자연과학자들의 활동이다. 스위스의 루이스 아가시Louis Agassiz, 영국의 제임스 데이비드 포브스James David Forbes나, 존 틴들John Tyndall은 빙하학자였지만 이들의 등반 활동은 주목할 만하다.

이들 과학자나 지식층 특히 빙하학자들은 빙하와 지질 연구를 위해 알프스에서 등반 활동을 하면서 학술적인 업적을 진전시켰다. 아가시는 바위 동굴에 머물면서 빙하 연구에 몰두하여 빙하학을 크게 발전시켰으며 그린델발트Grindelwald 쪽에서 하슬리 융프라우(Hasli Jungfrau·3,703m, 베터호른Wetterhorn이라는 이름으로 더 유명하다)를 등정한다.

포브스는 아가시의 가르침을 받고 영국 빙하학의 권위자가 되었으나, 곧이어 아가시와 대립한다. 그는 빙하 연구뿐만 아니라 1841년에는 융프라우의 네 번째 등정을 기록한다. 포브스는 1820년에 몽블랑에서 눈사태로 실종한 안내인 3명의 시신과 유품이 40년 후에 빙하에서 발견될 것이라는 예언을 적중시켜 더욱 유명해진다.

1820년 알프스 등반 중 안내인 3명이 사망한 사건을 묘사한 그림

틴들은 황금시대를 빛낸 사람이다. 그는 마터호른(Matterhorn·4,477m)에서 에드워드 윔퍼Edward Whymper와 경쟁했고 바이스호른(Weisshorn·4,505m)의 첫

샤모니 풍경 존 틴들은 과학 탐사를 위해 샤모니를 찾았다가 등반가로 입신한다.

등정을 이룩하였으며, 그가 저술한 책은 고전으로 높이 평가받고 있다. 몽블랑 등정을 제안했던 소쉬르 역시 취리히 대학의 교수였으며 과학적인 탐사를 위해 등반을 했듯이, 틴들의 몽블랑 프로젝트는 등반의 개념보다 지질과 각종 관측 등 자연과학적인 탐사로서의 비중이 더 컸다.

그는 25년간 샤모니를 방문하면서 몽블랑 등정의 욕망이 점점 커져갔다. 그가 등반가라는 단어가 없던 시대에 이미 등반가가 되었듯이, 당시 빙하학자들은 처음에는 빙하 연구를 목적으로 알프스에 왔다가 등반가로 입신한다.

이 시기에는 과학자뿐 아니라 볼프강 폰 괴테, 바이런, 윌리엄 워즈워스, 존 러스킨, 셸리, 존 키츠, 레슬리 스티븐 등 대문호들이 알프스를 찾아와 산의 아름다움을 찬양하는 글을 발표하면서 산을 문학의 경지로 끌어올리기도 했다. 특히 레슬리 스티븐Leslie Stephen은 뷰필가이면서 수많은 처녀봉을 등정하는 눈부신 기록을 남긴다.

1867년에 제작된 메르 드 글라스를 그린 석판화

알프스 황금기 이전까지만 해도 산은 일반적으로 위협적이고 험악한 공포의 대상으로서 여행과 교역의 장애물로 여겨져 왔으나 많은 문인들이 산의 아름다움을 찬양하는 문학성 높은 글들을 발표하여 대중의 무지를 계몽하는 데 큰 역할을 한다.

우리나라도 서구적인 개념의 근대 등산이 토착화되기 전인 1920~30년대 초에 당대를 대표하는 문필가들이 기행 문학의 압권이라 할 수 있는 답사적인 등산 기록을 남겨 등산 활동의 대중 보급과 저변 확대에 주도적인 역할을 했다.

노산 이은상의 『묘향산 유기』나 「설악 행각」, 육당 최남선의 「백두산 근참기」나 『조선의 산수』, 민세 안재홍의 『백두산 등척기』 등은 조선시대의 유산기와 달리 우리의 명산들을 최초로 구석구석 탐사하는 학술적 구명의 탐사 등산기였다.

인문지리학적인 측면에서 접근한 이중환의 『택리지』, 김정호의 『대동여지도』, 작자 미상의 『산경표』 등을 만든 작업은 실학적인 측면과 궤를 같이하는 학술 구명의 답사 등산이었다고 할 수 있다. 이런 문사들의 글은 대중 계도에 큰 역할을 했다.

또한 한국 최초의 학생 산악 운동을 탄생시킨 등산 지도자 황욱은 1935년 월간지《중앙》7월 호(통권 21호)에 「록 클라이밍과 그 지식」이라는 글을 발표해 서구적인 개념의 암벽 등반과 알피니즘을 소개하며 등산의 대중 계도에 힘쓰기도 한다.

레슬리 스티븐
그의 『유럽의 놀이터』는 산악 문학의 고전으로 꼽힌다.

이처럼 우리나라도 등산의 여명기에는 많은 문사들이 산과 관련된 작품을 통하여 등산의 대중 보급에 상당한 기여를 했다.

19세기 영국의 유명한 문학 평론가인 레슬리 스티븐은, 저명한 소설가 버지니아 울프의 아버지이기도 하며 알프스 황금기에 맹활약을 했던 등반가로 알프스에서 가장 많은 초등을 이룩한 선구자 중 한 사람이다.

그는 1861년 다른 등반대가 두 번이나 시도했다 실패한 슈레크호른(Schreckhorn·4,078m) 초등정에 성공한다. 뿐만 아니라 비에치호른, 림피시호른을 초등했고, 1862년에는 사다리를 이용하여 거대한 크레바스를 넘어 50~60도 경사의 빙벽에 수많은 발판을 깎으며 설원에 도달, 최초로 융프라우요흐(Jungfraujoch·3,471m) 횡단에 성공한다. 1864년에는 치날로트호른(Zinalrothorn·4,221m)과 몽말레를 초등한다. 바이스미스에 새로운 루트를 개척하기도 했으며 여러 차례 동계 등반을 감행한다.

샤모니가 유명 관광지가 되면서 생겨난 호텔의 광고 전단지

그뿐만 아니라 암벽 등반도 즐겨 돌로미테의 치마디발, 아다멜로 등을 초등할 정도의 기량도 지니고 있었다. 존 틴들 교수가 과학 탐구의 일환으로 등산을 했던 것과는 달리 레슬리 스티븐은 산악미에 도취되어 산을 숭배의 대상으로 삼은 알피니스트였다. 그가 저술한 『유럽의 놀이터(*The Playground of Europe*)』(1894년)는 산악 문학의 모범으로 널리 알려져 있다.

근대 등반의 발원지이자 몽블랑 등반의 전진 기지가 된 샤모니는 서유럽에서 가장 외딴 촌이었다. 이곳에 사람이 들어와 살기 시작한 것은 1,000여 년 전으로 알려져 있다.

하지만 17세기까지 수도사 외에는 찾는 이가 없었으며, 울창한 원시림이 우거진 야생의 버려진 땅이었다. 샤모니가 바깥 세상에 알려지기 시작한 결정적인 계기는 파카르와 발마가 알프스 산맥의 최고봉 몽블랑을 등정하면서부터다.

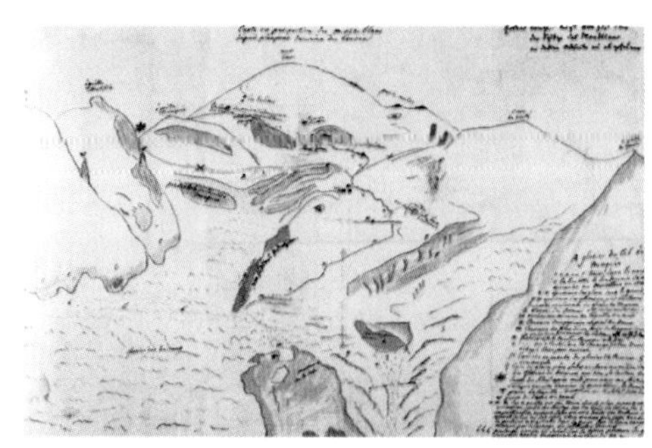
파카르가 몽블랑 등반을 준비하며 그린 스케치

그때까지만 해도 만년설이 덮인 산을 오르려는 사람은 없었다. 오래도록 유럽에 전해 내려오는 '산정에 악마가 산다'는 전설이 사람들의 발을 묶어 두었기 때문이다. 하지만 그들이 올라서 본 정상에는 산이 지닌 위험 외에는 아무것도 없었으며, 그것은 충분히 극복할 만한 것이었다.

몽블랑 등정은 산업혁명과 시민사회로 접어드는 당시의 시대 변화와 연관지어 볼 수 있는데, 이른바 신화의 세계에 머물던 인간이 스스로 세계의 중심에 서게 되는 계기를 마련한 것이다. 이후 사람들은 등반 기술의 발달과 함께 주변에 널린 수많은 산과 벽을 찾아 인간의 한계 영역을 넓혀 나간다.

1830년경에는 샤모니를 찾는 관광객 수가 10년 전보다 갑절로 늘어나 약 2,000명 이상이 이곳을 다녀간다. 그중 과반수가 영국의 부자와 귀족들이었으며 조세핀 황후와 대영 제국의 황태자 등이 찾아오면서 유명한 마을이 되었다. 이후 이 한적한 산간 마을은 세련된 관광 도시로 변했으며 세계 최초의 산악 휴양지로 발전한다.

이 한적한 마을을 관광자원의 보고로 만들어 현지 주민들을 먹여 살리는 데 공헌한 사람은 두말할 나위 없이 파카르와 발마다.

틴들의 바이스호른 초등

1861년까지도 불가능이라 여겨졌던 바이스호른을 초등한 사람은 과학자 존 틴들이다. 그는 영국왕립과학연구소의 물리학 교수로 재직하면서 많은 과학 서적을 저술한 빅토리아 왕조의 유명한 과학자였다. 틴들은 1860~69년까지 자신의 알프스에서의 활동을 묶어 『알프스에서 보낸 시간들(*Hours of Exercise in the Alps*)』이라는 불후의 명저를 남겨 오늘날에도 여러 사람에게 감동을 주고 있다. 이렇듯 당시 대부분의 학자들은 학술적인 연구 때문에 알프스에서 등반 활동을 하였다.

샤모니의 사슴 사냥꾼

마터호른의 모습을 담은 우표들

그는 영국 등반의 아버지로 불리는 빙하학자 포브스 박사의 발자취를 따라 메르 드 글라스를 연구했고, 과학적 관측을 위해 많은 산을 올랐다. 그는 안내인을 동반하지 않고 몬테로사(Monte Rosa·4,634m)를 단독 등정, 당시 기준으로는 힘든 등반을 해낸다.

그는 안내인 베넌과 짐꾼 벵거와 함께 바이스호른 초등을 이룩했고, 윔퍼와 경쟁하면서 마터호른 등정을 시도하나 이는 실패한다. 지금도 그가 최초로 가장 높이 오른 지점에는 그의 이름을 딴 '피크 틴들'이라는 이름이 지명으로 남아 있다.

존 틴들
영국 빅토리아 왕조의 유명한 과학자로 바이스호른을 초등한다.

그는 마터호른 초등 경쟁에서는 윔퍼에게 패하나 바이스호른에서는 윔퍼를 이긴다. 그는 마터호른 초등의 영예를 놓쳤지만 1868년에 등반 사상 최초로 리용 리지*로 오른 다음 회른리 리지Hörnli Ridge로 하산하는 마터호른 횡단 등반을 성공시킨다.

그는 윔퍼의 마터호른 조난 사고에 대해 거짓된 진술로 악의에 찬 공격을 퍼부어 윔퍼를 궁지에 몰아넣기도 하였으며, 포브스에 대해서도 조리에 닿지 않은 공격을 하여 영국 산악회의 품위를 손상시킨 후 그곳에서 탈퇴한다.

틴들은 레슬리 스티븐이 과학의 가치를 등반과 관련하여 손상시켰다는 발언에 대해 자신 특유의 신랄한 공격을 하는 등 좌충우돌하여 많은 사람들을 적으로 만들었다. 틴들이 초등한 바이스호른은 세 개의 가파른 능선과 세 면의 벽으로 둘러싸인 봉으로 낙석 사태가 빈발해 당시 유능한 등반가들이 수차례 도전했으나 실패만 거듭한 곳이다.

틴들은 안내인 베넌과 함께 산의 맞은편에 위치한 오버행 레지* 아래서 비박을 한 후 새벽 3시 바

리지 ridge
산등성이를 뜻하는 말로 흔히 바위 능선을 일컫는다.

레지 ledge
선반 모양으로 튀어나와 있어 발을 딛고 설 수 있는 바위 턱.

과학자와 그 일행이 융프라우의 암벽을 오르는 모습을 그린 삽화

이스호른 동릉을 향해 오른다. 설벽에 스텝을 깎으며 올라 암릉에 도달한 후 여러 개의 암탑을 넘거나 우회하여 오르다가 등로가 막히면 남릉으로 횡단해서 크고 작은 쿨루아르*를 넘어 암릉으로 오른 후 북벽의 눈처마 위를 걷기도 한다. 때로는 칼날 같은 능선에서 바위가 굴러 떨어지며 사태를 일으켜 대포 소리 같은 굉음이 산 전체에 진동하기도 하였다.

그들은 바위 사면에서 흘러 내려오는 눈 녹은 물을 빨아 먹어 갈증을 달래며 칼날처럼 생긴 설릉

쿨루아르 couloir
넓고 깊은 바위 도랑. 흔히 눈이나 얼음이 쌓여 있다.

에 도착한다. 비박 장소를 떠난 지 10시간, 그리고 능선에서 사투를 벌인 지 6시간 반에 정상에 오른다. 그들은 손수건을 매단 피켈을 정상에 남겨 놓고 동릉으로 하산한다. 하산 도중 낙석 사태가 벌어져 온 산을 공포의 분위기로 몰아갔다. 그들은 밤 11시에 숙소로 무사히 귀환한다.

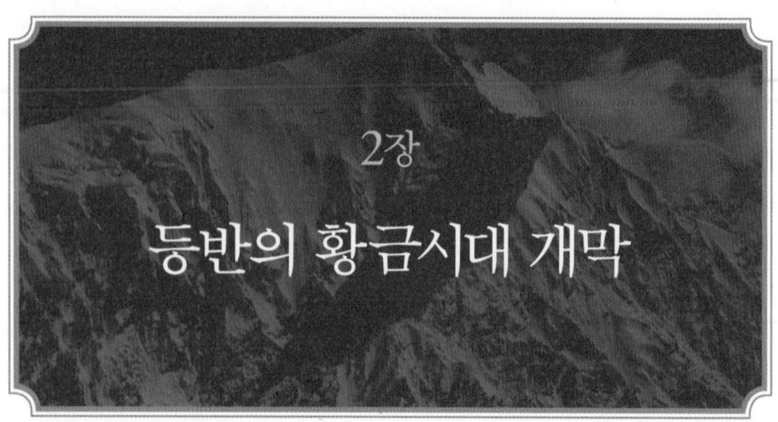

2장
등반의 황금시대 개막

알프스 몽블랑 등정으로 시작된 근대 등반은 사람들의 정복 심리를 자극했다. 그들은 알프스의 여러 고봉으로 시선을 돌렸고, 미답봉들이 하나둘씩 등정되기 시작했다.

이 무렵의 등반 방식은 비교적 등반하기가 수월한 산 능선을 따라 정상에 오르는 등산이 주류를 이루고 있었다. 이런 형식의 피크 헌팅Peak Hunting이나 등정주의 산행 방식은 1865년 알프스 4,000미터급의 마지막 산인 마터호른의 초등정에까지 이어진다. 이 시기를 편의상 등반사에서는 등반의 황금시대Golden Age라고 부른다.

몽블랑이 등정되면서 알프스에서 주목을 받게 된 산은 당연히 알프스 제2의 고봉인 몬테로사였다. 이 봉우리 가운데 하나인 푼타 조르다

에드워드 윔퍼가 그린 판화들 추락한 포터를 구조하거나 설면을 오르는 모습을 보여준다.

니(Punta Jordani·4,055m)가 1801년에 조르다니에 의해 초등된다. 1811년에는 베르네 알프스의 융프라우(Jungfrau·4,158m)가 마이어 형제에 의해 초등되었으며 1850년에는 동부 알프스에서 유일하게 4,000미터가 넘는 피츠 베르니나(Piz Bernina·4,049m)가 장 코아즈Jean Coaz에 의해 등정된다.

1854년 난공불락으로 여겨 왔던 베터호른(Wetterhorn·3,703m)의 등정으로 시작한 알프스의 황금시대는 1865년 4,000미터 봉우리 가운데 최후의 난봉이던 마터호른의 등정으로 일단 그 막을 내리지만 10년 동안에 무려 100여 개의 처녀봉이 등정된다. 이 기간이 이른바 알프스 등반의 황금시대다.

이 시기에 활동한 대부분의 등반가들은 윔퍼를 비롯한 영국의 지식층으로, 그들의 활동이 왕성했으므로 당시 알프스를 영국령이라고 부

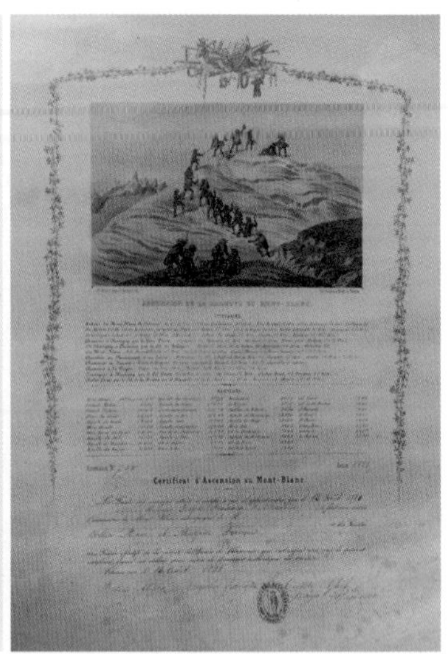

(왼쪽)19세기 중반 알프스 리조트이자 가이드 사무실
(오른쪽)몽블랑 등정 증명서 샤모니의 가이드 사무실에서 몽블랑 등정자들에게 발급했다.

르기도 했다.

이 시기에 알프스에서 이루어진 초등정은 아주 풍성하다. 1854년 영국의 앨프리드 윌스Alfred Wills가 베터호른을 초등하면서 황금시대가 열린다. 이어 1855년 몬테로사의 최고봉 뒤푸르슈피체(Dufour spitze·4,634m)가 찰스 허드슨Charles Hudson과 프랜시스 시드니 스마이드Francis Sydney Smythe에 의해 등정되었다.

1857년에는 묀히(Mönch·4,099m), 1858년에는 아이거(Eiger·3,970m), 1859년에는 알레치호른(Aletschhorn·4,192m), 1860년에는 그랑 파라디소(Gran Paradiso·4,061m), 1861년에는 바이스호른(4,505m), 1865년 6월에는 그랑드 조라스(Grandes Jorasses·4,208m) 서봉, 에귀유* 베르트(Aiguille Verte·4,122m)가 에드워드 윔퍼와 가이드 미셸 오

에귀유 Aiguille
바늘처럼 뾰족한 봉우리. 침봉.

귀스트 크로Michel Auguste Croz와 크리스티안 알머Christian Almer 등에 의해 차례로 초등된다.

마터호른에서 낙석이 덮치는 모습

또한 마터호른(4,477m)이 1865년 7월 14일에 에드워드 윔퍼, 찰스 허드슨, 프랜시스 더글러스Francis Douglas, 더글러스 해도우Douglas Hadow와 가이드 미셸 크로, 페터 타우크발더Peter Taugwalder 부자 등에 의해 초등된다.

당시 윔퍼는 5년 동안 8번의 집요한 시도 끝에 정상에서서 "세계는 나의 발아래에 있다"고 기쁨의 함성을 보냈으니 이 등정은 황금시대의 최후를 장식하는 한 편의 드라마였다.

그러나 윔퍼 일행은 하산 도중 등산 사상 가장 충격적인 조난 사고를 당한다. 7명을 연결했던 로프가 낙석에 맞아 끊어져 일행 중 4명이 1,200미터 아래의 마터호른 빙하로 추락한다. 이 사고로 당시 세상 사람들은 인명 사고를 내는 등반에 대하여 비난의 소리를 높였으며 등반금지론까지 대두하였다.

한편 윔퍼의 등정 이틀 뒤인 7월 16일에는 장 앙투안 카렐Jean Antoine Carrel 일행이 이탈리아 등반대를 이끌고 이탈리아 능선을 통해 마터호른에 두 번째로 올라 안타깝게도 초등정의 영예를 놓친다. 마터호른의 등

에드워드 윔퍼와 그의 명저 『알프스 등반기』(1988, 평화출판사)는 "사람이 산에 오르는 한 계속 읽어야 할 책"이라는 평가를 받고 있다.

정으로 알프스 등산의 황금시대는 막을 내리고 등산의 '은시대Silver age'가 열린다.

윔퍼가 1871년에 펴낸 『알프스 등반기』는 그가 활동한 알프스 등반을 기록한 역저다. 정교한 목판화를 삽화로 쓴 이 책은 산악 문학의 대표적인 고전으로 높이 평가받는 걸작이다. "사람이 산에 오르는 한 계속 읽어야 할 책"이라는 아널드 런Arnold Lunn의 말처럼 이 책은 그저 시대적 유물이 아닌 불멸의 문화적 유산이 되어 널리 읽히고 있다.

철자가 바뀐 마터호른의 지명

마터호른의 현재 프랑스 이름은 몽 세르뱅Mont Cervin인데 이 산의 원래 이름은 Servin이다. 소쉬르의 잘못된 표기가 원인이 되어 이처럼 철자가 바뀐 후로 오늘날까지 그대로 쓰이고 있다.

소쉬르는 Mont Servin이라고 써야 하는 철자를 착오를 일으켜 Mont Cervin으로 표기했다. 이것은 오류임에도 소쉬르의 높은 명성 탓에 일반인들 사이에서 그렇게 정착된 것이다. 몽 세르뱅은 언덕이 수목으로 덮인 산봉우리라는 뜻이다. 마터호른은 스위스어로 목장Matte의 산봉우리Horn란 의미다.

Servin이란 지명이 기록상으로 처음 등장한 것은 1560년이다. 당시 아바스 주민들이 아오스타 공국의 평의회장에게 알프스 산록에 요새를 구축할 수 있도록 허가해 달라고 낸 청원서에 이 단어가 등장한다. 이탈리아에서는 몬테 체르비노Monte Cervino로 통용되고 있다.

황금시대를 연 베터호른 초등정의 진실

황금시대의 막을 연 베터호른 초등자는 영국의 변호사이자 알파인 클럽의 회장을 지낸 앨프리드 윌스로 알려져 있다. 그가 1854년에 최초로 이 산을 오른 것으로 역사는 기록하고 있으나, 이 산은 이미 10년 전인 1844년 8월 28일에 두 사람의 안내인에 의해 초등정이 이루어졌다.

그렇다면 초등도 아닌 윌스의 베터호른 등정이 알프스 등반사에서 그토록 중요한 의미를 지니는 이유는 무엇일까? 그것은 그가 베터호른 등정으로 알프스에서 스포츠 등반의 효시를 이룩한 데다가 영어로 기록된 최초의 알프스 등정기인 『알프스의 방랑(*Wanderings Among the High Alps*)』과 그 밖의 알프스 안내서와 계몽서 등 많은 저술을 펴내면서 알파인 클럽 창립에 영향을 미치며 알프스 등반의 황금시대를 연 주인공이기 때문이다.

그가 영어로 쓴 최초의 알프스 등정기는 모험과 발견에 대한 인간의 열정에 불을 지르기에 충분했고, 많은 사람들을 새로운 탐험의 영역으로 인도했다. 영국은 아직도 베터호른 등정 성과에 대해 자부심을 갖고 등정일인 9월 17일을 '근대 등산의 창립일'로 정해 기념할 만큼 그의 베터호른 등정에 큰 의미를 부여하고 있다.

베터호른은 3개의 봉으로 이루어져 있다. 그린델발트에서 바라보이는 당당한 모습의 봉우리는 보통 베터호른이라고 부르는 하슬리 융프라우(3,703m)를 말하며 가운데에 있는 봉은 미텔호른(3,708m), 그리고 가장 낮은 봉은 로젠호른(3,691m)이다. 로젠호른은 1844년 스위스의 데소르가 2명의 안내인과 함께 초등정했고, 하슬리 융프라우는 3일 후

알프스 베터호른 정상을 향해 올라가는 클라이머의 모습이 보인다.

인 1844년 8월 28일 안내인 반홀처M. Bannholzer와 요한 야운Johann Jaun 두 사람에 의해 초등정됐다. 3개의 봉 중 최고봉인 미텔호른은 1845년 스코틀랜드의 스피어 일행에 의해 초등정됐다.

윌스가 베터호른에 오른 것은 안내인 반홀처와 야운이 등정한 후 10년이 지난 1854년 9월 17일이다. 그는 원래 융프라우(4,158m)나 슈레크호른(4,078m)을 등정하려 했으나, 추위로 인해 등반이 불가능하다는 안내인의 충고를 받아들여 등반을 포기하고 그 대신 베터호른을 택했다.

그는 샤모니 안내인 발마와 시몽, 스위스 안내인 울리히 라우에너Ulrich Lauener와 피터 보런Peter Bouren, 그리고 포터 1명을 고용했다. 이들 가

울리히 라우에너
앨프리드 윌스와 함께 베터호른 정상에 올랐다.

이드 4명 중에 보런은 이미 베터호른을 3차례나 오른 적이 있지만 그는 이 사실을 숨기고 윌스로 하여금 베터호른을 처녀봉으로 믿게 했다. 당시의 관례는 초등의 실적을 올렸을 경우 고용된 안내인에게 더 많은 보수가 지급되었기 때문이다.

윌스는 그린델발트에 아내를 남겨놓고 등반길에 나섰다. 그들은 그레크슈타인 동굴에서 1박을 하고 새벽 4시에 출발하여 빙하 상부 지류를 횡단하고 연이어 가파른 암벽을 오르고 칼날 암릉을 돌파한 다음 설원으로 올랐다. 스위스 안내인들은 크램폰을 착용하고 나무 자루가 달린 피켈을 휴대했고 윌스와 샤모니 안내인들은 쇠징이 박힌 등산화와 알파인 스틱을 지참했다.

그들은 한 시간 동안 길고 가파른 암릉의 얼음 사면에 스텝을 파내며 지그재그로 300여 미터를 올라 마지막 암벽 지대에 도착했다. 그때 사냥복 차림의 두 사람이 그들 뒤를 쫓아왔는데 한 사람은 삼나무 묘목을 들고 있었다. 그들은 그린델발트 사람인 알머와 카우프만A. Kauffman으로, 윌스 일행이 베터호른을 등반한다는 소식을 듣고 경쟁심에 뒤쫓아 온 것이었다. 그들은 경쟁을 피하고 함께 등반하기로 합의했다.

오버행 overhang
90도 이상의 경사를 이루며 머리 위로 드리워진 바위 면.

그들은 로프를 함께 묶은 상태로 45도에서 70도

로 가파르게 변하는 빙벽의 경사를 올랐다. 라우에너가 오버행*으로 이루어진 눈처마의 얼음에 구멍을 뚫고 통로를 낸 후 정상에 도달했다. 이들은 얼음으로 이루어진 칼날 능선에 걸터앉아 정상에 철제 깃대와 깃발을 설치하고 사냥꾼들이 가져온 삼나무 묘목을 심고 무사히 하산했다.

마터호른의 비극과 여론

1865년에 마터호른에서 일어난 비극적인 사건 후 사회 여론은 목숨을 앗아가는 무모한 등반 행위를 비난하기 시작했다. 당시 빅토리아 여왕은 궁내장관을 불러 등반을 금지할 수 있는 법률 제정을 검토해 보도록 지시하기도 했다. 세상은 등반의 성공이 아니라 비극적인 결과를 평가했다. 등반 역사에서 조난 사고 치고 이 사건처럼 크나큰 사회적인 파문을 일으킨 일은 일찍이 없었다. 그들이 추락할 때 로프를 칼로 끊었다는 풍문까지 퍼지기 시작했다. 영국의 유력 일간지《더 타임스(*The Times*)》는 사설에 등반을 비난하는 기사를 싣기도 했다. 사설의 요지는 이러했다.

> 무엇 때문에 인간이 접근할 수 없는 산봉우리에 오르느라 고귀한 생명을 바친단 말인가. 용기란 것은 목숨을 버리면서까지 모험을 계속함으로써 얻어지는 것은 아니다.
>
> 이제 기사도의 시대는 끝났다. 앞으로도 우리의 젊은이들이 스위스에 건너가 아무도 하지 못했던 일을 계속하려는 충동을 느낄 것이다.

1865년 마터호른의 비극적인 사고를 그린 구스타프 도레의 석판화

영국 산악회는 이번 사태에 대하여 개혁 운동을 하고 현명하게 처리해야 할 것이다. 그렇지 못하면 산악회나 등반은 사회에 폐를 끼치는 골칫거리라는 지탄을 받을 것이다.

그 당시 등반은 소수의 괴짜들만이 즐기는 위험한 스포츠로 인식되었다. 영국 사회에서는 장애물 경마를 하거나 들판에서 여우 사냥을 하다가 넘어져 목이 부러지는 부상을 입는 일은 당연한 것처럼 용납했지만, 산에 오르다 목이 부러지는 일은 당치도 않은 일로 여겼다. 유독 등반 중의 사고에 대해서는 몹시 비판적이고 악의에 찬 시선으로 바라보았다.

황금시대의 주역, 영국

기록에 의하면 1854년에서 1865년 사이에 149개의 알프스 고봉이 초등정되었다. 당시 영국은 산업혁명에 성공해 빅토리아 왕조 시대의 부를 누리는 전성기를 맞는다. 이를 배경으로 알프스에 진출한 영국인들의 활약상은 오늘날의 등반 선진국의 기틀을 다지게 된다.

19세기 말까지 초등정된 알프스 50개 봉우리 가운데 그 절반이 영

윔퍼의 판화 〈1864년 체르마트의 클럽룸〉

국인에 의해 초등정되었다. 황금시대의 시작과 끝맺음 모두가 영국인에 의해 이루어진 사실만 보아도 알프스에서 그들의 활동이 얼마나 왕성했는가를 알 수 있다.

경제적인 국력을 배경으로 알프스의 미답봉을 섭렵하던 영국은 1857년 12월 22일 세계 최초의 산악회인 알파인 클럽Alpine Club을 창립한다. 이들은 산악회 명칭에 영국이라는 국명을 넣지 않았다. 그렇게 한 까닭은 '등산은 곧 영국이며 알파인 클럽은 영국 고유의 것이다'라는 그들 나름대로의 자부심 때문이었다.

알파인 클럽은 세계에서 가장 오래된 연감 《알파인 저널(*The Alpine Journal*)》을 1863년에 창간하여 오늘날까지 발행하고 있다. 이 연보는 처음엔 《봉우리, 고개 그리고 빙하들(*Peaks, Passes and Glaciers*)》이란 제호로 1859년부터 발간되어 왔는데 후에 제호를 바꾸었다.

영국 산악회에 뒤이어 1862년에는 오스트리아 산악회(OAC)가, 1863년에는 스위스 산악회(SAC)와 이탈리아 산악회(CAI)가, 1869년에는 독일

몽블랑과 몽블랑 뒤 타퀼과 발레 블랑슈 등을 그린 동판화

산악회(DAV), 1874년에는 프랑스 등 유럽 열강들이 하나둘 산악회를 창립한다. 19세기 알프스에서 이루어진 수많은 초등은 각국 산악회들의 경쟁적인 산악 활동의 성과가 이루어낸 결과다.

가이드들의 활동

황금시대는 가이드들의 활약상이 두드러졌던 시기다. 그린델발트, 체르마트, 샤모니 등지의 등산 기지가 되는 마을에는 당대를 풍미하던 쟁쟁한 가이드들이 모여들었다. 가이드들은 손님을 위해 하나에서 열까지 등반에 필요한 기술과 노력을 제공했다. 모든 알프스 지역에서 수

많은 명가이드들이 배출되었으니 이들의 풍부한 경험이 바탕이 되어 알피니즘은 한층 활기를 띠며 발전한다.

가이드들의 활약은 18세기 후반에 소쉬르가 몽블랑 등정자에게 상금을 걸었을 때부터 시작되었지만 초기 가이드들의 활동은 미진했다. 그러나 알프스 황금기에 이르러서는 알프스의 수많은 4,000미터급 고봉들의 초등정이 이들의 힘을 빌리지 않고는 불가능할 정도였다. 이 시기에 직업 가이드들이 급속히 늘어나면서 등산의 수준이 향상되었고 등산 인구도 늘기 시작했다.

등산의 대중화는 직업 가이드라는 새로운 붐을 일으켰다. 기억할 만한 가이드로는 장 앙투안 카렐, 마티아스 추어브리겐Mattias Zurbriggen 등이 있다. 이들은 자신을 고용한 사람과 함께 위험과 고통을 견뎌내며 등반을 모험의 영역에서 과학과 예술의 경지로까지 끌어올린 장본인들이었다. 그들의 등반 기량과 자부심은 부자와 손자의 대까지 전해졌고 높은 수준의 문화로 유지되었다.

그리고 점차 시대가 흐름에 따라 안내 등반을 생업의 목적 이상으로 삼는, 즉 등반 자체를 목적으로 하는 가이드들도 나타나기 시작했다. 1854년 이전의 사람들은 단순히 산에 올랐지만 10년 후에 그들은 등반가가 되었고 알프스는 근대 등반 운동의 요람지로 새롭게 태어나고 있었다.

그러나 이런 시기에도 가이드의 힘에 의존하지 않고 자신의 능력만으로 등반을 하는 가이드리스 등반guideless climbing을 시도한 사람들이 있었다. 1857년 영국의 허드슨, 케네디, 에인슬리, 스마이드 형제 등이 가이드리스 등반의 첫 문을 열었다. 이들은 클라인 마터호른, 브라이트호른(Breithorn·4,164m), 몽블랑 등에서 가이드리스 등반에 성공한다. 이들이 이루어낸 등반은 가이드리스 등반의 효시로 기록된다.

이후 은시대에 들어와서는 가이드리스 등반이 새로운 등반 사조인 머메리즘mummerism을 바탕으로 더욱 성행한다. 이런 사조는 오늘날 히말라야에서 행해지는 셰르파리스 등반sherpaless climbing에 채용되고 있다.

최초의 등산 용구 피켈

알프스 초창기에는 별다른 용구 없이도 산에 올랐다. 등산 용구가 발달하기 시작한 것은 황금시대에 들어서면서부터다. 1864년 알파인 클럽은 로프과 피켈의 표준 규격을 마련하기 위해 장비 개발 위원회를 만들어 후에 영국 산악회장이 되는 필킹톤을 위원장으로 임명한다. 그리고 회원들이 소유하고 있는 로프와 피켈을 모아 실험을 거듭한 후, 안전을 공인한 로프와 피켈을 표준화한다.

알파인 클럽 공인 로프는 마닐라 삼에 빨간 실을 넣어 표시하고, 피켈은 거의 오늘날의 모양처럼 만들고 '필킹톤 피켈'이란 이름을 붙여 영국 산악회 공인 피켈로 표준화한다.

알파인 클럽의 이 로프는 오랫동안 로프의 규범이 되었고 이후 피켈 제작은 스위스로 옮겨져 유명한 솅크, 위릿스 등의 상표를 붙여 전 세계로 보급된다. 이때 표준화된 피켈은 1970년대까지도 그 모양이 그대로 전수되었으며 오늘날까지 이르고 있다.

한편 에드워드 윔퍼가 1862년 마터호른을 오를 때 직접 고안해 사용한 텐트는 이후에 개량을 거듭한 후 동계형 천막의 기본형으로 자리 잡는다.

피켈은 등산 용구 가운데 가장 오랜 역사를 지니고 있다. 피켈이 개발된 역사적 배경은 유럽 알프스의 4,000미터급 산들이 잇달아 초등되기 시작한 알프스 등반의 황금시대로 거슬러 올라간다.

찰스 필킹톤
알파인 클럽 회원들의 로프와 피켈을 모아 시험을 거듭한 후 공인 로프와 피켈을 표준화한다.

이 시기 이전은 근대 등반의 여명기로, 장비를 거의 쓰지 않고 산에 올랐다. 황금시대에 들어오면서 눈과 얼음이 덮인 까다로운 산에 오르려다 보니 자연히 눈과 얼음을 찍어 몸을 지탱할 용구가 필요했다. 나무를 자를 때 쓰는 도끼로 얼음을 깎아 발판을 만들었고, 몸을 지탱하고 빙하의 크레바스를 탐색하기 위해서는 지팡이를 사용해야 했다.

도끼와 지팡이가 별개의 용구로 쓰이던 시대는 오랫동안 지속되다가 이 두 가지 용구를 하나로 결합하려는 착상이 피켈을 탄생시키는 동기가 되었다. 이 아이디어는 등산을 직업으로 삼는 샤모니의 등산 가이드들에게 호응을 얻으며 빠르게 퍼져나갔다.

처음으로 등산용 지팡이의 머리 부분에 도끼가 고정된 물건으로 만들어진 것은 1854년 앨프리드 윌스가 베터호른을 초등할 때였다. 이때 윌스가 고용한 베르너 오버란트Berner Oberland의 한 가이드가 도끼와 지팡이가 결합된 새로운 피켈을 들고 산에 올랐다.

당시 윌스에게 고용된 당대를 대표하는 스위스의 유명 안내인 라우에너는 이 피켈을 활용하여 빙하

커니스 cornice
눈이 쌓인 능선이나 벼랑 끝에 형성된 눈처마.

위에 발판을 깎고 크레바스를 탐색하고 커니스*를 절단하기도 하면서 효과적으로 사용했다. 이 피켈의 출현은 등산 용구 발달 사상 특기할 만한 가치가 있는 사건이었다.

윔퍼가 남긴 기록을 보면 당시 이들이 가져온 도끼 겸용 지팡이는 설산에 쓰기 좋도록 만들어진 용구였다. 이 용구는 120센티미터 정도 길이의 튼튼한 나무로 만들어졌으며, 한쪽 끝에는 강철로 된 피크가 붙어 있었다. 다른 한쪽 끝에는 약 10센티미터 정도의 무거운 철로 된 머리를 붙여 유리를 자르는 칼날 같은 모양에 얼음을 깎기 위한 날카로운 날이 서 있었다.

또한 얼음을 깎는 부분은 현재 블레이드처럼 수평이 아니었으며 샤프트와 평행이 되도록 수직을 이루고 있는 큰 도끼 모양이었다고 한다. 이런 내용은 윔스의 『알프스의 방랑(*Wanderings Among the High Alps*)』에 자세하게 기록돼 있다.

블레이드가 수직의 형태에서 수평의 모습으로 발전된 것은 윔퍼의 마터호른 등정 무렵부터였다. 1865년 마터호른 등정 시 윔퍼가 사용한 피켈은 유명한 가이드로 활약하던 멜히오어 안데레크Melchior Anderegg의 피켈을 모방한 것이었다.

이 물건은 피크와 블레이드를 불에 달구어서 만든 단조품으로 자루 끝에 스파이크를 달았으며 무게는 1.8킬로그램이었다. 오늘날 사용하는 피켈의 두 배가 넘는 무게를 지니고 있었다.

오늘날 우리가 사용하는 피켈의 기본 기능은 알프스 황금시대의 산물이기도 하다. 피켈의 형태가 점차 세련된 모습으로 자리 잡게 된 것은 황금시대가 끝날 무렵이었다. 이 시기에 개발된 몇몇 용구는 당시의 형태를 한 세기 이상 간직한 채 오늘에 이르고 있는 것도 있다.

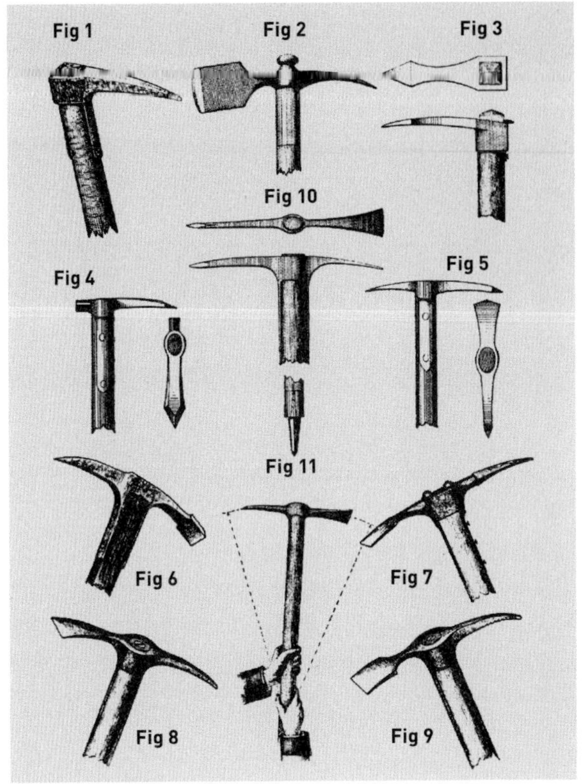

다양한 초기 피켈들
Fig1은 크리스티안 알머의 피켈, Fig2는 샤모니에서 주로 사용한 피켈, Fig3은 레슬리 스티븐이 디자인한 피켈, Fig4는 알파인 클럽 권장 피켈, Fig6은 윌리엄 쿨리지의 피켈, Fig11은 필킹톤의 피켈.

알피니스트와 영욕을 함께 누리면서 오늘에 이른 피켈이 암살용 흉기로 둔갑한 일화도 있다. 러시아 혁명의 지도자 트로츠키는 스탈린과의 권력 투쟁에서 패하여 1929년 국외로 추방된 후 반스탈린 활동을 펴오다가, 1940년 8월 망명지 멕시코에서 스탈린이 보낸 자객의 피습을 받고 사망한다. 이때 자객이 사용한 암살용 흉기는 프랑스의 유명 브랜드 제품인 '시몽 피켈'로 확인되었다.

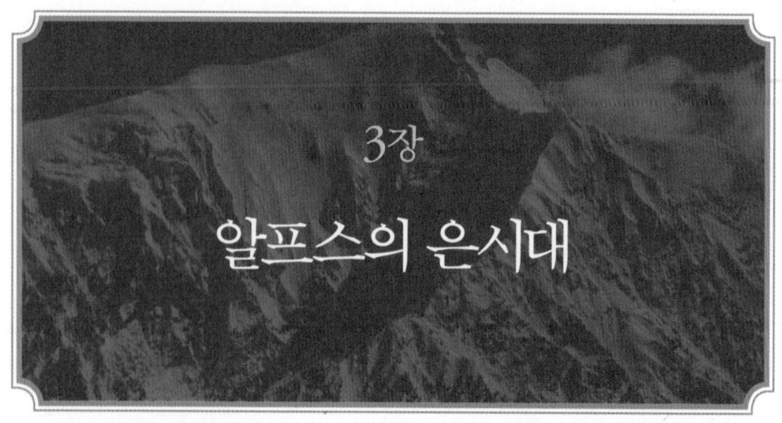

3장

알프스의 은시대

영국에서 등산은 보수적이고 전통적인 부유 계층의 것이었기 때문에 그들은 돈으로 알프스 가이드들을 쉽게 고용할 수 있었다. 하지만 당시 독일과 오스트리아에서 등산은 중산 계급과 학생들이 주축이 되었고, 따라서 이들은 가이드를 고용할 능력이 없었다. 이런 이유에서 필연적으로 가이드 없는 등반이 발달하게 되었고 또한 이런 결과로 단독 등반이 성행하게 됐다.

당시 루트비히 푸르첼러Ludwig Purtscheller와 에밀 지그몬디Emil Zsigmondy, 오토 지그몬디Otto Zsigmondy 형제는 당대를 대표할 만한 가이드리스 등반을 실천한 산악인이자 단독 등반가였다. 푸르첼러는 그의 생애 동안 1,700좌 등정에 이르는 등반 활동을 했다. 에밀 지그몬디는 1885년 도피네의 라

메이주(La Meije·3,983m) 남벽에서 추락사한다.

그의 죽음은 커다란 파문을 일으켰고 가이드리스 등반에 대한 비난의 목소리가 높아지기도 한다. 하지만 그가 남긴 『등산의 위험(*Hazards in Mountaineering*)』은 애독되었으며 후일 빌헬름 파울케Wilhelm Paulcke가 증보판으로 출간하여 더욱 널리 보급된다.

도피네의 라 메이주를 오르는 모습을 그린 수채화

시대가 외면한 단독 등반의 선구자들

당시 유명했던 단독 등반가로는 혜성처럼 나타났다 사라진 오스트리아의 게오르크 빈클러Georg Winkler를 꼽을 수 있다. 빈클러는 그 시대를 대표할 만한 단독 등반가였으며, 1880년대 독일과 오스트리아 등반가 중에서 그의 활동은 대담하기로 정평이 나 있었다. 단독 등반가로서 이름을 확고하게 해준 것은 그가 1887년 돌로미테의 바욜레트 타워Vajolet tower 초등을 단독으로 이루면서부터다.

아직도 이곳에는 '빈클러 샤르테'라는, 그의 이름을 붙인 바위가 그를 기리고 있다. 당시 단독행을 선호하는 다른 등반가들조차도 그와 함께 등반하는 것을 꺼려할 정도였다. 그는 1888년 8월 치날로트호른

단독 등반가로 이름을 날린 오이겐 기도 라머

을 오른 뒤 바이스호른을 향했으니 그 후 소식이 끊겼다. 그의 시체는 그로부터 68년 후인 1956년 바이스호른 빙하 하류의 얼음 속에서 19세 소년의 모습으로 발견된다.

당시 단독 등반의 기수라고 할 만한 대담무쌍한 등반가들은 독일과 오스트리아 등반가들이 대부분이었으며, 이들은 가이드리스 등반의 발달과 함께 자연스럽게 단독 등반이라는 새로운 방식을 탄생시킨다.

선구적인 단독 등반가인 게오르크 빈클러와 함께 오이겐 기도 라머Eugen Guido Lammer도 단독 등반가로 같은 시대에 이름을 떨쳤다. 그런가 하면 당시 빈클러와 쌍벽을 이룬 단독 등반가로 에밀 지그몬디와 그의 형 오토 지그몬디, 루트비히 푸르첼러 등을 꼽을 수 있다. 이들 중 일부는 등반 도중 죽음마저도 사양하지 않는다는 식이었다.

특히 라머는 전통적인 등반을 거부하고 극한적인 벽 등반을 단독으로 추구하면서 '죽기 아니면 살기' 식의 극단적인 등반 태도를 고수해 주위의 비난을 샀으나 이에 아랑곳하지 않았다.

이들의 대담무쌍한 단독 등반은 독일과 오스트리아의 젊은 알피니스트들에게 공감을 불러일으켰으나 활동이 너무나 과격했기 때문에 세간의 빈축을 사기도 했다.

보수적인 정통파 등반가들은 추락할 때 살아남을 기회마저 박탈당하는 위험한 단독 등반을 경원시하였다. 당시 영국 산악회의 연보《알파인 저널》은 단독 등반 풍조를 빗대어 "알 수 없고 알고 싶지도 않은 등산 풍조다"라며 이를 완전히 무시하는 태도를 보였다.

단독 등반은 매우 위험하나 많은 등반가들이 이 방법에 의한 등반에서 만족감을 얻었다. 근래에 와서 단독 등반은 일반화되었으며, 현재까지도 그 맥락을 이어오고 있다.

한스 듈퍼Hans Dülfer, 에밀리오 코미치Emilio Comici, 헤르만 불Hermann Buhl, 체사레 마에스트리Cesare Maestri, 에릭 존스E. Jones 등이 저명한 단독 등반가로 알려져 있다.

(위)발터 보나티 (아래)우에무라 나오미
이들은 괄목할 만한 단독 등반의 업적을 남긴다.

근대에 와서는 역사에 길이 남을 만한 단독 등반의 업적들이 속출한다. 1955년 발터 보나티Walter Bonatti가 드류Dru의 보나티 필러*를 단독으로 초등하며, 1965년에 마터호른 북벽을 단독으로 직등한다. 오늘날 20세기의 신화를 만든 철인 라인홀트 메스너Reinhold Messner는 알프스는 물론 히말라야에서도 무산소 단독 등반을 이룩해 그 업적을 높이 평가받고 있다. 가까운 일본의 하세가와 쓰네오長谷川恒男도 나라를 대표하는 단독 등반의 기수다. 그는 젊은 나이로 산에서 요절했지만 우에무라 나오미植村直己와 함께 전 일본의 국

필러 pillar
기둥 모양의 바위, 암주(巖柱).

민적인 영웅으로 추앙받고 있는 인물이다.

은시대로 접어들면서 알피니즘은 새로운 전환기를 맞는다. 그동안의 등반은 안전하고 가능한 쉬운 루트를 통해서 오직 정상에 오르는 것만을 목적으로 삼았으나, 은시대에 들어서면서는 좀 더 어렵고 가파른 절벽에 길을 내며 오르는 모험적인 등반이 시작된다. '더 어려운 루트를 통해서 오르는 새로운 등반 방식'이야말로 은시대를 대표하는 주된 풍조가 된다.

1881년에는 앨버트 프레더릭 머메리Albert Frederick Mummery가 샤모니 침봉 중에 가장 어려운 봉우리인 에귀유 드 그레퐁(Aiguille de Grepon·3,489m)을 초등한다. 이때 새로운 등반 사조로 등장하는 것이 머메리에 의해 제창된 머메리즘으로써, 이는 등반 방식의 획기적인 전환이었으며 벽 등반 시대의 개막을 예고했다.

황금시대의 스타가 에드워드 윔퍼였다면 은시대를 대표하는 스타는 머메리라고 할 수 있다. 그는 산에서 인간의 한계를 극복하는 순수 스포츠 등반을 중시했다. 당시 많은 등반가들이 등정주의 등반에 급급할 때 그는 '더 험난한 루트'를 통해서 정상에 오르려고 했다. 이런 산행을 등정주의登頂主義에 대한 등로주의登路主義라고 했으며, 그의 이름을 따서 머메리즘이라고도 하였다.

머메리는 자신이 제창한 머메리즘이라는 방식의 등반을 몸소 실천했으며, 머메리즘은 오늘날의 등반에까지 영향을 미쳐 암벽·빙벽 등반의 행동규범이 되고 있다. 오늘날 그를 가리켜 '근대 등산의 비조鼻祖'라 부르게 된 까닭이 여기에 있다. 머메리즘의 탄생은 알피니즘을 한 단계 발전시키는 데 크게 공헌했으며, 그의 등반 정신은 한 세기 이후 헤르만 불과 메스너에게까지 계승되어 오늘에 이르고 있다.

한 시대를 대표한 머메리의 주요 등반 연보를 살펴보면, 1879년 마터호른 츠무트 리지Zmutt Ridge를 23세의 나이에 초등하고, 뒤이어 1880년에는 에귀유 뒤 샤르모Aiguille du Charmoz를, 1881년에는 샤모니 침봉 가운데 가장 어려운 봉우리인 에귀유 드 그레퐁을 가이드리스 등반으로 성공하여 암벽 등반의 새로운 기준을 확립했다. 이 봉의 등정으로 머메리즘이 탄생한다.

에귀유 드 그레퐁을 오르는 머메리

이 시대에 활동했던 등반가로는 귀도 레이Guido Rey, 더글러스 프레시필드, 윌리엄 마틴 콘웨이William Martin Conway, 윌리엄 오거스터스 브레보트 쿨리지William Augustus Brevoort Coolidge, 제프리 윈스럽 영Geoffrey Winthrop Young 등이다. 이들은 등반 기술의 발달 외에도 가이드 없는 기술 등반의 발전에 커다란 기여를 했고 등반에 대한 윤리도 정립한다.

현대 알피니즘을 지배하고 있는 머메리즘

머메리가 1880년에 등반한 마터호른의 브로켄 능선 루트는 1911년 이탈리아 등반대가 재등할 때까지 누구도 시도하지 못한 알프스 최난의

멜히오어 안데레크
그랑드 조라스 동봉을 호러스 워커와 함께 초등한 유명한 가이드다.

루트로 평가되었다. 머메리는 1895년 낭가파르바드(Nanga Parbat·8,126m)에서 39세의 나이로 생을 마감하기 직전에 남긴 불후의 명작 『알프스에서 카프카스로』에 다음과 같은 말을 남겼다. "등산의 가장 중요한 본질은 정상에 오르는 데 있는 것이 아니라 고난과 싸우고 그것을 극복하는 데 있다."

그가 제창하고 몸소 실천해 왔던 머메리즘은 이 저작과 함께 영원히 살아 현대의 알피니즘을 지배하고 있다. 그가 남긴 저서는 윔퍼의 『알프스 등반기(*Scramble Amongst the Alps*)』와 더불어 불멸의 산악 문학 명저로 남아 있다.

은시대를 대표하는 주요 등반 기록을 살펴보면, 1868년 그랑드 조라스 동봉이 호러스 워커Horace Walker와 유명 가이드인 멜히오어 안데레크Melchior Anderegg에 의해 초등반되었으며, 1871년에는 영국 여성 산악회장을 지낸 루시 워커Lucy Walker에 의해 여성 최초로 마터호른이 등정된다.

1882년에는 비토리오 셀라Vittorio Sella가 마터호른 동계 등반에 성공하였고, 같은 해 7월에는 당 뒤 제앙(Dent du Géant·4,013m) 쌍봉 중 하나를 알레산드로 셀라Alessandro Sella 형제가 등정하였으며, 뒤이어 8월에는 그레이엄William Woodman Graham이 이 쌍봉 중 높은 봉을 등정하면서 등산의 은시대는 마감한다.

당 뒤 제앙은 일찍이 머메리가 "정당한 방법으로 오를 수 없는 곳"이라고 선언했던 봉우리다. 셀라 형제는 케이블과 로프를 이용해서 이곳에 올랐는데, 이후 등반에서 '정당한 방법by fair means'이란 과연 무엇인가라는 화두를 남겼다.

은시대는 1865년 마터호른 첫 등정 이후부터 1882년 당 뒤 제앙의 초등정까지 17년 동안을 말하며, 황금시대와 다음에 도래할 철시대 사이에서 가교 역할을 한다. 물론 이런 기간의 구분은 편의적인 것이다.

이 시대의 특징은, 더 힘들고 어려운 길로 오르는 본격적인 암벽등반이 시작되었으며 가이드의 안내 없는 등반이 성행했다는 것이다. 이 두 가지를 모두 실천한 사람이 은시대의 주연 머메리였다.

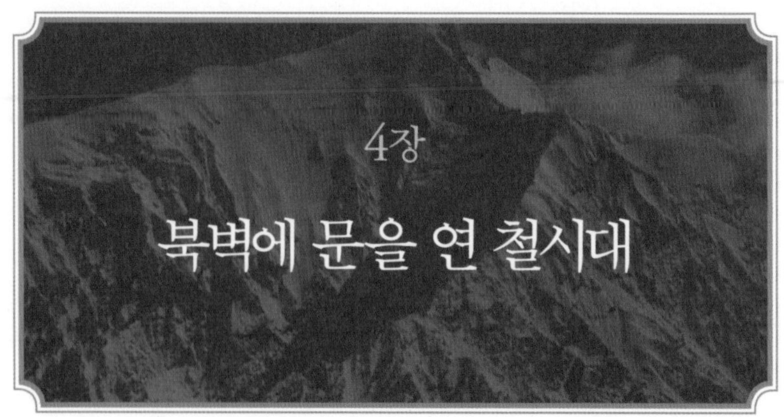

4장 북벽에 문을 연 철시대

근대 등반에 있어 알프스 철시대에는 머메리즘이 극대화되어 암벽에서 직등direttissima climbing과 인공 등반artificial climbing이 행해진다. 또 암벽 등반 기술과 장비가 개발되어 암벽 등반이 한층 더 활기를 띠며 발전한다. 더욱이 등산 활동의 무대가 알프스 본고장에서 벗어나 세계 도처의 미답봉으로 광역화된다.

알프스의 철시대를 이루는 주요 등반 기록들도 다양하다. 암벽 등반의 난이도 등급*이 체계화되었고, 크램폰, 카라비너, 피톤, 아이스피톤 등의 용구가 개발되었으며, 등반 기술로는 압자일렌* 기술과 에켄슈타인 크램폰 기술 등이 개발되어 미답의

등급 grade
암·빙벽 등반의 어렵기 정도를 나타내는 척도.

압자일렌 Abseilen
(독일어) 하강 기구 없이 고정 로프와 몸의 마찰을 이용하여 하강하는 기술. 현수하강 또는 둘퍼지츠라고도 한다.

북벽에 새로운 길을 연다. 그중 카라비너와 피톤의 개발은 가히 혁명적이다.

이 시기의 등반 사조는 자유 등반에서 다시 변화하여 인공 등반 기술을 탄생시킨다. 1904년 구스타프 하슬러Gustav Hasler와 프리츠 아마터Fritz Amatter가 2번의 비박을 감행한 끝에 핀스터아어호른(Finsteraarhorn·4,275m)의 북벽을 오른다. 이로써 알프스에서 북벽시대가 개막된다.

1906년 밸런타인 라이언이 가이드인 프란츠, 로흐마터와 함께 에귀유 뒤 플랑Aiguille du Plan의 동쪽 리지를 오른다. 이 루트는 세계대전 이전의 시기에 가장 험난한 곳으로 꼽히던 암벽 등반 루트 가운데 하나다.

세계 최초의 암벽 등급 체계 완성

1921년부터 1926년까지 5년에 걸쳐 독일의 암벽 등반 명인인 빌로 벨첸바흐Willo Welzenbach가 세계 최초로 근대적인 암벽 등급 체계를 창시한다. 그가 창시한 6등급 체계의 암벽 등급 체계를 '벨첸바흐 스칼라Welzenbach Skala'라고 하며, 이 등급 체계는 세계 각국으로 퍼져 나간다.

벨첸바흐는 동부 알프스 티롤 지방의 빌더 카이저Wilder Kaiser 산군의 암장에 난이도를 6등급으로 나눈 약 200여 개의 루트를 등급화해서 6단계로 평가의 척도를 만들었으며, 이 평가 척도는 그 후 오랫동안 사용된다.

빌로 벨첸바흐
암벽 등반의 난이도를 6등급으로 나눈 암벽 등급 체계를 창시한다.

이 등급 체계는 암벽 등반의 어려운 정도를 1~6급까지로 구분했고, 루트 전체의 어려운 정도를 나타내는 루트 등급과 암장의 부분적인 난이도를 피치*별 등급으로 체계화하고 있다. 오늘날 세계 각국에서 널리 사용하고 있는 이 암벽 등급 체계는 등반 내용을 더 자세하고 정확하게 알 수 있도록 해주었기 때문에 등반에서는 아주 중요하게 여기고 있다.

이 시대에는 암벽과 빙벽 등반에 필요한 새로운 용구가 개발되면서 그동안 등반이 불가능할 것으로만 여겨졌던 벽에 새로운 길이 열린다. 등반 사조가 능선에서 암벽으로 옮겨가자 가파르고 험한 암벽에 길을 뚫기 위해 새로운 도구가 필요했다.

인공 등반의 총아, 피톤과 카라비너

20세기에 들면서 유럽 등산계에는 새로운 바람이 일기 시작했다. 독일과 오스트리아 산악인들은 현 상태대로라면 '등산이 한계에 이른 것이 아닌가'라는 우려를 하기 시작했으며, 새로운 용구에 의존하지 않는 한 등산의 발전은 기대할 수 없다고 보기 시작했다.

이러한 시대적인 요구 속에서 출현한 인공적인 용

피치 pitch
암벽, 빙벽 등반에서 한 확보 지점에서 다음 확보 지점까지를 의미하는 말. 마디라고도 한다.

에귀유 뒤 플랑 북벽
한 등반가가 북벽 근처의 눈사면을 스키를 타고 내려오고 있다.

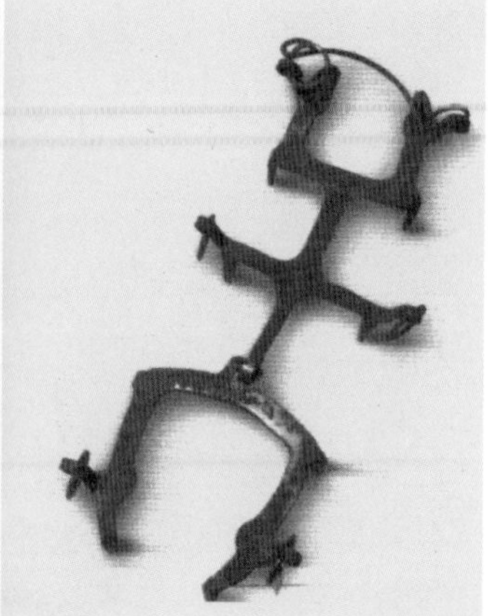

오스카 에켄슈타인(왼쪽)과 그가 개발한 에켄슈타인 크램폰(오른쪽)

구가 카라비너, 피톤, 크램폰 등이다.

이런 용구의 보급으로 암벽 등반은 1900년대 초에서 제1차 세계대전에 이르기까지 피톤과 카라비너를 사용하는 새로운 기술 체계로 발전한다. 암벽 등반은 이러한 새로운 국면을 맞이하면서 인공 등반으로 발전한다.

크램폰은 독일어로는 슈타이크아이젠이며, 이 용구의 최초 모습은 1908년에는 영국의 오스카 요하네스 루트비히 에켄슈타인Oscar Johannes Ludwig Eckenstein이 개발한 10발 크램폰이다. 일명 '에켄슈타인 크램폰'이라 부르는 이 용구는 당시 크램폰의 기본형이 되었다. 이후 1932년에는 크램폰의 일대 혁명이라 할 수 있는 12발 그리벨 크램폰이 개발된다.

로랑 그리벨Laurent Grivel이 고안한 이 용구는 기존의 10발 크램폰 앞쪽에 발톱 2개를 추가한 것으로, 현재 사용하고 있는 크램폰의 기본형이다.

크램폰의 개발은 알프스 북벽시대의 주 무기가 되어 동계 암벽 등반 및 빙벽 등반 시대를 열어 주었으며, 이제까지의 등반 형태에 일대 혁신을 가져다준다. 특히 마터호른과 아이거 북벽 초등 당시 크램폰의 활용은 불가능을 가능케 한 발명품으로 대환영을 받는다.

또한 1910년에는 독일의 오토 헤어초크Otto Herzog가 카라비너를 개발하면서 암벽 등반에 사용하기 시작한다. 그는 독일 뮌헨의 소방수들이 화재 진압에 사용하던 서양 배pear 모양의 클립을 보고 암벽 등반에 응용할 수 있을 것이라 착안한 후, 연구를 거듭한 끝에 새로운 모양으로 고안해 실용화하는 데 성공한다.

로랑 그리벨(위)과 한스 듈퍼(아래)

카라비너를 개발한 헤어초크는 1923년에 약 350미터의 드라이친켄슈피체Dreizinkenspitze를 3일 만에 초등한 사람으로 이 등반은 최초의 6급 등반으로 기록된다.

피톤 또한 같은 해에 오스트리아의 한스 피히틀Hans Fiechtl에 의해 개발되어 카라비너와 함께 등반에 사용된다. 피톤은 독일어로는 벽mauer에 박는 쇠 못 또는 갈고리haken라는 의미에서 마우어 하켄mauer haken이라 부른다. 영어와 프랑스어에서는 모두 'piton'이라는 철자를 쓰며 미국과 영국에서는 피톤, 프랑스에서는 피통이라고 부른다.

지금과 같은 피톤의 기본형은 이 시기에 만들어졌고 발명자의 이름을 붙여 '피히틀 피톤'이라고도 하며, 이때 고안된 피톤은 기본 형태가 변하지 않은 채 오늘에 이르고 있다.

등반 사상 최초로 피톤의 기본형이 등장한 것은 1910년이지만 그 이전에도 원시적인 형태의 L자형 철제 로프걸이가 사용되고 있었다. 이 L자형 고리가 피톤의 조상이 되는 셈이다. 이것은 카라비너를 끼울 수 있는 구멍도 없었다.

이때는 카라비너가 개발되기 전이었기 때문에 구멍의 필요성이 없었던 것이다. 당시 암벽 등반의 선등자는 L자 모양으로 휘어진 부분에 로프를 걸쳐 두는 식으로 확보를 했다. 그 후 고리의 머리에 구멍을 뚫고 보조 끈으로 고리 매듭을 만들어 로프를 통과시키면서 등반했다.

등반자는 고리마다 끈을 묶고 푸는 불편하고 성가신 과정을 없애기 위해 열고 닫기 편한 철제 고리의 필요성을 절감하게 되었으며 이런 필요에 의해 카라비너가 탄생했다. 카라비너가 개발된 후에는 피톤의 머리 부분에 구멍을 뚫어 보조 끈을 묶고 푸는 불편함에서 해방된다.

피톤의 발명자 피히틀은 피톤과 카라비너는 실과 바늘처럼 불가분의 관계를 가진 용구인 것을 실감하고 두 가지 용구를 함께 사용하는 확보 방법을 개발해서 암벽 등반 기술을 한층 더 발전시킨다.

또한 같은 시기에 한스 듈퍼가 듈퍼지츠Dülfersitz 기술을 개발한다. 압자일렌, 현수하강이라고도 부르는 이 기술은 암벽에서 로프에 매달려 하강을 하거나 루트를 변경할 때 옆으로 이동하는 펜듈럼* 기술까지도 포함하는 것으로 당시로서는 혁신적인 기술이었다.

펜듈럼 pendulum
고정 로프에 매달린 채 시계추처럼 몸을 움직여 옆으로 이동하는 등반 기술.

피히틀의 피톤, 오토 헤어초크의 카라비너, 듈퍼의 듈퍼지츠 기술, 이 세 가지 요소가 삼위일체를 이룬 인공 등반 기술은 제1차 세계대전 직전까지 동부 알프스 북부 지방과 돌로미테, 서부 알프스 쪽에서 성행한다.

한스 듈퍼는 1912년부터 제1차 세계대전에 참전하여 22세의 젊은 나이로 전사할 때까지 3년 동안 인공 등반 기술을 체계화한다.

사람과 산을 결속시키는 고리, 카라비너

1930년대의 카라비너는 연철로 만들어져 300~400킬로그램의 하중에도 곧잘 파괴되었다. 1935년에는 안전 잠금 장치가 달린 로킹 카라비너locking carabiner가 출현하여 호응을 얻는다. 이후 1940년 이전까지는 강철 제품을 사용해 오다가 제2차 세계대전 중에 알루미늄을 소재로 한 신제품이 개발되어 오늘에 이르고 있다.

알루미늄 카라비너는 미 육군 산악 장비 개발 위원인 윌리엄 하우스에 의해 1941년에 개발된다. 이것이 현재 사용하고 있는 알루미늄 카라비너의 시초다.

하우스는 미국 동부 지역의 산군에서 수많은 초등 루트를 개척한 클라이머인 동시에 미 육군 산악 장비 개발팀의 일원이기도 하다. 현재의 카라비너는 고강도 소재인 두랄루민을 써서 경량화했다. 이렇게 경량화하자 거벽 등반 시 장비를 많이 휴대할 수 있게 되었고 등반의 속도와 안정성도 함께 향상되었다.

오늘날의 카라비너는 등산뿐만 아니라 군사 작전, 소방 작업, 광산의

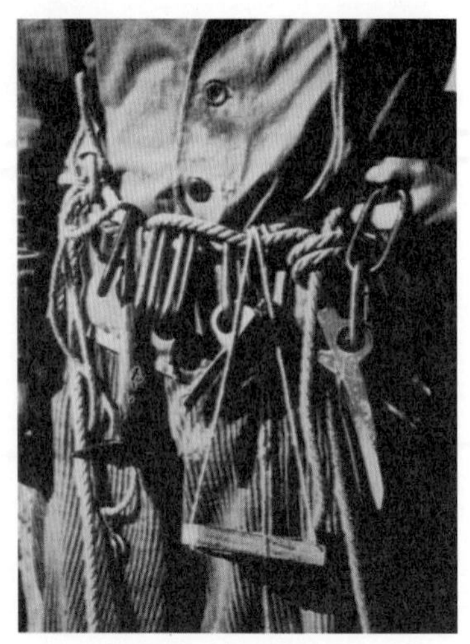

1930년대 등산 장비를 착용한 모습

채광 작업, 건축 공사, 항공기 산업 등 여러 분야에서 다각적으로 이용되고 있다. 20세기 초 소방수가 진화 작업용으로 쓰던 이 용구는 알피니스트들의 손으로 옮겨간 후로 산을 향한 도전의 불길을 오히려 높여 주는 촉매 역할을 하고 있다.

옛 산악인들에게 카라비너는 단순한 금속 물건이기 이전에 산악인들의 혼이 담긴 결속의 고리라는 상징적인 의미를 지니고 있었다.

1937년 한국의 선구적인 산악인들이 모여 만든 산악 단체 '백령회'는 신참 회원 입회식에서 동지 간에 결속을 다진다는 의미로 카라비너를 고참 회원들의 것과 연결하는 의식을 치렀다고 한다.

피톤의 출현은 등산 용구 발달사에서 가장 주목할 만한 혁명적인 사건이지만 한편에서는 이러한 인공 장비를 통한 등반에 냉소적인 시선을 보내며 이것의 사용을 비판하는 목소리도 높았다. 심지어 "피톤을 사용하기보다는 죽는 편이 낫다"고 주장하는 극단적인 자유 등반 신봉자들도 많았다.

알파인 클럽 회장을 지낸 윌슨은 "피톤은 명예스럽지 못한 용구"라고 매도했는데, 이런 의견이 당시에는 일반적이었다. 하지만 이런 편견과 비판에도 불구하고 피톤은 실용화의 길을 걷게 되면서 새로운 국면으로 돌입한다.

돌로미테를 대표하는 거벽 트레 치메 오른쪽에서 왼쪽으로 치마 오베스트, 치마 그란데, 치마 피콜라.

1912년부터 알프스의 등반 수준은 급진전하여 이탈리아 돌로미테와 같은 수직의 거벽을 초등반하는 시대가 열린다. 이 시대를 대표했던 인물 중에서 에밀리오 코미치를 빼놓을 수 없다.

그는 이탈리아 사람으로 '이탈리아의 국민적 산악인'으로 추앙받던 인물이다. 그는 돌로미테의 수직 거벽들의 세계에서 활동하며 39년이란 짧은 생을 마감할 때까지 600여 개의 암벽을 등반했으며, 200여 개의 초등 루트를 개척해 6급 등반 시대의 막을 여는 데 공헌했다.

특히 그가 1933년에 이룩한 치마 그란데Cima Grande 북벽 초등반은 길이 남을 성과다. 550미터 높이 중 180미터가 오버행을 이룬 이 거벽을 80개의 피톤을 사용하여 오른 성과는 알프스 북벽 등반의 전환점

에밀리오 코미치
6급 등반 시대의 막을 여는 데 공헌한 이탈리아의 '국민 산악인'.

이 된다. 코미치는 어려움을 추구하기 위해 직등을 주장했고, 단독 등반에 많은 관심을 보였다. 1937년에는 자신이 초등한 치마 그란데 북벽을 3시간 30분 만에 단독 등반으로 재등하여 세상을 놀라게 한다.

그는 1940년 등산학교 교육생을 지도하던 중 로프 절단 사고로 추락사하기까지 수많은 초등과 난이도 높은 6급 등반의 세계를 열면서 한 시대를 이끌었고 현재의 인공 등반 표준 스타일을 마련한다. 그가 평소에 강조한 것은, 가능하면 첫 피치에 1개 정도의 피톤을 사용하도록 하는 것으로 인공 보조 용구의 과용을 억제해야 한다는 것이었다. 그는 인공 등반 기술을 창안했으나 기존의 루트에서 피톤의 사용을 최소화하는 데 노력했으며, 그의 초등 루트에서도 이런 흔적이 엿보인다.

그가 발전시킨 인공 등반 기술은 알프스 전역의 수직 벽과 오버행에서 위력을 발휘했으며, 돌로미테와 같은 수직의 세계에서는 그의 등반 기술이 가장 적절한 방법이기도 했다. 줄사다리 3개를 사용하여 암벽의 루프*를 넘는 기술도 그가 개발한 것이다.

이런 기술은 1960~70년대 우리나라 암벽 등반에서도 흔하게 사용되었다. 그 대표적인 곳이 도봉산 주봉에 있는 천장 코스와 인수봉 귀바위 천장이다.

루프 roof
오버행보다 더 기울어 마치 천장처럼 드리워진 바위 면.

강철 피톤의 출현

초기의 피톤은 연철의 소재로 주조하여 바위 틈새 모양에 따라 알맞게 변형되어 들어가 박히도록 만들어 사용했으나, 1950년대 후반 미국의 존 살라테John Salathe에 의해 강철 피톤이 만들어져 보급되기 시작한다. 강철 피톤은 상업화에 성공하여 피톤 사용 기술을 향상시키는 데 기여했다. 살라테가 제작한 피톤은 포드 자동차 T4형의 스프링을 사용하였기 때문에 강도가 높았다.

그 후 1957년부터 10년 동안 이본 취나드Yvon Chouinard가 만든 강철제 피톤이 유럽까지 널리 보급된다. 취나드는 피톤 제작 기술을 살라테로부터 전수받았으며 그 후 자신의 독창적인 아이디어로 피톤의 여러 모델을 제작한다.

등반 용구 개발의 귀재라고 불리는 취나드는 여러 차례 반복하여 사용해도 형태가 변형되지 않는 나이프 블레이드knife blades, 부가부bugaboos, 러프RURP, 봉bong 등 여러 모델을 만들어 보급한다. 당시는 미국의 요세미티의 하프 돔Half Dome, 엘 캐피탄El Capitan 등의 거벽에 새로운 길이 개척되면서 세계의 이목이 집중되던 시기였으므로 연철 피톤을 사용하던 유럽에서도 취나드의 강철 피톤이 인기리에 보급된다.

취나드가 만든 여러 종류의 피톤 가운데 가장 특색이 있는 것은 우표 정도 크기의 규격을 지닌 도끼날 모양의 작은 피톤인 러프다. 이 피톤은 작으면서도 효용 가치가 높았기 때문에 과장해서 '피톤의 지존'이라고 표현하기도 한다.

러프는 머리카락 굵기의 미세한 바위 틈새에도 박을 수 있어 매우 어려운 인공 등반 A4급의 루트를 A2급으로 떨어뜨릴 정도로 성능이 우수하였다. 한때 이 장비는 등반가들에게 큰 사랑을 받으면서 목걸이용 장신구나 열쇠고리로도 애용되었다.

20세기 초 등반 역사의 무대에 등장한 피톤은 한 세기가 끝나는 시점에서 그 사용 범위가 점차 좁아졌다. 피톤이 바위의 파손을 가중시키는 환경 파괴의 주범으로 매도된 이후 그 수요가 점차 감소하고 있기 때문이다. 이제 피톤은 바위의 파손 없이 등반이 가능한 캠* 장비로 대체되고 있다. 장비 사용에서 중요한 문제는 그것의 사용 한계를 설정하는 것이다.

자유 등반의 기수, 파울 프로이스

인공 등반이 성행하던 이 시기에 한편에서는 피톤의 사용을 거부하고, 피톤리스pitonless 등반을 몸소 실천한 오스트리아의 파울 프로이스Paul Preuss와 같은 자유 등반 신봉자도 있었다. 그는 피톤이나 카라비너 같은 인공 용구의 사용을 거부한 채 당대 최고 난이도의 등반을 자유자재로 해냈다. 그는 암벽 등반의 순수성을 주장했으며 자유 등반을 몸소 실천했다.

프로이스는 동부 알프스와 돌로미테, 서부 알프스의 몽블랑 산군에 이르기까지 족적을 남기며, 생전에 1,200여 개의 봉우리를 등정했다. 이 중 300여 개가 단독 등반이며 150여 개는 초등반이었을 만큼 그는 왕성한 활동을 한 등반가였다.

그는 몬테로사 동계 초등반에 성공했고, 1911년 7월에는 돌로미테의 캄파닐레 바소(Campanile

캠 cam
등반 중 크랙 등에 집어넣어 확보물로 사용하는 스프링 달린 금속제 용구.

몬테로사의 전경 파울 프로이스는 자유 등반으로 몬테로사 동계 초등반에 성공한다.

Basso·2,877m)의 동벽을 단독 초등정하면서 세상을 놀라게 한다. 그는 기둥을 박아 세운 듯한 이 암탑을 피톤, 카라비너, 로프 등 일체의 인공 용구를 사용하지 않은 채 2시간 만에 초등한다.

캄파닐레 바소는 이 유명한 등반 이후 26년 동안 재등을 허락하지 않았다. 그러다가 1937년에 이르러서야 에밀리오 코미치가 프로이스와 똑같이 로프 없이 단독 자유 등반으로 올라 그의 진가를 한층 돋보이게 했다. 이 등반은 평소 자유 등반을 신봉했던 프로이스의 신념을 잘 표출한 등반이었다.

자유 등반에 대한 열망

파울 프로이스

자기 소신에 투철했던 위대한 자유 등반의 기수 파울 프로이스는 1913년 동부 알프스의 만들 코겔Manndl Kogel 북벽의 오버행에서 단독 등반 중 추락하여 27세의 젊은 나이로 삶을 마감한다. 결국 프로이스는 그의 이상을 실현하기 위해 자유 등반을 실천하긴 했지만 피톤을 사용했다면 좀 더 오래 등산 활동을 할 수 있었을 것이다.

후일 그의 죽음을 놓고 리카르도 카신Riccardo Cassin은 "그의 자유 등반에 대한 열망은 존경하지만 등반 중에 목숨을 잃을 수 있는 자유 등반 일변도는 현실성이 없다. 나는 목숨을 잃기보다는 피톤 하나를 더 사용하겠다"라고 말하기도 했다.

프로이스는 등반을 인간의 자연스러운 육체적 능력으로 보았으며 등반 장비의 개발과 진보가 등반의 난이도를 낮추어서는 안 된다고 말했다. 그는 등반 장비가 위험하고 어려운 구간을 쉽게 돌파하는 데 습관적으로 이용되어서는 안 된다며 피톤의 사용을 '인위적인 구걸'이라고 배척했다. 그는 로프나 중간 확보물이 없는 상태로 등반을 진행했고 인공 장비의 사용을 스스로를 기만하는 행위로 규정하고 장비의 기능을 포기하라고 주장했다.

그가 만들 코겔 북벽 초등에 도전하다가 추락사했을 때 사람들은 그가 "자신의 등반 철학에 의해 타살되었다"고 말했다.

아이스피톤의 출현

1924년에는 프리츠 리겔레Fritz Rigele가 아이스피톤을 개발해 실용화에 성공한다. 이 용구의 개발은 당시 유럽의 산악인들에게 구원의 메시지나 다름없었다. 이 용구의 도움으로 얼음과 눈에 덮여 있는 험난한 북벽들이 차례로 길을 내주기 시작한다.

아이스피톤이 처음 등반에 사용된 것은 1924년 7월이다. 그로세스비스바흐호른Großes Wiesbachhorn 북서벽에서 리겔레와 벨첸바흐가 함께 등반하면서 그 성능을 실증했다. 리겔레가 만든 최초의 아이스피톤은 'ㄷ'자 모양의 링 피톤이었으며, 이것이 아이스피톤의 원조다. 암벽 틈새에 박는 피톤의 발명이 한스 피히틀의 공로였다면 빙벽용 피톤의 발명과 보급은 리겔레와 벨첸바흐 두 사람의 공로다.

1900년대 초에서 제1차 세계대전에 이르기까지 암벽 등반은 피톤과 카라비너를 사용하는 새로운 기술 체계로 진전하여 인공 등반으로 발전한다. 그러나 빙벽 등반은 제자리걸음을 하고 있었다. 이 시기의 빙벽 등반에서는 10발 크램폰과 80센티미터의 긴 피켈을 사용했으며, 70도 이하의 경사를 오르는 것이 한계였다. 수직 빙벽에서 인공 등반을 한다는 것은 상상조차 할 수 없는 일이었다.

아이스피톤의 발명자인 프리츠 리겔레는 빙벽 등반의 한계가 70도의 경사에 머무는 현실을 개탄했으며 추락을 막아 줄 혁신적인 확보 장비의 필요성을 느끼고 있었다. 사정이 이렇다 보니 선등자로서는 추락하지 않고 오르는 것이 최선의 방법이었다. 생명의 위협을 느낀 등반자들은 얼음에서 사용할 수 있는 확보물이 있어야 했다.

리겔레가 아이스피톤 개발에 유독 관심을 갖게 된 것은 암벽용 피톤을 사용하던 중 아이디어를 얻으면서부터다. 1922년 리겔레는 친구와 함께 알프스의 슈람미혀 북서벽을 오르던 중 비박을 한다. 이때 그의 친구가 빙벽과 바위가 만나는 지점의 바위 틈새에 피톤을 박고 랜턴을 걸어 놓았는데 리겔레는 친구가 피톤을 얼음에 박은 것으로 잘못 알았다. 그때 얼음에 박는 피톤이 있다면 유익하게 쓰이겠다고 생각하다 그것이 동기가 되어 아이스피톤을 개발하게 된다.

그는 여러 개의 피톤을 디자인해 제작한 후 빙하의 얼음에 때려 박고 성능을 시험한다. 그는 얼음 속에 박힌 피톤이 곧 얼어 버리면서 고정되는 것을 보고 든든한 확보 지점으로 쓸 수 있다는 확신을 갖고 실용화 작업에 착수한다.

그는 몇 개의 견본을 만들어 대장장이 힐첸하우저에게 아이스피톤을 제작하게 하였다. 이때 만들어진 제품이 아이스피톤의 원조가 되는 셈이다. 그가 최초로 만든 제품은 길이가 18, 22, 24센티미터짜리 세 종류로 ㄷ자 모양의 링 피톤이었다.

리겔레는 1924년 7월 드디어 그로세스 비스바흐호른을 오르면서 아이스피톤을 시험해 본다. 이때 리겔레는 벨첸바흐와 함께 등반을 했는데 이 등반에서 극적인 사건이 일어난다. 두 사람이 등반을 끝내고 하산하자마자 북서벽 루트 쪽에 있던 빙벽 전체가 무너져 내린 것이다.

그로세스 비스바흐호른은 아이스피톤이 시험적으로 사용된 첫 무대이기도 하지만, 9년 후인 1932년에는 마터호른 북벽 초등자인 토니 슈미트Toni Schmid가 그의 아이스피톤이 파손되면서 추락하여 장렬한 최후를 맞은 곳이기도 하다.

리겔레가 만든 초기의 아이스피톤은 단면이 ㄷ자 형태였으나, 1937년경에는 U자 형의 피톤이 성행했다. 그러나 이런 타입의 피톤들은 얼음에 때려 박을 때 얼음이 부서졌고 회수도 힘들었다. 이런 결점을 보완하기 위해 개발된 제품이 파이프 형이다. 파이프 형은 1938년경 이탈리아에서 최초로 만들어져 사용되었으나 널리 보급되지 못하다가 제2차 세계대전 후에 상품화되어 수요가 급증한다.

현재와 같은 모양의 스크루 형 아이스피톤이 출현한 것은 1960년경이다. 초기 아이스피톤은 톱니와 나선이 날카롭지 못했으나 당시로서는 획기적인 용구였다. 이 스크루는 직경 6밀리미터에 끝부분만 나선의 주름을 주었고, 오스트리아의 슈트바이라는 회사에서 처음 개발하여 보급했다. 이 용구는 얼음을 파괴하는 단점을 개선했기 때문에 그 수요가 늘어났다. 그 후 핀 스크루를 생산했으나 좋은 반응을 얻지 못했다.

1970년대 초에는 두드려 박고 돌려서 회수하는 방식의 바르트호크warthog가 개발되어 청빙bule ice에서 좋은 반응을 보였다. 1977년 한국 빙벽 등반의 최대 과제로 불리던 토왕성 빙폭이 초등될 때도 이 피톤이 사용되어 초등을 가능케 하였다. 그러나 바르트호크는 설치와 회수가 힘들어 체력 소모가 크다는 단점을 지니고 있었다.

1980년대 초에는 박는 방식을 개선한 파이프 형의 혁신적인 장비 스나그snarg가 개발되어 널리 보급된다. 이 장비는 미국 빙벽 등반의 대가인 제프 로Jeff Lowe가 크램폰, 아이스 해머, 아이스 액스Ice Axe 등 허밍버드 시리즈를 내놓을 때 만든 확보 용구다.

스나그는 몸체에 가는 나선을 둘러 만든 파이프 형으로 특히 청빙과 고드름 층으로 결빙된 얼음에서 설치와 회수가 용이하여 우수성을 인정받는다. 로는 용구 제작뿐만 아니라 『디 아이스 익스피리언스(*The Ice Experience*)』와 『아이스 월드(*Ice World*)』 같은 빙벽 등반에 관한 책을 저술하여 전 세계 빙벽 등반가들에게 많은 정보를 제공한다. 그가 디자인한 빙벽 용구들은 우수한 기능을 지닌 용구로 정평이 나 있다.

1980년대 말부터 개발된 새로운 형태의 튜블러 아이스 스크루Ice Screw는 날카로운 톱니 4개와 예리한 나선의 주름, 회전용 핸들을 부착하여 한 손으로 돌려서 설치와 회수가 가능하도록 하였으며 소재도 강철, 스테인리스강 등을 채택하여 강도를 높이고 있다. 이 용구는 마치 암벽에서 사용되는 스프링 장착 캠 기구와 같은 성능을 지니고 있다.

'도깨비 발명품'으로 괄시받은 크램폰

북벽시대에 출현한 새로운 용구들 중에서 크램폰은 논란의 대상이 되었다. 오늘날 보편화된 이 용구가 한때는 이단시되었다는 점은 흥미로운 일이다.

에켄슈타인 크램폰이 출현했을 때 독일과 오스트리아 산악인들은 이 용구에 대해 호의적이었지만, 정작 크램폰을 발명한 영국 땅에서는 크램폰 사용을 기피했다. 보수적인 영국 사람들은 크램폰과 같은 인공 용구를 사용해서 정상에 도전하는 일은 등산 정신에 위배되며, 이런 이기를 거부하는 것이야말로 순수한 등산이라는 이유를 내세워 크램폰 무용론을 주장하고 사용을 거부했다.

크램폰 무용론자들은 크램폰을 신고 등반하는 것은 '목마를 타는 것과 같은 놀이'라고 냉소했으며, 심지어는 '도깨비 발명품'이라고 혹평했다. 또한 이런 용구는 인간 능력의 한계를 극복하는 등반에 오히려 방해물이며, 등반 정신에 해악을 끼치는 쇠붙이라고 적의를 표하기도 했다.

정말 아이러니하게도 크램폰이 현대적인 형태로 발전할 수 있도록 기초를 마련한 에켄슈타인조차도 처음에는 크램폰은 경멸했다. 그는 1886년에 호베르크호른(Hohberghorn · 4,219m)의 빙벽을 등반하던 중 발판 깎기에 지쳐 등반을 포기하면서 비로소 크램폰의 효용 가치를 깨닫게 된다. 이후 크램폰 무용론이 그동안 자신의 무지와 편견 때문임을 깨닫자 서둘러 오늘날 크램폰의 원형이 되는 역사적인 물건인 10발 크램폰을 고안하기에 이른다. 아무튼 크램폰의 출현으로 등산은 한층 더 눈부시게 발전했으며 눈과 얼음에서의 등반의 개념을 완전히 바꾼다.

한스 라우퍼
1932년에 에켄슈타인 크램폰과 짧은 피켈을 이용해 아이거 북동벽을 등정한다.

크램폰은 일부 사람들의 편견에도 불구하고 1931년 마침내 마터호른 북벽에서 독일의 슈미트 형제가 크램폰을 신고 초등을 이룩함으로써 그 위력이 입증된다. 1932년에는 스위스 가이드 한스 라우퍼Hans Lauper가 에켄슈타인 크램폰과 짧은 피켈을 이용하여 아이거 북동벽을 등정했다.

프랑스에서 완성한 에켄슈타인 기술

에켄슈타인은 짧은 피켈과 크램폰 기술을 함께 조화시킨 '에켄슈타인 크램폰 기술'을 개발한다. 그가 개발한 플랫 푸팅flat footing 기술은 경사가 완만하고 얼음이 무른 빙벽에서 크램폰의 발톱을 골고루 박히게 하는 기술로, 오늘날 프랑스 빙벽 등반 기술로 통용되고 있는 피에 다 플라의 효시가 된다.

현재 빙벽과 설벽 등반에서 프론트 포인팅* 기술과 함께 널리 쓰이는 피에 다 플라pied à plat 기술을 일부 사람들은 정통 프랑스식 기술로 오인하고 있으나 이 기술을 창안한 사람은 영국의 에켄슈타인이다. 피에 다 플라는 '발을 평평하게 딛는 동작'을 뜻하는 프랑스어로, 이 기술은 에켄슈타인이 처음 개발했지만 프랑스 알프스의 굳은 설벽에 잘 적응되었기 때문에 프랑스 사람들이 더욱 정교하고 우아한 형태로 발전시킨다.

오늘날 이 기술은 프랑스식 기술로 대표되고 있으며 프랑스 등반가들의 자부심으로 표현되기도 한다. 프랑스 산악인들은 에켄슈타인 기술을 이용해 플랑 북벽과 트리올 북벽 등을 등정했다.

자크 라가르드Jacques Lagarde와 앙리 드 세농은 프랑스 알프스에서 이 기술을 최대한으로 발전시켜 세계적인 빙벽 등반 기술로 여러 나라에 널리 보급했다. 이 기술은 프랑스 국립스키등산학교ENSA뿐만 아니라 여러 나라의 등산학교에서 빙벽 등반의 기초 과정에서 널리 활용하고 있다.

10발 크램폰이 출현한 1908년부터 1930년대까지는 알프스의 거대한 빙벽에서 수많은 초등이 이루어져 10발 크램폰이 그 위력을 유감없이 발휘한다. 이 크램폰의 출현은 알프스 미등의 벽에 수많은 길을 탄생시켰으며 종래의 쇠 징triconni 박힌 등산화를 퇴출시키고 비브람vibram 고무창을 출현시키는 계기를 제공한다.

그뿐만 아니라 이 용구 덕분에 등반가들이 얼음에 스텝을 깎는 지겨운 노동에서 해방될 수 있었

프론트 포인팅 front pointing 빙벽 등반 시 크램폰의 앞 발톱으로 얼음을 차면서 오르는 기술.

다. 이후 그 실용가치가 인정되어 널리 쓰이기 시작했으며, 크램폰에 대한 부당한 시선도 점차 사라진다.

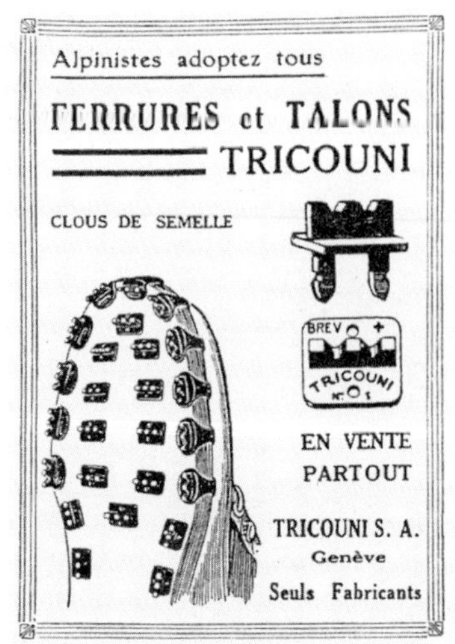

쇠 징 박힌 등산화, 트리코니

1932년 로랑 그리벨이 12발짜리 크램폰을 고안했는데 앞서 설명했듯 이것이 크램폰의 두 번째 혁명이다. 10발 크램폰은 그리벨 크램폰이 출현할 때까지 신병기로 극찬을 받으며 한 시대를 리드했는데, 1938년 안데를 헤히마이어Anderl Heckmair가 12발 크램폰과 구부러진 피크가 부착된 짧은 피켈을 이용한 프론트 포인팅 기술로 아이거 북벽의 빙원을 매우 빠른 속도로 돌파하여 그 진가를 십분 발휘한다. 처음부터 크램폰의 진가가 정당하게 평가되었다면 등산은 아마도 한 세대 일찍 발전했을 것이다.

발톱 3개에서 10개에 이르기까지

등산 용구 중에서 가장 오랜 역사를 지닌 용구는 두말할 것 없이 크램폰이다. 초기의 원시적인 3발짜리 크램폰은 1574년경부터 유럽 알프스에서 여행자나 목동, 영양 사냥꾼들에 의해 가파른 빙하나 목초지, 산비탈을 오르내릴 때 산악 지팡이와 함께 사용되었다.

가장 오래된 등산 기술서라 볼 수 있는 요지아스 짐러의 『알프스에 관한 해설서(*De Alpibus Commentarius*)』라는 책자에 쇠 발톱이 소개되고 있으니 이 물건이 크램폰의 조상이다. 크램폰은 피켈보다 3세기나 앞선 16세기 후반에 출현했으나 알프스 개척기에 피켈의 우수성에 가려 빛을 보지 못했다.

빙설 등산의 초창기에는 쇠 징이 달린 등산화를 신고 발판을 깎으며 등산했기 때문에 크램폰의 필요성을 절감하지 못했을 것이다. 당시 비판적인 이들은 쇠 징보다 좀 더 긴 발톱을 가진 크램폰이 무슨 소용이겠냐고 반문했을 뿐이다.

오늘날 크램폰은 피켈과 함께 가장 대표적인 빙설 등반 용구로 이용되지만 초기에는 피켈에 비해 단순 조역에 불과한 물건이었다. 오늘날 등반에서는 어느 용구가 주역이고 조역인지 구별하기가 곤란할 정도로 손(피켈)과 발(크램폰)을 함께 쓰는 등반 기술이 많기 때문에 두 용구 모두가 불가분의 관계를 지니고 있다. 힘들여 발판을 깎는 작업에는 한계가 있기 때문에 필연적으로 크램폰이 개발되지 않을 수 없었다.

크램폰의 독일어 명칭은 슈타이크아이젠Steigeisen이다. 'Steig'는 '오른다'를 'Eisen'은 '쇠'를 뜻한다. 즉 크램폰은 빙면과 설면을 오르는 뾰족한 쇠붙이를 뜻한다. 영어의 클라이밍 아이언climbing iron과 같은 의미다. 프랑스에서는 '크랑퐁'으로 발음하고, 영어권에서는 '크램폰'이라고 부르고 있다. 러시아에서는 크램폰을 신고 걷는 모습이 마치 고양이 걸음걸이 같다고 해서 고양이라는 뜻의 단어 코시카Кошка라고 부르며, 이탈리아에서는 람포니Ramponi라고 부른다.

소쉬르가 몽블랑 등정 때 3발짜리 초기 크램폰을 사용했다는 기록도 전해지고 있다. 1865년 알프스 황금시대를 마감하는 마터호른 등정 때, 에드워드 윔퍼는 크램폰을 지니고 있었으나 사용하지 않았다. 그는 친구인 케네디로부터 4발 크램폰을 받았지만 발판을 만들지 않는 한 제 기능을 발휘할 수 없는 용구라서 사용하지 않았다고 말했다. 그 이후 1882년 당 뒤 제앙의 등정으로 알프스 은시대가 막을 내릴 무렵까지 17년 동안 크램폰은 개량되거나 진보되지 않다가 1908년에 이르러서야 10발 크램폰이 출현한다.

앞발톱 2개가 일으킨 등반 혁명

1932년 크램폰의 일대 혁명이라 할 수 있는 12발 크램폰이 마침내 출현한다. 개발자의 이름을 딴 '그리벨 크램폰'은 기존의 10발 크램폰의 앞쪽에 발톱 2개를 첨가한 것이다.

크램폰의 발전 과정을 살펴보면 발톱 수와 함께 기능도 향상되어 왔다고 할 수 있다. 12발 크램폰은 독일과 오스트리아 등반가들에게 열광적인 환영을 받으며 수직의 빙벽에서 등반 기술과 속도를 한층 향상시켜 주면서 급속히 보급된다.

그리벨의 이 신병기는 에귀유 베르트의 윔퍼 쿨루아르에서 시험 등반을 해본 결과, 스텝 커팅을 하며 앞서가던 팀을 즉시 따라잡을 수 있었다. 당시 시험 등반에는 고안자인 그리벨이 직접 참가했다. 이후 그리벨 크램폰은 프론트 포인팅 기술을 발전시키는 데 공헌한다.

새로운 용구의 탄생과 변천, 그리고 이에 따른 등반 기술의 개발 자체가 바로 등반사의 흐름이라 할 수 있다. 새로운 용구가 출현하면, 그때까지 유보되었던 난제가 해결되었으며, 등반 불가능 판정을 받았던 곳에 새로운 길이 열렸다.

에귀유 베르트 이 장대한 봉우리에서 12발 크램폰의 성능을 검증했다.

12발 크램폰의 출현은 등반 용구 발전사에서 하나의 획기적인 사건이 되었으며, 등반은 새로운 국면을 맞게 된다. 그중 하나가 빙벽 등반에서 프론트 포인팅 기술의 발전이다. 세계의 모든 등반가들에게 가장 많이 애용되는 이 기술은 인체공학적으로 빙벽을 가장 자연스럽고 안전하게 오를 수 있는 방법이다. 체력 소모를 줄여 주면서 신속하게 산에 오를 수 있는 우수한 기술로, 프랑스의 피에 다 플라 기술과 쌍벽을 이룬다. 이 기술이 발전하도록 그 기초를 마련해 준 장비가 바로 12발 크램폰이다.

그리벨 크램폰이 처음 출현했을 때 프론트 포인팅과 피에 다 플라 기술 간의 우위성을 놓고 등산가들 사이에서는 많은 설전이 오갔다. 프론트 포인팅을 선호하는 측은 피에 다 플라는 부자연스럽고 배우기 어려울뿐더러 수직의 빙벽에서는 무용지물이라는 의견을 내놓아 자존심이 강한 프랑스 산악인들을 격분시켰다.

그러나 1970년대 초부터는 프랑스 산악인들의 90퍼센트가 프론트 포인팅 기술의 우수성을 인정하고 이 기술을 사용한다. 결국 실용성에 굴복한 것이다.

등산 장비 발전사에서 12발 크램폰이 등반 성과를 높여 준 일화는 많다. 1938년 7월에는 아이거(3,970m) 북벽을 앞에 놓고 독일과 오스트리아 팀이 한판 승부를 겨룬다. 오스트리아의 하인리히 하러Heinrich Harrer 팀과 독일의 안데를 헤히마이어 팀 간의 경쟁에서, 독일 팀이 12발 크램폰의 위력 덕분에 속도 경쟁에서 오스트리아 팀을 앞지른다.

당시 아이거 북벽은 알프스에서 마지막 남은 과제로 여러 산악인들이 호시탐탐 초등의 영예를 얻고자 주목하고 있었다. 오스트리아 팀보다 하루 늦게 출발한 헤히마이어 팀은 신병기인 12발 크램폰을 신고 하인리히 하러 팀을 추월한 후, 하루를 앞서나가 상대 팀을 놀라게 한다. 결국 두 팀은 한 팀이 되어 정상에 오르지만 이때 헤히마이어의 신속한 등반을 목격한 하러는 당시 상황을 저술한 등정기 『하얀 거미』에서 그때의 놀라움을 다음과 같이 전하고 있다.

> 뒤처져 오던 헤히마이어는 처음 보는 이상한 모양의 12발 크램폰을 신고 우리들 앞에서 체조 선수처럼 곡예 등반을 연출했다. 이것은 좀처럼 볼 수 없는 진기한 구경거리였다. 그의 동작은 명인의 예술 같기도 했으며, 얼음판에서 벌이는 아이스 댄싱 같기도 했다. 크램폰의 앞발톱 2개로 얼음에 구멍을 내며 야금야금 기어 올라가고 있는 것이었다. 이 용구의 장점에 모두가 놀랐다.

빙벽 등반 기술의 우수성 논쟁

1960년대는 등반계에 국가 의식이 강하게 작용하던 시대였다. 이런 경향 때문에 오스트리아의 프론트 포인팅 기술, 프랑스의 플랫 푸팅 기술, 심지어는 미국의 스리 어클락 포지션* 기술까지 등장했다.

프랑스 사람들은 10발 크램폰을 신고, 발목을 구부려 발바닥을 붙이며 몽블랑 산군의 설면을 올라갔으며, 오스트리아와 독일 사람들은 크램폰의 앞 발톱만을 사용하여 빙벽을 올랐다.

미국 사람들은 독일과 프랑스 기술을 절충한 스리 어클락 포지션 기술로 빙벽을 올라갔다. 이들은 서로 자기 나라에서 개발한 기술이 더 우수하다고 내세웠다.

1969년 프랑스 빙벽 등반의 대변자 격인 앙드레 콩타민André Contamine은 《라 몽타뉴(*La Montagne*)》라는 등산 전문지에 "등반가들에게 프랑스식 피켈 사용 기술인 피올레 앙크르*는 가장 유용한 기술 중 하나다. 이 방법으로 오르면 가파른 경사도 쉽게 올라갈 수 있다. 이것이 프랑스식 기술이다" 라고 기고하며 프랑스 기술의 우수성을 주장했다.

2년 뒤 오스트리아 등반가 바스틀 마리너Wastl Mariner가 같은 잡지에 "프론트 포인팅 기술은 인체의 해부학적 측면에서 볼 때 가파른 빙벽을 오르는 일에 가장 자연스러운 방법인 동시에 가장 안전하고 체력 소모를 막는 방법의 기술이다. 이에 비해 프랑스 기술은 부자연스럽고 배우기가 매우 어렵다"라고 평했다.

마리너의 이와 같은 비판에 프랑스 국립스키등산학교의 학생들은 분개하면서 그 기사 내용을 학

스리 어클락 포지션
3 O'clock position
빙벽 등반에서 발을 3시 방향으로 하는 자세.

피올레 앙크르 piolet ancre
피켈로 확보하여 빙벽을 오르는 기술. 이 기술은 등·하강 및 횡단 시에도 모두 이용된다.

교 게시판에 내걸고 일대 소동을 일으켰다. 세계 최고의 기술로 인정받으며 프랑스 국립스키등산학교를 통해 세계 각국에 보급해 온 자신들의 기술을 비하하자 격분한 것이다. 프랑스 기술이 전 세계 등산 교육 기관에 널리 보급된 것은 콩타민이 여러 잡지에 기술에 대한 해설을 싣는 동시에 프랑스 가이드 양성소에서 이 기술을 가르쳤기 때문이다.

콩타민은 샤를레의 뒤를 이은 빙벽 등반의 대가였다. 한국에서도 1970년대에 인기 높은 제품으로 널리 사용했던 '샤를레 슈퍼-콩타 Charlet Super-Conta 피켈'은 그가 고안한 것이었다. 이 피켈은 최초로 헤드에 구멍을 냈으며 피크에 깊은 톱니를 파서 지지력을 한층 더 높여 안전 확보에 도움이 되도록 개량한 것이었다.

우리나라는 1971년 한국산악회가 프랑스 국립스키등산학교에 훈련생들 8명을 파견하여 프랑스 빙벽 등반 기술을 전수받아 국내 최초로 체계적인 기술을 보급하기에 이른다.

기능의 총화, 현대 크램폰

몸체가 일체형으로 만들어진 리지드 크램폰*이 개발된 것은 1960년대다. 물론 그 이전인 1930년대 후반에도 오스트리아의 일부 등반가들은 크램폰이 구부러지지 않도록 이음쇠를 대고 용접하여 사용한 예가 있었으니 이것이 리지드 크램폰의 효시라고도 할 수 있다.

리지드 크램폰을 완벽한 제품으로 발전시킨 것은 장비 디자인의 대가이자 '현대판 에켄슈타인'이라 불리는 이본 취나드다. 그는 미군으로 한국에 근무

리지드 크램폰 rigid crampon
몸체가 이음쇠 없이 하나로 고정된 일체형의 크램폰.

이본 취나드
장비 디자인의 대가로 '현대판 에켄슈타인'으로 불린다.

하면서 1965년 북한산 인수봉에 취나드 A루트와 취나드 B루트를 개척하여 우리나라 산악인들에게도 널리 알려진 인물이다.

1967년 그가 친구인 톰 프로스트Tom Frost와 함께 개발한 리지드 크램폰은 몸체의 앞과 뒤가 이음쇠 없이 통째로 만들어진 획기적인 구조로, 빙벽에서 프론트 포인팅 자세로 버티고 서 있기 좋도록 그 기능을 높여 빙벽 등반에서 최적의 조건을 제공했으며 등산화에 꼭 맞도록 조절할 수 있게 만들었다.

그는 리지드 크램폰과 픽pick이 굽은 피켈을 만들고, 혁신적인 더블 액스 테크닉double axe technic을 개발하여 빙벽 등반의 기술적인 한계를 높였으며, 누구나 즐길 수 있도록 대중화에 성공한다.

이 기술은 프론트 포인팅 기술과 병용하여 두 자루의 피켈을 양손으로 사용해 몸을 당겨 오르는 기술로, 빙벽 등반의 속도와 안정감을 함께 향상시켰을 뿐만 아니라 그동안 난제로 여겨 왔던 오버행에서의 자유 등반까지 가능케 했다.

피켈로 몸을 끌어올리는 것을 프랑스어권에서는 피올레 트락시옹piolet traction이라 부른다. 더블 액스로 오르는 기술을 일부에서는 '빙벽에서의 자유 등반'이라고 하지만 2개의 손도구와 크램폰이라는 인공적인 용구에 의존하는 측면이 강하므로 반론도 제기되고 있다. '빙벽을 자유 등반으로 오른다'는 표현은 적절하지 않다고 할 수 있다.

1950년대 중반부터 신발 크기에 맞게 조절할 수 있는 크램폰이 개발되었으며, 크램폰의 공정도 북에 달군 쇠를 하나하나 두들겨 만드는 대장간 형태의 수작업 생산 체제에서 탈피하여 강판에 구멍을 뚫어 가공하는 공장 체제의 대량 생산으로 바뀐다. 1970년대 한국의 빙장에서 인기를 누렸던 일본제 브랜드 '타니'와 같은 제품이 대표적인 단조품이다.

프론트 포인팅 기술의 전성시대를 맞은 오늘날의 크램폰은 재질과 발톱의 각도와 모양, 탈착의 용이성 등이 주요 관건이 되고 있다.

1980년대 초에는 빙벽 등반의 달인 제프 로가 20개의 발톱에 탈착이 손쉽도록 스키 바인딩 방식을 채택한 풋팡 크램폰을 개발한다. 이 크램폰은 수직형의 톱니를 최초로 채용하여 얼음에서 관통력과 접착력을 높였다.

근대 등반이 시작된 이래 크램폰은 가장 중요한 용구로 인정받고 있다. 세계 도처 고봉의 정상에 사람이 흔적을 남기게 된 것은 크램폰이 지닌 우수한 기능 때문이다.

등산의 기본은 걷기다. 크램폰을 신고 걷는다는 것은 새로운 시작이며 성취이기 때문에 이 용구의 효용 가치는 다가올 다음 시대에까지도 이어질 것이다. 두 세기를 거치는 동안 크램폰은 미답의 산정에 인류의 발자취를 남기는 데 충실한 파트너 역할을 해냈다.

여기서 잠시 북벽시대를 대표할 만한 등반 성과를 살펴보자. 1925년 에밀 졸레더Emil Solleder와 구스타프 레텐바우어Gustav Lettenbauer가 1,000미터당 15개의 피톤을 사용해 푼타 치베타(Punta Civetta·2,892m) 북벽을 등반한 일은 현대 등반 초기의 쾌거로 꼽힌다.

1929년 프리츠 헤르만이 혼자서 마터호른 서벽을 등정했으며, 1931년 8월에는 알프스의 마의 벽으로 불리던 마터호른 북벽이 독일의 프란츠 슈미트Franz Schmid, 토니 슈미트 형제에 의해 초등정되어 유럽 등산계의 주목을 받는다. 이 등반에서 10발 크램폰이 처음 사용되어 그 기능의 우수성이 널리 알려진다.

동양인으로 일찍이 알프스에 진출해서 활동한 사람으로는 일본인 마키 유코槇有恒를 꼽을 수 있다. 그는 1921년에 스위스 가이드인 프리츠 아마터, 자무엘 브라반트Samuel Brawand와 함께 아이거의 미텔레기 리지(Mittellegi Ridge · 3,970m) 초등정에 성공한다. 이 등반은 일본 산악계에 새로운 전환점을 마련한 거사였으며, 이를 계기로 일본에서는 등산붐이 일어난다.

쇠를 달궈 산이 된 장인 김수길

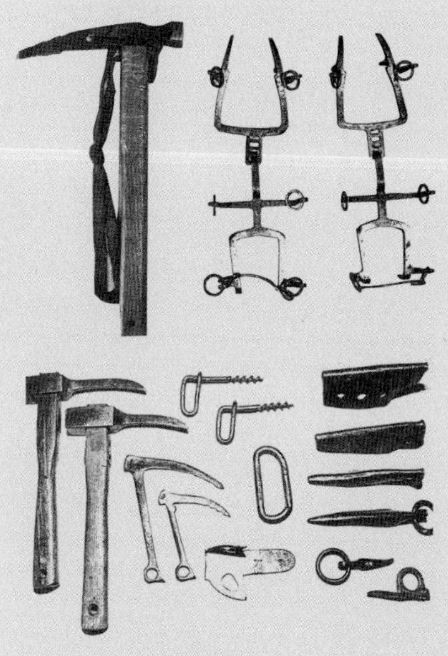
김수길이 만든 등산 장비들

등산 장비 제작에 있어 우리나라도 1970년대 초 김수길이 '모래내 금강 제작소'의 영문 약자를 뜻하는 'M. K.'라는 상품명으로 국산 단조품을 생산하여 국산 장비화에 성공하였으나 상업화에는 실패한다. 김수길은 뛰어난 장인 정신으로 바르트호크, 핀 스크루, 봉봉, 피톤, 피켈, 크램폰 등을 직접 손으로 두들겨 만들었다.

그가 제작한 장비들은 1977년 토왕성폭포(토왕폭) 하단 초등에 사용됐으며, 1980년 4월 동국대학 산악부의 마나슬루(Manaslu · 8,163m) 등정에도 사용된다. 지금 남아 있는 M. K. 제품들은 옛 향수를 간직한 채 고가의 희소성 골동품으로 수집광들에게 인기를 모으는 물건이 되었다. 특히 그가 장인의 혼을 담아 30자루 한정 제품으로 만든 '토왕성 피켈'은 아직도 명품으로 평가받고 있다.

한국 근대 등산의 태동

우리나라에서 서구적인 행동 양식의 알피니즘이 싹트기 시작한 것은 등산의 발원지인 유럽 알프스에서 '철의 시대'가 개막되었을 무렵이다.

1920~30년대는 한국 알피니즘의 발아기發芽期라고 볼 수 있다. 이 시기에는 종래의 유산遊山 개념을 벗어나 서구 등산관에 바탕을 둔 모험적인 행동 양식의 등산 활동이 서양인과 일본인들에 의해 보급되면서 서서히 싹을 틔우기 시작한다.

한국에서 서구적인 의미의 등산 행위가 최초로 이루어진 것은 인수봉(810.5m) 초등을 그 시원으로 하고 있다. 일제 강점기이던 이 시기에 서울 근교의 여러 암벽이 초등되면서 근대 등산의 개화기를 맞는다. 1929년 9월, 우리 등산 운동의 요람이라 할 수 있는 북한산의 인수봉이 서양인과 일본인들에 의해 초등된다.

영국인 클레멘트 휴 아처Clement Hugh Archer(1897~1966)와 페이시F. R. Pacy, 일본인 야마나카山中가 인수봉을 최초로 오른다. 그러나 이들의 초등정은 기록상의 초등정일 뿐이다. 아처가 『한일등반기(*Climbs in Japan and Korea*)』에서 언급한 것처럼 그는 이미 자신이 오르기 전에도 누군가가 인수봉에 올라가 있는 것을 보았다고 했다. 아처는 자신이 쓴 등반기에서 "인수봉 루트 정찰을 위해 백운대에서 인수봉을 살피고 있을 때 누군가 인수봉 정상에 나타난 것을 보았지만 그가 어떤 루트로 올랐는지, 그가 누구인지는 알 수 없었다"라고 밝히고 있다.

또한 1931년에는 아처가 도봉산 만장봉을 오른 기록도 찾아볼 수 있다. 인수봉과 만장봉 등반 기록은 1936년에 아처가 영국 산악회에 제출한 『한일등반기』와 1931년 5월에 간행된 《알파인 저널》에 수록된 내용에 근거한 것이다.

기록으로 살펴본 인수봉 초등자

근대 이전에도 인수봉에 오른 기록은 있다. 1145년에 김부식이 저술한 『삼국사기(三國史記)』「백제본기 제1(百濟本記 第1)」에 인수봉에 오른 기록이 남겨져 있다. '고구려 동명왕의 아들 비류와 온조가 기원 전 18년에 10명의 신하를 이끌고 부아악負兒嶽(인수봉의 옛 지명)에 올라 살 곳을 살폈다'는 기록이다.

(위)아처의 『한일등반기』 표지(1936년)
(아래)인수봉 북면을 등반 중인 아처

그러나 지금도 특수한 장비와 등반 기술을 구사해야만 오를 수 있는 험난한 암벽인 인수봉에 2,000년 전 10명의 신하를 이끌고 올랐다는 것은 불가능한 일이다. 그렇기 때문에 온조의 부아악 등정은 백제의 건국설화로 볼 수밖에 없다. 역사의 복원은 경험 세계에서 가능할 수 있는 현실적인 것이어야 하기 때문이다.

인수봉 초등자와 초등 연도를 언급한 기록은 두 가지가 있다.

(위)아처가 찍은 1922년의 인수봉
(아래)임무의 모습 중앙에 있는 사람이 임무다.

일본 산악인 이이야마 다쓰오 飯上達雄가 집필한 『북조선의 산(北朝鮮の山)』(1995년)과 영국인 아처가 남긴 『한일등반기』이다. 전자는 1925년 임무와 아처가 초등한 것으로 기록했고, 후자는 1929년 영국인 아처와 페이시, 일본인 야마나카 세 사람이 초등한 것으로 기록하고 있다.

분명한 것은 『한일등반기』는 아처가 직접 인수봉에 오른 후에 남긴 기록이며, 이이야마의 기록은 임무의 구전을 근거로 기록했다는 점이다. 이이야마는 일제 강점기 조선철도국에 근무했던 일본의 정통파 클라이머이며, 아처는 한국과 일본 양국에서 영국영사관의 부영사로 근무한 영국인이다.

이이야마의 인수봉 등정 연도 증언에는 모호한 점이 많다. 자신의 저서 『북조선의 산』에서는 분명 1925년으로 기록했고, 1971년 10월 한국 방문 시 《월간산》에서 개최한 좌담회에서는 1927년이라고 말해 2년의 시차를 보이고 있다.

이이야마는 『북조선의 산』에서 임무가 영국인 아처와 함께 인수봉

만경대에 올라간 야마나카 아처의 저서『한일등반기』에는 야마나카를 1929년 인수봉 초등자 중 한 명으로 기록하고 있다.

을 올랐다고 기록했으나, 아처의 『한일등반기』에서는 아처의 동행자 중 임무의 이름이 빠져 있다.

한국 초창기 등산 단체들

한국 근대 등산의 태동기에 우리나라의 산에서 활동한 등산 단체들은 1928년에 창립된 세브란스의학전문학교(현 연세대 의대), 배재고보, 경신학교의 산악부와 1930년에 창립한 연희전문학교(현 연세대학교) 산악단이 있다.

또한 1931년에 설립한 일본인들 중심의 조선산악회朝鮮山岳會와 1937년 4월에 설립한 양정고보 산악부, 1937년 한국인들이 중심이 된 일반산악회 백령회, 1938년에 설립한 보성전문학교(현 고려대학교) 산악부 등이 활동하고 있었다. 이밖에도 일본 학생 중심의 경성제국대학 산악부와 경성중학 산악부가 활동하고 있었다.

우리나라 학생 산악 운동의 효시라 할 수 있는 세브란스의학전문학교, 배재고보, 경신학교 등 세 학교의 산악부는 일제 강점기에 중등부 이상의 학교에 신종 스포츠인 등산을 장려하기 위한 조처로 일본 문부성의 방침에 의해 설립된 것이다. 이는 스포츠로서의 근대 등산이 한국의 자생적인 것이 아니라 일본을 통해서 도입되었음을 의미한다.

일본은 서구에서 근대적 의미의 알피니즘을 도입했고 이를 식민지 조선에 전파한다. 1928년 2월 2일 자《동아일보》기사를 보면 일본의 문부성이 그들의 식민지인 한국의 학교에 새로운 스포츠인 등산을 권장하고 있다. 이들은 학생들의 체력 향상을 목적으로 등산을 장려했으며, 특히 동년 4월과 7월에 동경체육연구소에서 체육 활동의 이론적 지도 강습회를 개최하는 한편 여러 종목 중에서 수영, 등산 등의 새로운 과목을 추가한다는 기사도 실려 있다.

이 기사를 통해 질 높은 등산 활동을 위해 지도 교사를 상대로 강습회를 실시했다는 것을 알 수 있다. 일본 문부성의 이런 방침이 각 학교로 하달된 후 세 학교에 산악부가 설립되었고,《동아일보》에서는 관보 형식으로 각 급 학교의 운동 부서를 소개하고 있다.

이는 새로운 스포츠인 등산이 일본에서 한국으로 보급되는 유입 경로를 파악하는 데 중요한 자료가 되고 있다.

세브란스의학전문학교 산악부는 태백산, 금강산, 오대산, 장백산, 설악산, 한라산 등을 등반했고, 함경북도의 '조선의 알프스'라 부르는 관모봉(冠帽峰 · 2,541m) 연봉을 하기에 종주했다. 관모연봉[冠帽連峰]은 백두산 최고봉을 제외한다면 사실상 한반도 제2위의 고산군이다. 관모연봉을 '조선의 알프스'라 명명한 사람은 1926년 관모주봉을 초등정한 일본인 사이토齊藤龍本다.

관모연봉은 지금은 갈 수 없는 휴전선 이북의 산이지만 일제 때부터 개마고원 일대의 고산들은 한반도 제2의 높이를 자랑하는 산들이 군집한 곳이었다. 또한 관모연봉은 만년설이 없는 한반도에서는 백두산까지 연이어지는 동계 등반 대상지로 손꼽을 만한 등반성을 지닌 곳이다.

관모봉은 온천지로 이름 높은 주을온천을 발치에 두고 보로천, 어랑천, 등 200여 리나 되는 계곡을 거느린다. 서남에서 동북으로 궤산봉(2,277m), 남설령(2,242m), 서관모, 영봉(2,340m), 도정산(2,201m) 등에 이르기까지 약 240킬로미터에 2,300미터 전후의 큰 봉우리 10여 좌가 거창하게 우뚝 솟아 산세가 자못 웅장한 데서 알프스라는 별칭이 생겼다.

일본인들은 관모연봉의 적설량, 강풍, 한랭한 기후 조건을 히말라야 등반 훈련에 활용했으며 대부분의 초등은 일본인들이 차지했다.

당시 연희전문학교와 세브란스의학전문학교(세브란스의전) 산악부는 설립 초기에는 학술 답사를 겸한 탐승 형식의 등반과 암벽 등반을 병행해 왔으며, 그 전통의 맥을 오늘날까지 이어오고 있다. 현재의 연세대학교는 세브란스의전과 연희대학이 1957년에 통합한 학교로 1928년에 설립된 세브란스의전 산악부의 설립 연도를 계승한다면 등산부의 나이가 올해로 89주년이 되는 셈이다.

학술 탐사 등산은 시대적 상황의 반영이기도 했다. 근대 알피니즘의 발원지인 유럽에서 지적 호기심을 충족하기 위해 과학자와 문사들이 지질과 빙하 연구를 목적으로 학술 탐사 형식의 등산을 병행한 것이 근대 등산의 시초였던 것처럼 1930년대 한반도에서는 문사들에 의한 고산 탐사 등산이 활발하게 이루어졌다.

당시에는 동아일보, 조선일보 등 언론사가 등산 운동의 대중 보급과 저변 확대에 주도적인 역할을 했다. 육당 최남선, 민세 안재홍, 노산 이은상, 호암 문일평, 교육자 황욱 등 쟁쟁한 문사들이 백두산, 묘향산, 설악산의 구석구석을 탐사하면서 역사, 지리, 문화 등을 소개하는 탐사 산행기를 일간지의 지면을 통해 보도했고 대중 계도에 많은 영향을 끼쳤다.

최남선의 「백두산 근참기」, 안재홍의 『백두산 등척기』, 이은상의 『묘향산 유기』와 「설악 행각」이 그런 예다. 한국 근대 등산 운동의 태두격인 김정태(1916~1988)는 이 시기를 '기록적인 탐사 등산 시대'라고 정의하면서 문사들이 한국 근대 등산 발전에 선구적인 역할을 했다고 평했다. 당시 학생들의 학술 탐사적인 등산 형식은 이런 시대 정신과의 만남이었다. 연희전문학교 산악부는 창립 초기에는 산악단[山岳團]이란 명칭을 쓰다가 후에 산악부[山岳部]로 개칭한다.

1931년 10월에 창립된 조선산악회는 재한 일본인 주도로 설립된 단체지만 임무, 박래현과 같은 일부 한국인도 설립에 참여했다. 창립 발기인 중 일본의 정통 클라이머인 이이야마와 한국인 임무가 함께 등장하는 것을 보면 임무는 한국인이지만 일본인들이 주축인 조선산악회 내에서도 상당한 수준의 클라이머로 인정받고 있음을 알 수 있다.

초대 회장은 경성제국대학의 나카무라 교수였으며, 회원은 이이야마 외 22명이었다. 조선산악회는 이이야마 주도하에 서울 주변과 금강산의 여러 암벽 그리고 관모연봉 등지에서 한국인들만으로 결성된 백령회와 경쟁적으로 개척 등반 활동을 펴나간다. 이들이 만든 산악회는 한반도에 근대적인 알피니즘을 보급하였으며, 백령회와 함께 국내에서 경쟁적으로 산악 활동을 벌였지만 우리 산악 운동의 뿌리는 아니다. 이 단체는《조선산악》이라는 연보를 발간하기도 했다.

백령회의 초대 회장은 엄흥섭이며 주요 창립 멤버는 김정태, 주형열, 채숙, 이재수, 박순만, 방현(세브란스의학전문학교 산악부 출신) 등이었다. 이 단체는 1934~35년경 금요회에서 시작되었고, 1937년에 정식으로 창립된다. 백령회의 백[白]은 우리 산천의 조정인 백두산을 상징하며, 령[嶺]은 높은 이상의 산을 지향한다는 뜻이다.

백령회는 김정태의 주도로 한반도의 산에서 많은 초등 업적을 남겼으며, 광복 후에는 산악 운동의 지도급 단체로 한국 산악 운동에 기여했다. 또한 1945년에 광복과 함께 창립된 조선산악회(현 한국산악회)의 태동에도 많은 공헌을 한다.

백령회는 1937~39년까지 서울 주변의 인수봉, 선인봉, 노적봉, 만장봉 등의 암벽에서 일본인들과 경쟁적으로 초등 활동을 벌였으며, 그 후 등반 무대를 한반도 북쪽의 금강산, 백두산으로 옮겨 본격적인 동계 등반의 막을 연다. 1942년에는 마천령산맥의 주요 능선 연봉을 경유, 험난한 조건을 택해 극지법으로 백두산 동계 등반에 성공한다. 이 단체는 우리 등산 운동의 유년기에 서구적인 개념의 등산을 토착화하는 데 선구적인 역할을 했다.

일제 강점기 학생 산악 운동의 중추 역할을 담당해 왔던 양정고보 산악부는 1937년 4월 학교 당국의 공식 승인을 거쳐 설립된다. 이들은 근교 산에서의 암벽 등반뿐만 아니라 1937년 3월 국내 최초로 전인미답의 지리산 연봉 종주 등반에 성공한 후 당시《조선일보》에 종주기를

5회에 걸쳐 연재한다.

이를 계기로 학교 당국은 산악부의 일대 장거를 높이 평가하여 산악부를 공식 운동부로 승인한다. 이후 이들은 서울 근교의 인수봉, 만경봉, 만장봉, 오봉, 우이암, 주봉 등지에서 한 해 동안에 통산 130여 회의 암벽 등반 실적을 남길 정도로 눈부신 활동을 전개하며 암벽 등반에 열중한다. 1939년엔 산악부장인 노정환이 도봉산 주봉에서 암벽 등반 도중 추락사한다. 이는 한국 암벽 등반 조난사의 첫 사건으로 기록된다.

양정고보 산악부의 모태는 1933년에 활동한 '물에산에'라는 이름의 서클이다. 이 서클에서는 주말마다 교사 김교신과 황욱의 지도 아래 등산을 선호하는 학생들을 중심으로 등산 활동을 펴왔다.

황욱과 함께 모임을 이끈 김교신은 양정고보 지리 교사로 1942년 《성서조선(聖書朝鮮)》 사건으로 연루되어 옥고를 치른 인물이기도 하다. 그는 암울했던 일제 치하의 교단에서 학생들에게 산에 대해 교육하기 위해 전국의 산야를 답사한다. 그리하여 조선 지리와 역사를 가르치고 독립 정신을 고취시키며 조선의 국토와 역사가 얼마나 훌륭한가를 깨닫게 했다. 당시는 학교에서 조선 역사를 단 한 시간도 가르치지 않던 때였다.

산악부 지도 교사 황욱은 일본 릿쿄 대학에서 영문학을 전공했다. 그는 영어 교사로 재직하면서 학생들의 등산 활동을 이끌어 나간다. 그가 릿쿄 대학에서 수학할 당시 일본 등산계는 서구적인 등산의 개념을 받아들이면서 등산 열기가 한창 고조되던 시기였다.

1921년 일본 산악인 마키 유코가 동양인 최초로 스위스 가이드인 프리츠 아마터, 자무엘 브라반트 등과 함께 아이거의 미텔레기 리지 동릉을 등반, 이것이 기폭제가 되어 전 일본 열도의 등산 열기가 한창 고조되고 있었다.

황욱이 수학한 릿쿄 대학은 전 일본을 대표하는 일본 산악 운동의 산실이었으며 1936년 히말라야 난다코트(Nanda Kot·6,861m)를 일본 최초로 등정하여 일본 등반 사상 처음으로 히말라야의 문을 연 명문 산악부를 지닌 대학이었다.

그는 이런 분위기 속에서 알피니즘에 눈을 뜨고 서구적인 개념의 근대 등산 사조에 접근하게 되었으며, 후일 양정고보 산악부를 지도할 때 서구적인 개념의 알피니즘을 학생들에게 전수한다.

한편 황욱이 일찍이 선수의 자질을 알아보고 자신의 집에서 숙식을 제공하면서 물심양면으로 적극 후원한 마라톤 선수 손기정은 후일 베를린 올림픽에서 금메달을 수상한다.

또한 황욱은 정통 등산관을 지닌 자유 기고가로 등산과 스키에 관한 글을 당시 월간지《중앙》과《개벽》등에 기고하기도 했다. 그는 서구적인 근대 알피니즘을 소개하는 이런 활동을 통해 등산 운동의 저변 확대와 등산의 정체성을 알리는 데 많은 기여를 한다. 또한 안재홍과 함께 백두산에 올라 과학적인 지질 탐사에 참여하기도 한다.

1935년《중앙》7월 호에 기고한「록 클라이밍과 그 지식」에서는 유럽 알프스에서 발원한 알피니즘의 역사와 암벽 등반 기술에 대해 구체적으로 언급하고 있다. 또한 서구 등반 용어의 우리식 표현의 풀이를 통해 그가 이 분야에 해박한 지식과 뛰어난 안목을 지니고 있음을 알 수 있다.

친일의 그늘에 가려버린
한국인 최초의 몽블랑 등정자

알프스 최고봉 몽블랑(Mont Blanc·4,807m)은 근대 등산의 발원지다. 이런 상징적인 의미를 지닌 몽블랑을 1927년 최초로 오른 우리나라 사람이 있었다. 그가 몽블랑을 오를 당시 국내에서는 근대 등반의 물결이 서서히 밀려오고 있었다.

1920년대는 일제의 강압 통치하에 있던 암울한 시기였다. 이런 시기에 한국인으로서 유럽 알프스에서 등산 활동을 한 사람이 있었다. 당시 《매일신보》 부사장을 역임한 친일 언론인 박석윤이다.

그는 1924년에 마터호른, 아이거, 융프라우 등 알프스의 명봉들과 접할 수 있는 스위스의 체르마트와 그린델발트에 세 차례나 다녀왔으며, 1927년 7월 26일에는 근대 등반의 발원지인 알프스 최고봉 몽블랑에 올라 최초의 한국인 몽블랑 등정자가 된다.

그의 몽블랑 등정 기록은 당시 대중 잡지 《별건곤(別乾坤)》 1928년 5월 호에 「우리의 산[山] 수미[水美]–세계명승[世界名勝]을 주유[周遊]하고 와서–」란 제목으로 실려 있다. 이 글은 박석윤이 직접 기고한 글이다.

1927년 7월 24일 오전 11시 현지 가이드 2명과 포터 1명을 대동하고 2박 3일의 일정으로 샤모니를 출발한 그는 5미터 간격으로 자일을 묶어 안자일렌을 한 후 등반을 시작하여, 오후 7시경 그랑 뮐레 산장에 도착해 1박을 한다.

이튿날인 7월 25일 오전 1시에 산장을 출발해 정상 아래 무인 대피소에 도착했으며, 불면증과 함께 고소 증상으로 얼굴에 부종이 오고 호흡이 어려워 고통스러웠다고 기록하고 있다.

또한 7월 26일 오후 3시에 유럽 최고봉 몽블랑 1만 6,000척 위에 서서 알프스 연봉들과 스위스, 이탈리아, 프랑스 등을 눈 아래로 내려다볼 수 있었다고 기록했다.

박석윤은 친일 전력을 남긴 인물이지만 근대 등산의 본고장 알프스에 진출한 첫 한국인이라는 사실만은 부인할 수 없다. 그는 일제 강점기에 《시대일보》 정치부장과 《매일신보》 부사장을 역임하면서 언론 활동을 통해 식민지 통치의 본산인 조선총독부와 밀착해 친일 행적을 해온 대표적인 친일 언론인이었다.

그는 조선총독부의 후원으로 도쿄제국대학을 졸업하고 영국 케임브리지 대학에서 수학하며 개화기의 중심에서 서구 문명을 일찍 접한 지식인이었으며, 육당 최남선의 여동생 최설경의 남편으로 육당의 매제였다. 또한 일제가 만든 괴뢰 만주국의 폴란드 바르샤바 주재 총영사를 지냈다. 이러한 행적으로 인해 2009년 민족문제연구소가 정리한 『친일인명사전』에도 수록되었다.

아이거 북벽을 초등한 등산계의 전설적 인물 하인리히 하러는 나치 정권의 친위대 전력으로 여론의 집중 공격에 휘말려 추락한 영웅으로 곤욕을 치렀으나, 그가 남긴 아이거 북벽 초등의 흔적은 역사 속에 남겨져 있다. 이와 마찬가지로 한국인 최초의 몽블랑 등정자인 박석윤이 과거 민족과 조국에 배신 행위를 한 사람이라 해서 그가 남긴 등산의 흔적마저 지울 수는 없는 일이다.

이후 그는 친일 행적 때문에 북한 정권에 의해 처형된다. 알피니즘은 정치적 이념을 초월한 순수 영역이라고 하지만 오늘날 박석윤의 이름을 기억하는 사람이 없으니 역사에 지은 악업이 어떻게 그 대가를 치르는지 우리들에게 교훈이 되고 있다.

타퀼의 남동벽

알프스 북벽시대를 이끈 산악인들

알프스 북벽시대를 이끈 여러 인물 중 가장 두드러진 활동을 한 사람으로 북벽 등반의 대표자 격인 빌로 벨첸바흐와 5~6급 등반의 문을 연 주스토 제르바수티Giusto Gervasutti, 그리고 서부 알프스와 돌로미테 등지에서 암벽 등반의 6급 시대를 여는 데 공헌한 리카르도 카신을 꼽을 수 있다.

6급 난이도를 객관적으로 체계화한 벨첸바흐의 북벽 등반 행적은 그 자체가 1930년대 세계 등반사의 일부가 되었다. 그는 한 해 동안 149개의 산을 올랐으며 그중 다수가 초등반이었다. 1925년부터 1932년까지 행해진 그의 북벽 등반 행보를 살펴보면 놀라울 따름이다. 그는 알프스 4,000미터 고봉 72개를 초등함으로써 알프스 등반 사상 유례없는 기록을 남긴다. 짧은 생애 동안 그는 알프스의 여러 봉우리를 통틀어 무려 940번이나 올랐다.

1924년에 그로세스 비스바흐호른 북서벽을 등정하였으며, 1925년에는 당 데랑Dent d'Herens 북벽에 직등 루트를 뚫었고, 같은 해에 리스캄Lyskamm 동봉의 북벽 직등 루트를 올랐다. 1931년에는 그랑 샤르모즈Grands Charmoz 북벽, 1932년 그로스호른Grosshorn 북벽을 등정했으며, 1933년에는 네스트호른Nesthorn 북벽을 등반한다. 그가 이룩한 주요 등반 기록을 살펴보면 알 수 있듯이 그는 줄곧 북벽으로만 수많은 길을 뚫었다. 그가 오른 북벽 루트들은 장비와 기술이 발전한 오늘날에도 매우 힘든 곳으로 평가되고 있다. 벨첸바흐는 1934년 낭가파르바트 7캠프에서 인생을 마감할 때까지 수많은 업적을 남겼다.

주스토 제르바수티는 수직의 세계인 돌로미테의 암벽 등반 기술을 서부 알프스에 적용시켜 5~6급 등반의 문을 연, 이탈리아 철시대

(왼쪽)리카르도 카신 암벽 등반의 6급 시대를 여는 데 공헌했다.
(오른쪽)주스토 제르바수티 암벽 등반에서 5~6급 등반의 문을 열었다.

를 대표하는 인물이다. 그는 1934년 타퀼Tacul 동벽과 엘프루아드 서봉(Ailefroide West·3,949m)의 북서벽, 그리고 1940년 프레니Freney의 라이트 핸드 필러Right Hand Pillar를 초등반했다. 또한 1932년 2월 혹독한 추위 속에서 이루어진 동계 마터호른 푸르겐 리지Furggen Ridge 암벽과 빙벽 혼합 등반은 동계 등반이 낯선 시절 행해진 주목할 만한 등반이다.

1935년에는 이탈리아의 리카르도 카신과 비토리오 라티Vittorio Ratti가 3일 동안 50개의 피톤을 사용해서 돌로미테의 치마 오베스트 디 라바레도Cima Ovest di Lavaredo 북벽을 오른다. 이 등반은 오버행이 연속되어 있는 곳에서 트래버스*를 계속해야 하는 난이도 높은 등반이었다. 그들은 폭풍이 암벽 전체를 뒤덮는 험악한 기상 속에서 이틀간의 비박을 거쳐 500미터의 수직 세계를 돌파했다. 이 등반은 이탈리아의 영광으로 기록될 만한 쾌거였다.

트래버스 traverse
횡단. 등반 중 더 이상 위로 올라가기 어려울 때 옆으로 가로질러 돌아가는 것.

최후의 과제, 알프스 3대 북벽

알프스의 북벽 등반기로 상징되는 1930~40년대에는 알프스의 거의 모든 봉우리의 암벽이 차례로 초등된다. 그러나 마터호른, 아이거, 그랑드 조라스 북벽만은 미등인 채로 남아 유럽 등반계의 비상한 관심 속에 전위적인 산악인들의 도전을 받기 시작한다.

1930년대 알프스 등반 모습

알프스 3대 북벽 등반에 도전하던 이 시기가 등로주의의 절정기였다. 시간이 흐르면서 점차 난이도가 높은 동계, 직등, 단독, 속공 등반 형식으로 발전하면서 역사의 장을 새롭게 쓰게 된다.

1931년 마터호른 북벽이 독일의 슈미트 형제에 의해 초등되자, 그랑드 조라스와 아이거 북벽은 줄기찬 도전을 받게 된다. 1938년 7월 마침내 아이거 북벽이 프리츠 카스파레크Fritz Kasparek, 하인리히 하러, 안데를 헤히마이어, 루트비히 푀르크Ludwig Vörg 등의 독일과 오스트리아의 합동대에 의해 초등된다.

아이거가 초등되기까지 그 영광의 배후에서 무려 10여 명의 산악인이

아이거 북벽 초등 당시 설사면을 오르고 있는 카스파레크

희생되었다. 하나의 벽에서 이렇게 많은 희생자가 나온 예는 알프스 등반사에서 흔치 않다. 북벽시대의 최후 과제로 여겨졌던 아이거 북벽은 고도차 1,800여 미터의 석회암 층으로 이루어진 거벽으로 오늘날에도 어려운 벽으로 손꼽히고 있다. 이 벽은 1935년부터 많은 사람들의 도전을 받아 왔으며 초등되기까지 3년 동안 10여 명의 도전자를 이 벽의 공동묘지에 묻어 버렸다.

아이거 북벽은 첫 등정 이후에도 수많은 사람들의 목숨을 앗아간 산악인들의 시험 무대로서 이곳에 오르려면 목숨을 걸어야만 하는 어려운 곳이었다. 그래서 얻어진 이름이 '아이거 공동묘지'이며, 아이거 노르트 반트Eiger Nord Wand를 아이거 모르트 반트Eiger Mord Wand, 즉 Nord(북쪽)를 Mord(살인)로 고쳐서 '아이거 살인 벽'으로 부르기까지 했다. 심지어 세간에서는 이 벽을 오르는 사람을 사이코로 혹평하기도 했다.

이 벽의 초등정 전과 후에 일어났던 희생자들의 극적인 사건은 무척이나 많다. 아이거 북벽 초등정기는 하인리히 하러에 의해, 초등정 20년 만인 1958년에 『하얀 거미』라는 책으로 발간되어 널리 애독된다.

같은 해 8월 그랑드 조라스의 워커 스퍼*가 이탈리아 원정대의 리카르도 카신, 에스포지토, 티초니 등에 의해 악천후 속에서 단 한 번의 시도로 초등된다.

그랑드 조라스 초등을 끝내고 하산 중인 카신 일행

1930년대는 등산 운동에도 국가 간에 민족주의가 강하게 작용했다. 올림픽에 출전한 운동선수가 국위선양을 표방하고 그라운드에서 뛰었듯이 유럽의 산악인들은 자국 민족의 우월성을 앞세워 초등 경쟁에 뛰어들었다. 이런 일은 1950~60년대 히말라야 거봉으로까지 무대를 옮겨 국가 간에 열띤 경쟁을 부추긴다.

마터호른과 아이거가 독일인들에 의해 등정되자 이탈리아의 리카르도 카신은 프랑스 사람들이 노리고 있던 그랑드 조라스를 기습적으로 등정하여 이탈리아의 자존심을 높인다.

정치적 목적에 이용된 알피니즘

당시의 등산 업적은 국가 간의 경쟁을 넘어서서 정치 선전에도 이용되었다. 독일에 의해 이룩된 아이거 북벽 초등정이 대표적인 예라 할 수 있다. 당시 나치 정권의 히틀러는 아이거 등정에 성공한 네 사람을 국가적인 영웅으로 예우했다.

이 등정을 게르만 민족이 지닌 우수성의 발로라고 격찬하면서 정권의 홍보 전략으로 이용했으며,

스퍼 spur
급경사면에서 옆으로 뻗은 능선이나 돌출되어 있는 부분.

아이어 북벽 초등 후 히틀러와 기념 촬영한 하인리히 하러 왼쪽에서 두 번째가 하러다.

헤히마이어에게 산악 운동의 영웅이란 뜻의 '베르크 슈포츠 퓌러Berg Sports Führer'란 칭호와 300마르크의 상금을 수여했다. 그러나 유럽의 산악계와 언론은 숭고한 등산 정신을 정치 목적에 이용하는 나치 정권을 비난했다.

알프스 최후의 과제였던 3대 북벽이 등정되고 새로운 과제가 없어지자 등산 활동은 그 본고장인 알프스를 등지고 세계 도처에 남아 있는 미답봉으로 무대를 옮기게 된다.

우리나라의 경우는 1979년과 1980년에 아이거와 마터호른 두 봉을 국내 최초로 등정한다. 1979년 7월 악우회의 허욱, 윤대표가 두 번의 비박을 감행한 후 아이거 북벽을 올랐으며, 1980년 8월에는 전길남, 윤대표, 허욱, 유한규, 임덕용 등 5명이 마터호른 북벽을 등정한다.

마터호른 북벽
1931년 독일의 슈미트 형제에 의해 초등된다.

죽음의 벽 아이거

사람 잡는 귀신이라고 불리는 아이거 북벽은 1,500미터에 이르는 높이를 지닌 벽이다. 낙석과 낙빙, 돌변하는 기상 변화에 따른 혹한과 눈사태는 이 벽을 오르는 사람들에게 죽음의 덫이 되어 왔다. 1975년까지 이 벽에서 무려 43명이 목숨을 잃었다.

1938년 7월 24일, 이 벽에 도전한 네 사람이 알프스 등반 사상 가장 위대한 업적을 달성한다. 1938년 7월 22일 오스트리아 팀보다 하루 늦게 출발한 독일의 헤히마이어와 푀르크는 제2설원에서 발판을 깎으며 더딘 속도로 등반 중인 오스트리아 산악인 카스파레크와 하러를 만난다.

하루 늦게 출발한 헤히마이어 팀은 당시 신장비라 할 수 있는 12발의 크램폰을 신고 오스트리아 팀을 따라잡고 이내 하루를 앞서나가 상대 팀을 놀라게 한다. 10발 크램폰과 징 박은 구두를 신고 있는 오스트리아 팀은 독일 팀과는 속도 경쟁에서 상대가 될 수 없었으나 이들은 한 팀을 이루어 등반하기로 합의한다.

이후 2개 조로 나누어 등반을 시작한 이들은 제3설원을 지나 람페에 도착, 눈 덮인 얼음 사면을 150미터쯤 오르자 한쪽 벽은 오버행을 이루고 다른 한쪽 벽은 폭포수가 쏟아져 내리는 침니* 구간이 나타난다. 이들은 젖은 옷을 입고 등반을 하는 것이 마땅치 않아 람페* 벽의 좁은 레지에서 비박을 했다.

다음 날 선등에 나선 헤히마이어는 아이스 폴을 오르다가 암벽 쪽으로 진로를 바꾸어 침니를 통과

침니 chimney
몸이 들어갈 수 있을 정도의 바위 틈.

람페 Rampe
(독일어) 암벽 중에서 양쪽 수직 페이스에 끼어 위로 비스듬히 경사진 미끄럼틀 같은 밴드.

아이거 북벽의 전경 죽음의 벽이라는 명칭에 걸맞게 이 벽에 도전한 수많은 사람들이 목숨을 잃었다.

한다. 다음 구간은 오버행이 가로막고 있었다. 헤히마이어는 엄청난 시련을 겪는다. 고드름을 잡고 오버행을 오르다 고드름이 부러지면서 추락을 하였으나 무사했다. 그는 다시 시도한다. 아이스피톤을 박고 고드름에 슬링을 걸고 아이스 해머와 피켈로 오버행 위의 얼음을 찍으며 빙벽을 넘어섰다.

밴드에 이어 50여 미터 높이의 얼음 스텝을 어렵게 올라선 이들은 '신들의 트래버스'라 불리는 오버행 암벽 위쪽의 긴 통로를 횡단한 다음 높이 150미터의 가파른 설원 '하얀 거미'에 도달했다. 그러나 천둥과 번개를 동반한 폭풍이 다가오고 있었다. 헤히마이어와 푀르크는 빠른 속도로 하얀 거미를 통과한 후 중간 지점까지 올라온 카스파레크와 하러를 기다렸다.

진눈깨비가 싸락눈으로 바뀐 뒤 눈사태가 이들을 덮쳤다. 헤히마이

눈사태
산에서 발생하는 위협적인 눈사태의 모습을 보여준다.

어는 재빨리 피켈을 얼음에 박아 확보를 한 후 한 손으로 푀르크의 목덜미를 움켜잡고 그의 추락을 막아 주었다. 아래쪽에 있던 카스파레크도 얼음 사면에 피켈을 박고 로프에 연결된 하러를 확보하여 무사했으나 맨손으로 피켈 날을 누르고 있다가 낙석에 맞아 손등을 찢기는 부상을 당했다.

눈이 멎자 그들은 스노 걸리•를 오르다가 오버행 밑에 있는 레지를 발견하고 그곳에서 두 번째 비박을 한다.

이튿날에도 눈은 계속 내렸다. 가루눈의 신설 사태가 한 시간 간격으로 걸리를 통해 쏟아져 내렸다. 이들은 눈사태가 일어날 때마다 배낭을 머리 위에 얹고 눈사태가 멈추면 전진을 계속해 나갔다.

걸리 안의 오버행을 넘던 헤히마이어가 미끄러져 추락하는 것을 푀르크가 잡으려다 크램폰 발톱에 엄지손가락을 찔려 부상을 입은 후 두 사람은 함께 추락한다. 그러나 헤히마이어가 크램폰을 얼음 사면에 박으며 제동을 한 다음 푀르크를 붙잡아 추락을 정지시킨다.

걸리 gully
빗물의 침식 작용으로 생긴 홈으로 쿨루아르보다 너비가 좁다. 대체로 암벽 전체에 뻗어 있고 낙석이나 눈사태의 통로가 된다.

크랙 crack
바위의 갈라진 틈새.

1938년 아이거 정상에 오른 뒤 내려와 축하하는 모습 왼쪽부터 하인리히 하러, 프리츠 카스파레크, 안데를 헤히마이어, 루트비히 푀르크이다.

이들은 '엑시트 크랙•'이라 불리는 스노 걸리를 돌파한 다음 폭풍설 속에서 정상 설원을 거쳐 오후 3시 30분에 드디어 아이거 정상에 올라섰다. 이날은 알프스 등반 사상 가장 위대한 업적을 달성한 날이었다.

아이거 북벽 초등정기는 하인리히 하러의 『하얀 거미』 외에도 헤히마이어가 펴낸 『산악인으로서의 나의 삶(*My Life as a Mountaineer*)』이 있다.

아이거 북벽 등반에서 주도적인 역할을 했던 헤히마이어에 대한 일화는 많다. 그는 우직하리만큼 등반에 열정적이었으며 이중 로프 기술•을 개발하여 암벽 등반 발전에 기여했고 등반용 헬멧을 최초로 사용한 사람이다.

그는 제1차 세계대전 당시 돌로미테에 버려진 군용 철모를 주워 들고 형을 찾아가 강도 시험을 부탁

이중 로프 기술
등반 시 로프 하나가 절단되는 경우에 대비하는 동시에 확보의 용이함을 위해 로프 두 줄을 사용하는 것.

한다. 그는 형에게 철모를 쓴 자신의 머리를 몽둥이로 힘껏 내리쳐 달라고 부탁한 결과 목 부상을 입고 쓰러져 일주일 동안 병원 신세를 지기도 한다. 이후 그의 주변에는 철모를 쓰고 등반을 하는 친구들이 늘어났다.

3대 북벽의 피날레를 장식한 그랑드 조라스

아이거 북벽이 등정되고 나서 일주일 후 3대 북벽 중에서 마지막 과제로 남은 그랑드 조라스 북벽의 워커 스퍼가 이탈리아의 리카르도 카신 팀에 의해 초등정된다.

1938년 카신은 그의 동료 에스포지토, 티조니 등과 함께 그랑드 조라스 북벽의 워커 스퍼 초등에 나선다. 그들은 쿨루아르와 슬랩*, 긴 디에드르*를 오르고 오버행을 우회하여 수직 크랙과 오버행의 얼음 통로를 지나 수직 벽을 통과한 다음 레지에서 비박을 한다.

두 번째 비박 후 기상 악화에도 불구하고 등반을 강행한 이들은 크랙과 중앙 쿨루아르와 검은 오버행의 암벽을 돌파하고, 스퍼에 매달린 다음, 눈을 맞으며 여러 피치의 디에드르와 낙빙의 통로를 지나 다시 스퍼에 매달린다.

이후 이들은 우박과 번개를 동반한 사나운 폭풍을 만나 30분간 비박색을 뒤집어쓴 채 눈이 멎기를 기다린다.

가파른 낙빙 통로를 통과한 후 눈을 맞으며 푸앵트 워커의 정상을 밟은 그들은 정상 부근에서 비

슬랩 slab
홀드나 스탠스가 드물고 30~75도 정도의 경사를 이룬 넓은 바위 면.

디에드르 diédre
(프랑스어) 두 바위 면이 책을 펼친 모습처럼 만나 있는 곳. 오픈북(open book)이라고도 한다.

그랑드 조라스 북벽의 모습 3대 북벽의 마지막 과제로 남아 있던 이 벽은 이탈리아의 리카르도 카신 팀에 의해 초등정된다.

박색을 덮고 비박한 후 폭풍이 그친 다음 날 하산한다. 이 등반은 3대 북벽 중 마지막으로 남아 있던 과제를 해결한 극적인 등반으로 알프스 등반사에 길이 남을 업적으로 평가되고 있다.

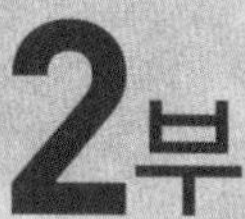

2부

등산 무대의 광역화와 히말라야 도전

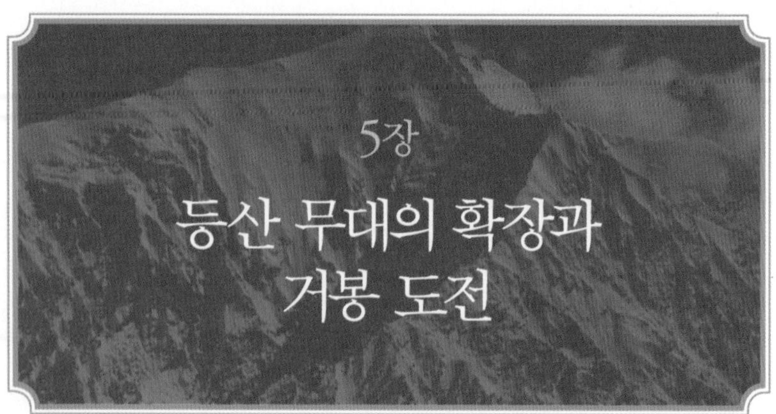

5장 등산 무대의 확장과 거봉 도전

알프스 미답봉의 피크 헌팅이 끝나자 등산의 경쟁 무대는 알프스에서 히말라야로 옮겨갔으며, 각 대륙의 최고봉으로 등산의 무대가 넓어진다.

카프카스의 모든 미등봉이 등정되자 아브루치Abruzzi 공작이 아프리카의 산맥으로 탐사 등반을 떠나고, 인도 쪽의 히말라야로 많은 원정대가 진출한다. 그 후 안데스와 알래스카, 그린란드, 북극과 남극으로 도전의 무대가 넓어지고, 많은 등반가들이 미등봉을 찾아 열정을 불사르며 등반의 신세계를 열어 나간다.

이 시기에 등반가들의 관심을 끈 것은 남미 대륙의 안데스 산맥이었다. 당시 세계 최고봉이 안데스 산맥 깊숙이 숨겨져 있다고 생각한 많

서로의 몸을 로프로 연결하고 등반하는 모습(1892년)

은 등산가들은 경쟁하듯이 이 대륙을 주목하게 된다.

에콰도르에 있는 세계 최고最高의 화산 침보라소(Chimborazo·6,310m)가 마터호른 초등자인 에드워드 윔퍼와 장 앙투안 카렐에 의해 등정된 이후 6,000미터 높이 남미 대륙의 고봉이 계속해서 등정된다. 이 산의 등정은 유럽 이외의 지역에 대한 등반의 물꼬를 트는 계기가 된다.

알프스의 미답봉들을 찾아 주인 행세를 해오던 영국인들은 마터호른이 등정되자 히말라야로 눈을 돌린다. 1883년 영국의 그레이엄 일행은 세계 최초로 히말라야를 답사한다. 그들은 가르왈 히말라야와 시킴 히말라야를 답사하고 5,936미터의 한 무명봉을 등정한다.

1887년에는 영국의 등반가 영허즈번드Francis Edward Younghusband가 카라코람Karakoram의 무즈타그 패스(Muztagh Pass·5,486m)를 넘는다. 그는 한 해 전 1886년에는 서양인으로는 처음으로 백두산(2,744m)을 등정하기도 했다.

1892년에는 영국의 마틴 콘웨이와 스위스의 가이드 마티아스 추어브리겐이 발토로캉리Baltoro Kangri라고도 불리는 카라코람의 파이어니어 피크(Pioneer Peak·6,398m) 남서릉 등반을 시도하여 약 5,970미터까지 도달한다.

유럽 대륙의 산

유럽 대륙의 최고봉인 엘브루스Elbrus에도 발길이 미쳐 1868년에는 카프카스의 엘브루스 동봉(5,621m)을 프레시필드와 무어가 등정했으며, 주봉인 엘브루스 서봉(5,642m)은 1874년에 호러스 워커와 그로브F. C. Grove, 피터 크누벨Peter Knubel 등이 등정한다. 엘브루스 초등은 고도와 난이도보다는 등반의 영역이 전 세계로 광역화되기 시작했다는 점에서 등반사적 의미가 큰 사건이다.

1888년에는 카프카스 산맥의 디치타우(Dychtau·5,198m)에까지 도전자들의 발길이 미쳐 머메리와 하인리히추어 풀루Heinrichzur Fluh가 이 봉을 초등정한다.

아프리카 대륙의 산

아프리카 대륙 최고봉인 킬리만자로Kilimanjaro의 봉우리 중 가장 높은 키보(Kibo·5,895m)가 한스 마이어와 루트비히 푸르첼러에 의해 1889년에 등정되었으며, 같은 해에 마운트 케냐(Mt. Kenya·5,199m)가 해퍼드 매킨더Halford Mackinder에 의해 등정된다. 또한 전설 속의 산이라는 루웬조리(Ruwenzori·5,109m)가 아브루치 원정대에 의해 1906년에 등정된다.

동부 아프리카에 있는 킬리만자로, 마운트 케냐, 루웬조리는 아프리카 대륙의 3대 거봉이다. 이들은 150킬로미터 이내에 있으면서도 지형과 날씨, 역사가 전혀 다르다.

킬리만자로는 아프리카 대륙의 최고봉으로 아프리카 대륙의 많은 봉우리 중에서 가장 먼저 초등되었다. 이 산은 인도양으로부터 300킬로미터 떨어져 있어서 1848년부터 백인 무역업자와 선교사들에 의해 그 존재가 일찍부터 널리 알려져 있었고, 1860년대에는 이미 이 산에 대한 조사와 접근이 시도되었다.

킬리만자로는 대초원에 우뚝 솟은 모습이 인상적인 사화산이다. 열대 초원에서 깊은 숲으로 들어가는가 하면 고지에는 추운 기후에서만 자생하는 식물이 가득하며, 4,200미터 지점에서 빙하 지대가 펼쳐지고 정상 부근은 만년설로 덮여 있다.

아프리카 제2위의 고봉인 마운트 케냐는 킬리만자로에서 북쪽으로 300킬로미터 떨어져 있다. 1849년에 발견되었고 1889년에 매킨더에 의해 초등된다. 이 원정대는 등반의 난이도와 원주민들의 공격으로 어려움을 겪었다. 이 산은 킬리만자로처럼 화산이지만 크랙과 절벽이 형성되어 있어서 정상에 오르는 모든 루트가 고난도의 암벽과 빙벽 등반 기술을 필요로 했다. 1900년대 초에 많은 도전이 시도되었지만 재등은 초등 후 40년이 지난 1929년에 이루어졌을 정도다.

'달의 산'이라고도 불리는 전설 속의 산 루웬조리는 발견과 탐사, 초등의 과정에서 많은 일화를 간직하고 있다. 이 산은 나일 강의 발원지로 1888년에 발견되었다.

이 산이 늦게 발견된 것은 날씨 때문이었다. 1년에 350일간 비가 내리는

1897년 세인트 일라이어스로 향하는 아브루치

열대 기후와 짙은 안개 때문에 대평원에 솟아 있어도 쉽사리 눈에 띄지 않았다. 처음 이 산을 발견한 영국의 헨리 스탠리Henry Stanley도 여러 차례 이 산 부근을 지나쳤지만 어느 날 그 존재를 우연히 목격하게 된다.

그는 우간다의 서쪽 지역을 탐사하는 도중 멀리 환상적인 구름이 떠 있어 한참 바라보다가 자신이 그간 열대성 폭풍인 줄로 착각했던 물체가 산이라는 것을 알게 된다. 그는 이 산의 이름을 '비를 만드는 제조기'라는 뜻의 루웬조리라고 명명한다. 이후 많은 원정대가 루웬조리에 도전했으나 폭우와 안개의 벽을 뚫지 못하고 실패만을 거듭했다.

1906년 4월 이탈리아 사보이 왕가의 손자인 아브루치 공작이 이 산에 도전한다. 그는 왕가의 일원답게 과학자, 작가, 사진가, 의사, 산악 가이드, 포터 등으로 구성된 대규모 원정대를 이끌고 나타났다.

아브루치의 경력이나 탐험 연보를 보아도 알 수 있듯이 그는 항상 막대한 예산을 투입하여 군대와 같은 대규모 원정대를 꾸리는 선례를 남겨 왔다. 그는 1897년 알래스카의 세인트 일라이어스(Saint Elias·5,489m)를 초등했고, 1899년에는 당시 북극점에 가장 가까운 진출 기록인 북위 86도 지점까지 진출하는 기록을 세우고 104일 만에 1,025킬로미터를 돌아온다.

또한 1909년에는 12명의 대원과 260명의 포터와 일찍이 그 유례를 찾아볼 수 없었던 5톤 분량의 식량과 장비를 동원하여 K2(8,611m)에 도전하지만 폭설과 추위로 6,700미터 지점까지 도달하고 철수한다. 이때 개척한 루트가 '아브루치 스퍼'로 지금도 K2 등반의 일반적인 루트로 이용되고 있다. 45년이 지난 후 이탈리아 팀은 이 루트로 초등을 이룬다.

또한 아브루치가 치밀하게 계획된 군대 조직 같은 원정대를 이끌고 캐러밴*을 시작하여 세계에서 두 번째로 큰 빅토리아 호수를 건너 우간다를 통과할 때는 원정대원이 400명에 달했다. 그는 1914년 제1차 세계대전 중에는 연합국 함대 사령관으로 활동하며 뛰어난 전술가로 명성을 얻기도 했다.

루웬조리 등반 당시, 깊은 정글 속의 끈적끈적한 습도는 원정대의 행렬을 무겁게 내리눌렀고, 바람 한 점 없는 정글 속은 숨이 막혀 왔다. 유럽에서 온 대원들은 습도가 높은 더위로 인해 탈진 상태가 되었으며, 고소에 오른 원주민들은 처음 경험하는 추위에 악마가 내려온다고 불안해 했다.

2,700미터 지점에 베이스캠프를 설치했지만 그칠 줄 모르는 비와 짙은 안개는 전혀 개지 않았다. 잠시 안개가 걷히자 이들은 고도를 높여 나갔다. 위로 올라갈수록 기상천외한 열대성의 다양한 꽃들이 모습을 드러냈고, 대원들은 이 천상의 정원에서 감탄사를 연발했다.

이들은 정상 600미터 아래 지점에 최종 캠프를 설치하고 다음 날 새벽, 구름 속을 헤치고 얼음이 덮인 칼날 리지를 돌파하여 정상에 오른다. 대원들은 주변의 지도를 작성하고 식물 표본을 채취했으며 산의 눈과 비가 나일 강의 근원이 된다는 사실을 확인한다.

캐러밴 caravan
고산원정대가 베이스캠프까지 물자를 운반하며 전진하는 행위.

아브루치의 용기와 치밀한 계획으로 이루어진 루웬조리 초등을 마지막으로 아프리카 대륙에서의 초등 시대는 막을 내린다.

남미 대륙의 산

남미 대륙의 안데스에서 처음으로 개척된 등반 대상지는 에콰도르의 침보라소와 코토팍시(Cotopaxi·6,005m)다. 침보라소는 가장 대중적인 산으로, 1736~44년에 프랑스와 스페인의 등반가, 지리학자, 자연과학자 등이 등반을 시도하였다. 이 과학 탐사의 등반으로 침보라소는 히말라야가 알려지기 전까지 75년간 세계 최고봉으로 여겨져 왔다.

실제로 등정을 목적으로 한 등반은 1802년 독일의 자연과학자 알렉산더 폰 훔볼트Alexander von Humboldt에 의해 시도되었으나 실패한다. 그 후 이 산군의 코토팍시를 독일의 지질학자 빌헬름 레이드가 1872년에 초등했고, 1880년에는 영국의 에드워드 윔퍼가 침보라소를 초등정한다. 윔퍼는 코토팍시도 5등으로 등정하는데 이때 마터호른 초등 당시 경쟁자였으며 마터호른 2등자인 카렐과 함께 등정한다.

남미 대륙 안데스의 최고봉인 아콩카과(Aconcagua·6,962m)는 스위스의 가이드 마티아스 추어브리겐이 단독 등반으로 초등을 이룩한다.

아콩카과의 주봉은 아르헨티나령이며 태평양 연안에서도 뚜렷하게 볼 수 있다. 이 산에 대한 첫 번째 등정 시도는 1883년 독일의 파울 귀스펠트Paul Güssfeldt가 시도하였으나 강한 폭풍으로 정상을 400미터 남기고 철수하고 만다.

1897년 알프스와 뉴질랜드에서 활동했던 에드워드 피츠제럴드Edward

Fitzgerald가 이끄는 영국 등반대가 초등에 성공하는데, 이때 추어브리겐도 등반에 참여했다. 최신의 등산 장비와 식량을 갖추고, 스위스와 이탈리아의 지원자들이 함께 참가한 합동 등반대였다.

남미의 최고봉 아콩카과 정상 능선에 선 클라이머

아콩카과는 멀리서도 잘 보이는 산이었지만 접근로를 찾기가 쉽지 않아 베이스캠프를 찾는 데 수 주일이 걸렸다. 남반구의 12월은 한여름이었다. 뜨거운 태양과 바람과 먼지는 대원들을 질식하게 만들었다. 그늘과 풀 한 포기 없는 지루한 길을 벗어나 간신히 호르콘 계곡으로 연결되는 통로를 발견하고 4,260미터 지점에 베이스캠프를 마련한다.

이때부터 거센 바람과 추위로 탈진 상태에 이르렀으며, 고산병 환자까지 속출하기 시작한다. 목이 바싹 마르고 심한 기침 때문에 음식물을 섭취할 수 없는 상태에서 고도를 높여 가긴 했지만 잔돌이 깔린 경사에서 한 발을 올리면 두 발이 미끄러지는 고행을 되풀이하였다.

이런 난관을 뚫고 추어브리겐이 단독으로 정상 등정을 시도하였다. 그는 정상 400미터 앞에서 돌무덤을 발견했는데, 그 밑에 놓인 아연통에서 14년 전 이 산에 최초로 도전한 귀스펠트의 메모를 확인한다. 그는 자신의 최고 도달 높이를 케언*으로 표시한 것이다. 이 지점까지 오른 추어브리겐도 그만 탈진 상태가 되어 하산하고 만다.

케언 cairn
길을 표시하기 위해 혹은 등산을 기념하기 위해 돌탑을 쌓아 놓은 것.

사하마 1939년에 독일의 조셉 프렘에 의해 초등정되었다.

그 뒤 그는 몇 차례의 등반을 반복하면서 1897년 1월 14일 남미 대륙 최고봉 초등정에 성공한다. 이때 동행하던 피츠제럴드는 고산병으로 중도에 포기했으며, 며칠 후 같은 팀의 니콜라스 란티Nicolas Lanti와 스튜어트 비네스Stuart Vines가 재등을 이룩한다. 당시 이 산의 높이는 7,035미터로 알려져 있었다. 이후 아콩카과는 세계적인 등반 대상지로 각광을 받았고 그 주변의 산들도 차례로 탐사된다.

남미 볼리비아에는 코르디에라 옥시덴탈Cordillera Occidental 산군이 있으며, 이 지역의 최고봉인 사하마(Sajama·6,530m)는 1939년 독일의 조셉 프렘이 초등정했다. 남위 15~20도에 걸쳐 있는 알티플라노Altiplano에도 많은 산맥군이 형성되어 있다.

페루의 산군은 난이도와 등반성 면에서 훌륭한 대상지가 많은 곳으로, 줄기차게 등반이 시도되었으며, 그중 살칸타이(Salcantay·6,271m)는 미국과 프랑스 합동대에 의해 1952년에 초등되었다. 살칸타이는 눈과 얼음, 눈사태, 크레바스, 커니스, 빙하 등이 형성된 등반성이 높은 곳으로 고정 로프까지 설치하면서 6명이 초등정에 성공하였다.

페루 안데스의 최고봉인 우아스카란(Huascaran·6,768m)은 세계에서 몇 안 되는, 여성이 초등정한 산이다. 미국의 애니 펙이 1908년 50세가 넘은 나이에 이 산을 초등정한다. 그녀는 미국의 로드아일랜드에 살면서 대학에서 라틴어를 강의하던 당차고 집요한 여성으로 유럽과 멕시코, 남미의 여러 고산에서 등반을 해왔다.

1950년에야 뒤늦게 초등정된 페루 안데스의 예루파하(Yerupaja·6,635m)는 매우 어렵고 위험하여 살아 돌아오는 일이 기적이라 할 정도의 산이었으나 제임스 맥스웰과 하러가 초등정에 성공한다. 이곳은 눈과 얼음의 수직 벽으로 이루어져 있으며 눈사태와 커니스의 붕괴가 빈번한 산이다.

최근에는 항공 교통의 발달로 오지 안데스에도 등반가들의 발길이 미치고 있으나, 히말라야나 알프스 지역 등에 비해 아직도 남미의 안데스 쪽에는 초등의 여지와 탐험의 요소가 남아 있는 산들이 많으며 이미 등정이 된 산도 1개 이상의 루트가 개척된 곳이 거의 없는 상태다.

북미 대륙 최고봉 매킨리 초등과 등정 사기극

유럽, 아프리카, 남미 대륙의 최고봉 등정에 이어 북미 대륙 최고봉인 마운트 매킨리(Mt. Mckinley·6,194m)에 사람의 발길이 미친 것은

프레더릭 쿡이 발표한 가짜 매킨리 정상 사진
매킨리의 한 봉우리를 촬영한 후 정상 사진이라고 거짓 주장했다.

1910년의 일이다.

미국의 로이드와 테일러에 의해 매킨리 북봉(5,928m)이 등정된다. 이들은 등산이 아닌 금광 탐색을 목적으로 온 사람들로, 등산에 대한 지식이 전혀 없었지만 좋은 기상 조건의 도움으로 기적을 이룬 것이었다. 이때 매킨리 최고봉인 남봉(6,194m)은 여전히 미등인 채로 남아 후일 등정 시비를 일으킨다.

'매킨리'라는 산 이름은 1897년 미국의 24대 대통령 윌리엄 매킨리의 이름을 따서 명명했으나, 1980년 미의회가 이 산의 본래 이름이었던 '데날리Denali'라는 이름으로 환원한다.

북미 대륙의 최고봉인 매킨리는 히말라야나 안데스의 산들보다 고도는 높지 않지만 해발 4,500미터 이상 되는 고원 지대에 산군이 형성되어 있고 해발부터 등산이 시작되는 특색이 있다. 유콘 강가의 계곡은 해발 450미터 지점에 있다. 숲과 빙하도 비슷한 고도에서 시작하고 웅장하게 솟은 절벽과 빙벽은 정상까지 다이내믹하게 이어진다.

300킬로미터 떨어진 태평양 연안이나 250킬로미터 떨어진 페어뱅크에서도, 그 웅자를 자랑하며 지평선에 돌출되어 있는 매킨리를 볼 수 있다.

이 산을 처음 발견한 사람은 영국의 해양 탐험가 조지 밴쿠버다. 그는 1794년 알래스카 남쪽 해안을 탐사하다 멀리 북쪽에 우뚝 솟아 있는 산을 목격한다. 이후 100년 동안 이 산에 접근한 사람은 아무도 없었다.

알래스카 광산의 채광권과 소유권을 지니고 있었던 러시아인들은 매킨리의 존재를 알고는 있었으나 기록을 찾지 못해 이름조차 확인하지 못하고 있다가, 1867년에 720만 달러를 받고 미국에 팔아 버린다. 러시아인들은 알래스카가 보물섬이라는 사실을 20년이 지난 후에야 알게 된다.

프레더릭 쿡
매킨리를 초등했다는 등반 사상 초유의 사기극으로 명성과 부를 얻는 데 성공한다.

이 산에서 벌어진 초등정 조작극은 산 이름마저 바꿔놓을 뻔했다. 1906년 북극점의 개척자로 알려진 극지 탐험가 프레더릭 쿡Frederick Cook 박사는 매킨리를 초등했다고 발표하고 매킨리의 한 봉우리를 촬영한 가짜 정상 사진을 내놓았다.

아울러 『대륙의 정상을 향해(*To the Top of the Continent*)』란 거짓 초등 기록을 책으로도 펴냈으며 대중 연설과 강연을 강행하면서 자기 자신만이 인정하는 매킨리 초등자가 되었다. 그는 이 일을 빌미로 명성과 부를 얻어 1908년 북극 탐험을 시도하는데, 이번에도 거짓으로 북극점에 도달했다고 주장한다.

쿡의 주장에도 불구하고 쿡의 초등정을 의심한 일부 사람들이 꾸준히 의혹을 제기했다. 이렇게 여론이 시끄러워지자 언론에서는 이 산의 원래 이름인 데날리Denali를 '부정'이라는 뜻의 디나이얼Denial로 고쳐 부르자고 꼬집기도 했다. 이곳 원주민인 인디언들은 이 산을 '아주 높다'라

최초로 모습을 드러낸 K2의 전경
1909년 비토리오 셀라가 아브루치 공과 카라코람을 탐험하며 K2를 처음 정찰할 때 찍은 사진이다.

는 뜻에서 데날리라고 불렀는데 그 후 백인들이 매킨리 대통령의 이름을 따서 같은 이름으로 부른 것이 산명으로 굳어졌다.

매킨리의 최고봉인 남봉이 초등된 것은 1913년의 일이다. 미국 유콘의 가톨릭 신부 허드슨 스터크Hudson Stuck와 해리 카스턴스Harry Karsterns가 바로 초등의 주역이다. 이들의 등정이 그동안 논란을 일으켜왔던 쿡 박사의 등정 조작에 종지부를 찍는다.

초등자인 스터크도 정상이 너무나 추워 사진을 찍어 오지 못했지만 후일 정상에 두고 온 온도계가 1932년 매킨리에 오른 에를링 스트롬Erling Strom에 의해 발견된다. 따라서 등반 사상 최초의 등정 사기극은 스터크에 의해 종지부를 찍는다.

1897년 7월 알래스카의 세인트 일라이어스를 이탈리아의 아브루치 공이 초등정한다. 이 등반에서 극지법 등반 방식이 채택된다.

아브루치는 알프스 가이드를 포함한 10명의 대원과 10명의 포터로 조직된 원정대를 이끌고, 3톤의 장비와 식량을 썰매에 싣고 빙하지대를 횡단하는 캐러밴을 시작한다. 대원 중에는 아브루치와 평생을 탐험 동료로 활동한 유명한 사진작가 비토리오 셀라가 사진 담당으로 참가한다. 비토리오 셀라는 이탈리아 산악회 창립자인 퀸티노 셀라의 조카이기도 하다. 그가 최초로 찍어 세상에 널리 알린 K2의 위용은 지금까지도 훌륭한 작품으로 높게 평가받고 있다.

일라이어스 봉은 기술적으로 등정이 어려운 봉은 아니지만, 짙은 안개와 폭풍우, 폭설, 추위, 고소 증상, 크레바스와 눈사태의 위험이 전진을 어렵게 했다. 이런 어려움 때문에 이 봉은 50년이 지나서야 재등된다.

1894년에는 오세아니아 주의 뉴질랜드 최고봉 마운트 쿡(Mt. Cook·3,764m)에 발길이 미쳐 영국의 파이프T. C. Fyfe와 그레이엄이 초등정한다.

히말라야 원정의 첫 문을 열다

히말라야 최초의 원정 등반은 1892년 마틴 콘웨이의 카라코람 원정이다. 그는 히말라야 등반의 첫 문을 연 중요한 인물이다. 이 원정은 머메리의 낭가파르바트 시도보다 빠르다. 그는 프랭크 스마이드와 같은 스타일의 등반 방식을 취했으며, 머메리를 무척 존경했다.

윔퍼의 안데스 원정대를 모방하여 1892년 카라코람 지역에 대한 원정대를 조직하여 스리나갈로부터 길기트에 들어가 히스파Hispar와 발토로Baltoro 빙하 지역을 답사하고 지도를 제작했으며, 파이어니어 피크(6,790m)를 추어브리겐과 함께 등반하여 5,970미터까지 도달한다. 그는 카라코람 일대에 있는 2개의 거봉에 브로드 피크(8,047m)와 히든 피크(8,068m)라는 산명을 붙인다.

브로드 피크는 알프스의 브라이트호른Breithorn과 비슷해서 영어와 같은 뜻인 '폭이 넓은 봉Broad Peak'이란 이름을 붙인 것이며, 히든 피크는 가셔브룸 산군의 여러 고봉에 가려져 발토로 빙하 깊숙이 거슬러 올라가야 볼 수 있기 때문에 '숨어 있는 봉우리Hidden Peak'로 이름을 붙인다.

시대적인 맥락으로 본다면 이 시대의 원정 등반은 히말라야 개척지를 조사하고 탐험하며 미개척지를 지배하려는 식민주의적인 필요성에서 시작되었다. 이처럼 제국주의 시대 서구 열강들의 원정 문화는 서구 백인들의 아시아 유색인 지배를 정당화하려는 제국주의적 환상과 모순으로 연관되어 있었다. 1909년 이탈리아 아브루치 공의 K2 원정도 같은 맥락으로 볼 수 있는 원정이다.

7,000미터 첫 등정, 트리술

인류가 7,000미터 높이의 봉우리에 처음 오른 것은 20세기를 맞으면서 시작되었다. 그 첫 번째 등정이 가르왈 히말라야의 트리술(Trisul·7,120m) 서봉으로, 영국의 토머스 조지 롱스태프Thomas George Longstaff, 브로헤렐, 카르비어 일행에 의해 1907년 초등된다.

트리술의 첫 등정은 히말라야에서 이루어낸 최초의 7,000미터 고봉의 등정이며, 이 기록은 1930년 귄터 오스카 뒤렌푸르트Günther Oscar Dyhrenfurth가 이끄는 국제 등반대의 슈나이더에 의해 네팔 피크(Nepal Peak·7,145m)가 등정될 때까지 23년 동안 유지된다.

8,000미터 도전, 낭가파르바트

세계 최초로 8,000미터 높이의 고봉 원정이 시도된 것은 1895년 6월의 일이다. 머메리즘의 제창자였던 앨버트 프레더릭 머메리와 헤이스팅스, 그레이엄, 존 노먼 콜리John Norman Collie 등에 의해 시도된 세계 9위의 고봉 낭가파르바트(8,126m) 등반은 실패로 끝났으며, 머메리는 이 산에서 눈사태로 실종, 낭가파르바트 최초의 희생자가 되었다. 또한 이 사고는 히말라야 등반 사상 최초의 조난으로 기록된다.

1902년에는 세계 제2위 고봉 K2 등반이 최초로 시도된다. 크램폰을 개발한 영국의 에켄슈타인이 이끄는 원정대는 6,821미터까지 진출한다. 에켄슈타인은 크램폰과 짧은 피켈을 개발, 등반 장비 개량에 공헌한 과학적인 등반가였으며, 영국의 클라이머스 클럽을 창설하기도 한다. 그는 평생토록 보수적인 단체였던 영국 산악회에는 가입하지 않는다.

한편 같은 해 미국에서 아메리칸 알파인 클럽AAC이 창립되었다. AAC는 1929년부터 《아메리칸 알파인 저널》이라는 연감을 발행하고 있다. 뒤이어 1905년에는 아시아 최초로 일본 산악회JAC가 창립된다.

1905년 세계 3위 고봉 캉첸중가(Kangchenjunga·8,586m)를 영국의 크롤리Alester Crowley 팀이 시등했지만, 눈사태로 철수했으며 이때 3명의 포터가 사망한다. 1906년에는 캐나다 산악회CAC가 창립된다.

남북극 탐험과 극지법의 탄생

1909년에는 극지로까지 탐험이 확대되어 미국의 해군 장교 로버트 에드윈 피어리Robert Edwin Peary가 북극점에 도달한다. 이때 운행 방식으로 극지법을 사용한다. 이런 연유 때문에 극지법을 피어리 시스템Peary system이라고도 한다. 이 극지법 방식은 그 후에 아문센과 스콧이 남극 탐험에도 사용했으며, 1922년에는 영국의 에베레스트 원정대가 채용해 사용한다. 이후 극지법은 8,000미터 높이의 고소 등반에서 일반화된다.

지구의 양극점 중 북극점에 뒤이어 1911년 남극점에 인류의 첫 발길이 미친다. 20세기 최대의 탐험 대결이라 부르는 남극점 도달 경쟁에서 노르웨이의 아문센 팀에게 남극점을 선점당한 영국의 스콧 팀은 남극점 도달 후 돌아오는 길에 식량 저장소를 불과 몇 킬로미터 앞둔 지점에서 추위와 굶주림으로 전원 조난사한다.

이 두 탐험대의 대결에서 운명의 여신은 아문센만을 도왔다. 노르웨이 팀 9명은 좋은 날씨 속에서 개썰매를 몰고 일사천리로 달려 극점에 도착한 후 예정일을 앞당기며 2,993킬로미터를 무사히 왕복했다. 반면 스콧 팀의 5명은 무거운 짐을 싣고 개 대신 사람이 썰매를 직접 끌고 극점을 왕복했다. 남극점 선착은 아문센이 앞섰으나 도보 정복에서는 영국의 스콧이 먼저인 것이다.

1912년 1월 중순 아문센보다 한 달 남짓 늦게 극점에 도달한 후 귀환길에 나선 스콧 팀은 식량과 연료를 데포• 해둔 지점을 18킬로미터 앞에 두고 1912년 3월 29일 전원이 최후를 맞는다.

아문센 탐험대가 남극점에 노르웨이 국기를 게양했을 때 스콧 탐험대는 사력을 다하여 한 걸음씩 걸어 나갔다. 1912년 1월 18일, 그들은 기지를 출발한 지 87일 만에 1,380킬로미터를 걸어서 남극점에 도달한다. 그러나 거기에는 노르웨이 깃발이 꽂혀 있었다.

9개월이 지나도록 소식이 끊긴 스콧의 행방을 찾기 위해 수색대가 활동을 전개했다. 11월 12일 수색대는 식량 저장 지점에서 18킬로미터 떨어진 곳에서 눈에 묻혀 있는 텐트를 발견한다. 스콧은 두 사람의 동료 옆에서 죽어 있었다.

데포 depot
등반 시 일정 지점에 장비나 식량 등을 미리 갖다 놓는 것.

블리자드 blizzard
쌓인 눈이 강풍에 날려 일어나는 눈보라.

스콧의 일기장 표지에는 "이 일기장을 읽은 후 영국으로 가져가 주시오"라고 씌어 있었다. 일기에 의하면 스콧은 3월 21일 죽음의 지점에 이르러 9일 동안 블리자드* 속에 갇혀 있었다. 영하 40도를 밑도는 혹한 속에서 동상과 굶주림에 시달리면서 최선을 다해 버티다가 조용히 죽음을 맞아들인 것이다.

전기 작가인 슈테판 츠바이크는 「남극점을 둘러싼 싸움」이라는 글에서 승자인 아문센에 대해서는 한마디 언급조차 하지 않고 오직 스콧 탐험대의 이야기만을 하고 있다. 그것을 보면 눈과 얼음, 블리자드가 휘몰아치는 가운데 식량마저 떨어진 상황에서 대자연과 맞선 스콧 팀의 인간 드라마가 짐작이 된다.

훗날 영국 사람들은 아문센은 야만인처럼 짐승 가죽 옷을 입고 개고기를 먹으며 개썰매를 끌었다고 비아냥거리고 스콧은 영국 신사답게 최후를 맞았다고 내세운다. 그런데 살아서 돌아오지 못한 영웅이란 어떤 의미가 있을까.

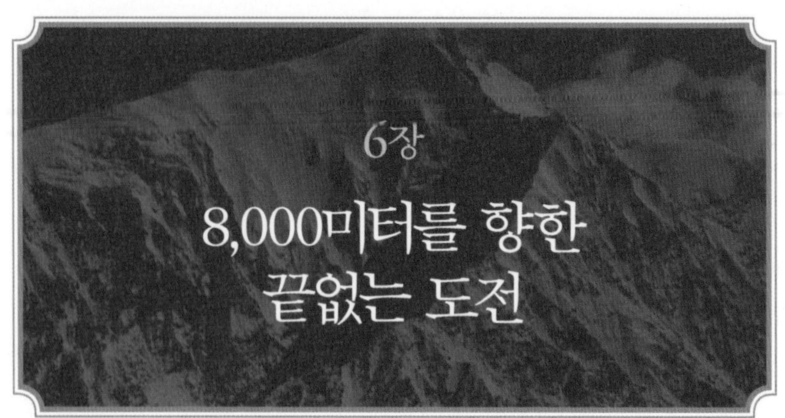

6장
8,000미터를 향한 끝없는 도전

영국이 세계 최고봉 에베레스트(8,850m)에 역사적인 첫 탐색대를 파견한 것은 1921년이다. 영국의 에베레스트 도전 32년의 역사는 이렇게 시작한다. 제1차 탐색대는 찰스 케네스 하워드 베리Charles Kenneth Howard-Bury 등 4명의 대원들과 함께 현지로 출발한다. 이들은 인도 다르질링에서 150킬로미터 거리의 에베레스트를 찾아 500킬로미터를 우회하며 접근한다.

첫 탐색대의 주 임무는 정상으로 오르는 루트를 찾는 것이었다. 이 원정에서 병사한 켈라스Alexander Mitchel Kellas 박사는 영국 에베레스트 등반사의 첫 희생자로 기록된다. 대원 중에는 유명한 조지 허버트 리 맬러리George Herbert Leigh Mallory도 끼어 있었다. 그는 30킬로미터에 달하는

1921년 에베레스트 1차 원정대 앞줄 맨 왼쪽이 맬러리다.

빙하로 들어가 이를 롱북Rongbuk 빙하라고 명명한다. 이 탐색대는 동쪽 라파크 고개를 넘어 북릉 안부에서 정상에 이르는 노스 콜● 루트를 발견한다. 훗날 에베레스트 등반 루트가 되는 이 아이스 폴을 처음 발견한 사람은 조지 맬러리다. 이것은 4개월에 걸친 첫 정찰대가 얻은 소득이다.

산소 용구를 쓸 것인가 말 것인가

1922년 브루스C. Bruce 장군이 이끄는 영국의 제2차 에베레스트 원정대는 노스 콜 사면 위 안부에 4캠프를 설치하여 전진 기지로 활용한다. 첫 공격은 맬

콜 col
작은 고개 혹은 산 정상과 정상 사이 능선에서 움푹 들어간 곳. 또는 안부(鞍部).

1922년 원정 당시 에베레스트 북릉에서 산소통 없이 8,225미터까지 오른 맬러리와 노턴

러리, 노턴, 소머벨 등으로, 이들 세 사람은 무산소로 8,225미터까지 진출한다. 인류가 산소 호흡기 없이 8,000미터 선을 넘은 최초의 기록이다. 두 번째 공격에서는 핀치Georg Ingel Finch와 브루스가 악천후 속에서 정상 500여 미터를 남겨 둔 8,326미터까지 진출한다.

핀치의 기록은 그가 처음 고안한 산소 호흡기를 사용한 덕분이었다. 그러나 당시에는 산소 사용이 등산의 페어플레이 정신에 위배된다는 주장이 지배적이었다. 이들은 산소의 힘을 빌린다는 것은 공정한 등산이 될 수 없으며, 자신의 체력만으로 어려움을 극복하며 산에 오르는 것이 정당하다고 주장했다.

그 후 등산에서 산소 사용에 대한 논쟁은 에베레스트에 원정대를 파견할 때마다 찬반론자 간에 심하게 불거졌다. 그런데 이 문제에 대해 영국의 에베레스트 원정대에 세 차례나 참여했고 1933년에는 혼자서 8,560미터 지점까지 오른 바 있는 프랭크 스마이드가 언급한 말은 반세기가 지난 지금에도 주목할 만하다.

에베레스트에서 산소 용구를 사용한다는 것은 안전과 편의에 입각해서는 타당한 행동이겠지만, 사실 감정적으로는 많은 등산가들이 산소 용구를 가지고 성공하느니 차라리 사용하지 않고 실패하는 쪽을 더 좋아한다. 그들은 등산은 모험으로 남아 있어야 하므로 산소처럼 인위적인 요

에베레스트 북벽에서 본 롱북 빙하 1921년 영국의 제1차 탐색대는 30킬로미터에 달하는 롱북 빙하를 발견한다.

소는 아무것도 동원되지 말아야 하며, 만약 산소 없이 등반이 불가능하다면 차라리 그런 등반은 시도하지 않는 편이 더 좋다고 주장한다. 이것은 편의에 뿌리를 박는 것보다 숭고한 철학이다.

반면 산소 장비를 고안해 낸 핀치는 "인간의 지혜로 만들어낼 수 있는 모든 이점을 활용"하기를 역설하면서 산소 용구 사용을 적극 추진한다. 이 점에 대해서는 해럴드 윌리엄 틸먼Harold William Tilman이나 헨리 세실 존 헌트Henry Cecil John Hunt도 견해가 같았다. 1953년 원정대의 존 헌트 대장은 "산소 용구는 보다 높이, 보다 빨리 오르기 위해 최후에 필요한 체력을 비축해 줄 수 있는 이기"라고 주장하면서 이것의 사용은 필수적이라고 말했다.

1953년 에베레스트 첫 등정 때 산소를 사용한 두 사람이 정상을 밟게 되었으니, 결국은 산소 용구의 혜택을 톡톡히 누린 셈이다. 영국 에베레스트 원정대가 고소에서 산소 결핍을 해결하기 위해 고심하고 있을 때 런던의 아마추어 전략가들은 남체 바자르Namche Bazar 근처에서부터 사우스 콜까지 긴 고무호스를 깔아 그 끝에서 모자라는 산소를 들이마시면서 등반한다는 황당한 아이디어를 내놓기도 했다.

이후 8,000미터 고소에서 산소 사용은 일반화되었으나 1978년 라인홀트 메스너와 페터 하벨러Peter Habeler에 의해 에베레스트가 무산소 등정됨으로써 산소 맹신의 장벽은 마침내 허물어지고 만다. 최근에는 첨예한 등반을 추구하는 등반가들 사이에서 산소 용구의 사용 없이 8,000미터를 등정하는 것이 일반적인 추세가 되었다.

제2차 세계대전 전에 에베레스트에서, 1941~45년 사이에 7회에 걸쳐 산소 사용으로 실적을 거둔 것은 모두가 핀치의 공로였다. 결국 1953년 첫 등정 때에도 산소 용구가 많은 공헌을 했다. 제2차 원정대는 7명의 셰르파*가 눈사태로 조난하면서 후퇴하지만 처음으로 노스 콜을 넘어 산소 없이 8,000미터 고소를 넘는 기록을 세웠다.

맬러리와 어빈의 실종

셰르파 sherpa
히말라야 고지대에 사는 티베트계 네팔인을 일컫는 말. 이들은 고소 적응이 잘되어 있어 히말라야 등반에서 중요한 보조 역할을 한다.

영국의 제3차 에베레스트 원정은 1924년에 있었다. 이 원정대는 에베레스트 등반사에 길이 남을 업적과 맬러리의 의문의 실종으로 더 유명해진 팀이다. 대장은 제2차 때와 마찬가지로 브루스 장군이 맡았지만, 원정 중에 병을 얻어 노턴이 대장직을 대신했다. 이 원정대는 정예 대원인 맬러리와 앤드루 어빈Andrew Irvine이 정상을 향한 후 실종되면서 세상에 널리 알려진다.

맬러리와 함께 실종된 어빈

맬러리는 1924년 6월 7일 그의 일기장에 '그 일을 위한 완벽한 날씨'라고 썼다. 그리고 그는 어빈과 함께 무거운 산소 장비를 지고 다시는 돌아오지 못할 정상을 향해 걸어갔다. 그들은 살아서 돌아오지 못했지만 그들의 선구적인 시도는 산악사에 빛나는 성과 중 하나로 영원히 기억될 것이다.

맬러리와 어빈은 등반 시 산소 호흡기를 사용했지만 그들이 돌아오지 못했기 때문에 그 효과는 알 길이 없다. 그 후 맬러리와 어빈의 실종을 놓고 어떤 사람들은 그들이 정상에 오른 후 하산 중에 실종했을 것이라며 그들의 죽음을 전설로 승화시키기도 했다. 이 원정에서 노턴은 산소 없이 8,572미터를 올라 1953년 에베레스트가 초등될 때까지 인간이 도달한 가장 높은 고도 기록을 세운다.

제3차 원정대는 거센 폭풍설과 추위 때문에 시작부터 곤란에 직면한다. 4캠프를 설치했을 때 폭설이 내려 4명의 셰르파가 탈출하지 못한 채 고립된다. 셰르파들을 구출하기 위해 위험 지대에 투입된 노턴과 소머벨은 체력 약화로 정상 등정의 기회마저 잃고 만다. 맬러리와 브루스가 9명의 셰르파와 함께 7,710미터 고소에 5캠프를 세웠으나 겁을 먹은 셰르파들의 반대로 6캠프(8,170m)로의 전진이 어렵게 된다.

이때 노턴은 셰르파들을 설득하여 6캠프에 짐을 올린다. 그리고 여기까지 올라온 4명의 용감한 셰르파에게 타이거Tiger라는 칭호를 준다. 이 일을 계기로 등반에 공헌한 헌신적이고 우수한 셰르파들에게 호랑이 머리 모양이 새겨진 타이거 배지를 달게 하는 타이거 제도가 만들어져 셰르파들에게 최고의 긍지를 선사했다.

1929년 히말라얀 클럽Himalayan Club에서는 7,880미터 이상 고소를 등반한 셰르파에게 이 배지를 수여하기 시작했다. 이 배지에는 히말라얀 클럽이란 글씨와 뒷면에 셰르파의 성명, 번호, 발행연도가 기재되었다.

75년 만에 돌아온 한 등산가의 죽음

"인생은 그날이 풀과 같으며 그 영화가 들의 꽃과 같도다." 1999년 5월 1일 실종 75년 만에 시신으로 발견된 한 등산가의 죽음을 애도하는 추도식 자리에서 낭송된 시편 103편이다. 그 죽음의 주인공은 1924년 에베레스트 제3차 원정에서 전설을 남긴 채 사라진 영국의 산악 영웅 조지 허버트 리 맬러리다.

정상으로 떠나기 전날 맬러리는 오델Odell에게 "바람이 전혀 불지 않고 일이 되어가는 상황이 희망적입니다"라고 쓴 메모를 남긴 채 정상으로 향한다. 1924년 6월 8일, 그날의 날씨는 별로 춥지 않았다. 12시 50분 두 사람을 지원하기로 한 오델이 6캠프 못 미친 지점에서 정상을 살펴보고 있을 무렵 하늘이 맑아지면서 정상 부근 능선이 완전히 드러났다.

오델의 시선이 작고 검은 점에 꽂혔다. 그 점은 능선의 바위 계단 아래쪽 눈 덮인 부근에서 검은 실루엣으로 보였다. 그 점이 움직이고 나서 곧 다른 검은 점이 움직이더니 두 점이 합쳐졌다. 오델은 이렇게 전했다. "첫 번째 점이 거대한 바위 계단으로 접근했고 곧 그 위로 올라갔다. 두 번째 점도 그렇게 했다. 그러고 나자 그 환상적인 광경이 구름에 가려 사라졌다." 그 뒤로 이 두 사람을 본 사람은 아무도 없었다. 이것이 이 두 사람의 마지막 모습이다.

75년 만에 발견된 맬러리의 시신

조지 맬러리, 그 어떤 사람도 등반가로서 그처럼 많은 이야기와 미스터리를 남긴 사람은 없었다. 1999년 그의 시신이 실종 75년 만에 해발 8,230미터 지점에서 발견됨으로써 1924년 6월에 일어났던 비극의 실마리는 풀리게 된다.

1999년 미국의 등반가 에릭 사이몬슨이 이끄는 시신 탐사대가 맬러리의 시신을 발견한다. 그의 시신 발굴기는 『에베레스트의 망령(*Ghosts of Everest*)』이란 책으로 발간되어 많은 화제를 낳기도 했다.

그의 시신은 완전히 냉동된 상태로 돌무더기 위에 엎어진 채 놓여 있었다. 피부는 밀랍처럼 하얗게 변해 있었으며 허리에는 로프가 묶여 있는 상태였다. 시신에서 수습된 손수건과 옷깃에는 그의 이름 이니셜 G. L. M이 새겨져 있었고 고도계, 주머니칼, 메모 수첩 등도 함께 발견됐다.

그러나 아쉽게도 그동안 많은 사람들이 알고 싶어 하던 정상 등정을 입증할 만한 흔적은 아무것도 없었다. 만약 맬러리가 휴대하고 등반했던 코닥 카메라가 발견되고 그 안에 정상에서 촬영한 사진이라도 나왔다면 에베레스트 등반사를 29년이나 앞당겨 고쳐 써야 했겠지만 그것은 끝내 발견되지 않았다.

1924년 맬러리의 에베레스트 등반은 아직 8,000미터급 고소 등반의 요람기였던 당시로서는 뛰어난 업적이라 할 수 있다. 맬러리가 그 당시 어느 정도의 높이에까지 도달했는지보다는 맬러리가 어떤 대가를 치른다 해도 죽음의 지대를 향해 전진했던 그 집념이 중요하다 하겠다.

왜 그는 목숨마저 걸고 정상에 가려고 했을까. 그 이유는 너무도 간명하다. "에베레스트가 거기 있었기 때문이다." 맬러리 탐사대는 유족의 뜻에 따라 시체를 에베레스트 북쪽 능선에 안장하고 그 위치를 비밀에 부쳤다.

"에베레스트가 거기 있기 때문에"

조지 맬러리

"그것이 거기 있기 때문에Because it is there."라는 맬러리의 유명한 경구는 그가 죽은 뒤에 더욱 유명해져 많은 사람들에게 회자되었다. 이 매력적인 경구는 그동안 본래의 뜻과 다르게 세간에 전해져 오해를 일으켜 왔다. 사람들은 이 말을 '산이 거기 있기 때문에'로 알고 있으나 여기에서 'it'은 모든 산이 아니라 에베레스트라는 특정 산만을 가리킨다.

이 경구는 영국이 에베레스트에 처음 출사표를 던졌을 때는 주목을 받지 못했으나 1922년 제2차 원정이 실패로 끝나면서부터 세상의 관심을 모으기 시작했다. 당시 맬러리는 에베레스트 제1~3차 원정에 모두 참가했으며 제1, 2차 등반 경험을 증언하는 여러 강연회에 연사로 초대되어 활동했다.

제3차 원정을 앞둔 맬러리는 미국 순회 강연 중 어느 날 필라델피아에서 개최한 강연회에 연사로 참석한다. 그는 에베레스트 등반에 관한 강연을 했고 그의 강연을 경청한 수많은 청중들은 열렬한 박수갈채를 보내며 그의 용기와 탐험 정신을 극찬했다. 맬러리가 강연을 끝내고 연단에서 내려설 때쯤 청중 가운데 한 여인이 "당신은 왜 그렇게 위험한 에베레스트에 오르려고 하죠?"라고 엉뚱한 질문을 해왔다. 그녀의 질문은 그의 강연을 전혀 듣지 않고 있다가 던진 것으로밖에 생각되지 않는 우문이었다. 이 엉뚱한 질문에 짜증이 난 맬러리는 신경질적인 말투로 "그것이 거기에 있으니까"라고 짧은 말로 답변했다.

다소 짜증스러운 분위기 속에서 아무렇게나 던진 답변이 결과적으로 유명한 경구가 되었으며, 산악인들이 산을 찾는 이유로는 충분한 현답이 되었다. 결국 최초로 이 말을 한 맬러리의 진의가 어디에 있든 상관없이 그는 에베레스트에 가는 이유를 한마디로 함축한 불후의 명언을 남기게 되었다.

끝없는 도전과 실패

1928년에는 고르브노프Gorbnov 대장이 이끄는 독일, 구소련의 합동대가 파미르Pamir의 레닌 피크(Lenin Peak·7,134m)를 등정한다. 1929년 파울 바우어Paul Bauer가 이끄는 오스트리아 원정대가 세계 제3위 고봉 캉첸중가(8,586m) 동북릉의 등반을 시도한다. 이때 이들은 고산에서 최초로 눈굴을 파서 전진캠프로 활용했지만 7,200미터에서 돌아섰다.

1931년에는 영국의 프랭크 스마이드 대장이 이끄는 원정대가 인도 가르왈 히말라야 북단의 카메트(Kamet·7,756m)를 초등정한다. 이곳은 당시까지 인류가 정상에 오른 최고 높이로 홀즈워스R. L. Holdsworth, 에릭 얼 십턴Eric Earle Shipton, 포터 레와Lewa 등이 등정했다.

카메트는 1910년부터 1913년까지 영국의 미드 일행에 의해 집요하게 도전을 받아 왔다. 그러나 해발 7,138미터 지점의 안부까지밖에 진출하지 못하고, 초등의 영광은 프랭크 스마이드가 이끄는 영국의 소규모 원정대에 돌아갔다.

스마이드의 원정대는 1~4캠프를 경유하여 7,102미터 지점에 5캠프를 설치하고 하룻밤을 지냈는데, 다음 날 혹독한 추위 속에서 깨어났을 때는 밤새 호흡으로 인한 수증기로 침낭이 얼어붙어 몸을 움직일 때마다 쨍그랑 소리를 냈다. 덕분에 그들은 갑옷에 싸여 있는 것처럼 움직임이 둔했다.

십턴과 레와가 로프를 함께 묶고, 홀즈워스와 포터 니마 도르지와 스마이드가 로프를 함께 묶었다. 카메트 북벽은 점점 가팔라졌다. 그들은 여기저기 흩어져 있는 크레바스를 스노 브리지•를 타고 넘

스노 브리지 snow bridge
크레바스나 베르크슈룬트(Bergschrund) 위에 눈이 얼어붙어 다리 모양을 이룬 것.

거나, 빙벽에 스텝을 깎으며 돌파했다. 100미터쯤 앞에 정상이 보였다.

대원들은 등반에 크게 기여한 포터들의 노고에 대한 답례로 포터 레와를 앞세워 먼저 정상을 밟게 했다. 홀즈워스 대원은 스키를 이용하여 미드콜까지 등반하고 하산해 새로운 기록을 수립한다. 이들은 주변에 있는 애벌란시 피크(Avalanche Peak · 6,196m)와 10개의 무명봉을 초등한다.

그동안 10여 차례 도전에도 불구하고 실패했던 카메트의 등정에 성공한 스마이드는 에베레스트 원정에도 3번이나 참가했으며, 1933년 제4차 등반에서는 8,572미터까지 진출하여 히말라야 개척기에 선구적인 활동을 했다.

그는 등반뿐만 아니라 49년의 짧은 생애 동안 27권의 산악 명저를 남긴 저술가로도 유명하다. 그의 명저 『산의 환상』이나 『산의 영혼』, 『꽃의 계곡』은 우리나라에서도 번역되어 소개된 바 있다. 그가 세계적으로 명성을 얻게 된 것은 1930년 캉첸중가 원정대의 《타임》지 특파원 자격으로 기고한 글이 각국에 번역되어 읽히면서부터다.

1932년에는 독일의 빌리 메르클Willy Merkl이 이끄는 원정대가 두 번째로 낭가파르바트에 도전해 라키오트 피크(Rakhiot Peak · 7,070m)를 초등정한다. 낭가파르바트의 두 번째 도전은 1895년 첫 도전이 있은 지 37년 만에 이루어진 것이며, 이들은 악천후를 만나 등반에 실패한 후에 라키오트 피크만을 등정한다.

1933년에는 영국의 제4차 에베레스트 원정대가 휴 러틀리지Hugh Ruttledge 대장에 의해 9년 만에 도전을 재개했지만 8,572미터 이상 오르지 못했다. 에베레스트 원정이 당시 9년 동안이나 중단되고 있었는데, 그 이유는 티베트에서 등산 허가를 받지 못했기 때문이다.

이 원정대는 3캠프와 4캠프에서 오늘날 주로 쓰는 돔형 텐트를 최초

낭가파르바트 1932년 독일의 빌리 메르클이 낭가파르바트의 라키오트 피크를 올랐다.

로 사용하여 그 기능의 우수함을 실증한다. 등반대의 일원이었던 스마이드는 돔형 텐트가 허리케인과 같은 격렬한 폭풍설 속에서도 진가를 발휘하는 고마운 존재였다고 격찬했다.

한편 이 원정대의 해리스W. Harris와 웨자가 6캠프를 출발한 후 한 시간 정도 오른 지점(8,229m)에서 한 자루의 피켈과 산소마스크를 발견한다. 이 용구들은 1924년 제3차 원정 시 의문의 실종을 당한 어빈과 맬러리가 남긴 유품이었다.

실종 9년 뒤에 발견된 빌리슈Willisch 피켈은 처음에는 맬러리의 것으로 알려져 영국 산악회의 도서관 벽에 걸린 채 38년 동안 보관되다가 훗날 주인이 어빈으로 확인된다.

세계대전과 등산 활동의 중단

1934년에는 낭가파르바트에 도전한 독일의 제2차 원정대가 질버 자텔 7,850미터 지점까지 도달한다. 이 지점까지 고도를 높인 대원은 빌리 메르클 대장과 빌로 벨첸바흐였다. 대원 8명과 과학자 2명, 셰르파 35명, 포터 500명을 동원한 대규모 원정대였다.

이들은 7,480미터에 8캠프를 설치하고 정상까지 4~5시간 거리를 남긴 지점에서 승리를 확신하고 있었다. 그러나 갑자기 불어 닥친 폭풍설로 철수하던 중 벨첸바흐를 비롯한 4명의 대원과 6명의 셰르파를 잃는 불운을 당한 채 막을 내린다.

1935년 영국은 에릭 얼 십턴을 대장으로 하는 제5차 에베레스트 원정대를 소규모로 결성한다. 이들은 에베레스트 주변에 있는 6,000미터 높이의 봉우리 26개 봉을 등정한 후 노스 콜에 도달한다.

1936년에는 영미 합동대가 가르왈 히말라야의 난다데비(Nanda Devi·7,816m)를 초등하여 세계대전 이전에 오른 최고의 봉우리 등정 기록을 세운다. 이 등정은 1950년 안나푸르나(Annapurna·8,091m)가 초등되기 전까지 인류가 등정한 세계 최고봉이라는 지위를 14년간 누린다. 이 등반대는 브라운T. Graham Brown이 대장을 맡았으며, 틸먼과 오델이 정상을 밟는다.

같은 해 일본의 릿쿄 대학 팀이 난다코트(6,861m)를 등정, 일본이 히말라야 등반의 첫 문을 여는 계기를 마련한다.

역시 같은 해 영국은 러틀리지가 지휘하는 제6차 에베레스트 원정대를 파견한다. 26명의 대원과 23명의 셰르파가 동원되었으며, 원정 물자 수송은 300여 마리의 야크를 이용했다. 그러나 같은 해에 이례적으

1934년 독일 원정대의 모습
라키오트 빙하를 가로질러 캠프를 향해 걷고 있는 포터 행렬.

로 일찍 닥친 몬순의 영향으로 인해 결국 노스 콜에 도달하고 하산하는 것으로 원정을 마무리했다.

1938년 영국의 제7차 에베레스트 원정 때는 틸먼을 대장으로 한 6명의 소수 정예 대원만으로 편성된 소규모 원정대를 파견한다. 그러나 이해에도 몬순의 영향으로 적설량이 많아 8,320미터에 도달한 후 철수한다. 이후 제2차 세계대전이 일어나 등산은 중단되었다.

더군다나 1950년 전쟁이 끝난 다음 히말라야 주변국의 정치적인 변화로 티베트가 중국 점령지가 되면서 입국이 어렵게 되자 에베레스트의 북방 관문은 폐쇄된다. 그동안 영국은 북방 관문을 통해서 17년 동안 에베레스트를 원정하였으며, 제7차 원정대가 북쪽에서 등반을 행한 마지막 원정대가 된다.

거봉 탐색 시대는 트리술이 등정되었던 1907년부터 세계대전이 일어나 히말라야 등반이 중단될 때까지로, 32년 동안 7,000미터 봉우리 25개 봉을 등정했다. 그러나 8,000미터 봉우리는 하나도 등정을 이룩하지 못한 채 전 세계가 전쟁의 소용돌이 속에 휘말리면서 등반 활동은 일시 중단된다.

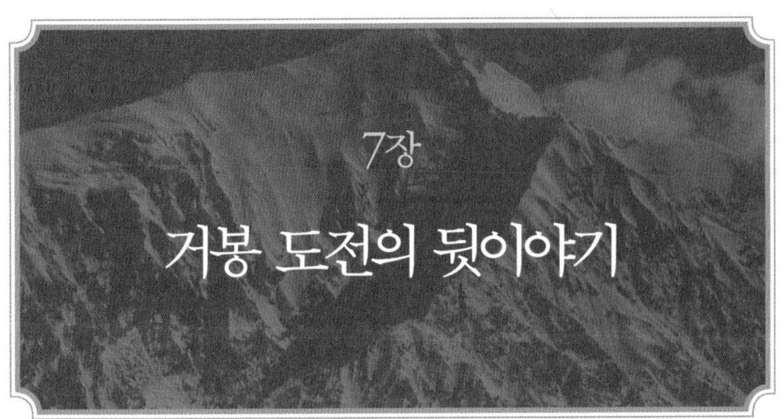

7장
거봉 도전의 뒷이야기

거봉 도전 시대가 도래하면서 이전과는 비교할 수 없는 대규모 희생의 역사가 시작되었다. 뒤를 이을 8,000미터 등정 성공은 인간의 한계를 뛰어넘고자 한 무수한 도전, 그 좌절과 희생의 아픈 기록 위에서 이루어진 셈이다.

1934년 봄, 에베레스트에서는 터무니없는 단독 등반이 시도되었다. 영국의 윌슨이라는 37세의 퇴역 군인은 만용에 가까운 단독행을 시도했다. 그는 비행기를 이용해 도달할 수 있는 에베레스트의 최대 높이까지 오른 다음, 산허리에 부딪혀 착륙해 정상까지 걸어 오른다는 엉뚱한 아이디어를 실행에 옮기려 했다. 그러나 인도로 가는 도중 비행기를 압수당한다.

다르질링에 도착한 윌슨은 입국 허가조차 받지 못했으며, 결국 셰르파 3명을 고용해 티베트로 밀입국한다. 그는 노스 콜 밑에 캠프를 실치한 후 한 해 전에 영국 등반대가 남기고 간 식량 데포 지점을 찾아낸다. 윌슨은 이 식량으로 연명하면서 매일같이 단독으로 노스 콜을 향해 등산을 감행했다. 그는 하느님이 자기를 에베레스트 정상까지 인도해 주리라 시종일관 굳게 믿고 사나운 눈보라와 몇 번의 추락에도 불구하고 끝까지 포기하지 않았다.

첫 시도에서 그는 나흘이 지나도록 전진 베이스캠프에서 해발 7,000미터 노스 콜까지 오를 수가 없었다. 그는 마지막 사력을 다해 포터 2명이 기다리고 있는 캠프로 돌아왔다. 포터들은 윌슨에게 포기를 권유했지만 미치광이가 되어 버린 그는 몸이 조금 회복되자 등반을 재개했다. 결국 그는 열악한 고소 환경에서 병을 얻어 사망하고 말았다.

그의 유해는 1년 후인 1935년 제5차 영국 등반대에 의해서 노스 콜 근방에 텐트가 있던 자리에서 발견된다. 그의 텐트는 바람에 갈래갈래 찢겨져 있었고 안에는 텐트 팩과 일기장만 남아 있었다. 그가 마지막으로 기록을 남긴 일기장에는 "다시 올라가자, 정말 좋은 날이다"라는 글귀가 쓰여 있었다.

머메리에 의해 인류 최초의 8,000미터 도전이 시작된 낭가파르바트에서는 비극의 역사가 이어졌다. 낭가파르바트에서 일어난 첫 번째 비극은 1934년 7월 8일 아침부터 시작된다. 이 참사의 주인공은 독일의 제2차 낭가파르바트 원정대다.

독일 원정대는 7월 6일 8캠프(7,480m)를 설치하고 정상까지 200여 미터를 남겨 두고 있었기 때문에 내일의 승리를 확신하고 있었다. 정상까지는 불과 4~5시간이면 족한 거리였다. 그러나 운명의 여신은 그들에게서 등을 돌렸다. 그날 밤부터 불기 시작한 세찬 폭풍설은 산 전체를 휘감았으며 다음 날까지도 그칠 줄 몰랐다.

7월 8일에는 폭풍의 기세가 한층 더했다. 이틀 동안 텐트에 갇혀 날씨가 호전되기를 기다리던 대원들은 정상 등정의 의지를 접은 채 아침 일찍 8캠프를 떠난다. 10명의 목숨을 앗아간 비극은 이때부터 막을 연다.

대원 에르빈 슈나이더Erwin Schneider와 피터 아셴브레너Peter Aschenbrenner가 3명의 셰르파를 데리고 선발대로 출발하고 본대는 그 뒤를 따르기로 했다. 한 치 앞도 분간할 수 없는 폭풍설이 맹렬한 기세로 불고 있는 가운데 이들은 산 아래를 향하여 움직여 나갔다. 아셴브레너와 슈나이더는 3명의 셰르파와 함께 7캠프까지 내려왔다.

이제 그들은 셰르파들을 남겨 둔 채 깊은 눈과 폭풍설을 뚫고 6캠프와 5캠프를 거쳐 그날 밤 늦게 4캠프에 도착하여 이곳에 머물고 있던 지원대와 합류한다. 이들은 위에 남아 있는 모든 대원이 돌아오리라는 희망을 안고 밤새 기다렸으나 단 1명도 돌아오지 않았다.

7캠프에서 헤어진 3명의 셰르파는 어떻게 된 것일까. 셰르파 3명은 이날 6캠프 가까이 하산한 후 눈구덩이를 파고 하룻밤을 지낸다. 다음 날 온종일 폭풍설 속을 헤매면서 사력을 다해 하산하다가 설동을 파고 또 하룻밤을 지새운다.

7월 10일 셰르파 3명은 하산 중에 후발대로 뒤쫓아 내려오던 4명의 셰르파와 합류했다. 그러나 이들 중 셰르파 3명이 5캠프에 도착하기 전에 쓰러졌다. 나머지 4명은 빈사 상태로 겨우 4캠프에 도착한다. 그동안 4캠프에 머물던 지원대는 여러 차례 구조대를 출동시켰으나, 폭풍설과 깊은 눈 때문에 5캠프까지도 접근할 수 없었다.

낭가파르바트의 첫 번째 비극

한편 8캠프에서 후발대로 출발한 메르클 대장과 대원, 셰르파들의 생사는 어떻게 된 것일까. 이들 후발대는 8캠프를 출발할 때는 모두가 원기왕성했다. 그런데 모진 폭풍설이 앞을 가로막아 더는 전진할 수 없게 되자 이들은 비박을 감행한다. 추위와 강풍 속에서 12명은 침낭 3개를 가지고 하루 종일 굶주린 상태에서 밤을 지새운다. 이날 밤 벨첸바흐는 침낭도 없이 맨바닥에서 비박을 한다. 밤사이 셰르파 1명이 죽는다.

다음 날인 7월 9일, 셰르파 3명은 이곳에서 하루를 더 쉬기로 하고 남았으나 이 중 1명이 숨을 거둔다. 셰르파 앙체링과 케레가 7캠프까지 내려와 보니, 먼저 도착해 있던 메르클과 벨첸바흐가 기다리고 있었다. 이들 네 사람은 텐트의 눈을 파내고 휴식을 취한다. 이미 식량은 바닥이 나서 일행은 굶주린 채 밤을 보내야 했다. 벨첸바흐에게는 34세의 젊은 나이를 마감하는 생의 마지막 밤이었다. 훗날 그가 이 산에서 죽기 전까지 기록했던 등반 일기가 발견되어 많은 사람들을 슬프게 했다. 알프스 북벽의 맹장이던 벨첸바흐도 낭가파르바트의 비극으로부터 탈출할 수는 없었다.

이제 마지막 생존자는 메르클 대장, 셰르파 앙체링, 케레뿐이었다. 다음 날 아침 이들 3명은 벨첸바흐의 유해를 텐트에 눕히고 6캠프로 출발한다. 메르클은 걸음조차 제대로 걸을 수 없을 만큼 지쳐 있어 능선의 안부에 눈굴을 파고 비박을 한다. 이날 밤 메르클과 케레는 한 장의 시트와 모포로 몸을 감싼 채 휴식했으나 앙체링은 시트도 깔지 않은 채 모포 한 장만으로 혹한의 밤을 지새운다.

낭가파르바트 루팔 페이스

다음 날인 14일 아침 앙체링은 눈굴을 빠져나와 아래쪽을 향하여 큰 소리로 구원 요청을 했으나, 산 아래에서는 아무 반응이 없었다. 이때 메르클은 너무 쇠약해져 일어설 기력조차 없는 상태였다. 케레는 원기왕성했지만 대장과 함께 있기로 했다. 용감하고 충직한 앙체링은 구조를 요청하기 위해 두 사람을 남겨 놓은 채 4캠프로 출발한다.

폭풍설을 뚫고 필사적인 탈출을 시도하던 앙체링은 그날 저녁 늦게 동상을 입고 굶주린 몸을 이끌고 4캠프에 도착한다. 8캠프를 출발한 지 일주일 만이다. 앙체링의 보고로 산 위에 두 사람의 생존자가 있음을 알게 된 슈나이더와 아셴브레너는 필사의 노력으로 구조에 나섰으나 실패하고 만다. 한편 눈굴에 남아 있던 메르클과 케레는 큰 소리로 구원을 요청하고 사력을 다해 움직였으나 모두가 허사였다.

메르클이 먼저 숨을 거두고 뒤이어 케레가 죽는다. 훗날 케레의 죽음은 숭고한 셰르파 정신으로 찬양되기도 했다. 그는 자력으로 탈출할 수 있는 힘이 남아 있었으나 대장과 고용인이라는 관계를 떠나 운명을 같이한 동지로서 끝까지 함께했다.

1934년 독일 낭가파르바트 원정대는 10명의 목숨을 희생시킨 채 막을 내린다. 그러나 이후에도 독일은 1937년 16명의 목숨을 이 산에 묻는 또 한 차례의 비극을 맞는다. 낭가파르바트에서만 두 차례에 걸쳐 26명을 희생시키는 조난 사상 유례가 없는 최대의 비극적인 기록을 세운 것이다.

첫 번째 비극에서 살아 돌아온 프리츠 베히톨트Fritz Bechtold가 『비극의 낭가 파르밧』란 제목으로 패배의 기록을 남겨 많은 사람들의 가슴 아픈 이야기를 전한다. 사망한 대원은 메르클 대장과 벨첸바흐, 그리고 앨프리드 드렉셀Alfred Drexel, 울리히 빌란트Ulrich Wieland이며, 이들과 운명을 함께한 셰르파는 케레, 다크시, 루브, 누로보, 도리에, 타시이다.

낭가파르바트의 두 번째 비극

1937년 독일은 3년 전의 패배를 설욕하려고 세 번째 원정대를 낭가파르바트에 파견한다. 원정대는 카를 빈Karl Wien 대장과 독일 최정예 등반대원 6명을 선발하고 셰르파 9명을 고용했다. 이들의 등반은 2캠프까지 순조롭게 진행되다가 눈사태로 텐트가 부서져 일시 후퇴한 후에 재공격을 시도한다.

6월 7일 4캠프(6,220m)를 설치한 후 이곳에 물자를 운반하여 전진기지로 활용한다. 11일에는 전 대원이 4캠프에 집결하고 12일에는 5캠프(6,635m)를 설치하고 돌아왔다. 이들은 등반 일정이 순조롭게 진행되자 가슴에 맺힌 정상 등정의 숙원을 풀 수 있으리라는 기대에 차 있었다.

거봉 도전 시대 중 히말라야 등반 사상 최대의 비극은 6월 14일 밤과 15일 새벽 사이에 일어났다. 라키오트 피크 사이의 빙벽에서 떨어진 대형 눈사태가 4캠프를 덮쳐 삽시간에 전 대원을 죽음의 세계에 묻어 버렸다. 대장 이하 7명 전 대원과 셰르파 9명, 총 16명이 단 한 사람의 생존자도 없이 영원히 눈 속에 묻히고 만 것이다.

이 참사가 발견된 것은 3일 후인 6월 18일이었다. 팀 주치의인 루흐트가 베이스캠프로부터 사고 지점까지 올라왔을 때 4캠프가 설치되었던 곳에는 어떤 흔적조차 남아 있지 않았다. 눈앞에 보이는 것은 길이 4미터, 폭 150미터의 눈사태가 휩쓸고 지나간 흔적뿐이었다. 이 비보는 즉

카를 빈
1937년 낭가파르바트에 도전했으나 눈사태로 사망한다.

시 독일로 타전되었으며 곧 수색대를 태운 비행기가 현지에 도착한다.

7월 15일부터 조난자 발굴이 시작되었다. 3~4미터 두께로 얼어 있는 눈을 파내는 어려운 작업 끝에 대원 2구의 시체가 있는 텐트 한 동을 발견했다. 2구 모두 침낭 속에서 평화로운 모습으로 잠들어 있었으며 한 대원이 차고 있는 손목시계는 12시 20분에서 멎어 있었다. 시곗바늘이 정지한 시간이 조난 시간으로 추정된다.

계속된 발굴 작업 끝에 추가로 대원 3명이 잠든 텐트가 발굴되었다. 그러나 나머지 대원들의 텐트는 거대한 얼음덩어리 밑에 깔려 있어 발굴을 포기했다.

셰르파의 시신은 9구 중 1구만 발견되었다. 희생된 셰르파 중 파상 노르부Pasang Norbu는 1934년 독일 원정대의 최초 조난 시 8캠프에서 살아서 돌아온 사람 중 한 명이었다. 이렇게 많은 사람이 한 산에서 희생된 것은 히말라야 등반 사상 일찍이 없었던 일이었으며, 한 나라에서 이토록 많은 희생자를 낸 일도 전무후무한 일이다.

1950년에는 영국인 3명이 라키오트 빙하를 탐색하러 왔다가 2명이 사망한다. 1953년 낭가파르바트가 초등되기 전까지 이 산에서 죽은 사람은 58년 동안 모두 31명이었다. 이 가운데는 낭가파르바트 최초의 도전자인 머메리도 포함되어 있었다. 그는 1895년 8월 4일 구르카Gurkha

병사 2명과 함께 디아마 패스(Diama pass · 6,200m)의 빙벽 너머로 사라졌다. 히말라야에서 있었던 최초의 희생이었다.

등로주의를 제창하며 항상 새로운 등반을 시도해 온 희대의 반항아 머메리는 "등산가는 자신이 숙명적인 희생자가 되리라는 것을 알면서도 고산에 대한 숭앙을 버리지 못한다"는 유언과 같은 말을 자신의 저서 『알프스에서 카프카스로』의 마지막 장에 남긴 채 빙벽 너머로 사라진 것이다. 이 책은 그가 낭가파르바트로 출발하기 두 달 전에 마치 유언서처럼 출간되었다.

보다 어렵게 북벽으로

종전 후 알피니즘의 철시대가 다시 개막된 것은 그랑드 조라스와 아이거 북벽이 재등되면서부터다. 그동안 등반 활동은 세계대전으로 5년 동안의 공백기를 갖는다.

프랑스의 가스통 레뷔파Gaston Rébuffat와 에두아르 프랑도는 1945년 그랑드 조라스 워커 스퍼를 재등하였으며, 1947년 프랑스의 리오넬 테레이Lionel Terray와 루이 라슈날Louis Lachenal은 아이거 북벽을 9년 만에 재등하여 프랑스의 명예와 긍지를 일시에 되살린다.

그동안 유럽의 알피니즘은 세계대전 전까지 독일과 이탈리아가 주도해 왔지만 이 두 등반을 계기로 프랑스의 위상이 높아졌다. 그랑드 조라스와 아이거 북벽의 재등은 초등만큼이나 세계 산악계의 극찬을 받는다. 모두가 6급 알피니즘의 최상의 경지라 할 만한 등반이었다. 이것을 시작으로 전쟁 후 철시대가 다시 문을 열었으며, 프랑스는 여세를

가스통 레뷔파
1945년에 그랑드 조라스 워커 스퍼를 재등한다.

몰아 인류 최초로 8,000미터 거봉의 초등정을 이룩한다.

가스통 레뷔파는 전 세계 산악인들에게 그 명성이 널리 알려진 인물이다. 그는 18권의 산악 저서를 저술했으며, 산악 영화도 여러 편 만들었다. 그는 저서와 영화를 통해 등산의 대중화를 선도했다.

클라이밍 입문서인 『설과 암』은 국내 독자들에게도 널리 읽힌 책이며, 『별빛과 폭풍설』은 산악 문학을 한 차원 높인 저서로 영국의 존 헌트 경이 영문판으로 번역하여 그의 명성을 널리 알렸다. 『하늘과 땅 사이』는 산악 사진가 피에르 테라스가 촬영한 알프스의 아름다운 산악미가 담긴 100여 장의 사진을 실어 영상물을 보는 듯한 착각을 일으킬 정도다. 그의 저술들은 많은 독자들에게 산을 동경의 대상으로 만들었다.

한편 세계대전 후 한국에서는 1945년 해방과 더불어 9월에 조선산악회가 창립된다. 초대 회장으로 진단학회장과 국립민속박물관장을 지낸 송석하가 선임된다. 창립 발기인 19명 중 11명이 백령회 출신 산악인들이었다.

조선산악회는 1948년 정부 수립과 동시에 그 명칭을 한국산악회로 개칭한다. 이 단체는 초기에 국토 구명사업을 시작하여 국내외의 산악운동을 전개하며 현재 5,000여 명에 이르는 회원을 확보하고 있다. 또한 학술 조사, 자연보호, 해외 원정, 등산 교육, 학생 산악 운동 지도 육성, 일반 등산의 지도 보급, 등산의 안전 대책과 조난 구조 활동 등의 사업을 펴왔다.

한국산악회는 국제산악연맹UIAA의 가맹 단체로, 1980년 9월 문교부 산하 1047-470호로 사단법인 인가를 받아 법인화했다. 대외 명칭은 '코리안 알파인 클럽Corean Alpine Club, CAC'이다. 이 단체는 1968년부터 계간지 《산》과 연보 《한국산악》을 발행하고 있다.

북벽에서의 단독행과 동계 등반

전쟁 후 1950년대 후반부터 1960년대 후반까지는 알프스의 북벽에서 단독 등반과 동계 등반이라는 마지막 게임이 시도되었다. 그 주역을 떠맡은 주인공은 발터 보나티와 토니 히벨러Toni Hiebeler다.

1955년 드류의 남서 필러가 5일 만에 발터 보나티에 의해 단독 초등된다. 이 등반에서 보나티는 단 1개의 볼트•도 사용하지 않은 채 등반에 성공해서 세상 사람들을 놀라게 한다. 그는 일주일 분량의 식량과 장비(80개의 피톤과 로프 3동)를 큰 자루에 담아 끌어올렸다. 이런 색홀링• 방법은 후일 요세미티나 세계 오지에 있는 빅 월• 등반에서 빼놓을 수 없는 필수적인 장비 운반 기술이 된다. 이 방법은 요세미티 등반 기술보다 10년이나 앞서 보나티가 개발한 기술이다.

그는 '새로운 세대의 산악인이란 사전에서 불가능이란 단어를 지워 버릴 수 있도록 등반 기량을 연마

볼트 bolt
바위에 구멍을 뚫고 그곳에 박아 고정시키는 금속제 확보물.

색 홀링 sack hauling
자루에 장비와 식량 등을 넣고 로프에 매달아 끌어올리는 방법.

빅 월 big wall
거대한 벽(壁).

보나티의 프티 드류 남서벽 초등 당시 모습

해야 한다'는 신념을 가지고 슈퍼 클라이머 세계의 길을 걷는다. 보나티는 1950~60년대를 대표하는 뛰어난 알피니스트로 『내 생애의 산들』과 『위대한 날들(*The Great Days*)』이라는 모험 기록을 남겼으며 장비 제작에도 참여했다.

1961년에는 토니 히벨러, 발터 알름베르거Walter Almberger, 토니 킨스호퍼Tony Kinshofer가 3월 6일부터 12일에 걸쳐 아이거 북벽을 동계 초등정한다. 또한 같은 해에 벨기에의 클라우디오 바르비에르Claudio Barbier가 돌로미테의 트레 치메 디 라바레도의 5개 북벽을 단 하루 만에 단독 등반한다. 그는 카신 루트로 치마 오베스트를 올랐으며, 치마 그란데는 코미치 루트로, 치마 피콜라Cima Piccola는 프로이스 루트, 치마 피콜리시마Cima Piccolissima는 듈퍼 루트, 푼타 디 프리다는 이너코플러 루트로 등반했다.

1963년에는 미셸 다르벨레Michel Darbellay가 아이거 북벽을 단독 등반한다. 이해 겨울, 발터 보나티가 코시모 차펠리Cosimo Zapelli와 함께 그랑드 조라스 워커 스퍼를 6일에 걸쳐 동계 초등반한다. 그는 영하 20도가 넘는 1월의 추위 속에서 워커 스퍼를 오르기 시작한다. 얼음이 단단하게 얼어 아이젠의 발톱이 잘 박히지 않자 피켈로 얼음을 깨며 프론트 포인팅으로 오르다 빙벽에서 첫 비박을 한다. 이튿날 그는 당장 필요한 장비만 배낭에 짊어지고, 나머지는 큰 원통형 색에 넣은 다음 피치가 끝날 때마다 끌어올리면서 대각선으로 전진했다.

그랑드 조라스를 오르는 한 산악인이 홀드를 찾고 있다.

그는 "그랑드 조라스 북벽은 극지방이나 생명체가 살지 않는 어떤 행성에 있는 듯한 착각을 일으킬 정도였다"고 등반의 어려움을 표현했다.

눈을 뜰 수 없을 정도로 강하게 불어대는 폭풍설을 만나 해발 3,300미터 지점에서 네 번째로 비박을 한 그는 이튿날 높이 30미터에 불과한 알랭 크랙을 오르는 데 2시간 이상을 소모했다.

이어 발판을 깎아 내며 얼음 사면을 오르고 90미터 코너를 역시 2시간 만에 돌파한다. 이어 오버행으로 통로가 막히자 로프에 매달려 10미터 정도 하강하여 오른쪽 벽으로 횡단하고 40미터 정도 올라 바위에 앉아 비박을 한다. 이튿날 해발 4,050미터 지점에서 붉은 탑 아래로 횡단한 다음 오버행의 침니를 오른 다음 또 한 번의 비박을 한 후 정상에 오른다.

그는 이 등반에 이어 1964년에는 동료 미셸과 함께 그랑드 조라스 윔퍼 스퍼를 3일 만에 초등정한다. 이 등반에서 그는 실수로 침낭을 떨어뜨리는 바람에 밤새 맨몸으로 추위에 떨며 밤을 지새우는 비박을 한 후 정상에 오른다.

1963년에는 미국의 톰 프로스트, 스튜어트 풀턴Stewart Fulton, 개리 헤밍Garry Hemming과 존 할린John Harlin이 푸Fou 남벽을 등정, 몽블랑 산군에 남아 있던 마지막 처녀봉에 길을 뚫기도 했다. 캘리포니아 산악인들은 요세미티 방식의 새로운 전략과 기술을 적용, 알프스 미등의 벽을 오른다.

1965년에는 발터 보나티가 마터호른 북벽을 동계 단독 직등으로 오르는 위업을 달성한다. 이 거사는 마터호른이 윔퍼에 의해 초등된 지 100여 년 만의 일이다. 보나티는 동료 3명과 함께 등반 시작 3일째 되는 날 비박 지점에서 시속 100여 킬로미터의 폭풍을 만나 400여 미터를 로프로 하강한 후 어쩔 수 없이 등반을 포기한다. 그는 폭풍이 가라앉은 후 등반을 재개할 것인가 포기할 것인가에 대해 고민하다가 단독 등반을 결심한다.

그는 1955년 드류 서벽을 단독 등반할 때처럼 로프 길이 40미터를 오른 후 피톤을 박아 로프를 고정하고 출발 지점까지 40미터를 하강한 뒤 배낭을 짊어지고 피톤을 회수하며 40미터를 다시 오르는 과정을 반복했다. 그의 등반은 매 피치를 2번 오르고 1번을 하강하는, 엄청난 체력을 소모하는 행위였다.

좁은 레지에서 비박색을 뒤집어쓰고 고독과 불안, 공포와 싸우며 두 번째 밤을 보낸 그는 '천사들의 트래버스'에 도착한다. 얼음이 깔린 가파른 슬랩 지대는 피톤 설치가 어려워 얼음과 눈을 걷어내며 힘든 등반을 해야 했기 때문에 횡단을 마치는 데 반나절 이상을 소요했다.

저녁 무렵 오버행 밑에 도달하여 세 번째 비박에 들어간다.

다음 날 그는 오버행 돌파를 위해 상당량의 식량과 연료를 버려 짐 무게를 줄인다. 그 후 오버행을 지나 수직 벽을 통과한 후 혹한을 참아내며 네 번째 비박을 한다. 다음 날 또다시 장비와 식량을 버려 짐 무게를 줄이고 30미터 오버행에 암질이 불안한 푸석한 바위를 넘어선다. 그리고 등반을 계속하여 드디어 정상에 선다.

마터호른 북벽 동계 단독 등반 당시 비박 중인 보나티의 모습

이 위업을 달성하자 이탈리아 대통령은 그에게 '용감한 시민상'을 수여한다. 그는 시상식장에서 "인간은 불가능을 가능으로 바꾸고 미지의 세계를 탐험하고 싶은 욕구 때문에 모험을 하게 된다. 불가능성의 매력은 그것을 포기하는 데 있는 것이 아니라, 그것을 극복해 내는 데 있다"고 수상 소감을 전했다.

1967년 스위스의 실뱅 소당Sylvain Saudan이 에귀유 드 블레티에르Aiguille de Blaitière의 스펜서 쿨루아르의 평균 경사도 51도에 이르는 곳을 스키로 하강한다. 이것은 알프스에서 이루어진 극한 스키extreme skiing의 시초로 기록된다. 1968년 프랑스의 르네 데메종René Desmaison과 로베르트 플레마티가 그동안 최고의 산악인들이 수년간 시도해 왔으나 성공하지 못한 그랑드 조라스의 슈루Shroud를 등정한다.

아이거 북벽에서의 숱한 죽음

초등정 이후 아이거 북벽에서 동계, 단독 등반, 직등이라는 극적인 과제가 해결되는 1966년까지 무려 27명이라는 귀중한 목숨이 이곳에서 사라져 갔다. 아이거 북벽 최초의 희생자는 독일의 막스 세들마이어Max Sedlmayer와 카를 메링거Karl Merringer다.

이들은 1935년 8월에 초등을 노리고 등반에 나섰으나, 폭풍우와 강풍, 낙뢰를 동반한 악천후 속에서 등반하던 중에 탈진 사망한다. 2주 뒤 위험을 무릅쓰고 벽 쪽으로 20미터 가까이 접근한 정찰 비행기에 의해 3,360미터 지점 눈 속에 앉은 자세로 반쯤 파묻힌 카를 메링거의 시체가 발견된다.

이 첫 조난이 발생한 지점을 '죽음의 비박'이라 부르고 있다. 막스 세들마이어의 시체는 다음 해 여름, 동생 하인리히Heinrich와 그의 파트너들에 의해 발견된다. 그들은 눈 위에 삐져나온 손가락을 발견하고 그 주위를 파헤쳐 시체 발굴에 성공한다. 이들은 시체의 팔과 다리를 잘라 큰 자루 안에 담아서 하강한다.

카를 메링거의 시체는 27년이 지난 1962년 여름, 스위스 등반대에 의해 완전히 건조된 채 발견된다. 그의 시체는 눈사태에 휩쓸린 듯 최초의 조난 지점 훨씬 아래 부분인 '제2설원'에 있었다.

첫 희생이 발생한 다음 해 독일의 안드레아스 힌터슈토이서Andreas Hinterstoisser, 토니 쿠르츠Toni Kurz, 에디 라이너Edi Rainer, 빌리 앙거러Willy Angerer 등 4명이 사망한다. 이들은 등반 중에 앙거러가 머리에 낙석을 맞아 부상을 입자 올라온 길로 거꾸로 되돌아가기 위해서 얼어붙은 '힌터슈토이서 트래버스'로 되돌아가려고 노력했으나 실패한다.

아이거 북벽

이곳은 80도 경사의 절벽으로 일단 트래버스하면 돌아갈 수 없는 지점이었으며 조난 이후 희생자인 힌터슈토이서의 이름을 따서 명명되었다. 그들은 트래버스에 실패하자 200여 미터 아래 직벽으로 하강을 시도했으나 쿠르츠만 제외하고 3명 모두가 추락사한다.

쿠르츠는 로프 끝에 매달린 채 밤을 지샌다. 구조대는 그가 매달려 있는 80미터 지점까지 접근했으나 구조에 실패하고 만다. 구조대는 이 벽의 중간에 뚫려 있는 기차 갱도 창문을 이용하여 여분의 로프와 장비를 쿠르츠가 내려 보낸 로프에 연결해 올려 보낸다.

쿠르츠는 구조대가 전해 준 여분의 로프를 연결하여 필사의 탈출을 시도해 구조대가 있는 곳과 5미터 떨어진 지점까지 접근한다. 그러나 로프를 연결한 매듭에 하강용 카라비너가 끼어 더 이상 오도 가도 못한 채 구조대의 눈앞에서 탈진하여 사망하고 만다. 불과 5미터의 거리가 삶과 죽음을 가르는 아득한 경계가 된 셈이다. 구조대는 긴 막대에 칼을 묶고 로프를 끊어서 북벽 아래로 쿠르츠를 떨어뜨려 그의 시신을 회수한다.

이 사고로 인해 아이거 북벽에 대한 세간의 비난이 높아졌으며, 마침내 여론에 밀린 스위스 정부는 아이거 등반을 금지하기에 이른다. 이후에도 이 벽에서는 수많은 죽음이 이어졌다.

1957년 8월에는 아이거 북벽에서 극적인 사건이 일어난다. 이탈리아 스테파노 롱기Stefano Longhi와 클라우디오 코르티Claudio Corti, 독일의 귄터와 마이어Mayer 팀이 북벽에서 합류하여 등반한다. 이들이 '하얀 거미'에 도착했을 때쯤 롱기가 오버행 밑으로 추락한다. 하얀 거미는 위에서 쏟아져 내려오는 낙석과 눈이 합쳐져 거미의 모습을 연상케 하는 곳으로 아이거 북벽의 대명사처럼 쓰이고 있다.

아이거 북벽 하단을 등반하는 클라이머

롱기의 동료들은 로프에 매달린 그를 아래 테라스에 내려서게 한 뒤 구조를 기다리게 했다. 나머지 독일 대원 2명은 정상을 향해 등반을 계속하여 자정이 넘은 시간에 정상에 오른 것으로 보이나 안타깝게도 4년 후 남서릉 쪽에서 시체로 발견된다. 이탈리아의 코르티는 구조대에 의해 구조되었다.

그렇다면 추락한 채 남겨진 롱기는 어떻게 되었을까. 이날 알프스의 쟁쟁한 클라이머인 리오넬 테레이와 리카르도 카신 등 50여 명이 구조대로 출동하여 정상에서 대기하고 있었지만 갑작스러운 악천후로 구조가 연기되었다.

이날 밤 폭설이 내렸다. 구조대는 그가 추위에 얼어 죽었을 것으로 판단하고 철수하였다. 그 후 롱기의 시체는 처음 자리에서 미끄러져 약 5미터 아래 허공에 대롱대롱 매달린 채 2년 동안 클라이네샤이덱 마을에 몰려오는 관광객들의 망원경 속의 구경거리로 방치되었다.

그의 시체는 사건 발생 2년이 지난 1959년 6월 정상으로부터 케이블을 설치하고 하강한 스위스 구조대에 의해 회수된다. 검시 결과 롱기는 사망 전 머물고 있던 곳에서 강풍에 날려 떨어지면서 다리에 골절상을 입고 줄에 매달린 채 추위와 기아의 고통 속에서 처참한 최후를 맞은 것으로 밝혀졌다.

또 하나 세인의 주목을 받은 사건은 1966년 3월 아이거 북벽에서 등반 중에 로프가 끊어져 추락하는 사고였다. 아이거 북벽에서 최초로 시도된 직등에서는 4명의 영미 합동팀과 8명의 독일 팀이 같은 루트를 놓고 경합을 벌였다. 결국 이들 두 팀은 합동 등반을 협의한 후 같은 루트로 직등을 시도한다.

영미 합동팀에는 미국의 존 할린과 영국의 레이턴 코어Layton Kor, 두걸 해스턴, 크리스 보닝턴Chris Bonington과 같은 당대를 대표할 만한 사람들로 조직되었다. 독일 팀은 귄터 외 7명이었다. 이 등반에서 존 할린은 주마링을 하던 도중 고정 로프가 끊어져 천길 절벽 아래로 떨어져 사망한다.

코어와 보닝턴은 직등 루트 성공의 결정적인 역할을 하는 중앙 필러를 올라 하얀 거미의 발끝에 접근한다. 이때 존 할린과 해스턴은 죽음의 비박지를 출발, 하얀 거미로 향하는 중앙 필러의 고정 로프를 주마링으로 오르기 시작한다. 같은 시각 아래쪽에 있던 독일의 롤프가 하얀 거미로 오르려 하고 있을 때 알 수 없는 붉은 물체가 그의 옆을 스치면서 북벽 아래로 쏜살같이 떨어져 내렸다.

한편 클라이네샤이덱에서 이들의 등반 상황을 지켜보던 한 취재기

존 할린 1960년 아이거 북벽 직등 루트를 오르다가 얼음 동굴에서 휴식 중인 모습

자가 중앙 필러 쪽에서 빨간 물체가 아래쪽으로 떨어지는 것을 목격했다. 등반 중이던 독일 팀의 롤란드는 무전으로 이 상황을 전해 듣고 존 할린의 생사를 살피려고 하강한다.

그는 하얀 거미의 두 피치 아래 버트레스* 꼭대기 40여 미터 위에서 잘려진 로프를 발견한다. 로프가 고정된 바로 밑이 예리한 암각 모서리에 쓸려 끊어져 있었다. 앞서 네 사람이 같은 로프를 사용해 올라갔으나, 다른 사람에게는 아무 일도 없었고 마지막 다섯 번째 등반자 존 할린이 오를 때 로프가 끊어지고 말았다. 운명의 신은 존 할린을 끝내 외면한 것이다.

살아남은 4명은 등반을 계속하는 것이 존 할린을 위한 길이라 믿고 반드시 등정에 성공해 그 루트를 '존 할린 직등 루트'라 명명하기로 약속한다. 이들은 60시간이나 굶주린 상태에서 정상에 올랐다. 이들이 아이거 정상

버트레스 buttress
산 정상이나 능선을 향해 치닫고 있는 규모가 큰 직립 암벽.

에 오르던 날, 존 할린의 장례식이 치러졌다. 아이거 등반대로부터 그의 장례식에 보내진 헌화에는 '굿바이 존!Goodbye John!'이라는 짧은 글귀가 이들이 못다 한 절절한 고별사를 대신했다.

세계 거벽 등반의 메카로 떠오른 요세미티

한편 알프스 이외의 지역에서도 새로운 거벽 등반이 시도된다. 특히 캘리포니아 요세미티 지역은 세계 암벽 등반의 중심지로 부상한다.

요세미티 암벽 등반의 역사는 1930년대 시에라 클럽이 시도한 커시드럴 록Cathedral Rock의 등반에서부터 시작되었으며, 스위스에서 미국으로 이민 온 존 살라테에 의해 급격한 전환기를 맞는다.

존 살라테는 1947년 안톤 넬슨Anton Nelson과 함께 개발한 새로운 경철 합금의 강한 피톤을 가지고 로스트 애로Lost Arrow 침니를 5일 만에 등정함으로써 요세미티 암벽 등반의 막을 연다.

그가 개발한 피톤은 회수해서 반복적으로 사용할 수 있는 내구성이 강한 피톤으로 몇 번을 사용해도 구부러지거나 부러지는 일이 없었기 때문에 등반 시 예전보다 훨씬 적은 수의 피톤을 사용하는 게 가능해졌다. 이로 인해 본격적인 암벽 등반이 가능하게 된 것이다.

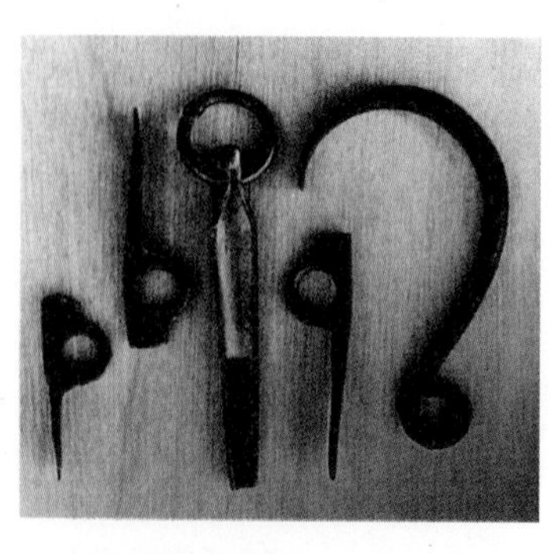
살라테가 만든 피톤과 훅

1950년 앨런 스텍Allen Steck과 존 살라테가 오랜 노력 끝에 요세미티

요세미티의 암벽들 1950년 최초의 요세미티 빅 월 등반 이후 1971년까지 요세미티 암벽 등반의 황금기가 시작된다.

의 센티널 록Sentinel Rock의 북벽을 오른다. 이 등반은 마지막 500미터에서 150개의 피톤과 9개의 익스펜션 볼트가 사용된다. 이것은 요세미티 최초의 빅 월 등반으로 기록된다. 이후 1971년까지 많은 루트가 초등되는 요세미티의 황금기가 시작된다.

900여 미터 높이의 세계적인 거벽을 지닌 요세미티는 1950년대 이전까지만 해도 암벽 등반이 활발하지 못했다. 900여 미터에 이르는 직립의 암벽은 화강암질의 특성 때문에 홀드가 빈약했고, 고난도의 재밍* 기술이 필요한 수직의 크랙은 특수한 장비가 요구되기도 했다.

또한 이 지역 특유의 무더위 탓에 등반 중 식수도

재밍 jamming
갈라진 바위 틈에 손가락, 손, 발 등을 끼워 지지력을 얻는 기술.

문제였다. 식수와 많은 양의 장비를 운반하는 문제가 등반의 크나큰 걸림돌이 되어 왔다.

초기에는 이곳 암질에 적합하지 않은 연철의 피톤과 마닐라 로프, 조잡한 등산화 등 장비의 한계가 있었다. 요세미티의 전설이라 불리는 살라테는 이 지역 암질에 적합한 강철 피톤을 개발했고, 로열 로빈스Royal Robbins는 홀링 기술을, 톰 프로스트는 봉봉이라는 장비를 개발하여 크랙 등반의 난제를 해결한다.

1959년 이본 취나드는 미세한 크랙에 사용할 수 있는 피톤인 러프를 개발하여 크랙 등반에 일대 전환을 가져온다. 취나드와 더불어 엔지니어 출신의 프로스트가 장비 제작에 합세하면서 각종 강철제 피톤, 리지드 크램폰, 굽은 피켈 등 획기적인 용구를 개발하여 요세미티 암벽 등반 발전에 크게 공헌한다.

또한 1950년대에 스위스의 아돌프 유시와 발트 마르티가 개발한 유마르*가 1963년에 수입되면서 요세미티 등반은 새로운 도약의 기회를 맞게 된다. 유마르가 등반에서 홀링과 장비 회수에 결정적인 역할을 담당하면서부터 체력의 비축과 시간 단축을 가져온다.

70여 개의 초등을 기록한 짐 브리드웰J. Bridwell은 처음으로 5.11급을 개척하여 자유 등반의 전통을 세웠으며, 이 시기에 대부분의 코스가 초등되고 거벽 등반 기술과 장비 개발, 속도 등반, 자유 등반이 개화한다. 이 황금기는 1978년 확보 기구인 프렌드와 1981년 프랫솔 암벽화의 개발로 급격한 변화를 맞으며 무한한 도전의 영역을 넓혀 간다.

1957년에는 로열 로빈스, 마이크 셰릭, 제리 갈워

유마르 jumar
등강기를 가리키며 스위스의 등강기 제조사의 상품명인 'Jümar'에서 유래했다. 고안자인 스위스의 가이드 유시(Jüsi)와 공학박사 마르티(Marti) 두 사람의 머리글자를 붙여 상품명으로 했다. 영어로는 어센더(ascender)라 한다.

엘 캐피탄 요세미티 최대의 난제로 일컬어지는 거벽이다.

스 등이 하프 돔(2,693m) 북서벽을 초등, 요세미티 등반의 새로운 장을 연다.

1958년 요세미티 엘 캐피탄El capitan에 최초의 루트인 노즈Nose가 개척된다. 워런 하딩Warren Harding, 조지 휘트모어George Whitmore, 웨인 메리, 앨런 스텍 등이 18개월에 걸친 도전 끝에 45일 만에 675개의 피톤과 125개의 볼트를 사용해 노즈 개척에 성공한다.

하딩은 요세미티의 최대 난제인 엘 캐피탄의 노즈에 길을 열기 위해 모든 역량을 집중하여, 히말라야의 극지법 스타일을 채택한 시지 클라이밍Siege Climbing 방법을 창안한다.

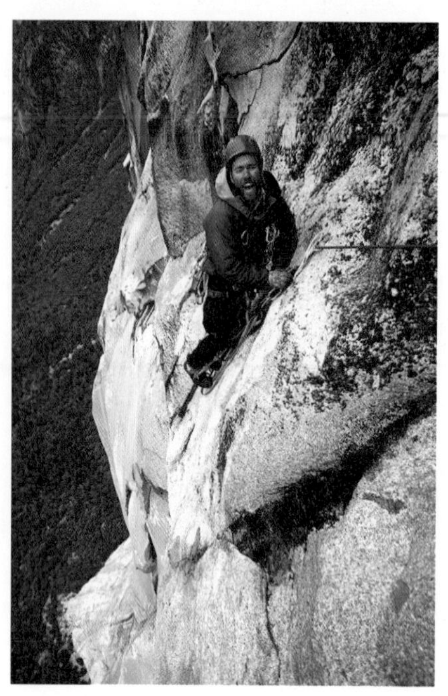

엘 캐피탄의 노즈 루트를 오르는 클라이머의 모습

이 방법은 일정한 높이까지 등반한 뒤 고정 로프를 설치하고 아래로 하강하여 식량과 장비를 지원받고 충분한 휴식을 취한 후 다시 프루지크 기술이나 유마르 같은 등강기를 이용하여 먼저 지점까지 오르는 등반을 반복하는 방법이다. 그는 노즈 개척을 위해 16개월간 6차례나 이런 방법을 시도했다.

그는 반복되는 홀링과 볼트 구멍을 뚫는 드릴의 소음, 폭풍우와 숨 막히는 더위를 극복하고 정상에 선다. 이 등반의 성공은 많은 대중들에게 스포츠로서의 등반을 인식시키는 계기를 마련한다.

1960년 엘 캐피탄의 노즈를 로열 로빈스와 프로스트, 프라트, 퓌센 등이 고정 로프를 쓰지 않고 연속 등반으로 등정에 성공한다. 7일이 소요된 이들의 등반 스타일은 요세미티에서 고정 로프를 사라지게 한다.

이후 요세미티의 대암벽에서 볼트와 피톤의 과용으로 암장의 자연 파괴가 가속화되자, 이에 대항하는 몇몇 전위적인 산악인들이 암장의 파괴 없이 등반하는 '클린 클라이밍clean climbing'을 제창하며 등반 방식의 일대 전환을 가져온다. 이런 스타일의 등반을 해머와 같은 용구를 사용하지 않는다는 의미에서 해머리스 클라이밍hammerless climbing이라고도 한다.

클린 클라이밍 운동은 1960년대 등반 윤리를 강조한 자유 등반의 대표 주자 로열 로빈스를 주축으로 불이 붙었다. 로열 로빈스는 1970년 엘 캐피탄의 다운 월Dawn Wall 루트를 재등하면서 워런 하딩이 초등 시 설치한 많은 볼트를 제거해 워런 하딩과 논쟁을 불러일으킨다.

그는 1959년 살칸타이 루트를 자유 등반으로 등정하였으며, 1964년에는 엘 캐피탄의 노스아메리카 월을 취나드, 프로스트와 함께 볼트 38개로 9일 만에 등정하여 높은 평가를 받기도 한다.

자유 등반의 새 역사를 만든 돈 월 등반

요세미티는 세계 거벽 등반의 메카이자 중심지로 부상한 지 오래되었다. 세월의 흐름에 따라 첨예한 기술과 진화한 장비에 힘입어 겔렌데* 화하고 있는 것이 현실이지만 이곳이 아직도 창조적인 등반 양식이 태어나는 독특한 환경을 지닌 곳이라는 사실은 분명하다. 수직 높이 1,000여 미터의 매끈한 화강암 벽에서 자유 등반의 수준을 높여가는 놀라운 기록들이 탄생하고 있다.

무한한 다양성은 등산의 본질이다. 상상할 수 없는 난이도를 지닌 거벽을 오르는 등산은 그 다양성이 무한하다. 클라이머들의 목표 설정이 단순히 벽을 올라간다는 것에서 '어떤 방법으로 오를 것인가'로 인식이 전환되고 있는 것이다.

2015년 1월 14일 미국 요세미티 국립공원의 거벽 엘 캐피탄에서 자유 등반의 새 역사가 탄생되었다. 37세인 토미 콜드웰Tommy Caldwell과 31세인 케

*겔렌데 Gelände
(독일어) 빙벽·설벽 등반이나 암벽 등반의 훈련장을 의미한다.

빈 조르게슨이 고도차 914미터의 수직의 세계를 극복하고 정점에 올라섰다.

이들은 19일간의 사투死鬪를 벌이면서 난이도 높은 루트로 평가받는 '여명의 벽', 돈 월Dawn Wall(5.14d)을 올랐다. 이런 등반은 '낮지만 더 어려운 less lofty but highly difficult' 봉우리를 추구하려는 등반의 경향을 보여준다.

세계 언론들은 돈 월 자유 등반을 극찬했다. 《뉴욕타임스》는 "불가능을 좇아 정상에 섰다"라고 했고, 《내셔널 지오그래픽》은 "두 등반가가 새 역사를 만들었다"고 극찬했다. 이들의 등반에 대해 오바마 대통령까지 나서서 칭찬을 아끼지 않았으며 "당신들은 그 어떤 것도 가능하다는 것을 보여줬다"고 말했다.

무엇이 이렇듯 최상의 찬사를 두 사람에게 던지게 했을까? 엘 캐피탄은 요세미티 계곡에 우뚝 솟아 있는 거대한 화강암 덩어리로 900여 미터의 단일 암벽으로는 세계 최대 규모다. AP 통신은 이들을 "많은 사람이 불가능하다고 여겼던 돈 월 루트를 자유 등반으로 오른 첫 번째 사람이 됐다"고 평가했다.

두 등반가가 격찬을 받은 것은 하딩이 인공 등반으로 올랐던 루트를 45년 만에 자유 등반으로 등정했기 때문이다. 암벽 등반은 장비의 도움을 받느냐 안 받느냐에 따라 인공 등반과 자유 등반으로 나뉜다. 장비 도움을 받아야 오를 수 있었던 곳을 순전히 인간의 육체와 힘만으로 올랐다는 것은 인간의 한계를 넘어선 행위라 할 수 있으며 이런 등반은 등반 본질로의 회귀라는 관점에서도 평가받아야 한다.

장비 도움을 받아서 오를 수 있었던 곳을 육체의 힘과 기량만으로 등정한다는 것은 극적이고 위대한 휴먼 드라마다. 콜드웰 등의 등반이 전 세계 등반가들을 감탄하게 한 건 무엇보다 이 등반의 난이도 때문이었다. 그들은 거의 '거미 수준'의 인간이라고 할 수 있다.

그렇다면 5.14d라는 난이도는 어느 정도의 어려움을 지니고 있는 것일까. 5.14 난이도를 오르려면 손가락 끝으로 암벽을 오를 정도의 완력과 기량을 갖추어야 한다. 즉, 손가락 한 마디만 걸어서 턱걸이를 하는 수준이어야 하는 것이다. 이런 능력이 필요한 것은 실제 등반 도중 손톱 크기의 작은 홀드를 한 손으로 잡고 올라야 할 때를 대비해야 하기 때문이다.

산이 있고, 거벽이 있는 한 그곳을 자신의 힘만으로 오르겠다는 인간의 도전 또한 멈추지 않을 것이다. 19일 동안 그들은 추락에 대한 본능적인 공포와 싸우며 마침내 승리를 이끌어냈다.

산악계를 떠들썩하게 했던 볼트 과용 문제

초기 요세미티 거벽에 수많은 족적을 남긴 하딩은 볼트 과용과 시지 클라이밍 방식 때문에 자연 환경을 파괴하는 무법자로 불리기도 했다. 그러나 하딩은 이런 비판에도 아랑곳하지 않고 "등반은 즐거워야 하며 너무 신중하게 여기지 말아야 한다"고 응수했다.

엘 캐피탄 노즈에 길을 뚫을 당시만 해도 다른 클라이머들은 이 대담하고 야심적인 등반을 감행할 용기를 내지 못했다. 길고 어려운 거벽에서 시지 클라이밍 전술이 정당하다고 생각한 하딩은 다른 클라이머들이 실패한 곳에서 성공을 거둘 수 있었다.

당시 로빈스는 하딩으로부터 노즈 개척 등반에 동참해 줄 것을 권유받았으나 고정 로프와 볼트 과용을 철저히 배격하며 거절한다. 로빈스는 워런 하딩의 등반 스타일이 모험과 불확실성에 대한 도전이라는 등산의 가치를 박탈했다고 맹렬하게 비판했다.

인공 등반 대신 자유 등반을 신봉한 로빈스 같은 클라이머들은 하딩 측과 심한 불화를 겪게 된다. 마침내 하딩의 루트에서 볼트를 제거해 길을 지우는 일까지 벌어진다.

하딩이 요세미티 거벽에서 수많은 신화를 남기며 거벽을 개척했다면, 로빈스는 거벽 등반의 철학을 완성했다. 1960년 로빈스는 엘 캐피탄의 노즈를 고정 로프를 이용하지 않고 연속 등반하는 새로운 신화를 만든다. 7일 동안 거벽에 매달린 채 행한 그의 등반은 요세미티에서 고정 로프를 사라지게 했다. 노즈는 1994년에는 린 힐Lynn Hill에 의해 23시간 만에 자유 등반으로 등정된다.

거벽 등반에서 볼트 과용 문제로 세계 산악계를 떠들썩하게 했던 이 사건은 요세미티에만 국한되지 않는다. 지구상의 가장 오르기 어려운 봉우리로 손꼽히는 세로 토레(Cerro Torre · 3,128m)에서도 이 문제로 시비가 일었다.

1959년 이탈리아 체사레 마에스트리Cesare Maestri와 토니 에거Toni Egger의 세로 토레 초등정이 증거가 없어 의심을 받는다. 당시 토니 에거는 하강 중 사망한다. 그러자 마에스트리는 1970년에 두 번째 도전을 감행한다. 이때 발전기와 컴프레서, 그리고 볼트 300여 개를 써서 마치 고층 빌딩 건축 공사를 하듯 길을 뚫었다. 이 컴프레서는 극한 등반의 진기한 기념물로 지금까지 정상 밑에 매달려 있다.

마에스트리는 수단과 방법을 가리지 않고 등정에 성공했으나 많은 지탄을 받아야 했다. 오늘날 이 루트는 '컴프레서 루트'라는 오명과 함께 세로 토레의 노멀 루트가 되었다.

세로 토레 지구상에서 가장 오르기 어려운 봉우리 중 하나로 알려져 있다.

마에스트리는 처음에는 파트너 토니 에거를 잃었고, 11년 뒤에는 컴프레서 등반으로 자유 등반가로서의 명예를 잃었다. 그는 한때 돌로미테의 거미라 불릴 정도로 기량이 뛰어난 자유 등반의 기수였다.

지금도 거벽 등반에서 볼트 사용 문제는 주요한 논쟁의 대상이다. '볼트를 어떻게 사용해야 정당한가'에 대한 문제에서는 사용 한계의 설정이 중요하다.

3부

8,000미터 거봉 도전의 시대

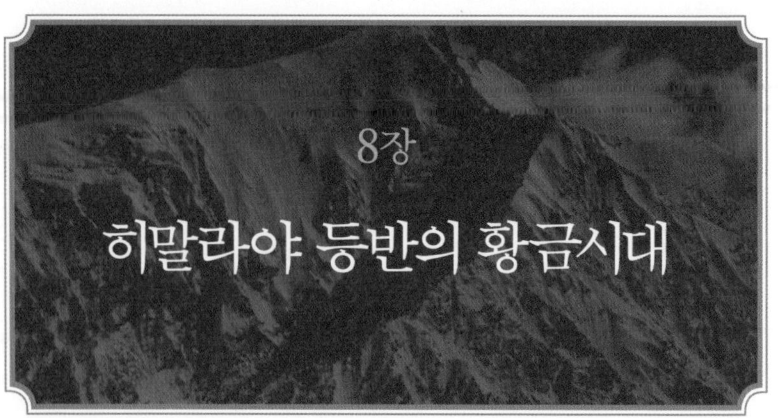

8장

히말라야 등반의 황금시대

1949년 네팔의 히말라야가 개방됨에 따라 국가 간에 8,000미터 거봉 등반이 경쟁적으로 이루어진다. 이 시기를 히말라야 등반의 황금시대라고 부른다. 1950년 프랑스 원정대가 인류 최초로 안나푸르나를 초등정하면서 히말라야 황금시대의 막이 오른다. 이후 8,000미터 거봉 14봉에 대한 본격적인 초등 경쟁이 벌어진다.

인류의 8,000미터 14봉 도전의 역사는 1950년 안나푸르나로부터 시작하여 1964년 시샤팡마에 이르기까지 14년에 걸쳐 성취되었다. 1786년 몽블랑 등정에서 출발한 등산이 은시대를 마감하는 당 뒤 제앙의 등정까지 96년이 걸린 알프스에서의 기록과 비교해 볼 때 놀라운 발전이라 할 수 있다. 이는 등반 용구, 산소 용구, 고소 생리학 등 20세기

과학 문명의 발달에 힘입은 바 크다.

세계 10위의 높이를 가진 안나푸르나는 산스크리트어로 '풍요로운 여신'이라는 뜻이다. Anna는 '음식물' 또는 '영양'을 뜻하며, Purna는 '가득 채우다', '쌓아 올리다'라는 뜻을 지니고 있다. 네팔 히말라야 안나푸르나 산군에 있는 안나푸르나는 1950년까지 누구도 탐사한 일이 없어 지도상의 공백지나 다름없었다.

루이 라슈날
프랑스 원정대의 대원으로 안나푸르나를 등정한다.

이 산의 초등이 오늘날까지 높게 평가받는 이유는 사전 정찰 없이 한 번의 시도로 정상 등정을 실현했기 때문이다. 당시 프랑스 원정대는 변변한 지도나 자료조차 없는 상황에서 20여 일 동안 다울라기리(Dhaulagiri·8,167m)와 안나푸르나 두 산에 대한 지형을 정찰하고 접근로를 탐색한다.

이 원정대의 목표는 네팔 중앙에 위치한 2개의 산 중에서 등반이 가능한 8,000미터 높이의 봉우리 하나를 골라 오르는 데 있었다. 원정대는 처음에는 다울라기리를 목표로 했지만 등정 가능성이 낮아서, 좀 더 수월해 보이는 안나푸르나를 등반 대상지로 선택한다.

프랑스 원정대가 정찰과 동시에 첫 등정을 이룩한 일은 등반 사상 유

안나푸르나 프랑스 원정대의 텐트
왼쪽부터 루이 라슈날, 자크 우도, 가스통 레뷔파, 모리스 에르조그, 마르셀 슈와츠의 모습이다.

례가 없는 성과였다. 이런 성과를 올릴 수 있었던 것은 이 원정대가 지닌 강력한 팀워크와 최신 장비의 뒷받침 덕분이었다. 모리스 에르조그Maurice Herzog 대장을 위시하여, 장 쿠지Jean Couzy, 루이 라슈날, 리오넬 테레이, 가스통 레뷔파, 마르셀 이삭Marcel Ichac 등 당대의 프랑스를 대표할 만한 최고의 대원들이 함께했으며, 전쟁 후에 개발된 최신 장비 등 6톤가량의 물량을 동원했다.

이들은 최신 섬유인 나일론으로 만든 텐트, 우모복, 로프 이외에 경금속 소재인 두랄루민으로 만든 경량화된 장비들을 사용하며 알프스식의 속공 전법으로 정상을 향해 올라갔다. 그래서 후일 이 원정대를 '나일론 등반대'라고 불렀다. 강점을 고루 갖춘 원정대는 통상 1개월이 소요되는 8,000미터 거봉을 18일 만에 오르는 선례를 남긴다.

프랑스 팀은 그때까지 히말라야의 고산 등반에서 영국, 독일, 미국처럼 두각을 나타내지 못했다 따라서 경험이 부족한 그들의 초등은 극적이었고 세계를 놀라게 할 만한 사건이었다. 이 등반의 성공은 제2차 세계대전 후 침체되어 있던 프랑스 국민들에게 대단한 자부심과 용기와 희망을 선사하였으며, 히말라야는 세계인들의 주목을 받게 되었다.

극한에서의 좌절과 희열의 기록

1950년 6월 3일 에르조그와 라슈날은 마침내 정상에 선다. 그러나 영광스러운 승리 뒤에 예기치 못한 시련이 이들의 앞을 가로막는다. 하산을 하던 중 폭풍설 속에 갇혀 최악의 비박을 하면서 곤경에 빠지게 된 것이다.

에르조그는 정상 등정 후 5캠프로 귀환하는 동안 산소 결핍으로 환각 상태에 빠져 결국 장갑을 잃어버린 채 하산을 하다가 양손에 동상을 입는다. 배낭 속에 여벌의 장갑이 있는 것도 모른 채 정신없이 하산한 것이다.

라슈날은 감격에 젖어 있는 에르조그를 정상에 남겨 둔 채 서둘러 내려오다가 5캠프 근처에서 100여 미터를 추락하면서 피켈과 한쪽 크램폰, 방한모자, 장갑 등을 잃어버린다. 두 사람은 5캠프에서 테레이와 레뷔파에게 동상에 걸린 손과 발의 응급처치를 받는다.

이들은 다음 날 아침 짙은 안개와 폭풍을 뚫고 5캠프를 출발한다. 라슈날의 발이 동상으로 부어올라 등산화를 신을 수 없게 되자 테레이는 자신의 큰 신발을 벗어 주고 대신 라슈날의 작은 등산화를 칼로 찢어 신는다. 설상가상으로 테레이와 레뷔파는 전날 고글을 쓰지 않고 운행한 탓에 설맹에 걸려 시력을 잃고 만다.

장님 두 사람과 손발을 못 쓰는 두 사람의 하산 행진은 죽음의 문턱을 넘나드는 고행의 연속이었다. 급기야 에르조그는 그 고통을 이기지 못하고 동료들에게 자신을 버리고 갈 것을 청하기에 이른다. 이들의 끈끈한 동료애는 어떤 드라마도 재현할 수 없는 진한 감동을 전한다. 사람이 죽음에 직면했을 때 삶의 본능에서 우러나오는 힘은 무한한 것이다.

그들은 4캠프를 향해 온종일 걸었지만 끝내 캠프를 찾지 못했고 날은 어두워졌다. 결국 7,000미터 고도에 위치한 10여 미터 깊이의 크레바스 속에서 악몽과 같은 비박을 감행한다. 그곳은 4캠프를 200여 미터 앞둔 지점이었다.

밤새 추위에 떨며 시시각각으로 다가오는 죽음의 공포와 싸우며 지새운 하룻밤, 라슈날은 정신 착란 증세를 보이기까지 했다.

다음 날 4캠프에서 올라온 마르셀 샤츠가 허리까지 차오른 눈을 헤치고 이들을 구조하면서 대원 모두가 기적적으로 생환한다. 죽음의 위험을 극복한 안나푸르나의 승리자들 중에서 몇은 인류 최초의 8,000미터 등정의 대가로 사지를 절단해야 했다. 영광스러운 초등의 제단 위에 라슈날의 두 발과 에르조그의 손과 발을 진상하는 쓰라린 대가를 치렀다.

이들은 철수 도중 네팔 국왕으로부터 초청을 받아 '구르카 무사 훈장'을 받는 등 온 세계로부터 찬사를 받았다. 안나푸르나 초등의 영예는 인류가 공유할 가치가 있는 무상의 행위였다.

후일 에르조그가 자신의 저서 『최초의 8000미터 안나푸르나』의 에필로그에 적은 "우리 모두가 빈손으로 찾아간 안나푸르나는 우리가 평생 간직하고 살아갈 보배인 것이다. 정상 등정의 실현을 계기로 역사의 한 페이지는 넘어가고 또 다른 삶이 시작된다. 인생에는 또 다른 안나푸르나들이 우리를 기다리고 있다"는 말은 시사하는 바가 크다.

안나푸르나 정상에 오른 모리스 에르조그

안나푸르나 등반기는 세계적인 베스트셀러가 되었다. 이 책의 초판은 1년간 비소설 분야 베스트 1위를 차지했으며, 50여 년이 지날 때까지 전 세계 40개국의 언어로 번역되어 약 1,100만 권이 판매되었다.

또 다른 등정자인 라슈날은 『베르티고 노트 북스(*Vertigo Note Books*)』라는 제목으로 1956년에 책을 발간해 영웅화된 에르조그의 이야기와는 다소 다르게 비판적이고 냉소적인 입장에서 초등의 진실을 객관적으로 묘사하여 화제가 되었다.

우리나라는 1994년 10월 대한산악연맹 원정대의 박정헌이 셰르파 4명과 함께 남벽 루트로 올라 안나푸르나 국내 초등을 이룩한다.

제3의 극점, 세계 최고봉 에베레스트 정상 도전과 등반 사상 가장 위대한 포상

1953년 영국의 에베레스트 제9차 원정대는 에드먼드 퍼시벌 힐러리Edmund Percival Hillary와 셰르파 텐징 노르가이Tenzing Norgay가 지구상의 최고봉 에베레스트에 올라 인류의 오랜 숙원을 풀었다.

이는 영국이 1921년부터 시작해서 1953년까지 32년 동안 9차례나 도전한 끝에 이룩한 것으로, 에베레스트가 세계 최고봉으로 발견된 지 100년 만의 일이다. 그동안 15명의 귀한 목숨이 이 산에서 사라졌다.

흔히 에베레스트를 '제3의 극지The Third Pole'라 부른다. 지구상의 양 극점 중에서 북극점이 1909년 미국의 피어리에 의해, 남극점이 1911년 노르웨이의 아문센에 의해 정복되자, 인류에게 남은 큰 모험의 하나는 에베레스트를 정복하는 일이었다.

세 번째 극지를 정복하는 일에 많은 힘을 기울인 나라는 영국이다. 제3의 극지는 스위스의 산악인 귄터 뒤렌푸르트가 만들어낸 말이다. 그는 1952년에 『제3의 극지(*Zum Dritten Pol: Die Acbttausender der Erde*)』라는 히말라야 거봉에 관한 사료를 펴낸다. 이 책의 표제로 쓴 것이 '제3의 극지'다. 그는 히말라야 8,000미터급 고산 전체를 제3의 극지로 명명했다. 그의 저서 영문판의 표제는 '*To the Third Pole: The History of the High Himalaya*'이다.

에베레스트는 세계 최고봉답게 그 이름도 여럿이다. 티베트어로 초모룽마Chomolungma이며, '세계의 여신' 또는 '지구의 모신'이라는 뜻을 가지고 있다. 네팔어로는 사가르마타Sagarmatha라고 하며 '눈의 여신'이란 의미를 담고 있다. 네팔 이름인 사가르마타는 네팔 왕국의 전설적인 정복자의 이름이지만 에베레스트 인근에 거주하는 셰르파 족에게조차 생소한 이름이라고 한다.

중국에서는 이 산을 추랑랑마珠穆朗瑪라고 부른다. 현지인이 부르는 산 이름 외에도 처음 이 산을 발견했을 때 이름을 알지 못해서 대신 측량 기호를 붙인 것으로 피크 엑스브이Peak XV라는 호칭도 있다.

초모룽마라는 현지명이 있었음에도 불구하고 에베레스트란 산명이 생긴 유래를 살펴보면 이 산의 최초 발견자인 영국인들의 집단 이기주의가 작용했음을 알 수 있다.

에드먼드 힐러리
1953년에 텐징 노르가이와 함께 드디어 에베레스트 등정에 성공한다.

1852년 당시 인도를 통치하던 영국의 측량국이 네팔의 고산 지대에서 삼각 측량을 하면서 이 산을 처음 발견했다. 그런데 산 이름을 알지 못했던 영국인들이 세계 최고봉 발견을 기념하기 위해 측량 활동에 공이 큰 측지학자 조지 에베레스트 경Sir George Everest의 이름을 따서 '마운트 에베레스트'란 이름으로 둔갑시킨 것이다.

산 이름에 인명을 붙일 수 없는 것이 당시의 관례였고 지명은 현지에서 부르는 이름을 원칙으로 하는 것이 세계 지리학계의 공식 입장이었으나 영국은 이를 비켜갔다.

초모룽마라는 이름은 이미 100여 년 전부터 유럽에 알려져 있었다. 1733년 프랑스에서 간행된 티베트 지도에 초모룽마라는 이름이 표기돼 있었으니, 100여 년 뒤 영국 측량 관계자가 이를 몰랐다는 것은 믿기 어렵다. 에베레스트 연구의 권위자인 영국의 월트 언스워스는, 당시 측량 관계자들이 자신들의 업적을 기리기 위해 이런 자료가 있음을 알고도 에베레스트란 이름을 붙이기로 의도적으로 공모했다고 주장한 바 있다.

초모룽마는 세계 최고봉으로 확정된 지 100년이 넘었지만 아직도 원래의 이름을 찾지 못한 채 에베레스트로 통용되고 있다. 이 산의 지리적 위치는 네팔 히말라야이며, 네팔과 중국 국경의 쿰부 히말Khumbu Himal에 있다.

에베레스트보다 더 높은 산은?

피크 엑스브이로 불리던 에베레스트가 세계 최고봉으로 등극하기 전까지는 여러 개의 산들이 영광스러운 챔피언 자리를 다투어 왔다. 17세기와 18세기만 하더라도 남미 대륙의 안데스 산맥에 있는 6,310미터 높이의 침보라소가 세계 최고봉으로 알려졌다. 그러나 1809년 영국의 한 측량가에 의해 히말라야의 다울라기리의 높이가 8,167미터로 측정됨으로써 세계 최고봉의 지위는 단숨에 바뀌었다.

그러나 대부분의 지리학자들은 8,000미터가 넘는 산은 없을 것이라 생각하여 1840년대 직전까지만 해도 침보라소가 세계 최고봉이라는 믿음을 유지했다.

1840년대에 들어와서는 인도와 네팔의 국경에 솟아 있는 8,586미터 높이의 캉첸중가가 잠깐 동안 세계 최고봉으로 인정되었다가 마침내 1852년이 되어서야 에베레스트가 세계 최고봉의 자리에 등극한다. 새로운 최고봉의 높이를 둘러싼 공방은 20세기에 들어와서도 계속되었다. 1930년대 초반 중국 쓰촨성 오지에 우뚝 솟아 있는 매우 인상적인 봉우리 미니아 콩카(Minya Konka·7,556m)를 두고, 이것이 9,220미터의 높이를 지닌 지구상에서 가장 높은 봉우리라며 흥분으로 가득

침보라소 17, 18세기까지도 6,310미터 높이의 침보라소가 세계 최고봉으로 알려졌다.

찬 동요가 일어나기도 했다. 현재는 이 산을 궁가산貢嘎山, Gonggashan이라 부른다.

중국 서부의 오지 청해성에 암네마친(Amne Machin · 6,282m)이라는 산에 대한 보고가 있었다. 제2차 세계대전 당시에 많은 조종사들이 중국과 인도를 날아다닐 때 9,000미터 상공에서도 이 산을 올려다 보았다는 것이다. 그러나 나중에 중국의 공중 탐사대가 이를 조사하여 어느 정도 의혹을 풀었다. 사실 그 당시 영국 공군이 사용하던 DC-3 수송기는 9,000미터 근처에도 올라가지 못하는 기종이었다. 이런 얘기들은 영국 공군 장교들에 의해 날조된 모험담이었다.

에베레스트의 높이는 8,847.7344미터로 공인되고 있었다. 그러나 인공위성이 측량한 기록은 8,850미터로, 현재는 이 높이를 공식 기록으로

브래포드 워시번
에베레스트의 높이를 8,850미터로 측정한 밀레니엄 원정대의 대장이다.

쓰고 있다.

1999년에 미국의 인문지리학회 National Geographics Society는 에베레스트의 높이를 측정하기 위해 브래포드 워시번을 대장으로 하는 '밀레니엄 원정대'를 파견한다. 이 원정대의 목적은 GPS로 에베레스트의 높이를 정밀 측정하는 것이었다.

측정의 직접적인 동기는 에베레스트가 점점 높아지고 있다는 의심에서 시작했다. 인도 아대륙印度亞大陸이 유라시아 대륙과 충돌하면서 히말라야가 생겼고 이 현상이 에베레스트의 높이에 어떤 영향을 주고 있는가라는 가정에 대한 답을 얻고자 했다.

현재 일반적으로 8,848미터로 알고 있는 에베레스트의 높이는 오래전에 인도 조사대가 조사한 수치로, 이 산 주변의 12군데의 포인트에서 측정한 높이의 평균값이었다. 밀레니엄 원정대는 정상에 올라 휴대용 GPS와 12개의 위성을 이용하여 높이 측정에 정확성을 기했다. 그리고 정상에 쌓여 있는 눈의 깊이를 측정하기 위해 MIT에서 특별히 고안한 레이더 장비를 사용했다.

등반가, 과학자, 셰르파로 구성된 이 원정대의 멤버들은 1999년 5월 5일 오전 10시 13분부터 11시 9분까지 56분간 에베레스트 정상에 GPS

를 설치하여 정밀한 높이를 측정했다. 이렇게 계산해 낸 수치가 8,850미터다. 이는 지난 4년간의 측정 결과와도 같은 수치였다. 또한 에베레스트는 매년 3~6밀리미터 정도 북동쪽으로 이동하고 있다는 사실도 밝혀졌다. 그동안 8848이란 숫자를 선호하여 전화번호로 사용하던 많은 산악인들은 이제 그 번호를 8850으로 바꿀 때가 됐다.

누가 먼저 에베레스트에 올랐을까?

에베레스트가 초등되기까지의 등반 기록은 대부분 영국에 의해 씌어졌다. 영국은 1921년부터 1938년까지 7차례나 동쪽 롱북 빙하에서 노스 콜과 북동릉을 경유하는 루트를 이용해 등정을 시도했지만 1950년 티베트가 중국의 점령지가 되면서 에베레스트 북방 관문이 폐쇄된다. 대신 네팔 왕국이 1949년부터 원정대의 입국을 허용하면서부터 영국은 1951년의 제8차 원정과 1953년의 제9차 원정대를 남쪽의 네팔을 통해 진출케 한다.

에베레스트를 남쪽 네팔에서 접근한 원정대는 1950년 미국의 하우스톤 대장이 이끄는 원정대가 처음이었다. 이들은 최초로 아이스 폴을 정찰하고 철수한다. 미국 원정대의 에베레스트 도전은 수십 년 동안 이 산에 공을 들여온 영국의 입장에서 볼 때 불청객이나 다름없었다. 이에 자극받은 영국은 1951년 에릭 얼 십턴 대장이 이끄는 정찰대를 파견하여 이 산의 남쪽 루트를 정찰한다. 이 정찰대는 남동릉의 사우스 콜에 이르는 루트를 탐색한 후 철수한다.

1952년에는 스위스의 뒤낭E. Wyss Dunant 박사가 이끄는 스위스 제1차

1951년 영국 에베레스트 원정대
서 있는 사람 중에서 맨 왼쪽이 십턴, 앉은 사람 중에서 맨 오른쪽이 힐러리이다.

춘계 원정대가 이 산에 도전, 8,595미터까지 진출한 후 철수한다. 이들이 도달한 8,595미터는 영국의 제3, 4차 원정대가 기록한 8,572미터를 넘어선 최고 높이였다. 이 원정대는 쥐네브 스퍼를 넘어 사우스 콜에 도달했다. 스위스 원정대는 제1차 원정의 실패를 만회하려고 같은 해 가브리엘 슈발리Gabriel Chevalley의 지휘 아래 재도전했지만 영하 40도의 추위와 초속 50미터의 강풍에 가로막혀 8,100미터에 도달한 후 철수한다.

당시 제2차 스위스 원정대는 로체(Lhotse· 8,516m) 사면을 경유해서 사우스 콜로 오르는 루트를 개척한다. 그 후 이 루트는 클래식 루트가 되었다. 이 루트의 개척은 스위스 원정대의 공로였다. 이것으로 스위스 원정대의 2차에 걸친 도전은 막을 내리고 초등정의 기회는 다음 해에 등반 허가가 나 있는 영국 원정대로 넘어가게 된다.

1953년 영국 원정대의 승리는 스위스 원정대의 루트 개척 성과 위에서 이루어진다. 후일 초등정에 성공한 영국의 헌트 대장은 영국 원정대의 성공에 한 해 전 스위스 원정대의 귀중한 경험이 도움이 되었다고 시인하는 것을 잊지 않는다.

(위)1952년 에베레스트 등정 중인 스위스 원정대

(아래)1953년 제9차 에베레스트 원정대장 존 헌트

1953년 프레 몬순기에 입산 허가를 받아 놓은 영국은 제9차 원정대를 에베레스트에 파견한다. 이 원정대는 존 헌트가 대장을 맡아 우수한 대원을 선발하였으며 고소용 텐트, 침낭, 방한 의류, 등산화 등을 면밀하게 준비했고 특히 중량이 가볍고 추위에도 강한 산소 용구를 과학적으로 개량하여 원정을 준비한다. 또한 이들은 등반 3주 전에 쿰부 지역의 4,000~5,000미터에서 고소 순응의 기간을 거치며 만반의 준비를 한다.

그들은 아이스 폴에서 사다리를 놓고 많은 물자를 단기간 동안에 웨스턴 쿰Western Cwm의 4캠프(6,800m)에 집결시킨 다음 로체 사면에 고정 로프를 설치하고 캠프를 전진시킨다. 5월 26일 두 대원이 첫 공격을 시도했지만 실패한다. 5월 29일 8,350미터 지점의 9캠프를 출발한 힐러리와 셰르파 텐징은 오전 11시 30분 드디어 인류 최초로 세계 최고봉 정상에 선다. 이로써 힐러리와 텐징 두 사람은 에베레스트 정상을 밟은 최초

1953년 에베레스트 정상에 선 텐징 노르가이

의 인간으로 영원히 기록된다.

텐징이 에베레스트 정상에서 바람에 나부끼는 깃발을 매단 피켈을 높이 쳐들고 서서 찍은 한 장의 사진은 등반 역사상 가장 유명한 사진이 되었다. 인간 의지의 놀라운 순간을 포착한 이 사진은 시사하는 바가 크다. 힐러리는 정상에서 텐징의 사진만 찍고 자신은 사진 찍기를 거절한다. 온갖 위험을 함께 극복해 온 낮은 신분의 동반자 텐징을 영웅으로 여겼기 때문이다. 우정과 신의가 현대 사회에서 잊혀진 지 오래된 미덕임에도 불구하고 말이다.

그로부터 4일 뒤 엘리자베스 여왕의 대관식이 있는 날 아침 에베레스트 등정 소식이 영국에 전해졌다. 《더 타임스》는 그 소식을 대관식 날 아침 조간의 머리기사로 실었고 이후 에베레스트 등정의 공로로 힐러리는 기사 작위를 수여받았다.

인도, 네팔, 티베트 세 나라 모두는 텐징 노르가이를 자기네 나라 사람이라고 주장하며 전역에 걸쳐 국민적 영웅으로 반겼다. 모든 연감과 백과사전은 그를 세계에서 가장 높은 산을 처음으로 오른 사람으로 영구히 기록했다. 텐징은 네팔 국민들의 산에 대한 무지와 미신과 두려움을 떨치게 했고 즐거움과 긍지를 심어 주는 역할을 했다.

후일 원정대장 존 헌트는 이때의 체험을 『에베레스트 등정(*The Ascent of Everest*)』이라는 등정기로 출간한다. 또 등정자인 힐러리는 『하이 어드벤처』란 등정기와 자서전 『나의 에베레스트 정복』 『도전 없이 승리 없다(*Nothing Venture, Nothing Win*)』를 펴냈다.

우리는 함께 올랐다

에베레스트 첫 등정에 성공한 텐징과 힐러리 두 사람 중 과연 누가 먼저 정상에 첫발을 디뎠을까 하는 궁금증은 수년 동안 여러 사람들의 관심거리였다. 이 문제에 대해 두 사람은 한결같이 '함께 올랐다'고 한목소리를 내어 왔지만 사람들의 궁금증은 가시지 않았다.

존 헌트 대장은 "두 사람은 한 팀으로 등반했으며 누가 먼저 정상에 올랐는가는 중요하지 않다"고 원정대의 공식 입장을 밝히기도 했다. 텐징과 힐러리 역시 "우리는 함께 정상에 도착했다. 그 작업, 위험, 성공 모두는 우리 팀의 공유물이다. 팀 전체의 노력과 협동이 중요할 뿐 나머지는 무의미하다"고 일관되게 주장했다.

영국 원정대의 이 같은 주장은 에베레스트의 승리는 원정대 전체가 총력을 기울여 얻어진 팀워크의 승리이지 어느 개인의 힘만으로 이루어진 성과가 아니라는 점을 강조한 것이다. 역사가들 역시 이들의 팀워크를 존중해 두 사람이 동시에 정상에 오른 것이라고 기록하고 있다.

그러나 훗날 두 사람의 인터뷰 내용들을 종합해 보면 힐러리가 첫 등정자였음이 분명하다. 어느 언론 매체와의 인터뷰에서 힐러리는 "누가 먼저 정상에 올랐는가는 중요하지 않다. 우리 두 사람은 어려운 문제를 함께 해결했을 뿐이다. 다만 내가 말할 수 있는 것은 남봉에서 정상까지는 내가 리드했다"고 말했다. 텐징 역시 어느 언론 매체와의 대담에서 다음과 같이 말했다.

우리는 정상에 거의 같이 도착했다고 발표했다. 그러나 사람들은 '거의'라는 말이 뜻하는 바를 집요하게 추궁했다. '거의'라는 말은 두 사람이 같은 줄을 묶고 '함께' 정상에 올랐다는 뜻이다. 우리는 누가 먼저 정상에 올랐는가 하는 질문은 매우 어리석다고 생각한다. 당시 우리는 30미터의 줄로 서로를 연결하고 여분의 줄을 손에 사리고 있었는데 둘 사이의 간격을 6미터 정도로 유지하면서 등반했다. 나는 힐러리를 옆에서 밀고 정상을 향해 전진했다. 천천히 꾸준히 전진했고 힐러리가 처음 정상에 오른 다음 내가 올랐다.

따라서 첫 번째 등정자는 힐러리, 텐징은 두 번째였다. 그러나 역사는 이들을 1등과 2등으로 나누어 기록하지 않는다. 두 사람이 한 줄을 묶고 함께 정상에 섰다고 기록할 뿐이다.

우리나라는 1977년 9월 15일 김영도 대장이 이끄는 대한산악연맹 원정대의 고상돈과 셰르파 1명이 남동릉으로 올라 국내 최초의 등정을 기록하였으며, 이로써 세계에서 8번째의 에베레스트 등정 국가가 된다. 등정자 순위로는 고상돈이 초등 이래 57번째의 등정자가 된다. 이후 김영도 대장은 에베레스트 국내 초등기인 『에베레스트 '77, 우리가 오른 이야기』와 어린이를 위한 『나의 에베레스트』를 출간한다.

1953년에는 에베레스트 외에도 세계 9위 고봉인 낭가파르바트가 초등정된다. 독일의 헤르만 불이 이 산의 단독 등정에 성공해 드디어

1895년에 머메리를 비롯해서 58년 동안 31명을 희생시킨 낭가파르바트이 정상에 오르게 된다.

낭가파르바트와 K2 초등정

펀자브 히말라야Punjab Himalaya에 있는 세계 9위 고봉 낭가파르바트는 산스크리트어로 '벌거벗은 산'이란 뜻이다. 이 산의 디아미르 계곡 주민들은 낭가파르바트를 가리켜 디아미르Diamir라고 부르는데 이는 '산 중의 제왕'이란 의미를 가지고 있다.

에베레스트가 초등되던 해 독일의 제6차 낭가파르바트 원정대는 1934년 이 산에서 희생된 빌리 메르클을 추모하기 위해 '메르클 추모 원정대'로 명명했으며, 제2차 원정에서 기적적으로 살아남은 아셴브레너가 원정대를 이끌었다. 이 원정대는 정상까지 표고차 1,300미터, 직선

1953년 낭가파르바트 독일 원정대 맨 오른쪽이 헤르만 불이다.

낭가파르바트를 등정하기 전(위)과 등정하고 돌아온 후(아래)의 헤르만 불의 모습

거리 6킬로미터 지점에서 5캠프를 구축한다. 당시 방법으로는 캠프 3개를 더 두어야 하는 거리였다.

독일 팀이 등반에 열중하고 있을 때 영국 팀의 에베레스트 초등정 소식이 라디오를 통해 들려왔다. 이 소식은 독일 팀의 정상 정복 의지에 풀무질을 했다. 마침내 정상을 향해 최종 캠프를 떠난 헤르만 불은 대장의 퇴각 명령을 거부하고 표고차 1,220미터를 혼자서 왕복하는 초인적인 정신력을 보여준다. 그는 정상에서 직선 거리 6킬로미터 지점에 최종 캠프를 치고 정상을 공략한다. 그는 새벽 2시에 단독으로 출발하여 17시간 만인 오후 7시에 정상에 섰다.

그러나 그의 하산길은 지옥의 행보였다. 식량이 떨어져 물 한 모금 마시지 못한 채 산소 결핍증으로 환각에 시달리면서 영하 20도의 추위 속에서 선 채로 비박을 해야 했다. 그는 정상을 떠난 지 40시간 만에 5캠프로 돌아온다.

스물아홉 청년이던 철인 헤르만 불이 사경을 극복하고 돌아왔을 때 그의 모습은 80세 노인의 얼굴로 변해 있었다. 당시 그가 사경을 헤맨 이야기는 그의 저서 『8000미터 위와 아래』에 감동적으로 묘사되어 있다. 헤르만 불을 초인이라 부르는 이유는 현대의 기술적인 보조 수단을 쓰지 않고 순전히 자신의 힘만으로 전인미답의 낭가파르바트를 오른 최초의 사람이기 때문이다. 그의 자전적인 등정기는 그 후 세계적인 명저가 되어 널리 읽힌다.

8,000미터에서 비박과 단독 등정

헤르만 불은 이 책에서 낭가파르바트 등정의 기틀을 다진 첫 희생자인 머메리를 생각하며 "나는 당신의 말처럼 정당한 방법만을 써서 순전히 내 힘만으로 올랐다"고 말했다. 그는 오직 등산으로 일관된 열정적인 삶을 살다가 이 책을 세상에 내놓고 3년 뒤, 카라코람의 7,000미터급 거봉 초골리사(Chogolisa·7,665m)에서 눈처마 붕괴로 짧은 생을 마감한다.

그는 낭가파르바트 등반에서 원정대장의 퇴각 명령을 어기고 공명심에 불타 무모한 단독행을 감행했다는 세간의 오해와 주변의 냉대에 휩싸였다. 이 점에 대해 그는 『8000미터 위와 아래』에서 이렇게 자신을 변호했다.

> 8,000미터급의 거봉은 사람이 최후의 모험을 단행하지 않고는 성취할 수 없다. 이 원정을 지휘한 사람들은 모험을 하려고 하지 않았다. 이것은 그들의 신중성과 기상에 대한 오판에서 온 결정이었다. 그러나 나는 모험을 강행했다. 기상과 여러 상황을 제대로 판단했기 때문에 얻은 당연한 권리였다. 등정을 위한 최후의 모험을 나는 단독으로 해냈으며, 이런 말을 하는 것은 내게 허용된 권리다.

낭가파르바트는 1953년에 초등되기 전까지 두 번에 걸쳐 독일에 사상 유례가 없는 많은 희생자를 안긴 비극의 산이었다. 1934년 독일의 제2차 원정대는 기상 급변으로 폭풍설 속에서 10명의 대원을 잃었으며, 알프스 북벽 등반의 맹장이던 벨첸바흐도 이때 목숨을 잃었다.

1937년 이 산에 재도전한 독일의 제3차 원정대는 히말라야 등반 사상 최대의 참극을 맞았다. 라키오트 피크 빙벽 사이에서 떨어진 눈사태가 4캠프를 덮쳐 대원들을 한꺼번에 묻어 버린 것이다. 카를 빈 대장 이하 7명의 등반대원과 9명의 셰르파 등 16명 전원이 눈더미 속에 영원히 묻힌다.

알피니즘의 역사에서 낭가파르바트는 여러 가지 중요한 의미를 지니고 있다. 첫째, 인류 최초로 도전한 8,000미터 봉이고 둘째, 초등 당시 최초로 단독 등반이 이루어졌으며 셋째, 8,000미터 높이의 산에서 최초의 조난을 기록했고, 넷째, 단 한 번의 눈사태로 16명이라는 엄청난 인원이 희생되었다는 사실이다.

이 산은 히말라야 8,000미터 봉우리 가운데 아홉 번째로 높은 봉이지만 베이스캠프에서 정상까지의 표고차가 4,000~4,500미터로서 최고 등반 고도를 지닌 산이며 에베레스트, K2, 캉첸중가와 함께 등반성이 높은 산으로 정평이 나 있다.

46년 만에 검증된 단독 초등정

헤르만 불의 낭가파르바트 단독 초등정은 지금에 와서는 의심할 여지가 없는 사실로 굳어졌으나, 한때는 이것을 의심하는 여론이 산악계에 팽배했다. 정상에 오른 헤르만 불은 자신의 모습은 보이지 않는 깃발을 매단 피켈 사진만을 찍었는데, 이 사진이 정상 등정을 증명하는 유일한 증거였다.

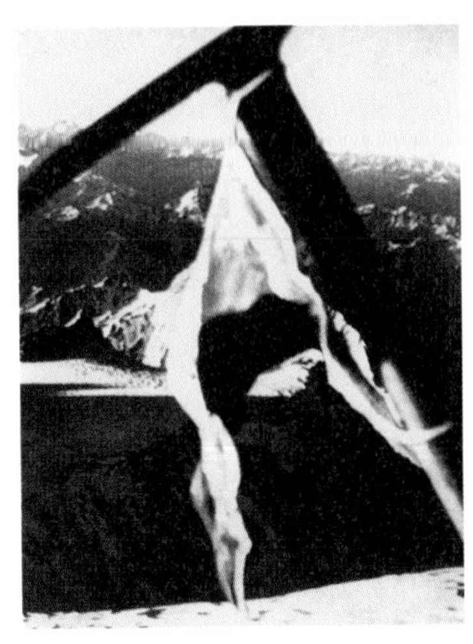
헤르만 불이 낭가파르바트 초등 후 찍은 티롤의 깃발을 매단 피켈 사진

1953년 7월 3일 오후 7시(파키스탄 현지 시간)에 정상에 오른 그는 아노락 재킷에서 티롤의 깃발을 꺼내 피켈에 매달고 사진을 찍은 후에 뒤이어 파키스탄 국기를 꺼내 같은 방법으로 사진을 찍고 파키스탄 깃발과 피켈은 정상에 꽂아 둔 채 하산했다.

이 사진을 놓고 당시 산악계에서는 초등정 여부에 의혹을 제기하며 격론을 벌였다. 특히 사진에 찍힌 피켈을 정상에 버려 둔 채 스키폴만 지니고 하산했기 때문에 등정 의혹은 더욱 증폭되었다. 훗날 과학적인 감정으로 깃발을 매단 피켈 사진이 초등정의 증거로 인정되었다. 이 사진 속에는 깃발 아래로 라키오트 피크가 보이고, 전위봉 너머로는 플라토와 질버 자텔의 은빛 안부가 펼쳐져 있었다.

헤르만 불이 정상에 두고 온 피켈은 그 후 누구도 발견하지 못한 채 46년이라는 긴 세월이 흐른다. 1999년 7월 일본 노동자연맹 낭가파르바트 원정대의 이케다 타케히도가 정상에서 바람에 찢겨진 깃발 조각과 암괴 표면에서 얼어붙고 녹슨 피켈을 발견하여 가지고 내려온다.

이 피켈은 90년 전통을 지닌 풀프메스 제작소에서 1953년에 제작된 것으로 밝혀졌으며, 헤르만 불이 정상에 오를 때 사용하고 정상에 두고 왔던 피켈이었다. 이 피켈은 헤드 부분에 카라비너 홀이 없는 것으로, 사진 속의 피켈과 일치했다. 당시 헤르만 불의 단독 초등정에 강한 의혹을 제기해 왔던 1938년 독일 낭가파르바트 제4차 원정대장인 파울 바우어도 이 증거물을 보고 비로소 그의 초등정을 인정한다.

우리나라는 1992년 6월 광주 우암산악회의 김주현과 경남 합동대의 박희택, 송재득이 디아미르 페이스 킨스호퍼 루트로 국내 최초의 등정을 이룩한다.

뒤이어 1954년에는 이탈리아가 K2(8,611m), 오스트리아가 초오유(Cho Oyu·8,201m)를 초등정한다. 특히 초오유 등반에서 주목되는 것은 지금까지의 등반이 모두 몬순 전에 행해져 왔으나 최초로 몬순 후에 8,000미터 봉을 등정했다는 점이다.

히말라야 황금시대 중에서 등반 활동이 양적으로 돋보인 시기는 1954년부터 1956년까지다. 이 시기에는 매년 2개의 8,000미터 거봉이 등정되었으며, 1956년에는 마나슬루, 로체, 가셔브룸 II 등 한 해에 3개 봉이 등정되는 풍성한 기록을 남긴다.

카라코람의 제왕 K2 초등정

K2는 1954년 이탈리아 원정대에 의해 초등되었던 세계 제2위 고봉으로, 등반이 어렵기로 정평이 나 있는 산이다.

K2라는 특이한 산 이름은 원래 카라코람 제2호라는 측량 기호에서 비롯되었다. 인도 측량국은 현지명을 알 수 없을 경우에는 기호를 붙여 표시했는데, 1856년 인도 주재 영국 측량국이 산 높이를 측량하면

K2의 전경 세계 제2위의 고봉으로 1954년 이탈리아 원정대가 초등한다.

서 붙인 K2라는 기호가 산 이름으로 굳어진 것이다.

이 산의 원래 이름은 발티어로 초고리Chogori이며, '큰 산'이라는 뜻이다. cho는 '크다'는 뜻이고 go는 '높다'는 뜻이며 ri는 '산'이란 의미를 지닌다. 또한 답상Dapsang이라는 이름도 가지고 있는데 이는 1902년 K2 등반을 처음 시도한 에켄슈타인 원정대의 일원으로 참가한 스위스의 쥘 자코 기야르모Jules Jacot-Guillarmod가 펴낸 보고서에서, 현지 주민들이 답상이라고 부르는 것을 들었다는 데 근거한 것이다.

1856년 이 산을 멀리서 처음 발견한 영국의 공병장교 몽고메리Montgomery의 이름을 붙여 한때는 마운트 몽고메리라고 부른 적도 있다. 또한 1861년 이 산의 접근로를 최초로 찾아낸 영국의 등산가 헨리 하버샴 고드윈 오스틴Henry Haversham Godwin-Austen의 이름을 붙여 마운트 고드윈오스틴이라고 부른 적도 있다.

마틴 콘웨이의 발토로 빙하 원정대의 모습 인류의 첫 발자국을 남긴 최초의 대규모 원정대였다.

오늘날 널리 쓰이고 있는 K2라는 이름은 세계 제2위 고봉이라는 의미와도 부합되어 산명으로 굳어졌다. 이 산의 지리적 위치는 카라코람 발토로 무즈타그Karakoram Baltoro Muztagh이다.

이 산에 인류의 첫 발걸음이 미친 것은 1892년으로 콘웨이가 이끄는 영국 등반대가 최초로 이 산을 답사하면서부터다. 이들 일행은 발토로 빙하에 들어가 최초로 K2를 마주할 수 있었으며, K2의 정체를 처음으로 세상에 알린다.

이로부터 10년 뒤인 1902년 크램폰의 고안자인 에켄슈타인이 이끄는 혼성 원정대가 이 산에 도전한다. 이들은 북동릉 루트를 따라 6,821미터까지 진출한다. 이 등반대의 일원이었던 자코 기야르모는 이 원정대의 경험을 담아 『히말라야에서 6개월(*Six Mois dans L'Himalaya*)』이란 제목으로 출간한다. 이 책은 히말라야 문헌 가운데 고전으로 유명하다. 후일 K2 등반에 기초를 다진 이탈리아의 아브루치 공도 이 저서를 읽고 K2에 흥미를 갖게 되었다고 밝힌다.

1909년 이탈리아 아브루치 공이 이끄는 원정대가 세 번째로 K2에 도전한다. 아브루치 공은 이탈리아 국왕 비토리오 에마누엘 2세의 손자로 K2에 오기 전, 이미 알래스카와 북극, 아프리카의 루웬조리 등을 초등정한 탐험가였다.

아브루치 공
이탈리아 국왕 비토리오 에마누엘 2세의 손자로, 막대한 물자와 장비를 동원해 원정대를 꾸렸다.

아브루치 원정대는 막대한 물자와 장비를 동원하고 13명의 대원과 360명이라는 포터를 고용한 대규모 원정대였다. 이 원정대는 후일 히말라야에서 8,000미터 고봉을 등반하는 원정대의 대부분이 이런 대규모 조직으로 편성되게 하는 선례를 만들었다.

이 원정대는 5,033미터에 베이스캠프를 설치하고 남동쪽으로 뻗은 9개의 능선을 정찰한 후 그중 하나를 선택한다. 이 루트는 후일 아브루치 스퍼로 명명되었으며, 이것이 K2 유일의 등로가 되어 그 후 모든 원정대가 이 길을 이용한다. 이 산의 첫 등정 때도 이탈리아 원정대는 이 길을 따라 정상에 오른다. 아브루치 원정대는 분명치는 않지만 5,800미터 지점에 이른 후 철수한다.

아브루치 원정대에는 당시 산악 사진가로 명성이 높은 비토리오 셀라가 참가한다. 그는 아브루치와 평생 동안 탐험을 함께한 동료이기도 하다. 이들의 등반 기록인 『카라코람과 서히말라야(*Karakoram and Western Himalaya*)』에는 많은 지도와 함께 비토리오 셀라의 사진이 실

산악 사진가 비토리오 셀라
그가 촬영한 K2의 사진은 K2의 위용을 세계에 알리게 된다.

려 사람들의 눈길을 끌었다.

K2를 다양한 구도에서 촬영한 사진들은 K2의 위용을 전 세계로 알리는 계기가 되었고, 예술적으로나 기술적으로 뛰어난 자료로 평가되어 후일 K2 원정의 기본 자료로 활용된다. 이 사진들은 50년이 지난 오늘날에도 K2를 대표하는 사진으로 쓰이고 있다. 셀라의 사진 건판은 30×40센티미터 크기의 대형이었으며, 촬영 장비 무게만 123킬로그램에 달했다고 한다.

K2의 네 번째 도전은 29년 만인 1938년에 이루어진다. 미국의 찰스 하우스톤C. S. Houston 대장이 이끄는 원정대가 K2에 도전한다. 미국 원정대는 아브루치 스퍼 위 7,530미터에 7캠프를 설치한 뒤 정상을 공격한다. 이때 이들이 오른 최고 기록은 7,925미터였다. 그 후 미국은 1939년과 1953년에 두 차례나 더 등정을 시도했지만 모두가 실패로 끝난다.

미국의 세 차례에 걸친 도전에도 불구하고 인간의 발길을 거부하던 K2는 마침내 1954년에 아르디토 데시오Ardito Desio 대장이 이끄는 이탈리아 원정대에게 정상을 내준다. 아브루치가 K2 등정을 시도한 지 44년 만의 일이다.

우리나라는 1986년 8월 대한산악연맹 원정대의 장봉완, 김창선, 장병호가 남동릉으로 국내 최초 등정을 이룩한다. K2 한국 초등기는 『K2: 죽음을 부르는 산』이란 제목으로 김병준 대장에 의해 출간되어 국내 독

이탈리아 원정대의 K2 등정을 기념하는 포스터 미국에게 3번의 등정 실패를 안겨 준 K2는 아르디토 데시오 대장이 이끄는 이탈리아 원정대에 의해 1954년에 초등된다.

자들에게 널리 애독되었다. 담담하게 펼쳐지는 이 등반기는 자료 중심의 보고서 형식을 뛰어넘어 문학성이 돋보이는 창작물로 평가받고 있다.

그동안 K2를 놓고 미국과 경쟁 관계를 가져온 이탈리아는 초등정의 영예를 성취하려고 전 국민적인 성원과 막대한 국고 보조를 이끌어낸 결과 대규모 원정대를 조직한다. 이 원정대는 40일간의 악천후를 극복한 후 8,050미터에 최종 캠프를 설치하고, 산소가 떨어진 상태에서 계속 전진하여 마침내 초등정에 성공한다.

이탈리아 원정대는 전 대원의 팀워크를 존중해 정상 등정자 두 사람의 이름을 발표하지 않는다. 등정자 아킬레 콤파뇨니Achille Compagnoni와 리노 라체델리Rino Lacedelli 두 사람의 이름이 세상에 알려진 것은 초등정으로부터 오랜 세월이 흐른 뒤의 일이다.

40년 만에 불거진 초등 비화

K2 초등으로 이탈리아의 국민적 영웅이 된 콤파뇨니는 자신의 초등기에서 초등 당시 정상 200미터 아래서 산소가 떨어져 정상까지 무산소 등정을 했다고 주장했다. 그러나 당시 등반대장이었던 데시오의 등반기인 『K2 정복(*The Conquest of K2*)』이나 콤파뇨니의 초등기, 그리고 스위스에서 발간하는 《더 마운틴 월드(*The Mountain World*)》(1955년)에 실린 등정 사진에는 정상에 선 초등자 발밑에 산소통과 산소마스크가 함께 놓여 있는 것이 찍혀 있었다.

산소가 떨어져 무용지물이 된 쓸모없는 쇳덩어리를 정상까지 지고 갈 어리석은 산악인이 어디 있겠는가? 이런 사실은 40년이 지난 1994년에야 밝혀졌다.

이런 정황을 입증하는 또 하나의 기록으로, K2 등반에 참가했던 저명한 등반가 발터 보나티의 『내 생애의 산들』이라는 자전적 등반기에도 산소 문제에 대한 기록이 전해져 파문을 불러일으킨다.

보나티는 당시 최연소 대원으로 이 원정에 참가했다. 고소 캠프에 배치된 대원들이 고산 증세로 원만하게 활동할 수 없게 되자, 8캠프에 있던 공격조장 콤파뇨니는 9캠프 개척에 나서면서 보나티에게 7캠프에 있는 공격용 산소통 2개를 최종 캠프(9캠프)까지 운반해 주면 건강 상태가 나쁜 자기 대신 보나티를 공격조에 끼워 주겠다고 약속한다.

보나티가 포터 마디와 함께 19킬로그램이 넘는 무거운 산소통 2개를 해발 8,000미터 지점까지 운반했을 때는 어둠이 닥쳐오고 있었다. 9캠프를 설치하기로 약속한 장소에 도착했을 때 그곳에는 아무도 없었고 캠프도 설치되지 않았으며 어둠 때문에 콤파뇨니를 찾을 수가 없었다.

보나티는 미친 듯이 소리치며 콤파뇨니를 찾았으나 아무 대답이 없었다. 절망에 빠진 그는 눈구덩이를 파고 은신처를 마련한 후 또다시 공격조를 찾기 시작했다. 드디어 훨씬 위쪽에서 랜턴 빛이 반짝이더니 공격조의 한 사람인 라체델리가 산소를 그 자리에 두고 즉시 8캠프로 하산하라고 외쳤다. 보나티는 어둠 속에서 하산은 매우 위험하므로 약속한 대로 그들과 함께 캠프에 함께 머물게 해달라고 애원했으나 공격조로부터 아무런 대답을 들을 수 없었다.

보나티와 마디는 랜턴이 고장 나서 하산이 불가능했으며, 텐트와 침낭은 고사하고 비박색도 없는 형편이었다. 그들은 식량과 물도 없이 고통 속에서 하룻밤을 지새운다. 이들은 절망 속에서 60센티미터 깊이 눈구덩이 안에서 서로를 부둥켜안은 채 지옥 같은 밤을 지새우고 다음 날 새벽 가까스로 8캠프로 하산했다.

훗날 라체델리는 두 사람이 하산한 줄 알았다고 변명했으나 보나티의 주장은 크게 달랐다. 콤파뇨니와 라체델리가 이들을 외면한 까닭은 무엇일까. 2인용 텐트에 두 사람을 불러들이면 다음 날의 등반 시도가 무산될까 염려한 것일까? 아니면 강인한 체력의 보나티에게 초등정의 영광을 빼앗길 것을 염려했기 때문일까? 어떤 이유에서든 정상 공격조의 행동은 비인간적이었다. 동료를 죽음의 혹한 속에 내몰면서까지 초등정의 영광을 얻은들 무슨 의미가 있을까?

콤파뇨니의 초등정기에는 보나티가 산소통을 옮겨 준 것이 K2 초등정에 큰 공헌을 했다는 것에 대해 일언반구도 없었다. 정작 보나티는 K2 초등의 영광에 누가 될까 봐 이런 사실을 함구해 오다 1961년 자신의 저서 『내 생애의 산들』에서 비로소 공개했다.

이에 대해 콤파뇨니는 초등 당시 보나티가 초등의 영예를 차지하려고 공격조와 경쟁을 벌였다는 허위 사실을 유포했다. 보나티는 법정 투쟁을 벌여 누명을 벗었고, 콤파뇨니의 비인간적인 행동이 폭로되었다. 결국 콤파뇨니가 산소통 2개를 지니고 정상에 오른 사실도 밝혀진다.

초오유와 마칼루 초등정

1954년 소규모의 오스트리아 원정대가 세계 6위 고봉인 초오유를 초등정한다. 초오유라는 산 이름은 티베트어로 '터키석Turquoise의 여신'이라는 뜻이다. 즉 보석과 같이 기품이 있고 아름다운 여신이 사는 산이란 의미를 지니고 있다. 이 산은 지리적으로는 네팔 히말라야 쿰부 산군의 서부에 있다. 초등 당시 이 산의 높이는 8,153미터로 알려졌으나, 새로운 측량을 통한 오늘날의 공식 높이는 8,201미터다.

대부분의 8,000미터 등반대는 한 국가의 산악계가 총력을 기울여 원정을 준비하는 것이 관례다. 그렇지만 오스트리아의 초오유 원정대는 헤르베르트 티히Herbert Tichy라는 한 개인에 의해 꾸려진 아주 검소한 경등반대였으며, 히말라야 등반 사상 최초로 '포스트 몬순Post Monsoon 등반'(몬순이 닥친 이후의 등반)을 기록한다.

이제까지의 히말라야 원정대가 엄청난 물자와 많은 인원, 초현대적인 장비로 등반을 꾸려 왔다면 이 원정대는 등반용 산소조차도 준비하지 않은 채 최소의 비용으로 최대의 효과를 얻겠다는 의도로 원정을 준비했다. 원정대장 티히는 "히말라야에서는 주어진 상황에 적절히 대응하겠다는 자세만 지니고 있으면 초현대적인 장비나 엄청난 물량이

초오유 전경 이 산은 1954년에 오스트리아 원정대에 의해 초등정된다.

필요치 않다. 다만 지니고 있는 장비의 효율성을 최대한 이용하는 것이 중요하다"고 말했다.

경량 등반의 신기원을 연 초오유

9월 2일, 티히와 요힐라S. Jöchler, 헬무트 호히베르거 등 3명은 셰르파 11명과 포터 45명과 함께 카트만두를 출발한다. 이들은 캐러밴 도중 남체 바자르 마을에 도착하여 가져간 물량의 절반 정도를 이곳에 남겨 놓는다. 만약 초오유 등반을 실패할 경우 또 다른 8,000미터급 산에 도전하기 위해서였다. 9월 23일 이들은 5,500미터 지점에 베이스캠프를 구축한다.

9월 29일 5,800미터 지점에 1캠프를 시작으로 6,200미터 지점에 2캠프, 6,600미터에 3캠프를 설치하고 10월 5일에 7,000미터 지점에 4캠프를 설치한다. 이들은 다음 날 정상에 오를 예정이었다. 그러나 그날 밤부터 불기 시작한 제트기류의 영향으로 1캠프로 철수한다. 이때 대장 티히는 바람 속에서 심한 동상을 입는다.

티히가 초등정을 끝내고 회고한 후일담을 들어 보면 4캠프에서 있었던 태풍은 지옥 그 자체였다. "텐트 폴은 부러지고 외피는 갈기갈기 찢겨져 우리를 휘감는 바람에 우리는 투망에 갇힌 고기처럼 꼼짝달싹할 수 없었다"고 했다. 티히의 양손에 입은 동상은 날로 악화되고 있었다. 치료를 받기 위해 의사가 있는 카트만두까지 가려면 3주일 이상이 소요되므로 그는 차라리 화농의 염려가 없는 고소에 있기로 한다. 그동안 셰르파 파상Pasang은 줄어든 식량을 보충하기 위해 남체 바자르로 내려갔다.

이들이 1캠프에서 기상이 호전되기를 기다리고 있을 때 경쟁자가 출현한다. 스위스와 프랑스 합동 등반대가 초오유를 찾아와 티히에게 합동 등반을 제의한다. 이 제의를 거절한 티히는 곧 재공격을 시도한다. 뒤에서는 경쟁자가 쫓아오고 식량은 떨어져 가고 날씨는 점점 추워지는 절박한 상황이 이들을 가로막았다. 그러나 죽음을 무릅쓰고 등반을 강행하기로 결심한 이들의 용기를 가로막을 장애물은 그 어디에도 없었다.

마침 파상이 남체 바자르에서 식량과 연료를 가지고 돌아왔다. 마음이 급해진 이들은 혼신의 힘을 다해서 3캠프를 거쳐 4캠프까지 비장한 각오로 올라갔다.

이들은 3일 동안 바람이 멎기를 기다린 뒤 쾌속 등반을 감행한다. 이런 용맹스러운 전진은 히말라야 등반사에서 일찍이 그 유례를 찾아볼 수 없는 것이었다.

10월 19일 이들은 4캠프를 출발하여 정상으로 향했다. 동상으로 양손을 자유롭게 쓸 수 없는 티히는 정상 바로 아래에 있는 록 밴드* 에서 고전하였으나 파상이 로프로 그를 끌어올렸다.

클로드 코간(사진 속 왼쪽)
초오유 정상 등정에 도전했으나 7,700미터 지점에서 기상 악화로 돌아온다. 당시 이 고도는 여성이 오른 최고 기록이었다.

주위의 산들이 점점 발치 아래쪽으로 낮아지며 마침내 푸른 하늘이 이들 머리 위로 넓게 펼쳐졌다. 더 오를 곳이 없어진 것이다. 정상에 오른 세 사람은 오스트리아, 네팔, 인도 국기를 피켈에 매달아 눈 속 깊이 꽂았다.

티히, 요힐라, 셰르파 파상 세 사람은 9시간의 분투 끝에 마침내 정상 등정에 성공한다. 이렇게 빠른 등반은 히말라야 등반 사상 유례가 없는 기록이었다. 티히의 초등정 성공 후 스위스와 프랑스 합동대의 랑베르와 여성 대원 클로드 코간Claude Kogan이 정상을 공격했으나, 7,700미터 지점에서 악화된 기상 때문에 퇴각한다. 이 고도는 당시 여성이 오른 최고 기록이었다.

1959년 코간은 이때의 실패를 설욕하기 위해 8명의 여성으로 구성된 국제 여성 합동 등반대를 조직하여 이 산에 재도전했으나, 4캠프 주변에서 스트라

록 밴드 rock band
바위 면에서 돌출된 바위 부분이 기다란 띠처럼 이어진 형태.

텐이라는 벨기에 여성 대원과 함께 눈사태에 쓸려 사망한다.

인류의 초오유 도전사는 다른 8,000미터 고봉에 비해 비교적 단순하다. 처음 이 산에 도전한 원정대는 1952년 영국의 에릭 얼 십턴이 이끄는 원정대다. 이들은 다음 해에 있을 에베레스트 등반에 대비하기 위해 초오유를 시험 무대로 활용한다. 그들의 주 목적은 이 산에서 대원들의 고소 훈련과 새로운 장비들을 시험하는 것이었다. 이들은 6,800미터에 있는 아이스 폴까지 도달한 후 철수한다.

우리나라는 1992년 9월 울산·서울 합동 원정대의 남선우, 김영태가 이 산의 국내 초등정을 이룩한다.

마칼루 초등정, 안나푸르나에서의 비극을 거울삼아 이루어 낸 가장 완벽한 등반

1955년에는 프랑스 원정대가 세계 5위 봉인 마칼루(Makalu·8,462m)를, 영국 원정대가 세계 3위의 고봉 캉첸중가를 초등정한다.

세계 5위 봉인 마칼루의 지리적 위치는 네팔 히말라야 마하란 구르히말(쿰부 산군의 동부)이다. 마칼루의 이름은 티베트어로 캄마룽Kamalung이며, 마하칼라Maha-kala가 와전되었다는 견해도 있다. 마하칼라는 '큰 기상weather'이라는 뜻이며, 이는 마칼루 산이 이 지역의 기상 변화에 중대한 영향을 미치고 있으며 힌두신 시바Siva가 기상을 움직인다고 생각해 붙여진 이름이라고 한다.

마칼루가 신비의 베일을 벗고 세상의 주목을 받기 시작한 것은 1921년도다. 영국의 제1차 에베레스트 원정대가 촬영해 온 기록 사진 속에 나

마칼루 1921년 이후 세인의 관심을 모았던 이 산은 1955년 프랑스 원정대에 의해 초등정된다.

타난 마칼루의 위용은 세인의 관심을 모았다. 이 산이 초등되기 전 여러 나라의 관심이 집중되었으며, 1954년에는 뉴질랜드, 미국, 프랑스 등 3개국 원정대가 몰려와 경쟁을 벌인다.

윌리엄 시리William Siri가 이끄는 미국 원정대는 10명의 대원과 14명의 셰르파로 팀을 편성, 약 400여 명의 포터를 동원해 8톤에 가까운 물자를 베이스캠프(4,700m)까지 운반한다. 이들은 남동릉을 루트로 선택, 4월 18일 첫 도전을 감행해 5,000미터에 1캠프, 5,500미터에 2캠프를 설치했다. 6,400미터에 3캠프가 세워진 것은 4월 26일이었으며, 6,700미터 지점에 4캠프를 세울 예정이었지만 일기가 악화되면서 폭풍설과 추위가 몰려와 일단 베이스캠프로 철수한다. 이때 뉴질랜드 원정대가 미국 원정대 아래쪽의 베이스캠프에 도착한다.

에베레스트 초등정의 영웅 힐러리가 이끄는 뉴질랜드 원정대는 에베레스트 멤버였던 로버트 찰스 에번스Robert Charles Evans와 로우 등 10명의 대원으로 구성된 막강한 팀이었다. 이들은 바룽 빙하로 올라 6,000미터 높이의 무명봉을 정찰했다. 그러던 중 윌킨스와 맥퍼렌 등 2명의 대원이 크레바스로 추락하여 부상을 입는다. 이들을 구조하던 힐러리마저도 늑골 부상을 입고 철수한다.

5월 5일 미국 원정대가 재공격을 시도해 6,700미터 지점에 설동을 파고 4캠프를 구축했지만 기상 악화와 폭풍설로 철수하고, 5월 19일 세 번째 공격을 시도한다. 그러나 또다시 기상 악화로 7,056미터 지점에서 철수한다.

미국과 뉴질랜드가 철수한 그해 가을 장 프랑코Jean Franco가 이끄는 프랑스 정찰대가 마칼루에 등장한다. 이들은 이듬해 봄에 있을 원정에 대비한 예비 정찰과 고소 순응을 겸하여 9월 하순부터 10월 초순까지 6,000미터급 봉우리 8개와 초모론조(Chomolonzo·7,818m)를 등정한다. 이때 정찰한 마칼루 북서릉의 자료는 다음 해 등반에 도움이 된다. 이 정찰대는 북릉의 7,880미터 지점까지 오른 후 철수한다. 1954년에는 마칼루에서 미국, 뉴질랜드, 프랑스가 불꽃 튀는 경쟁을 벌였지만 모두가 실패하고 만다.

1955년 4월 프랑스의 프랑코 원정대는 전해의 정찰 성과를 발판으로 대원 7명과 과학자 2명, 의사 1명, 셰르파 25명으로 원정대를 편성했다. 이 원정대는 9톤에 이르는 최신 장비와 산소 기구, 눈사태 유발용 대포까지 준비한다. 이들은 처음 3주간은 주변의 봉우리에서 고소 순응을 한 다음 5월 5일부터 본격적인 등반을 시작한다. 5월 7일에 3캠프, 8일에 4캠프가 설치되고 9일에 5캠프를 설치한다. 6캠프는 마칼루 북서면 7,800미터 지점에 설치한다.

5월 15일 장 쿠지와 리오넬 테레이가 1차 공격조가 되어 산소마스크를 착용하고, 4,000미터급의 알프스를 오르는 듯한 스피드로 북서릉을 거쳐 마침내 초등정을 이룩한다. 다음 날인 5월 16일 프랑코, 기도 마뇬Guido Magnone, 셰르파 걀첸 노르부Gyaltsen Norbu 등 세 사람이 2차 공격조가 되어 정상을 밟는다.

장 쿠지
마칼루 북서릉으로 올라 등정에 성공한다.

5월 17일에는 부비에, 쿠페, 르루, 비알라트 등 나머지 대원 모두가 2개조로 나뉘어 또다시 정상에 오른다. 이렇게 해서 히말라야 8,000미터 등반 사상 전례가 없는 전원 등정이라는 기록을 이룩한다.

후일 프랑스 원정대의 완벽한 전원 등정에 대해 첫 등정자인 리오넬 테레이는 다음과 같이 등정 소감을 털어놓았다. "나는 이 원정을 위해 1년 이상을 준비해 왔는데 이 거인을 너무나 쉽게 오르고 보니 오히려 가벼운 실망감마저 느껴진다."

마칼루 원정대가 훌륭한 성과를 거두고 프랑스로 귀국하자, 보도진들은 대원들을 둘러싸고 질문 공세를 펼쳤다. 그러나 대원들의 대답을 들은 기자들은 몹시 실망했다. 손에 땀을 쥐게 하는 극적인 기삿거리가 없었기 때문이다. 이 원정대를 지휘했던 프랑코 대장은 "등산이 너무 쉽게 이루어졌기 때문에 유감스럽게도 흥미 있는 이야깃거리가 없다. 크레바스에 추락한 일도 없고, 텐트를 덮친 눈사태도 없었다. 8,000미터 위에서도 몽블랑 정상과 큰 차이를 느낄 수 없었다. 우리 9명은 3번에 걸쳐 모두 정상에 오르는 완벽한 등반을 했다. 우리 대원들은 등반 중에 발이 시린 것조차 느껴 보지 못했을 정도로 모든 것이 순조롭게 풀렸다"고 등정 소감을 말했다.

그런데 어떤 충격적인 사건이 없을까 기대했던 기자들이 실망한 채 자리를 떠나려고 하자 프랑코가 그들을 향해 말했다. "당신들이 질문하지 않은 것이 있다. 왜 아무 일도 일어나지 않았는가라는 질문이다."

프랑스 원정대는 마칼루 초등정에서 화려한 기록을 이루어냈다. 그러나 이 등정이 있기까지 이들이 1950년 안나푸르나에서 있었던 비극을 거울삼아 많은 것을 배우고, 고산병에 대비해 오랜 훈련을 해왔다는 사실은 기자들에게 흥미로운 기삿거리가 아니었다.

프랑스 원정대의 완벽한 등정은 우수한 대원의 합심과 훌륭한 장비, 그리고 1950년에 있었던 안나푸르나 등반의 불행을 교훈 삼아 6,000미터 높이의 산을 오르내리면서 고소 적응 훈련을 한 것이 주효했던 것이다. 프랑스 원정대의 등반은 가장 치밀하게 계획된 등반으로 극적인 사건 없이 무난하게 마무리된 완벽한 등반으로 평가되고 있다. 이들은 히말라야 8,000미터 봉우리를 4,000미터의 알프스에서와 같이 별 어려움 없이 오르내렸다.

우리나라는 1982년 5월 한국산악회 원정대의 허영호와 셰르파 2명이 남동릉을 통해 국내 최초의 등정을 이룩한다.

정상 등정을 어떻게 증명할 것인가?

한국 원정대의 허영호가 마칼루 정상에 올랐을 때 누군가 놓고 간

'무당벌레' 모양의 작은 마스코트를 발견한다. 그는 이 장난감을 등정의 선물로 생각하고 주머니 속에 넣은 뒤에 카라비너를 눈 속에 묻고 하산했다.

후일 이 장난감은 선등자의 등정을 밝혀 주는 유일한 증거가 된다. 이 무당벌레는 1년 전 이 산을 단독으로 오른 폴란드의 유명 등반가 예지 쿠쿠츠카Jerzy Kukuczka가 등정 기념으로 정상에 놓고 온 물건이었다. 예지 쿠쿠츠카는 당시 정상 사진이 없어 등정을 증명할 수 없게 되자 등정 의혹에 휘말렸다.

1981년 10월, 예지 쿠쿠츠카는 서북릉을 뚫고 단독으로 마칼루 정상에 오른다. 그는 단독 등반의 성과에 대해 매우 만족했다. 그러나 증거가 없다는 이유로 의심을 받았고, 그의 등반대에 참여했던 네팔 연락장교로부터 모함을 당하기까지 했다. 연락장교는 예지 쿠쿠츠카가 정상에 오르지 못한 것이 확실하다고 네팔 관광성에 보고했다.

그는 자신은 처음부터 끝까지 이 등반의 목격자로서 이렇게 큰 산을 혼자 오른다는 것은 절대로 불가능한 일이라며 쿠쿠츠카의 등정을 부인하면서 《더 라이징 네팔(*The Rising Nepal*)》이라는 일간지에 허위 기사까지 제공했다.

쿠쿠츠카가 마칼루 원정을 2,300달러라는 놀라울 정도의 적은 돈으로 성공했다는 사실 때문에도 사람들은 더욱 그의 등정 사실을 의심했다. 그러나 그가 단독 등반을 결행한 것은 보이치에흐 쿠르티카Wojciech Kurtyka가 중도에 등반을 포기했기 때문이다. 그리고 연락장교는 등반 도중 무리한 돈과 선물을 요구했고 쿠쿠츠카가 이를 거부했기 때문에 그를 모함하기 시작한 것이다.

이 미등정 의혹 사건은 허영호가 정상에서 증거물로 무당벌레를 회

마나슬루 1972년 라인홀트 메스너는 등정에 성공한 후 사진을 찍을 수 없자 일본 원정대가 박아놓은 피톤을 회수해 온다.

수해 네팔 관광성에 보고하면서 진실이 밝혀진다.

정상에 오른 것을 증명하는 방법은 세 가지가 있다. 첫째는 정상에 오른 사진을 공개하는 방법으로 오늘날 보편화된 가장 확실한 방법이다. 이 방법은 정상의 지형에 정통한 사람들을 속일 수 없기 때문에 가장 많이 이용되는 확실한 증명 방법이 되고 있다. 둘째는 정상에 오른 것을 목격한 사람이 등정 사실을 증명해 주는 것이다. 그러나 이 방법은 돈으로 매수한 거짓 목격자를 내세울 수 있어 신뢰성이 떨어지기도 한다.

셋째는 등정자가 정상에 증거물(피켈, 피톤, 카라비너, 마스코트 등)을 남겨 놓고 오거나, 다른 등정자가 놓고 간 증거물을 회수해 오는 방법이다. 이 방법은 나중에 등정한 사람이 먼저 등정한 사람의 물건을 회수해 가지고 오면, 선등자의 등정을 입증해 주는 것은 물론 물건을 회수해 오는 등정자의 등정까지도 함께 입증할 수 있다. 이런 증거물로 인해 미등정 시비가 해소된 예는 상당수에 이른다. 그 역사적인 사건들을 살펴보는 것도 흥미로운 일이겠다.

1913년 6월 스턱, 하퍼, 카스턴스, 테이텀 등 네 사람은 북미 최고봉 매킨리 정상에 오른다. 이들은 가슴까지 차오르는 젖은 눈을 헤치고 오르느라 손이 얼어서 안타깝게도 정상 사진을 제대로 촬영할 수 없었다. 당시 정상의 기온은 영하 14도였으며 그들은 온도계를 꺼내 기온을 잰 뒤에 온도계를 정상에 두고 내려온다. 이 온도계는 19년이 흐른 1932년 매킨리에 오른 스트롬과 리크에 의해 회수된다.

또한 1953년 낭가파르바트를 단독으로 초등반한 헤르만 불의 피켈이 46년이 흐른 1999년에 일본 원정대에 의해 회수되어 헤르만 불의 단독 초등정 증거물로 인정되기도 한다.

1972년 4월 라인홀트 메스너는 단독으로 마나슬루 남면에 새로운 길을 뚫고 정상에 오른다. 이 등반을 함께 했던 프란츠 예거Franz Jäger와 슐리크는 눈보라 속에서 사망했기 때문에 메스너는 단독 등반을 감행한 끝에 정상에 오른다. 정상에 오른 메스너는 사진을 찍을 수 없게 되자 등정 증거물로 1956년 일본 원정대가 초등 당시 정상 바위에 박아 놓은 2개의 피톤을 회수해 온다.

1975년 중국의 스잔춘史占春 대장이 이끄는 원정대 9명이 북동릉을 경유하여 에베레스트 정상에 올랐으나, 서구권에서는 이 사실을 인정하지 않았다. 그러나 후일 중국 원정대가 정상에 설치해 놓은 알루미늄 삼각대를 보고 이를 인정하게 된다.

동서 냉전 시대 '죽竹의 장막'에 가려졌던 중국 등산

중국은 1955년부터 같은 공산권인 러시아인들로부터 등산 기술을 습득하기 시작하여 1957년 민야콩가(7,590m)를 2등했고, 1958년 술레(6,305m), 1959년 니엔칭탕라(6,177m) 북동봉과 무즈타그 아타(7,546m)를 등정했다.

1959년 러시아 산악인이 참가한 중·러 합동 정찰대가 에베레스트 북쪽을 정찰했다. 그러나 양국의 갑작스런 외교 단절로 러시아 산악인들이 철수한다.

1960년 중국 팀은 단독으로 에베레스트 등반을 감행한다. 그들은 에베레스트 등정을 위한 훈련 대상지로 암네마친(6,282m)을 등정한다. 스잔춘 대장이 지휘하는 214명으로 구성된 대규모 원정대의 3분의 1은 티베트인들이었다. 선발대가 악천후 속에서 롱북 빙하 입구 5,120미터 지점에 베이스캠프를 설치하고 동쪽 롱북 빙하 상단 6,400미터에 3캠프를 구축했다.

3캠프 구축 후 5월 3일 북동릉 8,500미터 지점에 최종 캠프를 구축하고 1차 공격을 했으나 세컨드 스텝에서 실패 후 퇴각한다. 5월 24일 왕푸주, 콘부, 주인화 등 3명이 등반을 시작한 지 19시간 만인 새벽 4시 20분에 정상에 선다. 콘부 대원이 배낭에서 중공기와 모택동의 작은 석고흉상을 꺼내 정상 북서쪽에 파묻는다. 왕푸주가 일기장을 꺼내 '1960년 5월 25일 04시 20분 왕푸주 일행 에베레스트 등정'이라고 쓴 기록을 장갑 속에 넣어 돌로 덮어놓았다.

그들은 모택동 주석에게 선물할 암석 표본 9개를 수집하고 등정 15분 만에 서둘러 하산한다. 그들은 밤에 정상에 올랐기 때문에 정상 사진을 확보하지 못했다. 그들이 8,700미터 지점까지 하산했을 때 날이 밝아 사진 촬영이 가능하여 주인화가 정상 쪽을 향하여 몇 장의 사진을 찍은 후 오후 4시에 최종 캠프로 귀환했다.

1964년 중국 팀의 시샤팡마 초등 정상 사진

이 소식을 접한 영국인들은《알파인 저널》에 여러 가지 등정 의혹을 제기했다. 그러나 1933년 영국 원정대가 퍼스트 스텝 부근에서 정상을 찍은 사진과 1953년 초등자 힐러리가 정상에서 북동릉을 향해 찍은 사진, 중국 팀이 8,700미터 부근에서 정상을 향해 찍은 사진을 같은 크기로 확대하여 동일 지형의 특징을 비교 확인한 결과 중국 팀의 사진이 세컨드 스텝 위쪽에서 촬영되었다는 사실을 밝혀냈다.

중국 팀이 북동릉의 최대 난관인 세컨드 스텝을 돌파했다면 세컨드 스텝에서 정상까지 수평거리 500미터를 가로막는 장애물은 더 이상 존재하지 않기 때문에 중국 팀의 등정을 의심할 이유는 없었다.

영국인들이 이토록 집요하게 중국 팀의 등정에 의혹을 제기한 이유는 무엇 때문이었을까?

미숙한 등반 기술을 지닌 중국 팀이 정상 사진도 없이 북릉-북동릉 루트를 등정했다는 주장은 의혹을 살 만하다. 그러나 영국들이 이렇듯이 등정 의혹을 물고 늘어지는 이유는 등산 종주국을 자처하면서도 오랜 세월 동안 북쪽 루트를 통한 에베레스트 공략에 실패만을 거듭해 온 자신들의 체면 때문이었을 것이다.

영국은 1921년부터 시작한 에베레스트 북쪽 루드 등징에서 산악 영웅 조지 말로리가 실종되었으며 유능한 산악인 노턴은 세컨드 스텝에서 등정에 실패했다. 또한 에릭 얼 십턴, 프랭크 스마이드, 틸먼 같은 자국의 쟁쟁한 산악인들이 참패한 루트를 변변치 못한 수준의 기술을 지닌 중국 팀이 인간 사다리로 돌파하여 성공했다는 소식에 자존심이 크게 상했을 것이다.

중국은 1964년에 티베트인을 포함한 대원 10명이 시샤팡마(8,027m)를 북서벽-북릉 루트로 일본 팀의 마나슬루 초등정에 이어 아시아에서 두 번째로 8,000미터를 초등한다. 시샤팡마는 8,000미터 14봉 중 마지막으로 남아 있던 봉우리였다.

1975년 3월 20일 중국 팀은 또 한 번의 에베레스트 등정을 성공한다. 총 410명으로 구성된 원정대는 동 롱북 빙하 상단에 전진캠프를 구축한다. 5월 2일 1, 2차 공격대인 남자 33명, 여자 7명이 8,200미터 캠프에 도달한다. 5월 26일 제1팀은 세컨드 스텝 상부에 알루미늄 사다리를 설치, 제2팀은 최종 캠프로 전진했다. 27일 오전 8시에 9명의 공격대는 정상으로 출발하고 그들은 12시 반에 정상에서 60미터 아래 지점에 도달 후 정상을 향해 오른다.

그들은 정상에 중국 공산당 기를 꽂고 측량용 알루미늄 삼각대를 설치한다. 또한 정상에서 사진을 찍고 측량과 과학적인 관찰을 하며 70분간 머물렀다.

이들이 오르기 열흘 앞선 5월 16일 일본 여성 다베이 준코田部井淳子가 에베레스트 등정에 성공하여 세계 최초의 여성 등정자가 된다. 5월 27일 37세의 티베트 주부였던 중국 팀의 판통은 두 번째 여성 등정자가 된다.

서구 산악계는 1975년의 중국 에베레스트 등정을 의심했지만 같은 해 대장 크리스 보닝턴이 이끄는 영국의 남서벽 등정 팀이 정상에 설치된 중국의 측량용 삼각대를 발견하고 의혹을 풀었으며, 아울러 중국 팀의 1960년 등정도 인정을 한다.

중국은 현재 '세계의 공장'에서 '세계의 시장'으로 탈바꿈하고 있다. 오늘날의 중국은 G2에서 G1을 바라보고 있는 경제 대국으로 성장하고 있으며 경제, 군사, 스포츠 분야의 성장세와 함께 등산도 대중화 추세에 있다.

뭐든지 크고 많은 나라가 중국이다. 추랑랑마(에베레스트)와 시샤팡마, 천산天山, 곤륜崑崙, 대설大雪 산맥 등 덩치 큰 산도 헤아릴 수 없을 만큼 많다. 중국은 더 이상 '잠자는 사자'가 아니다. 잠에서 깨어나 전 세계를 진동시키고 있다. 도처에서 에너지가 넘쳐나고 있으며 이런 활력은 등산 분야에도 손을 뻗친다. 이들은 경제 성장을 바탕으로 두둑한 돈 주머니를 차고 앉아 대규모의 중국 등산 훈련 기지中國登山訓鍊基地를 조성하면서 등산 스포츠의 붐을 주도하고 있다.

강의실, 숙소, 인공 외벽 등 대규모 시설을 갖춘 화이러우懷柔의 등산 훈련 기지는 부지의 규모만도 수만 평에 이르고 있다. 베이징 중심가에서 2시간 남짓한 거리에 있는 이 기지는 시설의 규모만 보아도 중국 정부가 등산 교육에 얼마나 적극적인 자세로 대응하는지를 알게 해 준다.

이제 중국은 올림픽 경기 종목을 넘어서 등산이라는 종목에도 관심을 기울이고 있다. 그들은 2008년 8월 8일 오후 8시 8분에 개최한 베이징 올림픽에서 그들의 역량을 보였고 중국 역사상 처음으로 메달 수에서 미국을 앞서며 스포츠 강국의 위상을 전 세계에 과시했다. 머지않아 등산도 그런 방향으로 성장의 물꼬를 터나갈 것이다.

캉첸중가 등반의 길잡이가 된 『캉첸중가 일주』

세계 3위 고봉인 캉첸중가의 지리적 위치는 동부 히말라야이며, 네팔, 시킴, 티베트를 잇는 삼각지대에 있다. 이 산은 히말라야의 많은 산들 가운데 제일 먼저 사람들에게 알려졌다. 인도의 피서지로 유명한 다르질링에서 직선 거리로 50킬로미터인 이 산은 사람들이 살고 있는 문명권에서 가장 가까이 솟아 있기에 가장 먼저 세상에 알려졌으며, 에베레스트가 발견되기 전까지는 세계 최고봉으로 알려져 있었다.

이 산의 이름 캉첸중가는 티베트어로 '눈kang', '크다chen', '보고ju', '다섯nga'이라는 4개의 뜻을 가진 단어로 이루어져 있다. 즉 '5개 큰 눈雪의 보고寶庫'라는 뜻이다. 독일어권에서는 '칸취'라고 줄여서 부르기도 한다. 이런 이름을 갖게 된 것은 이 산이 남봉(8,491m), 중앙봉(8,475m), 주봉(8,586m), 서봉(얄룽캉·8,505m), 캉바첸(7,903m) 등 5개의 봉으로 이루어진 대산군이기 때문이다.

캉첸중가의 등반 기록을 살펴보면, 처음 이 산을 찾은 사람은 영국의 등반가 더글러스 윌리엄 프레시필드다. 그는 1899년에 이 산 일대를 답사하고 『캉첸중가 일주(*Round Kangchenjunga*)』라는 답사 여행기를 써서 캉첸중가의 참모습을 서방 세계에 처음으로 알렸다. 그는 1893~95년까지 알파인 클럽 회장을 역임한 근대 등반사의 중요 인물이기도 하다. 프레시필드 탐사대에는 산악 사진의 대가 비토리오 셀라도 함께 참가하여 히말라야를 대표할 만한 훌륭한 사진들을 남겼다.

프레시필드는 캉첸중가에 오르는 루트를 정찰하는 한편 위험성도 함께 조사했다. 그의 탐험 이후 55년의 세월이 흐른 뒤에 비로소 초등이 실현되었지만 그동안 수많은 캉첸중가 원정대들이 이 책을 교과서처럼 읽어 왔다.

『캉첸중가 일주』와 관련된 일화가 있다. 1920년대 일본 산악계의 선구자였던 오시마 료키치大島亮吉가 젊은 시절 휴가를 이용하여 산으로 가는 길에 잠시 차를 기다리다 헌책방에 들렀을 때 그의 눈을 번쩍 뜨이게 하는 책을 발견한다. 그 책은 다름 아닌 『캉첸중가 일주』 초판본이었다. 그는 가지고 있던 노자와 비상금을 몽땅 털어 책값을 지불한 뒤 산행을 포기하고 집으로 돌아왔다고 한다. 어느 시대를 막론하고 산서의 소중함은 산악인이 먼저 아는 법이다.

30대의 젊은 나이로 알프스에서 요절한 오시마 료키치는 일찍이 유럽 등산계를 일본에 소개한 인물이다. 남긴 작품으로는 『산—연구와 수상(山—硏究と隨想)』과 사후 그의 유고를 묶어 출간한 『오시마 료키치 전집(大島亮吉全集)』이 있다.

한 등반가의 작품이 전집 형태로 출간된 경우는 동서를 통틀어 그리 많지 않다. 그의 작품에 남겨진 서정이 담뿍 담긴 문장들은 우리의 정서와도 잘 맞는다. '누구나 산에 자기의 고향을 가지고 있다', '산과 산의 대화는 바람 소리로 들을 수밖에 없다'와 같은 단상들은 우리에게 진한 감동을 선물하기도 한다. 오시마 료키치의 단상을 모은 글은 김영도의 『하늘과 땅 사이』에서 국내 독자들에게 소개되기도 했다.

50년간 5번의 도전 끝에 오른 캉첸중가

이 산에 처음 도전한 원정대는 1905년 영국, 스위스, 이탈리아 등 3개국 합동 등반대였다. 영국의 크롤리가 이끄는 이 원정대의 실질적인 리더는 스위스의 자코 기야르모였다.

그는 1902년에 에켄슈타인이 이끄는 K2 원정에도 참가했던 인물이다. 그러나 이 원정대는 몬순기인 8월을 등산 시기로 잘못 택했으며, 크롤리와 자코 기야르모 사이의 잦은 의견 충돌과 반목으로 팀워크도 엉망이었다. 또한 준비 부족으로 포터들에게 지급할 등산화조차 없어서 포터들은 짚신을 신고 등반해야 했다.

6,300미터 지점에 7캠프를 설치했지만 체력이 떨어진 몇몇 대원 때문에 안자일렌을 한 채 하산하던 중 포터 1명이 추락하면서 눈사태를 일으켜, 한꺼번에 4명이 휩쓸려 사망한다. 결국 등반은 실패로 끝난다.

이 산을 향한 두 번째 도전은 1929년에 있었다. 첫 도전이 있은 지 24년 만의 일이다. 독일의 파울 바우어가 지휘하는 원정대원 8명은 북동릉의 스퍼 약 7,400미터 지점까지 도달한 후 기상 악화로 철수한다.

세 번째 도전은 1930년 귄터 뒤렌푸르트의 지휘 아래 영국, 독일, 오스트리아, 스위스 등 4개국 합동대에 의해 시도된다. 이들은 북면을 올랐지만 유능한 셰르파 체탄이 얼음사태에 휩쓸려 사망한다. 그 후 이들은 북서릉으로 등반해 7,400미터 지점에 도달한 후 철수한다.

1931년에는 독일의 파울 바우어가 재도전한다. 2년 전에 참가했던 멤버에다 몇 명을 더 보강한 이 팀은 북동릉의 스퍼 약 7,700미터 지점까지 도달한다. 이들은 8캠프에 식량과 장비를 운반하던 헤르만 샬러Herman Schaller와 셰르파 1명이 로프 절단으로 추락사하고, 셰르파의 사다*가 병으로 사망하자 등반을 포기했다.

1955년 캉첸중가는 다섯 번째 도전 끝에 마침내 영국 원정대에게 정상을 허락한다. 이 원정대의 대장 찰스 에번스는 1953년 영국 에베레스트 초등대

사다 sirdar
(페르시아어) 셰르파의 우두머리.

캉첸중가 1955년에 찰스 에번스가 이끄는 영국 원정대가 이 산을 초등정한다.

의 일원이었던 인물로 그는 에베레스트에서 사용했던 장비와 고소용 식량을 크게 개선해서 캉첸중가의 등반에 이용한다. 에번스는 우리가 등반에서 고정매듭으로 많이 사용하는 '에번스 매듭'을 고안한 장본인이기도 하다.

이들은 4월 26일 베이스캠프를 설치한 후 5월 13일 7,700미터 지점의 5캠프까지 순조롭게 전진했지만 셰르파 1명이 크레바스에 추락해 사망한다. 5월 24일 전 대원이 산소 기구를 이용해 8,200미터 지점에 6캠프를 설치한다.

5월 25일 밴드와 브라운은 6캠프를 출발, 웨스트 콜과 연결되는 쿨루아르를 올라 정상으로 향했다. 정상에는 1미터가 넘는 바위가 눈에 덮여 있었다. 두 사람은 정상을 몇 발자국 남겨 놓고 걸음을 멈추었다. 그것은 현지 주민들과 신성한 정상을 밟지 않기로 한 약속을 지키기 위해서였다. 다음 날 두 번째의 공격조 하디와 스트리더가 정상에 올랐다. 두 사람은 정상에서 1시간 동안 산소 없이 쉰 다음 하산한다.

칸첸중가는 첫 도전이 시작된 이래 50년 동안 다섯 나라의 도전을 다섯 차례나 받아 왔으며 히말라야의 어떤 산보다도 오르기가 어려운 산으로 알려져 있다. 그것은 이 산이 몬순 기후의 영향으로 바람이 많고 기상 변화가 심하기 때문이다.

우리나라는 1988년 1월 부산 대륙산악회의 이정철이 단독으로 국내 최초의 등정을 이룩한다. 이 국내 초등정은 1986년 폴란드에 이은 두 번째 동계 등정이었으나, 안타깝게도 그는 정상에서 카메라 작동 미숙으로 한 장의 등정 사진조차 남기지 못한 채 등정 시비에 말려들기도 한다.

패전국 일본의 국운을 건 마나슬루 도전

1956년에는 8,000미터 높이의 고봉 3개가 등정된다. 일본 원정대가 8위 고봉 마나슬루를, 스위스 원정대가 4위 고봉 로체를, 오스트리아 원정대가 14위 고봉인 가셔브룸 II[Gasherbrum II]를 초등정한다.

세계 8위 봉 마나슬루의 지리적 위치는 네팔 히말라야에 속한다. 이 산의 현지명은 산스크리스트어로 마나사[Manasa]이며 '영혼'이란 의미다. 즉 '영혼의 산'을 뜻한다.

이 산에 사람의 발길이 처음 미친 것은 1950년 영국의 틸먼이 이끄는 탐사대에 의해서였다. 이후 일본 원정대가 1952년부터 3차례에 거쳐 정찰대를 파견해 정상으로 오르는 등로를 탐색했다.

1952년 일본의 아마나시 긴지가 이끄는 정찰대의 원정은 일본 등반

사상 처음 시도하는 8,000미터 원정이었으며 일본의 전 국민적인 성원을 등에 업고 이루어진 행사였다. 이런 거국적인 원정이 있기까지 일본 산악계가 걸어온 발자취를 살펴보는 일은 의미가 있다.

일본은 이미 1920년대부터 알프스권에서 등반 활동을 시작해 왔다. 원래 일본은 아시아권에서는 가장 일찍 근대 등산을 시작한 오랜 역사를 가진 나라다. 일본은 20세기에 들어서면서 등산과 스키를 도입하고 1905년에는 일본 산악회를 탄생시켰을 만큼 빠르게 등산 운동을 발전시켜 왔다.

1921년 마키 유코가 스위스 가이드 아마터와 함께 알프스 아이거 동측의 미텔레기 리지(3,970m)를 초등정하여 일본 산악계에 새로운 전환점을 마련하기도 했으며, 1936년에는 릿쿄 대학 산악부가 히말라야의 난다코트(6,861m)를 등정하여 히말라야로 향한 첫 문을 열기도 한다.

일본은 이런 산악 활동이 바탕이 되어서 등산 붐을 조성했지만 세계대전으로 20여 년 동안이나 등산 활동의 공백기를 거치게 된다. 종전 후 승전국들이 히말라야 거봉을 등정하면서 국력을 과시하자 이에 자극을 받은 일본 역시 패전의 아픔을 등산에서 보상받으려는 의도로 국력을 총동원해 마나슬루 초등정을 성사시킨다.

일본의 마나슬루 제1차 원정대는 1953년 대장 미다 유키오를 중심으로 14명의 대원과 셰르파 15명, 포터 360명을 동원한 대부대로 편성되었다. 이들은 4,600미터에 1캠프, 5,600미터에 4캠프, 5,900미터에 5캠프, 6,100미터에 6캠프, 6,600미터에 7캠프, 7,100미터에 8캠프, 7,500미터에 9캠프를 설치한 후 정상 공격을 시도했지만 이해에는 7,750미터에 도달한 것이 최대 성과였다.

제1차 원정대는 정상 등정에 성공하지 못했지만 많은 경험을 쌓고 철수한다. 정상까지 불과 375미터를 남겨 놓은 상태였으나, 지친 대원들이 정상에 오른 후 하산하는 데 상당한 시간이 걸릴 것을 우려하여 결국 모험보다는 안전을 택하고 서둘러 하산한 것이다.

1954년 제2차 원정대는 제1차 원정에 참가한 대원들로 구성됐으며, 대장은 1936년 릿쿄 대학의 난다코트 원정대의 대장을 지낸 홋다야이가 맡았다. 대원 13명, 셰르파 23명, 포터 414명으로 구성된 대부대였다. 이들이 캐러밴을 시작해서 사마 마을에 도착했을 때 원주민 30여 명이 몰려와서 이들의 전진을 방해한다.

이들은 일본 원정대가 제1차 원정에서 성스러운 마나슬루 산을 침범했기 때문에 신의 노여움으로 천연두가 유행하고 흉년이 들었으며, 오래된 승원이 눈사태에 휩쓸려 승려 3명이 사망했다고 믿고 등반을 완강히 저지한 것이다. 원주민들은 원정대에 협력하는 포터들을 처벌하겠다고 위협하였고, 포터들이 동요하기 시작했다.

사마 마을 앞 부락인 로우 마을에 도착했을 때 마을 사람들이 낫과 곡괭이를 들고 나와 위협하기 시작했으며 사방에서 돌팔매질을 했다. 또한 사마 마을 앞에 도착했을 때 도끼를 든 30여 명이 몰려와서 원정대를 저지했다. 아무리 설득을 해도 이들의 저항은 완강했으며 광신적인 라마교도들은 폭력으로 이들의 전진을 가로막았다. 일본 원정대는 주민들을 상대로 온갖 회유를 해보았지만 강경한 기세에 밀려 어쩔 수 없이 등반을 포기한 채 귀국한다.

1956년 제3차 원정대는 마키 유코가 대장을 맡아 11명의 대원을 선발했으며, 국고 보조금을 지원받았다. 이 원정대 역시 대원 12명, 셰르파 20명, 포터 396명으로 편성된 대규모 원정대였다. 제3차 원정대가 캐러밴을 시작해서 사다 마을에 도착했을 때도 수많은 사람들이 이들의 전진을 가로막고 나섰다.

이들의 기세에 겁을 먹은 포터들은 짐을 버리고 도망쳤다. 원정대는 베이스캠프에서 촌민 대표들과의 협상을 통해 소요를 해결했다. 눈사태로 파괴된 사찰 재건비로 4,000루피를 기부함으로써 분쟁을 수습한 것이다.

이후 일본 원정대는 5,250미터에 1캠프, 4월 16일 5,600미터에 2캠프, 6,200미터에 3캠프를 전진시킨 뒤, 노스 콜 아래 6,550미터 지점에 4캠프를 설치해 이곳을 전진 기지로 정하고 5월 9일 7,200미터 지점에 이마니시와 셰르파 걀첸이 6캠프를 출발, 4시간 후에 정상에 오른다.

두 사람은 정상에서 1시간 동안 머물면서 16밀리미터 무비 카메라로 주변 풍경을 촬영한다. 이 일은 8,000미터 정상에서 찍은 세계 최초의 영상 기록이 된다. 다음 날 두 번째로 오스카 대원과 셰르파 1명이 정상에 올라 2등을 기록한다. 또한 이마니시가 등반 중 역층의 바위에 박아 놓은 아이스피톤은 1972년 이 산을 단독 등정한 메스너가 등정의 증거물로 회수해 온다.

일본이 등산 열강의 대열에 참여하게 된 데에는 1956년 마나슬루 등정이 전기가 되었으며, 이후 8,000미터 등반에 본격적으로 뛰어든다.

우리나라는 그동안 두 차례에 걸쳐 이 산의 등정을 시도했다. 1971년 첫 번째 원정에서 북동릉으로 7,800미터 지점에 도달했으나 김기섭 대원의 추락사로 등반은 실패로 끝난다. 뒤이어 1972년 두 번째 시도를 했으나 북동릉 7,250미터 지점에서 눈사태로 김호섭, 송준행, 오세근, 박창희, 일본인 야스히사 가스나리 등 5명의 대원과 셰르파 10명이 사망하는 히말라야 등반 사상 드문 대참사를 겪은 후 철수한다. 그 후 1980년 4월 동국대 산악회 원정대의 서동환이 셰르파 2명과 함께 북동릉으로 국내 최초 등정을 이룩한다.

히말라야 최초의 2개 봉 동시 등정

1956년 세계 4위 고봉 로체(8,516m)가 아홉 번째로 등정된다. 로체가 위치해 있는 곳은 네팔 히말라야 쿰부 산군의 중북부다. 로체라는 산명은 티베트어로 남봉을 의미한다. 즉 에베레스트 남쪽에 있는 봉이라는 뜻이며, 실제로 로체는 에베레스트에서 남쪽으로 불과 3킬로미터 밖에 떨어지지 않은 지점에 위치해 있다. Lho는 '남쪽', Tse는 '봉'이라는 뜻이다. 또한 에베레스트의 북쪽 봉은 창체Changtse, 서쪽 봉은 눕체Nuptse라고 한다. Chang은 북쪽, Nup은 서쪽을 의미한다.

로체가 세계 4위 고봉이면서도 비교적 늦게 도전을 받게 된 까닭은 세계 최고봉 에베레스트의 위성 봉으로 여겨 온 탓에 사람들의 관심 밖으로 밀려나 있었기 때문이다. 그러나 로체는 에베레스트에서 사우스 콜을 기점으로 분리되어 있는 엄연한 독립 봉이다.

또한 그동안 에베레스트를 등정하기 위해서 로체와 에베레스트를 연결하는 안부인 사우스 콜까지는 수많은 등반대가 여러 차례 등반을 해왔기 때문에, 로체는 전체 높이의 80퍼센트까지 오른 것이 되어 단지 세계 4위 봉이라는 매력만 지니고 있었을 뿐 마치 에베레스트의 시녀쯤으로 여겨지며 괄시받았던 것이다.

그러나 실제로 로체는 로체 샤르(Lhotse Shar · 8,400m)를 비롯, 피크38(7,589m), 샤르체(7,502m) 등의 7,000~8,000미터급 봉우리들을 거느리고 있는 당당한 산이다. 또한 이 산의 남쪽은 무려 3,000미터에 이르는 남벽이 험준한 경사를 이루고 있어 8,000미터 봉우리 중 가장 어려운 루트로 평가되고 있다.

이 남쪽 루트는 1980년대 초반까지도 완등을 허용하지 않은 난이도

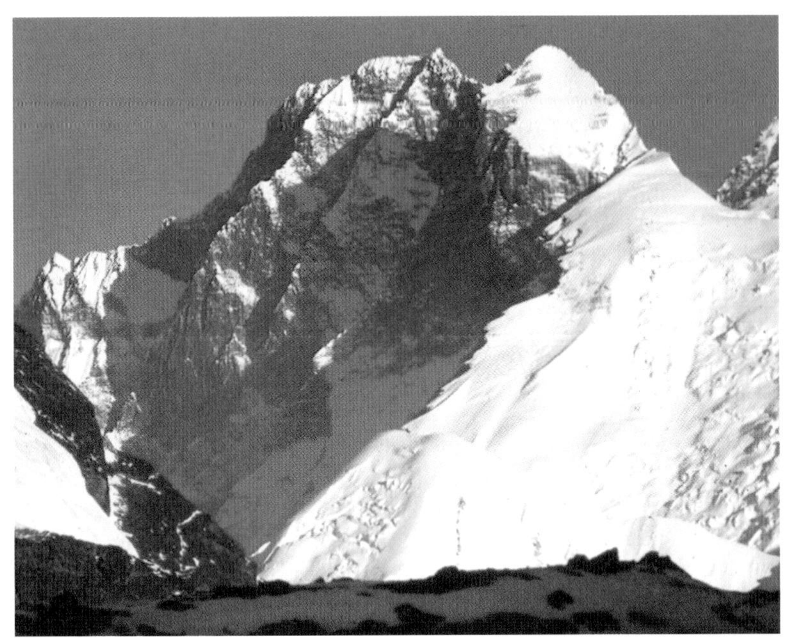

로체와 로체 샤르 남동면의 모습 세계 제4위 고봉으로, 특히 남쪽면은 8,000미터급 봉우리 중 가장 어려운 루트로 평가받고 있다.

높은 벽으로 이름나 있는 곳이다. 세계 산악계에 혜성처럼 나타났다 사라진 폴란드의 예지 쿠쿠츠카가 14봉 완등이 끝난 다음 1989년에 이 남벽을 오르던 중 로프 절단으로 추락사한 비극적인 사건으로 더욱 유명해졌다. 그는 8,000미터 고봉 등정을 17번째로 시도하던 중이었다.

스위스 원정대의 로체 초등정

이 산에 첫 도전이 시작된 것은 1955년이다. 미국의 노먼 다이렌퍼스Norman Dyhrenfurth가 이끄는 오스트리아, 스위스, 미국 등의 국제 원정대가 첫 등반을 시도했다. 노먼 다이렌퍼스는 1930년 캉첸중가 국제 등반대를 지휘한 유명한 등산가 귄터 뒤렌푸르트의 아들로, 부자가 히말라야 등반에 일가견이 있었다.

이 원정대는 두 번에 걸쳐 정상 공격을 시도했지만 오스트리아의 에른스트젠이 8,100미터까지 오른 후 기상 악화로 등정에 실패한다.

두 번째 도전은 1956년 스위스 원정대에 의해 이루어진다. 이 원정대는 로체와 에베레스트 두 산을 목표로 알베르트 에글러Albert Eggler가 이끌었다. 12명의 대원과 22명의 셰르파, 350여 명의 포터로 꾸려진 대규모 원정대였다. 이들은 먼저 로체를 등정한 후 에베레스트마저 등정한다는 계획 아래 3월 21일 베이스캠프에 도착한다.

이들은 아주 급한 경사를 이룬 로체 페이스*에서 비박을 할 경우를 예상해서 비박 사이트를 만드는 데 필요한 50파운드의 화약까지 준비해 왔다. 그렇지만 아이스 폴의 루트 공작 중 세락*을 부수는 데 화약의 절반을 사용하며 루트를 개척한다.

이들은 5,850미터 지점에 1캠프를 설치한 뒤 계속하여 전진했다. 그러나 고도를 높일수록 등반은 점점 어려워졌으며, 맨 위쪽의 크레바스를 돌파하는 데만 꼬박 3일이 걸렸다. 크레바스에는 4미터 길이의 경금속제 사다리를 설치했고 6,150미터 지점에 2캠프를 설치했다. 험준한 경사면에는 고정 로프를 설치하여 안전한 등로를 만들어 나갔다. 드디어 아이스 폴 지대의 루트 공작을 끝낼 수 있었다.

전진 기지가 되는 3캠프는 1953년 영국 에베레스트 원정대가 구축했던 4캠프보다 조금 위쪽에 설치했다. 에베레스트와 로체가 갈라지는 사우스콜은 1952년에 이미 스위스 원정대가 이곳을 거쳐

페이스 face
슬랩보다 가파른 벽. 넓은 의미로는 산에서 암벽으로 이루어진 한 면 전체를 이르는 말.

세락 serac
(프랑스어) 빙하 위에 생긴 얼음 탑.

8,595미터 지점까지 올라간 경험이 있었기 때문에 상세하게 지형을 파악하고 있었다.

이들은 로체 사면 아래 6,950미터 지점에 4캠프, 7,500미터 지점에 5캠프를 설치한 후 정상으로 뻗은 약 500미터의 긴 쿨루아르 아래 7,870미터 지점에 6캠프를 설치한다. 이들이 6캠프를 설치하고 정상까지 500여 미터의 거리를 돌파하는 것은 큰 문제가 없을 것이라고 자신감에 차 있을 때 기상이 악화되기 시작했다. 신설이 쏟아지면서 눈사태의 위험이 점차로 높아지자 이들은 일단 전진 기지로 삼은 3캠프와 베이스캠프로 분산하여 철수한다. 기상 여건 때문에 철수했으나 대원들은 낮은 고도에서 충분한 휴식을 취할 수 있었다. 그러나 며칠을 기다려도 날씨가 호전될 기미가 보이지 않자 에글러 대장은 비장한 결심을 하고 그대로 정상 공격을 감행했다.

공격대원이 4캠프에서 6캠프까지 부족한 산소와 물자를 운반하는 동안 날씨가 다시 호전되었다. 5월 18일 6캠프를 출발한 에른스트 라이스E. Reiss와 프리츠 루흐징거Fritz Luchsinger 두 사람은 정상을 향했고 오후 2시 45분 정상에 오른다. 사면이 탁 트인 정상은 너무나 뾰족하여 딛고 서기가 어려웠다. 정상 바로 아래 1미터쯤에서 눈을 발로 다져 스텝을 만든 뒤 비로소 그 위에 섰다.

우리나라는 1988년 10월 대한산악연맹 원정대의 정호진, 임형칠, 박쾌돈, 박희동에 의해 서벽 루트로 국내 최초의 등정을 이룩한다.

첫 목표를 달성한 스위스 원정대는 원정대의 전력을 에베레스트로 옮긴다. 4년 전 정상 바로 아래 253미터에서 패퇴한 이들은 초등정의 영광을 영국에 빼앗겼던 한을 풀었다. 이들은 6캠프를 8,400미터 지점의 사우스 콜로 옮긴 다음 정상 공격을 개시한다.

사우스 콜에는 3년 전 영국 에베레스트 원정대가 남기고 간 치즈, 커피, 설탕, 비스킷과 쓰고 남은 산소통도 남아 있어 스위스 원정대는 이것을 유용하게 사용한다. 이 지점은 스위스 원정대가 에베레스트가 초등되기 한 해 전인 1952년에 이곳을 거쳐 8,595미터까지 오른 곳으로 정보를 상세히 알고 있었다.

5월 23일 에른스트 슈미트Ernst Schmuck와 마메트 두 사람은 취사 용구들이 눈 속에 파묻혀 얼어 있기 때문에 아침 식사도 거른 채 대신 흥분제 두 알을 먹고 6캠프를 출발, 에베레스트 역사상 두 번째의 정상 등정을 이룩한다. 로체 등정 후 5일 만의 일이다. 다음 날 2차 공격조인 라이스Adolf Reist와 군텐H. V. Gunten이 에베레스트 정상을 다시 한 번 밟는다.

스위스 원정대는 7일 동안에 로체 초등정 외에도 에베레스트 2등과 3등을 기록, 3번의 승리를 거둔다. 이로써 스위스는 세계 두 번째의 최고봉 등정국이 된다.

히말라야에서 한 원정대가 한 시즌에 2개의 8,000미터 고봉을 동시 등정한 것은 스위스 원정대의 기록이 최초가 된다. 이때 등반 상황을 기록한 책이 에글러의 『구름 위의 정상(*Gipfel über den Wolken*)』이다.

눈사태를 딛고 일궈낸 가셔브룸 II 등정

세계 14위 고봉인 가셔브룸 II가 등정된 것은 1956년의 일이다. 이 봉은 8,000미터 14개 봉우리 중에서 10번째로 등정되었다. 이 산의 지리적인 위치는 카라코람 발토로 무즈타그 산군이다.

가셔브룸 산군은 7,500미터가 넘는 25개의 산이 무리 지어 열병하듯

에베레스트의 힐러리 스텝

이 솟아 있다. 이 가운데서 세계 11위인 일명 히든 피크로 불리는 가셔브룸 I(8,068m), 12위의 브로드 피크(8,047m), 가셔브룸 II(8,035m), 가셔브룸 III(7,952m), 가셔브룸 IV(7,925m) 등은 불과 몇 미터의 표고차로 펼쳐져 장관을 이루고 있다.

가셔브룸Gasherbrum이란 이름은 발티어와 서부 티베트 사투리로 '아름다운 산'이란 의미를 지니고 있다. Gasher는 '아름답다'이며 Brum은 '산'이라는 뜻으로 가셔브룸은 둘의 합성어다.

가셔브룸 II는 1956년까지 어떤 원정대도 시등한 일조차 없었다. 단지 1934년 스위스의 귄터 뒤렌푸르트가 이 산의 남측을 답사해 6,250미터 지점까지 오른 후 보고서를 남겼을 뿐이다. 그는 이 보고서에서 이 산의 등반 가능성을 제시했다. 이때까지만 해도 카라코람에 있는 대부분의 산들에는 네팔 지역에 있는 산들보다 사람들의 발길이 덜 미치고 있었다.

이 지역의 산들이 등반 가치가 낮기 때문이 아니었다. 위치가 멀어 접근이 어려웠기 때문에 많은 비용이 필요했고, 네팔처럼 숙련된 포터와 셰르파를 구하기가 어려웠던 점을 이유로 들 수 있다. 또한 파키스탄의 독립으로 유능한 셰르파의 입국이 파키스탄 정부에 의해 통제된 것도 그 이유 중 하나다. 이런 점들이 이 지역을 등반하는 원정대에게는 원활한 등반을 수행할 수 없게 하는 장애 요인이 되고 있었다.

1956년 이 산의 초등대인 오스트리아 원정대는 이 보고서를 참고로 남서릉을 경유해 초등정을 이룩한다. 프리츠 모라베츠Fritz Moravec가 이끄는 오스트리아 원정대는 8명의 대원과 270명의 포터로 팀을 편성, 아브루치 빙하와 남쪽의 가셔브룸 빙하가 합류하는 지점인 5,320미터에 베이스캠프를 설치한다.

오스트리아 원정대는 베이스캠프에 도착하기 전까지 육로와 항공로

가셔브룸 IV 이 산의 서벽은 히말라야 거벽 중에서도 최난의 벽으로 꼽힌다.

를 이용하는 번잡한 여정을 거쳐야만 했다. 철도편을 이용하여 카라치로부터 라와르핀디까지 이동한 뒤 여기서 항공편으로 발티 지방의 스카르두에 도착한 후 캐러밴을 시작하여 베이스캠프에 이르렀다. 이들은 이곳에서 열흘 동안 고도 순응 기간을 거친 후 남측의 가셔브룸 빙하로 진입하여 루트를 개척해 나갔다.

6월 11일 6,000미터에 1캠프를 설치하고 일주일 동안 장비와 식량 등 물자를 나르는 일로 소일하던 중 날씨가 악화되기 시작했다. 대원들은 10여 일 동안이나 베이스캠프에 갇혀 지내야만 했다.

6월 30일 날씨가 호전되어 1캠프에 올랐지만 모든 것이 엉망으로 변해 버렸다. 캠프를 덮친 대형 눈사태로 장비와 식량이 모두 쓸려 내려갔으며, 일부 장비는 10여 미터나 되는 눈 속에 깊이 묻혀 버린 상태였다.

이틀 동안 발굴 작업을 폈으나 모든 것이 헛수고로 끝나 버리고 말았다. 이들은 철수를 하든 전진을 하든 양자택일을 해야 하는 고민에 빠졌다. 모라베츠 대장은 비장한 각오로 등반을 계속할 것을 결정했다.

7월 2일 6,700미터에 2캠프, 이틀 후 7,150미터에 3캠프를 설치하고 7월 6일 모라베츠, 라르히, 빌렌파르트 등 세 사람은 정상 공격에 나섰지만 기상 악화로 7,500미터 지점에 이른 후 더 이상 전진을 못한 채 그날 밤 고소에서 비박을 한다. 이날 밤 모라베츠는 동상에 걸린다.

7월 7일 아침 일찍 비박 장소를 출발한 세 사람은 마침내 오후 1시 30분에 정상을 밟는다. 눈에 덮인 평평한 정상에는 바위 2개가 서 있었다. 세 사람은 오스트리아와 파키스탄 국기를 피켈에 매달아 눈 위에 꽂고 사진 촬영을 한 후 빈 필름통 속에 등정 시간을 기록한 메모지와 성모 마리아상 메달을 넣고 오스트리아 국기에 싸서 눈 속에 묻었다. 그 위에는 케언을 세웠다. 그들은 1시간 동안 정상에 머문 다음 승리의 기쁨을 안고 하산했다.

우리나라는 1991년 8월에 성균관대 산악회 원정대의 한상국, 김창선, 김수홍에 의해 국내 초등정을 이룩한다.

세계 12위 고봉 브로드 피크가 등정된 것은 1957년의 일이며, 8,000미터 14개 봉 중에서 11번째 등정에 해당한다. 이 산의 지리적 위치 역시 카라코람 발토로 무즈타그 산군에 속한다.

브로드 피크라는 이름은 히든 피크와 더불어 1892년 카라코람 일대를 최초로 답사했던 영국의 콘웨이가 지은 이름이다. 브로드 피크의 생김새가 마치 알프스의 브라이트호른과 비슷해서 영어의 같은 뜻인 'Broad Peak'라는 이름을 붙인 것이다. 독일어의 브라이트호른도 '폭이 넓은 봉'이란 뜻이다. 또한 분명치는 않지만 이전에는 발티어로 팔첸캉리Phalchen Kangri라 불렀다.

알파인 스타일의 가능성을 열어 준 브로드 피크

브로드 피크의 등반 기록을 살펴보면 이 산에 첫 도전을 한 팀은 1954년 독일 원정대다. 낭가파르바트 초등정 원정대의 대장을 지낸 카를 마리아 헤를리히코퍼Karl Maria Herrligkoffer가 이끄는 독일 원정대는 캐러밴 도중에 포터들이 임금 인상을 요구하며 짐 운반을 거부하면서 파업을 일으켜 전진이 늦어진다. 10월 23일 늦은 시기에 베이스캠프를 설치한 후 11월 5일 6,500미터에 캠프를 건설, 남서면 사면에 있는 리네* 와 빙벽을 오르려고 시도한다.

그러나 이들의 정상 공격은 7,200미터 지점에서 심한 눈보라 때문에 무산되고 만다. 11월의 기후는 8,000미터 고봉을 등정하기에는 너무나 늦은 시기였다. 당초에 독일 원정대는 목표가 가셔브룸 I이었으나 포터들의 파업으로 시간이 지연되자 할 수 없이 가까운 브로드 피크로 목적지를 바꾼 것이다.

브로드 피크는 이로부터 3년이 지난 1957년 6월에 오스트리아 원정대에 의해 초등정된다. 오스트리아는 낭가파르바트, 초오유, 가셔브룸 II에 이어 이 산의 초등정으로 8,000미터 고봉 4개를 초등정하는 성과를 이룬다. 오스트리아는 이 4개의 봉에서 무산소 등반을 하였으며, 다른 나라 등반대에 비해 적은 자금으로 검소한 등반을 했다.

마르쿠스 슈무크Marcus Schmuck가 이끄는 오스트리아 원정대는 4명의 대원으로 편성된 소규모 원정대였다. 산소 기구와 고소 포터를 쓰지 않은 채 대원 모두가 6,950미터 높이의 고소 캠프까지 직접 장비를 운반했으며 전 대원 모두가 정상 등정에 성공한다.

리네 Rinne
(독일어) 바위 도랑. 독일어 룬제(Runse)와 같은 의미이며 영어로는 걸리(gully)를 말한다.

브로드 피크 1957년 오스트리아 원정대에 의해 초등정된다.

이들은 고소에서 잠을 잘 때 사용하는 수면제 대신 깡통 맥주를 마시면서 잠을 잔다. 이 원정대는 계획 단계부터 산소 사용을 배제했으며, 유럽 서부 알프스에서 행하는 등반 방식을 카라코람의 8,000미터 봉우리에서 실행한다. 히말라야 등반 사상 알파인 스타일*을 최초로 실천한 원정대라 할 수 있다.

이때는 알파인 스타일이라는 명칭이 생기기도 전이었으니 이들이 브로드 피크에서 행한 등반 방식은 알파인 스타일의 새로운 경지를 예견하게 하는 의미 깊은 등반이었다. 이 원정대는 4,900미터의 캠프에서 7,000미터의 고도까지 3개의 캠프를 설치한 뒤 나머지 1,100미터를 속공으로 공격한다는 계획을 세우고 있었다. 이들은 5,800미터에 1캠프, 6,750미터에 3캠프를

알파인 스타일 Alpine Style 유럽 알프스의 등반 방식을 히말라야에 적용시킨 등반 스타일. 포터나 지원조의 도움 없이 고정 캠프, 고정 로프, 산소 기구를 사용하지 않고 사전 정찰 등반도 생략한 채 등반자의 자력으로 정상을 오르는 등반 방식.

설치했으며 무거운 짐을 진 채 하루에 1,500미터의 고도차를 극복했다.

5월 29일 네 사람은 2개 조로 나누어 정상 공격을 개시한다. 혹독한 추위와 싸우며 계속 등반을 했지만, 눈보라와 짙은 가스로 시계를 구분할 수조차 없게 되자 8,030미터의 전위봉에서 17미터 위의 정상을 남겨두고 3캠프로 철수한다. 그들은 캠프에서 충분히 쉰 다음 6월 9일 2차 공격을 시도한다.

슈무크와 빈터 슈텔러Winter Steller가 한 조가 되어 먼저 정상 등정에 성공한다. 그 뒤에 쿠르트 딤베르거Kurt Diemberger와 헤르만 불이 한 조가 되어 정상으로 향한다. 헤르만 불은 낭가파르바트 초등 당시 입은 발가락 동상으로 발의 감각을 잃고 고전했지만 동료와 함께 정상을 밟는다. 헤르만 불의 정상 등정은 낭가파르바트에 이어 두 번째의 8,000미터 고봉을 오르는 기록으로 남게 된다.

이들의 브로드 피크 등정 10일 후인 6월 18일 슈무크와 빈터 슈텔러가 사보이 산군의 최고봉 스킬부름(Skilburm·7,420m)을 초등한다. 헤르만 불은 딤베르거와 함께 일명 '신부의 봉'으로 불리는 초골리사로 향했다.

이 두 사람은 초골리사를 등반하기 위해 해발 6,300미터까지 30킬로그램에 가까운 짐을 지고 등반을 했지만, 기상 악화로 하산하던 중 눈처마의 붕괴로 헤르만 불이 3,000미터 아래 허공으로 추락하고 만다. 위대한 등반가 헤르만 불은 이 산에서 영면한다.

1957년 브로드 피크 초등정기는 1958년 대장 슈무크에 의해 『브로드 피크 8047m(*Broad Peak 8047m*)』라는 제목으로 출간된다. 한국 사람이 브로드 피크를 처음 오른 것은 1995년 7월이었으며 등정자는 엄홍길이다.

숨어 있는 봉우리 가셔브룸 I

세계 11위 고봉 가셔브룸 I이 등정된 것은 1958년이며, 8,000미터 14개 봉우리 중에서 12번째다.

가셔브룸 I은 영어로 히든 피크Hidden Peak라는 이름으로도 널리 알려져 있다. 히든 피크는 글자 그대로 '숨어 있는 봉우리'라는 뜻이며, 가셔브룸 산군의 여러 고봉들에 가려져 발토로 빙하 깊숙이 거슬러 올라가야 볼 수 있기 때문에 붙여진 이름이다.

히든 피크라는 이름은 1892년 카라코람 일대를 최초로 답사했던 영국의 콘웨이가 지었다. 콘웨이는 가셔브룸 II와 구별하기 위해 모양이 아름다운 이 피라미드형의 산에 이런 이름을 붙였다. 히든 피크 등반 기록에 의하면, 이 산은 1861년과 1887년에 고드윈 오스틴과 영허즈번드에 의해 처음으로 세상에 알려졌다.

처음 이 산의 등반을 시도한 사람은 1934년 스위스의 귄터 뒤렌푸르트다. 그가 지휘하는 국제 원정대는 가셔브룸 I에 대한 대규모 탐사를 실시했으며, 이 원정대의 롯슈와 에르트르가 남서쪽에 있는 스퍼로 올라 6,300미터 지점까지 도달했다. 이 외에도 7,000미터 높이의 여러 개 봉을 초등정한다. 또한 뒤렌푸르트의 부인이 시아캉리Sia kangri 서봉(7,315m)을 초등정해서 당시 여성으로는 최고봉 등정 기록을 세운다.

귄터 뒤렌푸르트는 1955년 로체에 첫 도전을 한 노먼 다이렌퍼스의 아버지다. 그는 1930년에 캉첸중가 국제 등반대를 지휘한 독일의 유명한 등반가로, 독일 태생인 그의 부친은 독일 내에서 손꼽히는 재벌이었다. 그는 부친의 막강한 부를 배경으로 히말라야 개척기에 여러 차례의 원정과 저술을 통하여 히말라야 연구에 큰 공헌을 했다.

그는 브레슬라우 대학에서 14년간 지질학과 고생물학 교수를 역임했다 제1차 세계대전에서 독일이 패망하여 마르크화의 가치가 폭락하자 대부분의 재산을 잃었으며, 히틀러의 나치 정권이 집권하자 대학 교수직을 사퇴한 뒤 중립국인 스위스로 망명하여 스위스 국적을 취득한다. 그는 나머지 재산 모두를 히말라야 원정과 연구에 쏟아 부었으며, 히말라야를 무대로 하는 영화 제작 사업에도 투자하면서 가산을 탕진한다.

1930년의 캉첸중가 원정과 1934년에 있었던 가셔브룸 I 원정에 필요한 자금 모두는 그의 개인적인 지원에 의해 이루어졌다.

(위)윌리엄 마틴 콘웨이
(아래)귄터 오스카 뒤렌푸르트

가셔브룸 I에 도전한 프랑스 원정대

1936년에는 세고뉴Segogne가 지휘하는 프랑스 원정대가 두 번째로 가셔브룸 I의 등반을 시도한다. 유럽의 여러 나라 중에서 가장 늦게 히말라야에 진출한 프랑스로서는 최초의 히말라야 원정이었다.

프랑스 원정대는 대원 10명, 셰르파 35명, 포터 600명을 동원한 대규모 원정대였다. 무려 3년에 걸친 어려운 준비 끝에 세고뉴 대장 지휘 아래 5월 26일 발토로 빙하 4,950미터 지점에 베이스캠프를 구축한다. 뒤이어 6,100미터 지점에 3캠프를 설치했으나, 기상이 악화되어 베이스캠프로 철수한다. 며칠 후 6,600미터 지점에 4캠프를 설치했으나, 또다시 폭설이 쏟아져 더 이상 전진하지 못한 채 나흘 동안 꼬박 텐트 안에 갇히고 만다.

6월 19일 6,800미터 지점에 5캠프를 설치했을 때는 두 달을 허비하였다. 이해에 유독 일찍 닥쳐온 몬순 때문에 전진이 불가능했던 것이다. 세고뉴 대장은 곧 철수 명령을 내렸으나 공격대는 어려운 고비를 넘기면서 7,069미터 지점에 이미 6캠프를 설치한 후였다.

이 지점에서 정상까지는 불과 1,000미터 정도를 남겨 놓고 있었으며, 어려운 구간은 없어 보였기 때문에 폭설로 텐트가 묻히고 영하 20도로 기온이 떨어졌지만 희망을 안고 날씨가 호전되기를 기다렸다. 그러나 날씨는 전혀 호전될 기미를 보이지 않았다. 7월 1일 이들은 분루를 삼키면서 철수했다. 하산 도중 2명의 셰르파가 700미터를 추락하면서 눈사태를 일으켰으나, 구사일생으로 목숨을 건질 수 있었다.

프랑스 원정대의 등반이 지연된 것은 히말라야 원정의 경험이 없었던 데다 탁상공론식의 계획에만 치중한 결과였다. 또한 이들이 산에 접근하기까지 너무 긴 여정에 지친 것도 패인으로 기록되고 있다. 이 원정대는 카라코람 원정대가 그러했듯이 스리나갈을 출발하여 스카르두를 넘어 아스콜레Askole에 도착하기까지 1개월이란 귀중한 시간을 허비했고, 발토로 빙하를 거쳐 베이스캠프에 도착하기까지 열흘을 더 지체했다.

가셔브룸 I은 1958년 미국 원정대에 의해 초등정된다. 미국은 그동안 히말라야 원정에서 모두가 실패하여 열강들의 8,000미터 초등 경쟁 대열에서 밀려나 강대국으로서 체면이 말이 아니었다. 미국 원정대는 처음부터 이 산의 초등정을 이룩하기 위해 많은 노력을 기울인다. 이때까지 8,000미터 봉은 거의가 초등되었고, 남아 있는 미등정 봉은 히든 피크와 다울라기리, 시샤팡마 3개뿐이었다.

니컬러스 클린치Nicholas Clinch가 이끄는 미국 원정대는 비장한 각오로 히든 피크에 도전한다. 이들은 스카르두까지는 비행기로, 여기에서 베이스캠프까지는 포터 120명을 고용해 이동한다. 5월 21일 스카르두를 출발하여 캐러밴을 시작하였으나, 포터들이 파업을 일으켜 이들과 타협한 뒤에 포터의 숫자를 20명으로 줄여 물자를 운반했다.

베이스캠프는 아브루치 빙하와 남쪽의 가셔브룸 빙하가 합류하는 곳에 설치했다. 그들은 아브루치 빙하와 가셔브룸 빙하를 정찰한 뒤 정상으로 오르는 4개의 루트를 검토했다. 1934년 뒤렌푸르트가 시도했던 루트가 가장 가능성이 있어 보였기 때문에 이 루트를 택하기로 했다.

아브루치 빙하 위쪽에 1캠프를 설치한 뒤 6,340미터 지점에 2캠프를 설치했고, 6월 21일 6,550미터에 3캠프를 설치했다. 이곳에서 정상까지는 먼 거리였다. 그래서 3캠프에서 충분한 휴식을 취하면서 정상을 왕복할 수 있도록 하기 위해 이곳에 물자를 운반하여 보급선을 확보한 후 좋은 날씨를 택하여 정상 공격을 하기로 했다. 6월 28일 전 대원이 3캠프에 모여 세 팀으로 나뉘었다. 이 중 두 팀이 올라가 4캠프를 설치했다. 그러나 이날 밤부터 갑자기 기상이 악화되었다.

날씨가 호전되기를 기다리면서 이곳에 머물던 대원들은 5캠프를 세우기 위해 눈길을 뚫기로 했다. 7월 4일 5명의 대원이 4캠프를 출발, 온종일 눈길을 헤치면서 텐트 한 동으로 5캠프를 설치한다. 피트 쇠닝Pete Schoening과 카우프만 두 사람이 공격대원으로 이곳에 남고, 세 사람은 4캠프로 되돌아갔다. 5캠프에 남은 두 사람은 다음 날 정상 공격을 하기 위해서 밤새도록 소량의 산소를 마시면서 잠을 잤다.

7월 5일 새벽 5시. 두 사람은 5캠프를 출발하여 정상으로 향했다. 두 사람은 수분 간격으로 러셀*을 교대하면서 깊은 눈을 뚫고 전진했다. 거대한 크레바스를 스노 브리지를 통해 넘고 가파른 빙설 사면을 오르기도 했다.

정오 무렵에 두 번째 산소통을 갈고, 산소량이 충분하도록 조절했다. 허벅지까지 빠지는 눈을 헤치며 눈처마가 붕괴된 곳으로 통로를 찾아내어 얼음 덩어리 사이를 지나 5시간 만에 안부에 도착했다. 정상 아래 가파른 설벽을 프론트 포인팅으로 오르고, 좁은 쿨루아르를 통로로 이용하여 122미터짜리 암벽을 돌파한 후 정상 리지에 도착했다. 네 걸음을 걷고 잠시 휴식하기를 반복하면서 둥근 리지를 오르니 더 이상 오를 곳이 없는 정상이었다. 정상에 오르는 순간 살을 에는 듯한 강풍과 추위가 이들을 덮쳐 왔다. 오후 3시 쇠닝과 카우프만 두 사람은 마침내 미국의 숙원이던 가셔브룸 I 정상에 올랐다.

이들은 남동 스퍼와 우르도크의 능선을 경유해서 마침내 초등정에 성공했다. 구름 한 점 없는 파란 하늘과 넋을 잃을 만한 장엄한 경치가 이들을 둘러싸고 있었다. 서쪽 3킬로미터 지점에 우뚝 솟아 있는 K2와 그 사이로 가셔브룸 II와 브로드 피크, 그리고 눈을 돌리면 살토로캉리(Saltoro Kangri·7,742m), 마셔브룸(Masherbrum·7,821m), 초골리사와 무즈타그 타워(Muztagh Tower·7,273m) 등 수많은 카라코람의 명봉들이 열병하듯이 웅자를 뽐내고 서 있었다.

이들은 정상에서 촬영을 하면서 1시간 동안 머문 후 하산했다. 하산 길에서는 무거운 산소통을 벗어 버리고 환각제를 복용했다. 5캠프로 귀환한 것은

러셀 russel
깊이 쌓인 눈을 헤치면서 전진하는 것.

밤 9시경이었다. 다음 날 두 번째의 공격조인 클린치 대장 외 2명이 정상으로 향했으나, 정상 주변이 폭풍설에 휘말리자 등정을 포기하고 하산했다. 더 이상의 행운은 없었다. 이로써 미국은 8,000미터급 봉우리 하나를 초등정함으로써 가까스로 강대국의 체면을 세울 수 있었다.

후일 클린치 대장은 가셔브룸 I 등정 체험을 다룬 『하늘 속의 산책(*A Walk in the Sky*)』을 출간했다. 이 책은 1959년에 쓰였으나, 이런저런 사정으로 출판을 미루어 오다가 24년이 지난 1982년에 출간되었다. 클린치는 미국 산악회 회장을 지내기도 했다. 그는 이 등정기에서 "등산가가 고산에 오르는 이유는 자신이 초인임을 세상에 입증하기 위해서가 아니라 오직 정상에 올라 행복감을 맛보기 위해서다"라고 말했다.

우리나라는 1990년 7월에 대전충남연맹 원정대의 박혁상이 북서벽 루트로 국내 최초의 등정을 이룩한다.

10년 만에 길을 내준 다울라기리

세계 제7위의 고봉인 다울라기리는 1960년 스위스 원정대가 3번의 도전 끝에 등정에 성공했다. 이 산의 높이는 1962년 이전까지는 8,172미터로 알려져 왔으나 그 후 8,167미터로 확정되었다.

다울라기리 등정은 1950년 프랑스 원정대의 첫 도전이 시작된 이래 프랑스, 스위스, 아르헨티나, 독일, 오스트리아 등 5개국이 8번이나 도전했으며, 기간으로 따지면 10년 만의 승리였다. 이 산은 히말라야 고봉 등산 사상 가장 오랜 기간 동안 도전받은 산 중의 하나다. 첫 번째는 9번의 도전 끝에 등정된 에베레스트이며 두 번째가 다울라기리다.

이 산은 8,000미터 14개 봉 중에서 13번째로 등정되었으며, 초등정 이후 10년이 지나서야 두 번째 등반을 기록할 만큼 등반이 어려운 산으로 평가되고 있다. 1950년에서 1959년까지 9년 동안 5개 국가의 원정대는 북측에서 공격을 하였으나 8,000미터 선 아래에서 모두가 실패했다. 특히 어려웠던 지점은 서양 배pear 모양으로 생긴 지점이었으며, 이곳에서 모두 3명의 사망자가 발생하기도 했다.

이 산의 지리적 위치는 네팔 히말라야 다울라기리 히말이며 다울라기리 산군의 최고봉이다. 동쪽의 투쿠체 피크(Tukuche Peak·6,916m)에서 서쪽의 푸타 히운출리(Putha Hiunchuli·7,246m)까지 장장 40킬로미터에 걸쳐 펼쳐져 있다. 이 안에는 다울라기리 I에서 VI, 추렌 히말(Churen Himal·7,385m), 구르자 히말(Gurja Himal·7,193m) 등 쟁쟁한 봉우리들이 즐비하다. 다울라기리라는 산명은 산스크리트어로 다발라기리Dhavalagiri며, Dhavala는 '흰색', giri는 '산'을 뜻한다. 즉 '하얀 산'이란 의미를 가지고 있다. 알프스 최고봉 몽블랑Mont Blanc이 '하얀 산'이라는 뜻을 지니고 있는 것과 같다.

다울라기리가 최초로 세상에 알려진 것은 1950년이다. 프랑스의 모리스 에르조그 원정대에 의해서 이 산이 소개된다. 인류 최초로 8,000미터 봉 안나푸르나를 올랐던 이들이 당초 등정의 대상으로 삼은 산은 안나푸르나가 아닌 다울라기리였지만, 정찰 결과 다울라기리가 만만치 않은 대상임을 알고 안나푸르나로 등반 계획을 변경했다.

당시 프랑스 원정대는 나란히 마주보고 있는 두 산 가운데 다울라기리를 첫 대상으로 선택하고 북동쪽과 남동쪽을 정찰했으나 등정 여부가 불확실했으며, 북쪽 역시 만만한 곳이 아니었다. 이들은 마지막으로 남쪽으로 접근하여 등정 가능성을 정찰하였으나 등정이 불가능해 보였다.

다울라기리 히말라야 고봉 중에서 에베레스트 다음으로 가장 오랫동안 도전을 받은 산 중 하나다.

남벽을 최초로 정찰한 대원은 프랑스를 대표하는 등반가 가스통 레뷔파였다. 그는 남동릉의 약 5,000미터 지점까지 스키로 등반한 후 돌아와서 정찰 결과를 보고했다. "남쪽은 높이가 몇 킬로미터나 되는지 알 수 없을 정도로 높고 가파른 사면을 지닌 벽으로 이루어져 우리들은 너무나 놀란 나머지 서로 얼굴만 쳐다보았다. 남벽은 생각지도 않는 것이 좋겠다."

히말라야에는 여러 개의 거벽이 있으나, 이 중에서도 다울라기리 남벽은 손꼽을 정도의 난이도를 지닌 벽으로 정평이 나 있다. 또한 이 산은 히말라야에서 최초로 동계 등반이 이루어진 곳이다. 1982년 일본의 코이즈미가 동계 초등에 성공하여 8,000미터 봉 최초의 동계 초등을 기록한다. 그들은 산소를 사용했으나 중도에 산소가 떨어져 극심한 고생을 하면서 하산했다.

1952년에는 소규모 영국 원정대가 폴루닌의 지휘 아래 이 지역을 정

다울라기리 남벽 가스통 레뷔파는 이 벽을 정찰한 후 "남벽(등반)은 생각지도 않는 것이 좋겠다"고 말했다.

찰한다. 1953년 두 번째 도전에 나선 라우터브로그가 지휘하는 스위스 원정대가 정상 공격을 시도했지만 7,700미터 지점까지 이른 후 철수한다. 그러나 이들이 경험한 바가 이후 다울라기리를 원정하는 팀에게 많은 정보를 제공한다.

세 번째 도전에 나선 팀은 이바에스가 이끄는 아르헨티나 원정대다. 이 원정대는 아르헨티나 대통령의 전폭적인 지원 아래 대규모 원정대를 조직해서 다울라기리를 공격했다. 정상 바로 아래 7,500미터 지점에서 다이너마이트를 폭파하여 6캠프를 건설한 후 전진했지만 7,590미터 지점까지 접근한 후 실패한다. 또한 대장인 이바에스가 폐렴과 동상으로 사망하는 불행 속에서 등반을 마감한다.

네 번째 도전은 1955년 마이어가 이끄는 독일과 스위스 합동대에 의해 시도되었다. 그러나 국적이 다른 대원 간의 불화로 팀워크가 무너지면서 강풍과 강설로 7,200미터 지점까지 도달하는 데 그친다. 1956년에는 제2차 아르헨티나 원정대가 1954년의 실패를 설욕하기 위해서 재도전했지만 몬순이 빨리 닥쳐와 7,600미터 지점까지 오른 후 후퇴한다. 1958년에는 제2차 스위스 원정대가 등반을 시도했으나 이 원정대 역시 일찍 닥친 몬순의 영향으로 실패한다.

1959년 7번째 도전을 시도한 팀은 프리츠 모라베츠가 이끄는 오스트리아 원정대였다. 이들은 2주 만에 6,500미터 지점의 4캠프까지 전진하는 신속한 기동력을 보였는데 불행하게도 대원 1명이 크레바스에 추락해 등반이 지연되었으며 7,400미터 지점의 6캠프까지 진출한 후 일찍 닥친 몬순의 영향으로 실패한다.

다울라기리 등정 역사에 남을 스위스 원정대

이 산의 8번째 도전은 1960년 제3차 스위스 원정대에 의해 이루어진다. 막스 아이젤린Max Eiselin이 이끄는 이 원정대는 북동릉을 경유해 초등정을 이룩한다. 스위스 원정대는 대원과 장비를 고소에까지 수송하여 체력을 비축한다는 전략을 세운다. 예티 호라고 명명한 비행기는 바퀴 대신 썰매를 달고 설상 착륙에 성공한다.

스위스 원정대는 캐러밴을 생략하여 대원들의 체력을 비축하고 비행기로 물자를 수송하여 등반 기간을 줄인다는, 획기적인 항공기 수송 계획을 실행한 최초의 팀이다. 우선 다울라기리 상공을 선회하면서 정찰한 후 5,200미터 지점의 고개를 착륙 지점으로 선정한다. 여러 차례에 걸쳐 대원과 물자를 고개 위까지 수송했으며 이 지점을 고소 순응을 위한 베이스캠프로 활용한다. 갑자기 착륙한 탓에 일부 대원들이 고소 증세에 시달렸으나 3~4일 후부터는 차차 순응해갔다.

4월 3일 예티 호는 북동 콜 5,800미터 지점에 착륙, 가장 높은 빙하 활주로에 비행기를 착륙시키는 세계 신기록을 세운다. 이들은 이 지점에 전진 기지를 설치하고 북동릉 정찰을 시작한다. 4월 15일 능선 위쪽 6,600미터 지점에 1캠프를 설치했다. 이 원정대의 대원 중에는 1957년 제2차 도전 때 대원으로 참가한 쿠르트 딤베르거도 있었다. 그는 전에 헤르만 불과 함께 무산소로 브로드 피크를 초등한 뛰어난 등반가다.

4월 13일 물자를 싣고 포카라를 이륙한 예티 호는 엔진이 파괴되는 고장이 생겨 물자 수송이 어렵게 된다. 본국에 연락하여 새 엔진이 도착하기를 기다리고 있었다. 북동 콜에 고립된 대원들은 무선 교신이 안 되어 이런 사정을 전혀 모르고 있었으며 결국 비행기를 기다리다 못해 등반을 시작했다.

이들은 그동안 운반해 온 장비와 식량을 이용해 1캠프를 설치하고, 이곳에 있는 대원만으로 정상 공격을 하려고 했다. 5,200미터 지점의 고개에는 그동안 비행기가 수송해 온 물자가 아직도 그대로 쌓여 있었기 때문에 이들은 북동 콜까지 릴레이식으로 힘겹게 운반할 수밖에 없었다. 비행기의 고장 소식이 이들에게 전해진 것은 4월 21일이었다.

북동릉 위에 1캠프를 설치한 공격대원들은 강풍이 불어오는 악천후 속에서 4월 29일 7,050미터 지점에 있는 빙벽 위쪽 바람막이 지형에 2캠프를 설치했다. 5월 2일에는 7,400미터에 3캠프를 건설했다. 5월 11일 딤베르거와 5명의 대원들은 7,800미터에 최종 캠프를 설치했다. 이곳은 북동릉과 남동릉이 만나는 지점 바로 아래가 된다. 그날 밤 이들은 2인용 텐트 속에서 뜬눈으로 날이 밝기를 기다렸다.

5월 13일 마침내 정상 공격의 날은 밝아 왔다. 6명의 대원들은 아주 좁은 정상 능선을 따라 나이프 리지 모양의 정상에 올랐다. 그들은 산소를 사용하지 않고 4시간 동안의 사투를 벌인 끝에 정상을 차지한다. 13일에 13번째의 8,000미터 봉 초등정에 성공한 것이다. 이날 처음 정상에 오른 사람은 딤베르거, 포러, 셀바드였으며, 바로 뒤이어 디너와 셰르파 니마도르제, 나완도르제 등 6명이 정상에서 합류했다. 딤베르거는 1957년 브로드 피크 초등에 이어 두 번째로 8,000미터급 정상에 선 것이다.

이들은 1시간 동안 정상에 머물렀다. 검은 구름이 덮쳐 오기 시작하면서 벼락이 떨어져 머리카락이 감전되기도 했다. 서둘러 하산하여 6캠프에 도착한 시간은 오후 5시였다. 열흘 뒤인 5월 23일 웨버와 바우어가 또다시 정상에 섰다. 이 등반대는 모두 8명의 대원이 정상을 밟는 쾌거를 이룩한다. 여덟 차례에 걸친 끈질긴 도전을 받던 난공불락의 요새 다울라기리도 마침내 인류의 발아래 놓이게 된 것이다.

우리나라는 1988년 11월에 부산 합동 원정대의 최태식과 셰르파 2명이 북동릉으로 국내 최초의 등정을 이룩한다.

시샤팡마, 최후의 8,000미터

히말라야에서 14개 고봉 초등이 끝날 무렵인 1962년에 한국에서는 대한산악연맹이 창립된다. 대한산악연맹은 1963년 1월 정부에서 문교부 제249호로 법인 인가를 받는다. 처음에는 18개 가맹 단체로 시작했고 2016년 생활체육회와 통합 후 지금은 약 10,000여 산악 단체가 가맹되어 있다. 회원 수는 약 100만 명 정도다. 대외적으로는 국제산악연맹에 가맹되어 있으며, 전국 규모의 시·도 연맹으로 조직되어 있다.

등산학교 운영과 국내외 산악 활동을 하고 있으며 대한체육회 산하 정회원이다. 대외 영문 명칭은 Korean Alpine Federation(KAF)이다. 또한 이 단체는 1978년부터 계간으로《산악인》을 발행해 오다 종간한 후 1998년 7월부터는《대산련》이라는 월보를 발간하고 있으며, 2000년부터 연보《산악연감》을 발행하고 있다.

최후의 8,000미터로 남아 있던 세계 13위 고봉 시샤팡마(Shishapangma·8,027m)는 1964년 중국 원정대에 의해 등정된다. 시샤팡마가 뒤늦게 등정된 것은 중국 점령지인 티베트 영토 안에 있어 외국 원정대가 들어갈 수 없었기 때문이다. 중국은 열강들과의 경쟁 없이 자국 영토 내의 산에서 초등정의 영예를 독점한다.

이 산의 지리적인 위치는 중앙 히말라야 북단 티베트다. 티베트어로 Shisha는 '봉우리', Pang은 '풀밭', Ma는 '봉우리'라는 의미다. 즉 시샤팡마는 '풀밭이 있는 산'이라는 뜻이다. 또한 이 산은 산스크리트어로 고사인탄Gosainthan이란 이름도 가지고 있다. Gosain은 '성자', Than은 '곳' 또는 '거처'라는 뜻으로 '성스러운 사람이 사는 곳'이라는 의미다.

이 산의 등반 기록을 살펴보면, 1921년 당시 영국의 제1차 에베레스트 원정대가 32킬로미터 거리까지 접근했지만 정치적인 이유로 사진 촬영조차 금지당했다. 1950년에 이 산의 사진이 미국의 세계적인 잡지《내셔널 지오그래픽》에 처음 소개되었다. 이 사진은 미국의 생물학자 리프레가 네팔의 수도 카트만두에서 망원렌즈를 써서 국경 산맥을 촬영한 것이다.

1951년에는 오스트리아의 피터 아우프슈나이터Peter Aufschneiter가 비밀리에 이 산의 북동쪽 10킬로미터까지 접근해 측량과 촬영을 했다.

1952년에 스위스의 토니 하겐Toni Hagen이 랑탕 히말을 답사하면서 시샤팡마는 비교적 정확하게 세상에 알려졌다. 토니 하겐은 사진과 약도를 만들어 발표했다.

중국에서 근대 등산이 시작된 것은 1955년부터다. 1960년에 암네마친(6,282m)을 바이진카오白進考가 등반했으며, 같은 해 5월에는 스잔춘이 이끄는 등반대가 에베레스트를 세계 3번째로 올랐다. 비록 시작은 뒤늦었지만 이런 저력을 바탕으로 1963년 가을부터 시샤팡마 등반을 위해 정찰을 시작하여 이 산의 개요를 파악했다. 제2차 정찰대는 7,160미터까지 진입한다.

1964년에는 쉬징許競이 이끄는 195명의 대규모 원정대가 조직되었다. 이 원정대는 5,300미터 지점에 1캠프, 5,800미터 지점에 2캠프, 6,300미터 지점에 3캠프, 6,900미터 지점에 4캠프, 7,500미터 지점에 5캠프를 설치한다. 대원 195명 중 53명이 7,500미터 이상까지 올라갔지만 대장 쉬징 외에 9명만이 정상 등정에 성공한다. 이들 10명 모두는 1960년 에베레스트 원정에 참가했던 고산 경험자들이었다.

중국 원정대가 시샤팡마 베이스캠프에 도착한 것은 1964년 3월이다. 이들은 베이스캠프에 200명이 한꺼번에 들어갈 수 있는 대형 텐트를 설치하고, 작전 회의와 영화 상영을 했다. 심전도 의료기기가 있는 고산병 치료 병원과 베이징으로 연락할 수 있는 통신 시설을 마련했다. 또한 지질, 기상 등의 여러 과학 분야 조사 활동을 할 수 있는 과학자까지 등반대에 참여시켰다.

이들은 정상 공격을 위해 6개의 캠프를 설치한 후 보급물자를 고소캠프까지 수송하면서 고소 적응 훈련을 했다. 또한 전 대원이 7,500미터 지점의 5캠프까지 올라갔다. 이 중 8명은 최종 캠프를 설치하기 위해서 7,700미터 지점까지 올라갔다.

4월 25일 정상 공격조 10명이 베이스캠프를 출발한다. 이들은 출발에 앞서 국가를 부르고, 국기 앞에 서서 노동절인 5월 1일에 정상에 등정할 것을 엄숙하게 선서했다. 공격조는 에보간자르 빙하를 넘어 3일 만에 3캠프에 도착한다. 다음 날 눈에 덮인 4캠프를 파냈으나 기상 악화로 이곳에서 하루를 더 보낸다.

다음 날인 4월 30일, 빙사면을 지그재그로 올라 5캠프 7,500미터에 도착해서 눈 속에 파묻힌 텐트를 파냈다. 그리고 다음 날인 5월 1일에 7,700미터 지점 최종 캠프에 도달한다. 이곳에서 작전 회의를 하고 고산병에 걸린 3명의 대원을 이곳에 남게 한 후 나머지 10명이 3개 조로 나누어 정상을 공격하기로 한다.

5월 2일 이들은 날이 밝기 전에 최종 캠프를 출발했다. 별이 총총히 빛나는 좋은 날씨였다. 무릎까지 빠지는 눈 속을 러셀하면서 전진했다. 날이 밝아 오자 추위는 점점 더 거세어졌다. 폭 20미터, 경사 50도 정도의 빙사면을 30분가량 오르던 중 대원 하나가 20여 미터 추락했으나 무사했다. 이들은 중량을 줄이기 위해 대부분의 산소통을 남겨 둔 채 소량의 산소만을 지니고 왔으므로 산소마스크를 교대로 사용해야 했다.

아이스 폴을 넘고 약 45도의 빙사면을 간신히 돌파하니 그 좌측은 정상 리지와 연결되어 있었다. 그들은 드디어 정상 능선에 올라섰다. 체력 소모가 너무 심했기 때문에 그곳에서 잠시 휴식을 취했다. 정상까지는 불과 10미터를 남겨 두고 있었다.

10시 20분 마침내 중국 등산대는 정상을 밟는 데 성공한다. 5제곱미터쯤 되는 세모꼴의 평평한 땅이 이들을 기다리고 있었다. 쉬징은 '중공 등산대 쉬징 외 9명이 시샤팡마를 정복함. 1964년 5월 2일'이라고

시샤팡마 1964년 시샤팡마가 등정됨으로써 히말라야의 피크 헌팅 시대가 막을 내리고 등로주의의 물결이 일기 시작한다.

쓴 종이를 정상 눈 속에 묻었다. 또한 중국기와 마오쩌둥 조각을 피켈로 판 구덩이 속에 파묻었다.

일행은 정상에서 40분간 머문 후 11시에 하산했다. 중국의 시샤팡마 초등정은 일본의 마나슬루 초등에 이어 두 번째로 이루어진 동양인의 8,000미터 고봉의 초등 기록이다. 우리나라는 1991년 10월 대한산악연맹 원정대의 김창선, 김재수 두 대원에 의해 남벽 루트로 국내 최초 등정을 이룩한다.

1964년 마지막으로 남아 있던 시샤팡마가 등정됨으로써 히말라야에서 8,000미터 고봉에 대한 정상 지향적인 피크 헌팅 시대가 막을 내리고, 알프스의 등반시처럼 히말라야에서도 등로주의 물결이 일기 시작한다.

히말라야에서 황금시대가 열린 것은 세계대전 이후 발달한 과학 문명의 힘이 컸다. 신소재의 합성 섬유인 나일론의 개발로 가볍고 튼튼한 로프와 텐트, 보온성이 높고 가벼운 우모복과 침낭, 이중의 등산화, 고칼로리 식량, 경량화된 산소 용구와 금속 장비, 또한 수차례에 걸친 고소 등반 경험의 축적과 고소 생리학 등의 발달은 고소의 거친 환경을 극복하는 데 공헌했다.

에베레스트에 오른 최초의 여성

1974년 일본의 사토가 이끄는 마나슬루 여성 원정대의 나카세고, 우치다, 모리가 여성 최초로 8,000미터 고봉 정상에 오른다. 다음 해에는 히사노가 이끄는 에베레스트 여성 원정대의 다베이 준코가 여성 최초로 에베레스트에 오른다. 그녀는 세 살짜리 딸을 둔 36세의 주부였다.

일본의 에베레스트 여성 원정대 15명은 1캠프를 구축한 뒤, 쿰부 빙하를 거쳐 1975년 4월 8일 웨스턴 쿰에 2캠프를 만들었고 뒤이어 3, 4캠프를 설치했다. 셰르파가 선두를 맡아 5캠프를 설치했지만 날씨가 나빠져서 4캠프에 갇히고 만다. 산소를 아끼기 위해 잠잘 때만 산소를 사용하며 날씨가 풀리기를 기다린다.

5월 3일 이들은 2캠프로 철수한다. 다음 날 눈사태가 준코의 텐트를 덮쳐 눈 속에 묻혔으나 셰르파들이 그녀를 극적으로 구조해낸다. 목숨은 구했지만 준코는 다리의 고관절이 벌어지는 중상을 입는다. 동료들은 베이스캠프로 하산해 치료를 해야 한다고 만류했지만 준코는 도전을 감행한다. 몬순이 오기 전에 등반을 끝내야 하는 급박한 상황이었다.

3일이 지나자 준코는 걸을 수 있을 정도로 회복됐다. 5월 10일 원정대장인 히사노는 준코와 와타나베, 남성 셰르파 앙체링을 정상 공격대원으로 선발했다. 그러나 전진캠프에 물자가 부족했기 때문에 최종 공격조 선발에서 와타나베가 빠진다. 5월 15일 사우스 콜의 5캠프를 출발한 준코와 앙체링은 정상을 향해 출발한다. 두 사람은 8,500미터 지점에 6캠프를 설치했다. 텐트 속에서 남녀가 함께 있다 보니 불편한 점이 많았다. 준코는 용변을 보기 위해서 살인적인 추위와 강풍이 부는 텐트 밖으로 나가야 했고, 앙체링은 그녀를 로프로 연결해 잡아 주었다.

여성 최초로 에베레스트에 오른 다베이 준코

그리고 6캠프를 출발했다. 마칼루, 로체, 푸모리의 위용을 발아래로 바라보면서 정상을 향해 발걸음을 옮겼다. 힐러리 스텝에 이르렀다. 이들은 좁은 리지를 걸을 수 없어서 능선을 손잡이로 이용하면서 경사면을 타고 올라갔다. 얼음 위를 덮은 눈 때문에 조심스럽게 전진했다. 얼마 후 앙체링이 "여기가 정상입니다"라고 말하는 순간 준코는 감격의 눈물을 흘렸다. 1,400일 동안 준비해 온 노력의 대가가 보상을 받는 순간이었다.

여성 최초로 에베레스트 정상에 오른 이 원정대는 여성들이라는 이유만으로 스폰서들로부터 냉대를 받아야 했다. 스폰서들이 여성이 에베레스트 등정에 성공할 수 있을 것이라고 생각하지 않은 탓이다. 준코가 에베레스트에 오른 1975년은 '세계 여성의 해'이기도 했다. 여성의 해에 36세의 한 여성이 에베레스트 정상에 오른 것이다. 다베이 준코의 에베레스트 등정은 여성으로는 세계에서 첫 번째였으며, 그녀의 등정은 16번째의 에베레스트 등정으로 기록된다.

일본 언론들은 '세계 여성의 해에 거둔 일본 여성의 성공'이라며 준코의 에베레스트 정상 등정을 대서특필했다. 이런 폭발적인 반응에 준코는 "사람들은 나를 나 아닌 다른 사람으로 만들려고 한다. 에베레스트 등정 전이나 지금이나 나는 똑같은 사람인데 세계 여성의 해에 환상적인 수확을 이뤘다고 추켜세우고 있다. 나는 세계 여성의 해가 있는지조차 몰랐다. 신문을 보고서야 알았다. 지금은, 여성은 등정이 불가능하다며 재정 지원을 꺼리던 사람들조차도 격려금을 보낸다. 모든 것이 아이러니하고 어리둥절할 뿐이다"라고 말했다.

또 "왜 남자들은 에베레스트에 대해 난리를 피우는지 모르겠다. 단지 산일 뿐인데……"라고 말해 화제가 되기도 했다. 준코는 에베레스트 등정에 대해서 "기술과 능력만으로는 정상에 설 수가 없다. 중요한 것은 의지력이다"라고 말했다.

한국의 경우, 여성으로 에베레스트에 처음 오른 사람은 지현옥, 김순주, 최오순이다. 이들은 1993년 대한산악연맹 여성 원정대의 일원으로 에베레스트를 등정했다. 이들 중 지현옥은 가셔브룸 I, II와 안나푸르나 등 8,000미터 4개 봉을 등정했다.

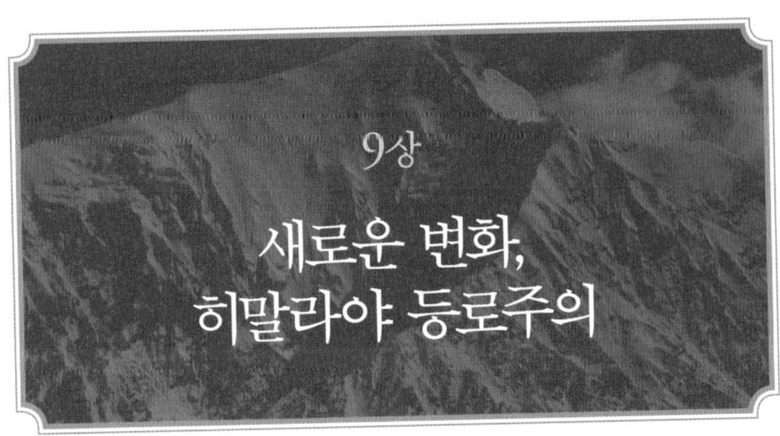

9장
새로운 변화, 히말라야 등로주의

8,000미터 고봉 초등정의 황금시대가 막을 내리면서 히말라야 등반은 기존의 등반 루트에서 벗어나 더 어려운 루트와 거벽 등반을 추구하는 등로주의로 전환하기 시작한다. 그리고 황금시대에 성행했던 대규모 극지법 등반에서 소규모 경량 등반으로 전환한다. 알파인 스타일, 무산소, 속도 등반, 단독 등반, 동계 등반, 연속 등반, 종주 등반, 개인의 14봉 등반 등의 사건으로 커다란 변화를 맞이한다.

1970년 크리스 보닝턴을 대장으로 한 영국 원정대가 4,000미터에 달하는 고정 로프를 설치하고 아이거 북벽의 수 배가 넘는 안나푸르나의 남벽을 초등정했다. 이것은 히말라야 거벽에 새로운 등반 양식을 확립한 것이었으며 인류 최초의 히말라야 거벽 등반이기도 했다.

안나푸르나 남벽 1970년 영국 원정대가 이곳을 초등정한다. 히말라야 거벽 등반의 시작을 알린 것이다.

안나푸르나에는 세 가지 기념비적인 기록이 있다. 하나는 1950년 세계 최초의 8,000미터급 초등정, 둘은 1970년 남벽 등정으로 인한 히말라야 거벽 시대 개막, 그리고 마지막으로 1984년 닐 보이가스Nil Bohigas와 엔릭 루카스가 남벽 직등 루트로의 알파인 스타일 등정이다.

알프스에서 4,000미터급 봉우리들의 초등이 끝난 후 아이거 북벽, 드류 서벽 등 난이도가 높은 벽들의 등반이 이루어졌듯이 히말라야에서도 8,000미터급 14개 봉이 완등된 후 마침내 이른바 노멀 루트 등반을 탈피한 거벽 등반의 시대가 열린다.

그중 가장 먼저 등정된 거벽이 안나푸르나 남벽이다. 공교롭게도 안나푸르나는 인류가 오른 최초의 8,000미터 거봉이었으며 이 산의 남벽南壁은 히말라야 최초로 거벽巨壁 등반을 실현시킨 곳이 되었다.

인류 최초의 히말라야 거벽 등반

크리스 보닝턴이 이끄는 등반대가 베이스캠프를 설치한 것은 1970년 3월 말이다. 이 원정대의 목표는 낙석과 눈사태, 얼음사태가 수시로 일어나는 수직고 3,000미터의 남벽을 뚫고 정상으로 오르는 일이었다. 등반 루트 개척에 나선 부대장 도널드 데스브로 윌런스Donald Desbrow Whillans와 두걸 해스턴은 길이 5킬로미터가 넘는 빙하를 거슬러 올라 빙하 상단부에 캠프를 구축한다. 이곳은 남벽의 눈사태가 미칠 수 없는 거리에 위치한 해발 4,877미터 지점이었다.

윌런스는 1970년대 중반, 착용이 간편해 한국 등반가들이 애용했던 '윌런스 안전벨트'를 디자인한 주인공이기도 하다.

4월 2일 보닝턴과 믹 버크Mick Burke, 닉 에스트코트Nick Estcourt 세 대원은 2명의 셰르파와 함께 짐을 운반하며 1캠프를 설치하고 나흘 후인 6일 보닝턴, 윌런스, 해스턴은 아이스 리지 밑의 오버행 아래 5,334미터에 2캠프를 설치한다. 이곳은 전 캠프 중 가장 안전한 곳이었으나 때로는 낙석과 낙빙이 텐트 위로 떨어지기도 했다.

2캠프에 있던 윌런스와 해스턴은 추위와 폭설을 뚫고 계속 전진하며 걸리 속으로 들어섰다. 이들은 분설 눈사태를 피해 걸리의 측면으로 무릎까지 빠지는 눈을 헤치며 아이스 리지 안부 밑에 있는 암벽까지 전진했고 피톤을 박고 로프로 하강하며 2캠프로 돌아왔다.

13일 윌런스와 해스턴이 개척한 루트를 마틴 보이슨Martin Boysen과 에스트코트가 따라 오르다가 아이스 리지 안부 위로 올라 해발 6,126미터 지점에 상자형 텐트를 설치하고 3캠프를 구축한다. 상자형 텐트는 남벽 등반을 위하여 벽면에 설치할 수 있도록 고안된 텐트였다. 이때의

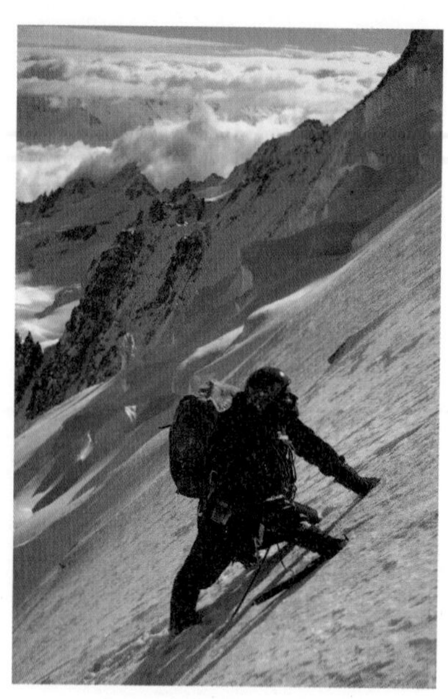
설면을 등반 중인 두걸 해스턴의 모습

실험을 통해 그 실용성이 인정되자 영국 원정대는 1975년 에베레스트 남서벽 등반에서도 상자형 텐트를 유용하게 사용한다.

이후 등반은 고난의 연속이었다. 톰 프로스트와 보닝턴은 수많은 빙탑들이 연이은 얼음 능선으로 루트를 개척했으나 실패했고, 윌런스, 해스턴, 보닝턴, 프로스트 네 대원은 얼음 능선의 왼쪽으로 우회하다가 눈사태의 통로인 걸리를 만나 더 이상 전진하지 못했다.

3월 23일 마침내 윌런스와 해스턴은 눈으로 덮인 걸리를 오르는 데 성공하여, 아이스 리지 중간의 설전에 4캠프를 설치했다. 이 지점은 해발 6,492미터였다.

4캠프를 출발한 보이슨과 에스트코트는 빙탑을 우회해 전진하려 했으나 빙벽이 오버행으로 이루어져 더 이상 전진할 수 없었다. 빙벽을 돌파하려 했으나 빙질이 너무 물러 아이스 스크루조차 박을 수 없는 상태였다. 이렇게 여러 대원들이 고전하고 있을 때 해스턴과 보닝턴은 걸리를 통과한 다음 빙벽과 암벽 구간의 스텝을 깎으면서 횡단하여 안부에 도달했다. 4월 7일 3캠프를 설치한 지 5주 만에 남벽 등반의 최대 난관인 아이스 리지를 돌파한 것이다.

한편 버크와 프로스트는 4캠프에서 3일 동안 머물면서 록 밴드의 왼쪽으로 낙석을 피해 가면서 바위와 얼음 지대를 올라 플랫 아이언 리지의 상단 아래 30미터 지점까지 500미터의 고정 로프를 깔았다. 4월 19일 윌런스와 해스턴은 플랫 아이언 리지 상단인 해발 7,315미터 지점에 6캠프를 설치한다.

안나푸르나 정상에 오른 윌런스

이들은 6캠프에서 8일 동안 머물면서 악천후 속에서도 눈으로 가득 찬 걸리와 침니를 오르내리며 록 밴드 상단까지 고정 로프를 설치하고 7캠프 자리를 탐색했다. 그러나 마땅한 캠프 자리가 나타나지 않자 가파른 눈 사면을 계속 오른다. 이들이 사력을 다하여 스노리지 고도를 오르자 240미터의 암벽과 빙벽 혼합 구간이 나타났다. 이곳을 돌파한 후 정상 능선을 넘어서자 왼편에 안나푸르나 정상이 나타났다.

1970년 5월 27일 그들은 드디어 정상에 올랐다. 정상에서 30미터 아래쪽은 구름이 전망을 가리고 있었다. 해스턴은 50미터 로프로 어려운 구간을 하강했고, 고정 로프를 등정 기념물로 남겨 두었다. 2캠프에서 록 밴드까지 5,000미터 길이에다 고정 로프를 설치하는 데 따른 노력의 상징물이었다.

그러나 이들에게 행운만 따르지는 않았다. 여러 캠프에 분산돼 있던 대원들이 하산하던 중 아이언 클러프가 2캠프 아래에서 얼음사태에 쓸려 사망한다.

이후 크리스 보닝턴 대장은 이때의 등반 경험을 『안나푸르나 남벽(*Annapurna South Face*)』이라는 보고서로 펴낸다. 이 보고서는 원정대

조직에서 대상지 선정, 등반 과정, 그리고 장비, 식량, 산소 등과 각 분야별 분담대원들의 보고에 이르기까지 상세하게 기록되어 가장 모범적인 등반 보고서로 평가되고 있다.

크리스 보닝턴은 영국 산악인의 자존심이라 불릴 만큼 영국을 대표하는 세계적인 산악인이다. 그는 아이거 북벽, 드류의 보나티 필러, 치마그란데 직등, 창가방(Changabang·6,864m), 안나푸르나 II, 에베레스트 북동릉, K2 남벽 등을 등반했으며 에베레스트 남서벽에 최초로 길을 뚫었다. 또한 50세의 고령으로 에베레스트 정상에 오르기도 했다.

그는 세계적인 등반가이자 산악 사진기자 겸 저술가다. 그의 대표적인 저서로는 『나는 오르기로 선택했다(*I Chose to Climb*)』『에베레스트, 더 하드웨이(*Everest, The Hard Way*)』『더 클라이머스(*The Climbers*)』『디 에베레스트 이어즈(*The Everest Years*)』『마운티니어(*Mountaineer*)』 등이 있다.

한국의 경우는 1994년 10월에 안나푸르나 남벽을 국내 최초로 오른다. 경남연맹 팀의 박정헌과 셰르파 3명이 록 밴드를 넘어 7,400미터에 최종 캠프를 설치한 후, 10월 10일 10시간의 사투 끝에 남벽을 뚫고 정상에 선다.

히말라야에서 가장 긴 벽, 낭가파르바트 루팔 페이스

세계에서 가장 긴 바위와 얼음으로 혼합된 수직고 4,500미터의 낭가파르바트 루팔 페이스는 1970년 헤를리히코퍼가 지휘하는 독일·오스트리아 원정대의 메스너 형제와 쿠엔F. Kuen, 숄츠P. Scholz 등에 의해 초등정된다. 루팔 페이스 직등 루트는 1963년부터 1968년 사이에 여러 차례 시도되었으나 실패만 거듭했다. 1970년 메스너 형제가 5개의 캠프를 설치한 후 최초로 정상에 선다. 이들은 루팔 페이스로 올라 이 산의 반대편인 디아미르 페이스 측면으로 하산했다. 루팔 페이스의 초등성은 지금까지 8,000미터급 봉에서 행해진 어떤 등반보다 과감하고 어려운 등반으로 평가되고 있다.

그들은 이어서 아무도 오르지 못한 3,500미터 높이의 얼음과 바위로 뒤덮인 서벽, 즉 디아미르 페이스로 내려왔다. 그들이 내려온 곳에는 아무도 이들을 도와줄 대원이 없었다. 이곳은 완전히 낯설고 인적도 없는 빙하 계곡이었다. 이는 히말라야 등반사에 지금껏 기록된 적이 없는 등반이었다. 귄터, 바우어, 메스너, 쿠엔, 숄츠 등 5명이 7,400미터 지점에 설치된 최종 캠프인 5캠프에 묵었다.

7월 27일 메스너와 귄터는 5캠프를 출발, 저녁 무렵에 세계에서 가장 높은 암빙벽 혼합 구간인 루팔 페이스를 뚫고 드디어 정상에 올랐다. 그러나 귄터는 탈진 상태에 고산 증세를 보이기 시작했으며 이들은 로프마저 없었다.

어둠 속에서 가파른 루팔 페이스로 하산한다는 것은 자살 행위나 다름없었기 때문에 경사가 덜 가파른 서벽, 즉 디아미르 페이스로 내려가기로 했다. 하루 종일 아무것도 먹지도 마시지도 못한 채 메르클 갭(Merkl Gap·8,000m)까지 내려가 이곳에서 목숨을 건 비박을 했다. 8,000미터 고소에서 텐트와 우모복, 산소도 없고 음식물조차 없는 상황에서 지옥 같은 긴 밤을 지새워야 했다.

다음 날 아침이면 다른 대원들이 올라와서 도와줄 수 있을 것이라는 희망을 가지고 있었다. 이들은 7월 28일 아침 10시까지 쿠엔과 숄츠의 구원을 기다렸으나 이 두 사람은 그들이 있는 곳을 거치지 않은 채 직접 정상으로 향한 뒤였다. 이들은 루팔 페이스로 돌아가려던 당초 계획을 취소하고 디아미르 페이스로 서둘러 하산하기 시작했다. 디아미르 페이스 쪽은 루팔 페이스보다 덜 가팔랐으나 탈진 상태에 이른 이들에겐 매우 위험했다. 그러나 선택의 여지가 없었다.

두 사람은 빙괴 한가운데를 통과하거나 립•의 암벽을 내려갔다. 고통스러운 하산이 시작된 지 3일이 지나서야 평평한 빙하까지 내려설 수 있었다. 그러나 앞에서 길을 탐색하며 내려오는 메스너의 뒤를 지친 상태로 간신히 뒤쫓아 오던 귄터는 눈사태에 파묻혀 목숨을 잃고 만다. 메스너는 이틀 동안 미친 듯한 환각 상태 속에서 귄터를 찾아 헤맸으나 허사였다. 그는 팔과 발에 동상을 입은 채 헤매던 중 현지 원주민들에게 발견되어 목숨을 건진다.

이해 가을에 메스너는 인스부르크의 대학 병원에서 발가락 여섯 개와 손가락 끝을 절단한다. 그 후 메스너는 루팔 페이스에서의 극적인 생환기를 생생하게 기록한 『거벽(*The Big Walls*)』이라는 등정기를 펴낸다. 그는 "불가능성이 내포된 등반만이 도전의 가치가 있다. 산에는 목숨을 앗아가는 폭풍과 눈사태가 존재하지만 산은 다만 산일 뿐 악마적인 존재도 친구도 될 수 없다"고 말했다.

우리나라는 이성원 대장이 이끄는 한국 낭가파르바트 루팔 페이스 원정대의 김창호와 이현조가 2005년 7월 15일 루팔 중앙벽 직등 루트 등정과 횡단 등반에 성공했다. 이는 1970년 라인홀트 메스너가 초등정한 이후 35년 만에 이루어진 재등정이었다. 벽 높이만 4,500미터에 달하는 루팔 페이스에 지난 35년 동안 여러 나라 산악인이 12차례에 걸쳐 도전했지만 모두가 실패했다.

립 rib
주능선에서 뻗어나온 짧고 가파른 지능선. 가지 능선.

지구상에서 가장 어려운 벽, 세로 토레

1974년 히말라야의 반대편 아르헨티나에서는 세계를 놀라게 한 거벽 등반이 이루어진다. 카시미로 페라리Casimiro Ferrari가 이끄는 이탈리아 원정대가 지구상에서 가장 오르기 어려운 봉우리로 손꼽히는 파타고니아Patagonia 산군의 명봉 세로 토레 3,128미터를 등반한 것이다. 등정 시비의 여지가 없는 최초의 완벽한 등반이었다.

1959년에 체사레 마에스트리와 토니 에거가 세로 토레 초등정을 보고한 바 있지만 등정을 증명할 수 있는 증거물이 없는 등정이었다. 토니 에거는 하산하던 도중 눈사태로 사망했고 그들의 정상 등정을 증언해 줄 카메라도 눈 속에 파묻혀 버렸다. 이 등정의 의혹이 여전히 남아 있는 상태에서 마에스트리는 1971년에 이 봉을 재등한다.

1971년 재등 당시 54일의 기간 중 48일 동안이나 영하 20도의 혹한과 시속 80~200킬로미터의 강풍이 몰아쳤다. 원정대는 혹독한 기후 속에서 28일간 비박을 하며 등반을 했다.

그러나 혹한을 이겨낸 보람은 그의 무분별한 장비 동원으로 모두 사라지고 만다. 이 봉의 남동릉에서 60킬로그램짜리 대형 에어컴프레서와 공기 드릴을 이용해 300개의 볼트를 설치한 후 정상에 오른 것이다. 이 무분별한 장비 동원은 세계 등반사에서 씻을 수 없는 오점을 남겼다. 이로써 마에스트리는 세계 산악계의 비난 속에서 이단자로 낙인찍히고 만다.

마에스트리는 세로 토레에서 처음엔 토니 에거를 잃고 그 후 11년 뒤에는 명성을 잃게 되었다. 한때 그는 '돌로미테의 거미'라 불릴 정도로 자유 등반의 달인이었으나 세로 토레의 등반을 끝으로 명성에 먹칠을 한다. 한국은 2002년 정승권 등산학교 팀의 정승권, 이기범, 임세웅,

문철한 등에 의해 마에스트리 루트로 한국 초등을 기록한다.

2008년 1월 21일부터 24일까지 오랫동안 거론되었던 토레 트래버스Torre Traverse의 초등이 아르헨티나의 롤란도 가리보티Rolando Garibotti와 미국인 콜린 할리C. Haley에 의해 초등된다. 세로 토레 산군 전체를 알파인 스타일로 횡단하는 전대미문의 등반이었다.

토레 트래버스는 아구야 스탄다르트Aguja Standart, 푼타 헤론Punta Heron, 토레 에거Torre Egger와 세로 토레를 연결하는 북에서 남으로 이어지는 총 2,200미터의 트래버스다. 그동안 여러 팀이 시도했지만 모두가 실패했다. 이 트래버스는 평균 난이도 5.11a1 정도이며 날씨, 전략, 등반 길이 등으로 인해 불가능하다고 여겨 왔지만 이들은 마침내 토레 트래버스를 연결하는 데 성공했다.

2012년 1월 21일 오스트리아의 21세 스포츠 클라이머인 데이비드 라마David Lama가 3,128미터의 컴프레서 루트를 자유 등반으로 오르는 데 최초로 성공한다. 라마는 세로 토레를 자유 등반으로 오르기 위해 3년 이상 노력했다. 이 등반은 같은 해 1월 마에스트리가 설치한 100여 개의 볼트를 제거한 후에 이루어졌다. 라마는 여러 차례 추락했음에도 불구하고 24시간에 걸쳐 이 루트를 자유 등반으로 올랐다. 그는 네팔인 아버지와 오스트리아 어머니 사이에서 태어났으며, 15세에 최연소 클라이밍 월드컵 챔피언에 등극한 인물이기도 하다.

에베레스트 남서벽을 뚫다

1975년에는 2개의 역사적인 등반이 이루어진다. 하나는 영국의 크리스 보닝턴이 이끄는 에베레스트 원정대가 남서벽 루트를 뚫고 에베레스트 등정에 성공한 것이며, 또 하나는 라인홀트 메스너와 페터 하벨러가 3일 만에 히든 피크 북서벽에서 실현한 알파인 스타일 등반이다.

크리스 보닝턴 원정대는 1968년부터 지속적으로 남서벽 루트를 시도했다. 이 원정대는 8,712미터 고소에서 비박을 한 후에 두걸 해스턴, 더글러스 키스 스콧Douglas Keith Scott, 피터 데이비드 보드맨Peter David Boardman, 셰르파 페르템바Pertemba 등 4명이 정상에 올랐다. 보닝턴이 이룩한 남서벽 등반은 히말라야 등반이 기존의 루트에서 벗어나 어려운 벽을 목표로 하는 등반 방식으로 전환하는 계기가 된다.

에베레스트 남서벽은 거대한 피라미드 형태로 웨스턴 쿰에서 정상까지 약 2,439미터의 높이로 치솟아 있는 거벽이다. 쿰이란 빙식된 산괴의 계곡 머리에 해당되는 부분으로 독일어로는 카르Kar, 일본에서는 권곡이라고도 하며, 빙하의 침식으로 생긴 U자 모양의 골짜기를 말한다.

남서벽은 아래에서 3분의 2는 설사면으로 이루어져 있고, 그 위쪽은 암탑과 버트레스로 되어 있다. 벽의 중앙에 위치한 그레이트 센트럴 걸리는 밴드 아래 해발 7,925미터 지점에서 좌우로 갈라져 오른쪽은 람페 형태이며 남동릉 쪽으로 300미터가량 대각선으로 이어져 있다. 왼쪽은 짧지만 경사가 가파른 밴드를 통과하는 걸리와 연결된다. 밴드 위는 벽을 가로질러 제2설원이 위치하고 그 위로 가파른 삼각형의 정상부가 있다.

1975년 8월 22일, 크리스 보닝턴이 이끄는 영국 원정대가 에베레스트 베이스캠프에 도착했다. 부대장 하미시 매클린스와 보드맨, 마틴 보이슨, 믹 버크, 닉 에스트코트, 해스턴, 스콧 등 16명의 영국을 대표하

에베레스트 남서벽

는 쟁쟁한 대원들과 고소 포터 33명, 셰르파 26명이 참가한 대규모 원정대였다. 이들은 베이스캠프를 구축한 지 5일 만에 아이스폴을 통과해 1캠프를 설치했다. 뒤이어 9월 2일에는 해발 6,614미터 지점의 웨스턴 쿰에 2캠프를 설치하고 이곳을 남서벽 등반의 전진캠프로 활용한다. 이들은 그레이트 센트럴 걸리 오른쪽으로 루트를 개척하며 7,224미터 지점에 4캠프를 설치한다.

9월 17일 보닝턴과 로니 리처드Ronnie Richard는 7,772미터 지점에 5캠프를 설치한다. 다음 날 스콧과 버크가 합류한 가운데 보닝턴, 스콧, 리처드가 5캠프를 설치한다. 9월 19일 남서벽 등반의 성패가 좌우되는 밴드 공격에 나선 닉 에스트코트와 브레이스 웨이트는 고정 로프가 끝나는 곳에서 걸리 입구까지 암벽을 오른 다음 크램폰을 신고 교대로 선등을 하면서 좁은 걸리 속에 쌓인 눈을 헤치고 올라가 둥근 바위를 넘어선다.

걸리 상단에서 람페를 발견하고 그곳으로 등반을 계속한다. 람페는 오를수록 폭이 좁아졌고 잡석과 얼음이 뒤엉켜 붙어 있어 오르기가 쉽지 않았다. 이런 상황 속에서 오버행을 돌파한 후 제2설원에 도착한다. 드디어 이 등반의 최대 난관인 밴드를 돌파했다.

9월 22일 걸리의 출구 위쪽에 있는 작은 설릉에 6캠프(8,321m)를 설치한다. 다음 날 설원을 가로질러 500여 미터의 고정 로프를 설치한다. 해스턴과 스콧은 9월 24일 새벽 3시에 6캠프를 출발해 정상으로 향한다. 전날 설치한 고정 로프를 따라 설원을 오른 후 남봉 밑의 걸리로 들어선다. 허리까지 잠기는 걸리 속 분설을 헤치며 60도 경사면을 올랐다. 분설이 쌓인 이곳에서는 확보물을 설치할 수 없어 스콧이 해스턴 바로 뒤에 붙어 허리를 밀어 주며 해스턴이 미끄러지는 것을 막아 주면서 올라갔다.

등반을 시작한 지 11시간이 지난 후인 오후 3시에 남봉에 올라섰다. 이들은 잠시 휴식을 취하면서 스콧이 눈으로 음료수를 만드는 동안 해스턴은 하산 시에 이용할 비박용 설동을 팠다. 두 사람은 다시 남릉으로 계속 전진해 힐러리 스텝을 넘어선 후 오후 6시에 에베레스트 정상에 선다. 붉은 리본이 나부끼는 삼각 측량대 옆에 서서 서로 부둥켜안았다. 사진 촬영을 끝내고 서둘러 하산해 해발 8,763미터에 미리 준비해 둔 비박용 설동으로 돌아왔다.

이들은 오후 9시까지 설동을 넓힌 다음 그 안으로 들어가 비박을 했다. 뼛속까지 파고드는 영하 30도의 매서운 추위를 이기기 위해 스콧은 설동을 파면서 움직였다. 이날 밤 두 사람은 침낭도 없는 상태로 불면의 밤을 지새운 후 이튿날 9시에 6캠프로 돌아왔다. 30시간 동안 식사도 못하고 잠도 자지 못한 상태였지만 굳건한 의지로 지옥 같은 비박을 이겨내고 무사히 귀환했다.

2차 공격조는 보이슨, 보드맨, 버크, 셰르파 페르템바 네 사람이었다. 이들은 26일 오전 4시 30분에 6캠프를 출발했다. 보이슨은 크램폰 한 짝을 잃어버리는 바람에 귀환했고 보드맨과 페르템바만이 오전 11시에 남봉을 거쳐 오후 1시에 정상에 올랐다.

에베레스트 남봉 정상에 오르는 클라이머 1975년에 이루어진 에베레스트 남서벽 등정은 세계 최고봉에서 이루어진 최고난도의 등반이었다.

두 사람이 정상에서 200여 미터쯤 하산했을 때 안개 속에서 버크가 뒤늦게 올라오다가 눈 위에 앉아서 쉬고 있는 것을 발견한다. 버크는 정상에 올라가 사진을 찍고 내려올 테니 자기가 하산할 때까지 남봉 주변에서 기다려 달라고 두 사람에게 부탁했다.

보드맨과 페르템바가 남봉에서 1시간 이상이나 버크의 하산을 기다리는 동안 강풍이 몰아치고 눈보라가 흩날렸다. 두 사람은 더 이상 버크를 기다릴 수가 없어 6캠프로 귀환했다. 이때 안개 속에서 헤어진 버크는 영원히 돌아오지 못하고 만다. 보드맨, 페르템바, 보이슨 등 세 사람은 6캠프에서 기상이 호전되기를 기다리면서 무려 30시간 동안 갇혀 있다가 무사히 하산했다.

이렇게 해서 세계 최고봉의 최난 루트가 열리게 되었으며, 크리스 보닝턴 대장은 이때의 일을 담은 남서벽 초등정기 『에베레스트, 더 하드 웨이(*Everest, The Hard Way*)』를 펴낸다. 에베레스트 남서벽 등정은 안나푸르나 남벽에 이어 크리스 보닝턴 원정대가 이룩한 괄목할 만한 성과였으며 8,000미터 고봉에서 이룩한 두 번째의 거벽 등반이었다. 안나푸르나 남벽이 히말라야 거벽 등반의 효시였다면 에베레스트 남서벽 등정은 세계 최고봉에서 이루어진 최난이도의 벽 등반이라는 데 그 의미를 부여할 수 있다.

한국에서는 1995년 10월에 경남산악연맹 원정대의 김영태, 박정헌이 국내 최초로 남서벽 등정을 이룩했으며 이 등정은 한국 해외 원정사상 가장 큰 성과로 꼽힌다. 에베레스트 남서벽 원정대는 『에베레스트 남서벽(*Everest, Southwest Face*)』이라는 589쪽의 방대한 분량의 보고서를 2권으로 발간했다.

4부

새로운 한계에 도전하는 알피니즘

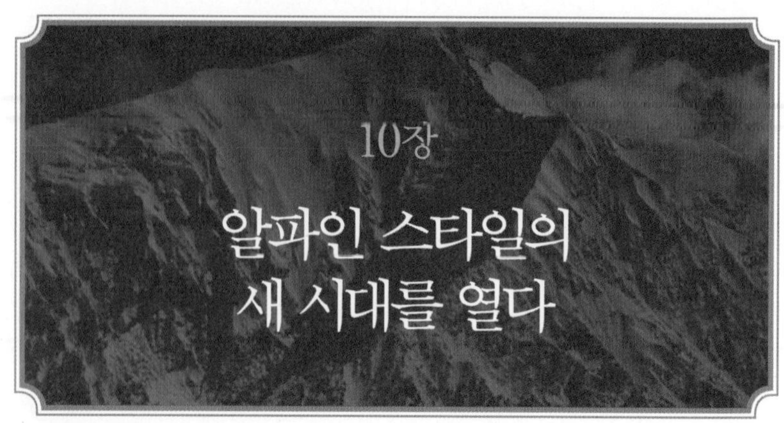

10장 알파인 스타일의 새 시대를 열다

1975년 라인홀트 메스너와 페터 하벨러 2인조 등반대가 히든 피크(가셔브룸 I)를 재등하면서 이전에는 볼 수 없던 또 하나의 놀라운 등반 기록이 생긴다.

이들의 등반은 히든 피크에 완전히 새로운 루트를 개척했을 뿐 아니라 유럽 알프스의 등반 방식을 히말라야에 적용시켰다. 산소 용구, 고소 포터, 중간 캠프, 고정 로프 등을 쓰지 않는 순수한 알파인 스타일로 올라감으로써 히말라야 등반의 새 시대를 연 것이다.

히말라야의 알파인 스타일 등반이란 유럽 알프스에서 행해지는 등반 방식을 히말라야 등반에 적용시킨 것으로, 지원조의 도움 없이 고정 로프나 보조 산소를 사용하지 않고 중간 캠프를 생략한 채 베이스캠프를 출발하여 정상까지 계속 하여 밀어 붙이는 신속한 등반을 말한다.

이들은 베이스캠프까지 불과 12명의 포터를 동원했으며 산소 용구를 쓰지 않은 채 오를 때 두 번, 하산할 때 두 번의 비박을 하는 속공 등반을 이룩한다. 이 두 사람이 이룩한 등반을 계기로 히말라야에서 알파인 스타일의 등반이 본격화된다.

1975년 히든 피크에서 메스너와 하벨러의 모습
두 사람은 산소 용구 등 보조 기구를 사용하지 않고 새로운 방식으로 히든 피크에 올라 세계 산악계를 깜짝 놀라게 한다.

세계 등반사에서 1975년 8월은 새로운 전환점으로 기록된다. 라인홀트 메스너와 페터 하벨러 두 사람은 이제까지의 전통적인 대규모 원정 방식에서 벗어나 오직 두 사람만으로 2,000미터에 이르는 히든 피크 서벽에 새로운 루트를 개척하면서 57시간 만에 정상에 올라 세계 산악계를 깜짝 놀라게 했다. 이들은 알프스의 4,000미터급 산을 오르는 방식으로 8,000미터급 고봉을 사흘 만에 오른다.

히말라야에서 알파인 스타일 등반을 하는 것에는 많은 어려움이 따른다. 산소 용구, 고소 포터, 중간 캠프, 고정 로프 등을 쓰지 않고 냉혹한 기상 조건과 싸우면서 처음부터 모든 짐을 짊어지고 정상까지 오른다는 것은 강인한 체력과 의지력이 필요하며 이런 방식의 등반은 전통적인 방식에 비해 몇 배 더 어렵다. 또한 이런 방식의 등반은 죽음과 맞

라인홀트 메스너
1975년 히든 피크를 알파인 스타일로 등정한다.

서야 하는 경우가 많아 등반성이 더욱 높게 평가된다.

메스너와 하벨러가 히든 피크에서 최초로 이룩한 이 획기적인 등반 방식은 이후 히말라야 등반에 커다란 변화를 가져온다. 대규모 극지법 등반에서 점차 소규모 경량 등반으로 그 방식이 바뀌기 시작했으며 더 어려운 등로를 목표로 한 등반이 출현한다.

알파인 스타일 등반은 1977년에 이르러서는 세계의 모든 등반 지역에 적용되기 시작한다. 알래스카, 페루 안데스, 파타고니아, 힌두쿠시, 카라코람, 네팔 히말라야 등지에서 알파인 스타일을 적용시켜 많은 원정대가 성공을 거둔다.

메스너와 하벨러는 약 200킬로그램의 적은 장비를 가지고 파키스탄으로 출발했다. 두 사람의 소규모 원정대는 뛰어난 기동성을 바탕으로 순조롭게 등반을 진행해 나갔다. 소수의 짐꾼을 고용한 이 원정대가 스카르두에서 베이스캠프까지 도착하는 데 걸린 시간은 2주가 채 안 된다.

두 사람은 모든 장비와 식량을 짊어지고 베이스캠프에서 정상까지 한 번에 오르기로 결정한다. 발토로 빙하와 아브루치 빙하를 넘어 첫 등반을 시작함과 동시에 고도 순응 기간도 함께 갖기로 했다. 이들이 처음부터 목표로 한 루트는 히든 피크 북서벽에 있는, 지금까지 아무도 시도해 본 적이 없는 루트였다.

8월 8일에 1캠프를 설치했다. 다음 날 아침 가셔브룸의 계곡을 지나 북서벽의 중간 지점인 해발 7,100미터에 소형 텐트를 치고 이곳에서 첫 비박을 했다. 사흘째가 되는 날 하벨러와 메스너는 교대로 러셀을 하면서 정상 주변까지 올라간 다음 정상으로 연결된 능선으로 진출해 계속 전진했다. 마침내 두 사람은 등산을 시작한 지 사흘 만에 정상에 오른다. 이들의 등정은 히든 피크 제2등으로 기록된다.

등정을 끝내고 최종 비박 지점으로 돌아온 두 사람은 몹시 지쳐 있었다. 이날 밤부터 폭풍이 불어 닥쳐 텐트가 망가졌기 때문에 더 이상 머물 수가 없게 되자 예정보다 일찍 하산하기 시작한다. 암벽 지대를 통과한 뒤 체력을 아끼기 위해 배낭을 버린 채 맨몸으로 신속하게 하산했다.

이들이 처음 히든 피크에서의 알파인 방식 등반 계획을 발표했을 때 모든 사람들이 불가능한 계획을 실천하려는 두 사람의 무모한 모험에 대해 혹평을 하고 나섰다. 그러나 이들이 성공을 거둔 후에는 순수한 알파인 스타일로 오른 최초의 선구자적인 행동이라고 극찬을 아끼지 않았다. 이 두 사람의 히든 피크 등정은 전통적인 원정 방식을 전환시키는 계기를 만들었다. 메스너는 등반 후 가진 인터뷰에서 다음과 같이 말했다.

> 히든 피크 성공 후 나는 히말라야에서도 알프스의 북벽과 같은 어려운 등반을 해낼 수 있다는 확신을 갖게 되었으며, 8,000미터급 봉에서도 단독 등반이 가능할 것이라는 사실도 알게 되었다. 하벨러와 나는 만약 알파인 스타일이 불가능하다면 원정 자체를 미련 없이 취소하기로 했다. 그

시샤팡마 남서벽 정상에 오른 더그 스콧

러나 좋은 날씨 덕분에 성공할 수 있었다. 운이 좋았다. 이번 히든 피크의 성공은 히말라야 등반에 전체적인 변화를 가져올 것이라고 믿고 있다. 두 명이 단 5,000달러의 자금만 있으면 8,000미터 봉의 등반을 할 수 있다. 이 정도의 자금은 누구나 쉽게 조달할 수 있는 것이다.

히든 피크 등반을 계기로 이후 히말라야 알파인 스타일 등반이 본격화된다. 1980년 다울라기리 북동벽, 1982년 시샤팡마 남서벽, 1984년의 브로드 피크, 1986년의 에베레스트 등반 등이 알파인 스타일로 이룩한 대표적인 등반이다.

1980년 폴란드의 보이치에흐 쿠르티카와 영국의 알렉스 매킨타이어 Alex Macintyre가 다울라기리 동벽을 알파인 스타일로 올랐으며, 1982년에는 영국의 더그 스콧과 알렉스 매킨타이어, 벡스터 존스가 3일간의 비박 끝에 시샤팡마 남서벽 정상에 오른다.

매킨타이어는 이 등반을 끝내고 5개월 뒤에 안나푸르나 남벽을 등반하다 낙석에 맞아 28세의 젊은 나이로 사망할 때까지 알파인 등반 방식만을 고수했다. 그가 죽은 후 그의 모친은 안나푸르나 베이스캠프에 그를 기리는 추모비를 세운다. 비문에는 "양의 신세로 백 년을 사는 것보다 호랑이의 신세로 단 하루를 사는 것이 더 낫다"는 글귀가 적혀 있다.

알파인 스타일의 성숙

히말라야 거벽 등반의 대표 주자로 불리는 쿠르티카의 다울라기리 동벽 초등을 살펴보자. 당시 그의 파트너는 영국의 매킨타이어, 프랑스의 레네 길리니, 폴란드의 루드비크 빌친스키Ludwig Wilczinsky 등 단 4명뿐이었다. 쿠르티카와 매킨타이어는 피를 나눈 형제 이상의 우정을 지닌 파트너였기 때문에 매사 호흡이 잘 맞았다. 이들의 우정은 1982년 매킨타이어가 사망할 때까지 지속된다.

쿠르티카는 등산에서는 파트너십이 제일 중요하다고 역설하며 이 점에 대해 다음과 같은 말을 남겼다. "등반에서 참된 즐거움은 루트 자체에도 있지만 그보다 멋진 파트너와의 조화에 있다. 내가 알파인 스타일의 등반을 선호하는 것은 대규모 등반대에서는 마음에 맞는 파트너를 만나기가 어렵기 때문이다."

다울라기리는 북동릉과 남동릉이 좌우로 뻗어 내리고 있는 거대한 벽이다. 이곳을 알파인 스타일로 오르기에는 많은 어려움이 예상되기 때문에 준비가 필요했다. 그들이 다울라기리에 도착했을 때는 스위스 원정대가 북동릉을 시도하고 있었다. 쿠르티카 일행은 스위스 원정대의 양해를 얻어 7,500미터 지점까지 고소 순응을 겸한 등반을 했다. 그리고 하산할 때 필요할지도 모를 식량과 장비를 이 지점에 저장해 두었다.

1980년 5월 6일을 정상 등정의 날로 결정한 이들은 새벽 달빛 속에서 정상을 향해 출발했다. 그러나 시작부터 만만치 않은 밴드가 가로막고 있었다. 좀 더 쉬운 빙설벽을 찾으려 했지만 헛수고였다. 이곳의 암질은 역층으로 이루어져 있어 확실한 홀드도 없을 뿐만 아니라 바위 위로 살얼음이 깔려 있어 마땅한 확보 지점도 찾을 수 없었다. 이들 일행이 첫 밤을 맞은 비박 장소는 아주 좁은 레지였다. 눈보라가 밤새도록 휘몰아쳤고 물 한 잔 녹여 마시는 것조차 어려웠다.

이튿날 비박 장소를 출발해 전진했으나 경사가 급한 빙벽이 이들을 가로막았다. 이곳의 얼음은 겨울철 알프스의 얼음보다 더 단단하게 얼어 있었다. 둘째 날 비박은 첫째 날보다 더 끔찍했다. 여유 있게 침낭 속에 들어가지도 못한 채 비박색을 머리에 뒤집어쓰고 강풍과 눈보라를 막아내야 했다. 이들은 동벽의 전 루트 중에서 오직 두 곳만 로프를 사용했다. 빨리 오르기 위해서 로프의 사용 횟수를 줄인 것이다. 사흘째 되는 날 동벽의 전 구간을 끝낼 수 있었으나 악천후 때문에 캠프에서 여러 날을 기다린 후 북동릉을 따라 4명 모두 정상에 섰다.

1984년에는 폴란드의 크시슈토프 비엘리츠키Krzysztof Wielicki가 브로드피크를 하루 만에 등정한다. 0시 20분에 베이스캠프 4,900미터를 출발한 비엘리츠키는 오후 4시에 정상에 도달해 밤 10시 30분에 다시 베이스캠프로 돌아온다. 표고차 3,150미터를 단독으로 하루 만에 돌파한다.

1984년 가을, 스페인의 닐 보이가스와 엔릭 루카스 두 사람이 안나푸르나 남벽을 알파인 스타일로 도전한다. 이들은 1982년 남벽을 알파인 스타일로 오르려고 최초로 시도했다가 하산 도중 낙석에 맞아 타계한 영국의 알렉스 매킨타이어의 유업을 계승하기 위해 남벽 등반에 나섰다. 4,250미터 지점에 베이스캠프를 구축한 이들은 고소 적응 훈련을 끝낸 다음 등반을 시작하여 5,800미터 지점의 디에드르에서 비박을 하고 밤 10시에 남벽에 붙어 다음 날 새벽 6,800미터 지점에 도달하여 소나기처럼 퍼붓는 낙석 위험 지대를 벗어난다.

그들은 뒤이어 밴드 밑에 도달하여 무게가 25킬로그램이나 되는 배낭을 벗어 놓고 밴드를 돌파하기 시작했다. 밴드의 길이는 50미터에 불과했지만 암벽의 난이도는 V+급, 빙벽의 경사는 80도가 넘는 어려운 구간이었기에 이곳을 돌파하는 데 하루가 걸렸다.

해발 7,200미터에서 7,600미터 사이의 빙벽 루트는 200미터 높이의 화강암 벽으로 이어졌다. 낙석을 피해 7,460미터 지점의 빙탑 밑에서 4번째 비박을 마친 이들은 등반을 계속하여 난이도 V+급 160미터 높이의 화강암 벽을 올라 5번째 비박을 했다. 베이스캠프를 출발한 이후 5번의 비박 끝에 이들은 10월 3일 12시 30분에 중앙봉 정상에 오른다. 마지막 비박 장소를 출발한 지 5시간 만이었다. 이들은 정상에서 1시간 30분 동안 휴식한 다음 마지막 비박 장소로 내려와 다음 날 로프로 하강하여 벽 밑으로 무사히 귀환한다.

1986년에는 스위스의 등반가 에르하르트 로레탕Erhard Loretan과 장 투르아예, 프랑스의 피에르 베갱Pierre Beghin 세 사람이 롱북 빙하에 전진캠프*(5,850m)를 설치하고, 8월 28일 밤 10시에 전진캠프를 출발해 다음 날 오전 11시에 북벽 7,800미터 지점에 도착한다. 그들은 이곳에서 설동을 파고 휴식을 취하며 10시간을 보낸 후 밤 9시에 다시 등반을 시작하였으나 해발 8,000미터 지점에서 베갱이 등반을 포기하고 나머지 두 사람만이 계속하여 등반을 강행한다. 이들은 혼바인 쿨루아르로 등반, 8,400미터 지점에서 잠시 휴식을 한 뒤 새벽 4시에 등반을 재개하여 30일 오후 1시에 에베레스트 정상을 밟는다.

그리고 정상에서 90여 분 동안 머문 다음 하산했다. 하산에 걸린 시간은 불과 5시간이었으며 전 구간을 글리세이딩*으로 내려왔다.

두 사람은 무게를 줄여 신속한 등반을 하기 위해 텐트, 로프, 안전벨트조차도 휴대하지 않은 상태로

전진캠프 Advanced Base Camp, ABC
여러 개의 캠프 중에서 베이스캠프와 같은 역할을 할 수 있는 캠프.

글리세이딩 glissading
눈의 사면을 등산화 바닥으로 속도를 조절하면서 미끄러져 내려가는 기술.

가벼운 침낭과 최소한의 식량과 물만을 휴대한 채 7,800미터 지점의 설동에 배낭을 놓아두고 올라 정상 등정에 성공한다.

고산 등반의 새로운 좌표를 제시한 알파인 스타일에 대해서 국제산악연맹은 그 기준을 다음과 같이 정의하고 있다.

1. 등반대원은 6명 이내로 할 것.
2. 등반용 로프는 팀당 1~2동.
3. 고정 로프를 사용하지 말 것과 다른 등반대가 이미 설치해 놓은 루트상의 고정 로프도 사용하지 말 것.
4. 등반에 필요한 사전 정찰 등반도 하지 말 것.
5. 포터나 기타 지원조의 도움을 받지 말 것.
6. 산소 기구를 휴대하거나 사용하지 말 것.

고소에서 수많은 알파인 스타일의 등반을 하면서 새로운 루트를 개척해 온 쿠르티카는 높은 곳에 오르는 것만을 목표로 한 전통적인 등반 방식에 대해 이렇게 말했다.

> 8,000미터라는 높이만으로는 아무런 매력도 느낄 수 없다. 에베레스트를 노멀 루트로 오르는 것은 육체적인 노력이 요구될 뿐 모험적인 요소와 기술적 어려움에 있어서는 별 의미가 없다. 전통적인 등반 방식으로는 더 이상 등반의 어려움을 논할 수 없다. 100명의 클라이머를 모아 마칼루 서벽 직등을 한다면 아마 모두가 성공할 것이다. 그렇다면 누가 진정 그 루트를 열었다고 말하겠는가. 3,000미터의 고정 로프를 따라 오르내리는 행위는 더 이상 등반의 가치가 있다고 할 수 없다.

암벽 등반 등급 체계

UIAA	요세미티 소수점 체계	프랑스	영국					오스트레일리아	브라질
I	5.2	1	3a		VD			11	
II	5.3	2		3b					
III	5.4	3	3c			HVD		12	II
IV	5.5	4		4a	HS	S	MS		IIsup
V−	5.6		4b					13	III
V	5.7	5		4c		VS		14	IIIsup
V+								15	
VI−	5.8				HVS			16	IV
VI	5.9	6a	5a					17, 18	IVsup
VI+	5.10a	6a+		5b		E1		19	V
VII−	5.10b, 5.10c	6b					E2	20, 21	Vsup, VI
VII	5.10d	6b+	5c			E3		22	VIsup
VII+	5.11a, 5.11b	6c, 6c+		6a	E4			23	VII
VIII−	5.11c	7a						24	VIIsup
VIII	5.11d, 5.12a	7a+	6b			E5		25	VIII
VIII+	5.12b	7b		6c	E6			26	VIIIsup
IX−	5.12c, 5.12d	7b+	7a ↓					27	
IX	5.13a	7c				E7 ↓		28	
IX+	5.13b, 5.13c	7c+, 8a						29, 30	
X−	5.13d	8a+						31	
X		8b, 8b+						32	
X+	5.14a	8c						33	
XI−	5.14b	8c+							
XI	5.14c, 5.14d	9a							
XI+	5.15a	9a+							
XII−	5.15b								

11장

거봉에서 이루어진 단독 등반과 무산소 등정

1978년 6월 30일, 라인홀트 메스너는 20킬로그램의 배낭을 멘 채 작은 짐을 들고 뮌헨 공항을 빠져나와 파키스탄으로 출발했다. 3년 전 페터 하벨러와 단둘이서 알파인 방식으로 히든 피크에 오를 때 200여 킬로그램의 짐을 지니고 출발하던 것과 비교하면 10분의 1에도 못 미치는 무게였다. 이렇듯이 행장이 가벼워지면 목적지까지 트레킹 속도가 빨라지고, 짐꾼의 수가 적어져 이들을 감독하는 수고도 덜 수 있다.

메스너는 죽을지도 모르는 놀이에 운명을 건다고 자각하며 단독 산행을 위해 낭가파르바트로 향했다. 메스너가 단독 산행을 결정한 것은 그가 1978년 5월 에베레스트에서 전대미문의 무산소 등정을 끝내고 돌아온 지 6주밖에 안 된 때였다. 당시 사람들은 그를 새로운 사건으로 세상의 관심을 집중시켜 명성을 얻으려는 공명심에 들뜬 사람이라고 비난했다. 심지어 '쇼의 명연출자'라고 비꼬았다.

한편 그와 가까운 사람들은 자신을 너무 빨리 불태워 버리려 한다고 선의의 충고를 했으며 산악인들은 질투와 악의에 찬 시선으로 메스너를 매도했다. 그러나 메스너는 이 모든 혹평과 질시 밖으로 탈출해 상상을 넘어선 세계에 자신을 던져 스스로를 시험해 보고 싶은 생각뿐이었다.

그는 특별한 일을 하면 어느 정도의 보상이 따르는지 알고 있었으며, 명성을 얻으려면 어느 정도의 성과를 이룩해야 하는지도 알고 있었다. 그가 8,000미터급 고산에서 알파인 스타일의 등산을 처음 실현해 세상을 깜짝 놀라게 한 것이 불과 3년 전의 일이었으며, 이번에 발표한 8,000미터급 고산의 단독 산행 결정은 많은 사람들에게 또 한 번 충격을 주었다.

단독 산행이란 알파인 스타일을 전제로 하지 않으면 성공할 수가 없고, 이에 따라 알파인 스타일은 자연스럽게 단독 산행으로 이어지게 마련이다. 메스너는 이미 3년 전에 히든 피크에서 알파인 방식의 등반을 경험한 후였기 때문에 낭가파르바트 단독행은 자연스러운 귀결이었을 것이다.

낭가파르바트 단독 등반에서 메스너는 여러 가지 기술적인 보조 수단을 사용하지 않고 최소한의 기본 장비만을 사용했다. 그는 디아미르 계곡의 오지에서 시작해 새로운 루트를 개척하며 정상에 올랐다. 하산 또한 새로운 루트를 경유해 베이스캠프로 돌아왔다.

세계 최초의 8,000미터급 단독 등반

트레킹을 끝낸 메스너 일행은 낭가파르바트 4,000미터 지점에 베이스캠프를 설치했다. 베이스캠프까지 함께 간 사람들은 파키스탄 정부 연락관인 육군 소령 테리와 의료 담당인 우즐라였다.

1978년 8월 6일, 메스너는 15킬로그램짜리 배낭을 지고 디아미아 빙하와 디아미르 빙하 사이에 있는 돌투성이 암구를 거쳐 해발 4,800미터까지 오른 후 집채만 한 바위 밑에서 첫 비박을 한다. 이들은 낭가파르바트 단독행을 위해 두랄루민 폴과 고어텍스 소재로 특별히 제작한 텐트를 사용했다. 이곳은 베이스캠프에서 2시간 거리에 있었다. 그는 천막 케이스에 눈을 가득 담아 텐트에 걸어 햇빛으로 눈을 녹여 마시며 휴식을 취했다.

8월 7일 아침 5시, 메스너가 막 잠에서 깨어났을 때 갑자기 굉음과 함께 천지를 뒤흔드는 진동이 일었다. 재빨리 텐트 문을 열고 바깥을 내다보니 몇 킬로미터에 이르는 거대한 눈더미가 모든 것을 휩쓸고 내려가면서 디아미르 계곡을 눈으로 가득 채웠다. 거대한 눈사태는 그가 올라온 루트로 다시 되돌아갈 수 없도록 퇴로를 완전히 막아 버렸다. 하루만 늦게 출발했어도 눈사태에 영락없이 죽음을 당할 뻔했던 것이다. 강진으로 생긴 이 눈사태는 베이스캠프 주변까지 흘러내렸다.

아침 7시가 지난 뒤에야 첫 비박 장소를 출발해 가파른 빙벽을 오르기 시작했다. 크램폰과 피켈만으로 15미터의 수직 빙벽을 넘어섰고 잠시 후 길이 100여 미터의 오버행으로 이루어진 대빙벽을 넘어야 했다. 그는 잠시 쉬면서 친구가 정상에 두고 오라고 준 구텐베르크 성경의 첫

장과 이것을 넣을 알루미늄 통을 다시 한 번 확인해 보았다. 이것들은 정상 등정을 증명해 줄 사진 촬영에 실패했을 때 등정의 증거물로 남기기 위해서 가지고 온 것이다. 또한 피켈 헤드 부분에는 나사못을 용접해 사진 촬영할 때 카메라 다리 구실을 할 수 있도록 제작했다.

8시가 조금 지난 시간에 거대한 아이스 폴의 위험 구간을 벗어났으며 경사 선을 따라 오른 뒤 마제노샤르테 밑에 두 번째 비박 장소를 마련했다. 오버행의 빙괴 아래 마련한 비박 장소는 눈사태나 빙탑이 무너져 내릴 때 위험을 막아 줄 수 있는 곳이었다. 이날의 등반은 체력 소모가 컸다. 15킬로그램의 짐을 지고 6시간 동안 1,600미터의 높이를 올랐기 때문에 몹시 지쳐 있었다. 그는 연료를 아끼기 위해 눈을 녹여 마시고 콘비프를 먹었으나 모두 토하고 말았다. 탈수 현상과 함께 위장 장애가 일어난 것이다. 이 비박 지점은 표고 6,400미터였으며 벽 높이가 자그마치 4킬로미터에 이르는 서벽의 중간 지점이었다.

아침 7시에 두 번째 비박 지점을 출발했다. 등반을 계속한 뒤 해발 7,400미터 지점에 도착해 세 번째 비박을 했다. 정상에서 약 800미터 아래 지점이었다. 그는 이곳에서 54시간을 머물며 휴식을 취했다. 단독 산행에서는 누구를 책임질 일이 없기 때문에 오히려 마음이 편했다.

8월 9일은 단독행을 시작한 지 3일째가 되는 날이다. 그는 아침 7시에 세 번째 비박 장소를 출발해 정상을 향했다. 흐린 날씨였으나 정상을 바라보면서 등반을 할 수 있었다. 깊이 빠지는 눈을 헤치고 러셀을 하느라 속도는 매우 느렸다. 또한 산소가 희박한 고소 환경 속에서 피로한 몸을 이끌고 중력에 저항하면서 전진하는 것은 고역이었다. 정상이 가까워질수록 발걸음은 점점 둔해졌다.

정상에 오른 시간은 오후 4시였다. 메스너는 피켈에 카메라를 고정시킨 후 자동 셔터를 써서 정상에 서 있는 자신의 모습을 촬영했다. 그는 사진 촬영에 실패했을 경우를 생각해 등정 일자와 자신의 이름을 서명한 종이를 성경의 첫 장과 함께 알루미늄 통에 넣어 정상 암벽에 박아 둔 피톤에 붙잡아 맸다. 잠시 후 7,400미터 지점에 있는 비박 텐트로 하산했다.

다음 날은 날씨가 나빠져서 눈보라가 휘몰아치고 안개가 앞을 가로막아 한 치 앞도 보이지 않았다. 산 전체가 온통 눈으로 뒤덮여 하산은 도저히 불가능했다. 배낭 속에는 일주일분의 식량과 연료가 남아 있었기 때문에 36시간 동안이나 지속된 악천후 속에서도 견딜 수 있었다.

8월 11일, 날씨가 좋아졌다. 그는 불필요한 장비는 모두 버리고 하루 만에 베이스캠프로 내려가겠다는 생각으로 새벽 5시 15분에 마지막 비박 장소를 출발한다. 정상부를 덮고 있던 안개가 잠시 걷히는 순간을 이용해 하산 방향을 살핀 후 서둘러 내려가기 시작했다.

짙은 안개 속에서 무작정 계곡을 향해 직선 방향으로 내려갔다. 평탄한 빙하 지대가 아직도 3,000미터 아래쪽에 있다는 것을 의식하면서 디아미르 측면을 내려갔다. 정오쯤에 빙하의 평평한 대지에 도착했다. 베이스캠프에 무사히 귀환했을 때 테리와 우즐라가 그를 맞아 주었다.

이로써 세계 최초의 8,000미터급 산의 단독 등반은 막을 내렸으며 이제까지 누구도 보여주지 못한 능력의 한계를 뛰어넘는 새로운 척도를 세우게 된다. 그 후 메스너는 이때의 체험을 묶어 『검은 고독 흰 고독』이라는 낭가파르바트 단독 등정기를 펴낸다. 이 책에는 큰 산을 혼자 오르면서 느끼게 되는 불안과 무겁게 엄습해 오는 고독을 이겨내려는 한 등반가의 몸부림이 담겨 있다.

산소 맹신의 장벽을 허물다

에드워드 펠릭스 노턴
1924년에 산소통 없이 에베레스트 8,572미터까지 올랐다.

인류가 산소통 없이 에베레스트에서 최고의 높이에 오른 기록은 1924년 영국의 에드워드 펠릭스 노턴Edward Felix Norton이 기록한 8,572미터였다. 당시 그 이상의 무산소 고소 등반은 불가능하다고 믿고 있었다. 또한 히말라야를 체험한 스위스 의사 뒤낭은 7,500미터 이상의 높은 곳을 '죽음의 지대'라고 불렀다. 생리학적으로 이 높이를 벗어나면 활동 능력이 떨어져 목숨을 부지하기 어렵다는 것이 그의 의학적인 견해였다.

그러나 이런 통념은 1978년 라인홀트 메스너와 페터 하벨러에 의해 여지없이 무너지게 된다. 메스너가 세계 최고봉 에베레스트를 산소 용구의 도움 없이 등반한다는 계획을 발표했을 때, 많은 사람들이 그를 미치광이로 몰아붙였다. 동시에 전 세계의 관심이 그 성공 여부에 쏟아졌다.

에베레스트 무산소 등정이 메스너의 독창적인 아이디어는 아니었다. 일찍이 1922년 영국의 에베레스트 원정대원들도 산소를 사용하느냐 마느냐로 대립한 바 있었다. 당시 의사들은 무산소로 등정해 정상을 밟는다고 해도 산소부족으로 뇌 손상이 일어나 불구가 되거나 하산 중 목숨을 잃을 가능성이 크다고 말했다.

또한 다행히 살아서 돌아온다 해도 뇌세포 파괴로 식물인간이 될 것이라고 경고했다. 언론 매체들 역시 메스너를 생명을 경시하는 사이코라고 맹렬하게 비판했다. 그러나 결국 이 두 사람은 세간의 우려를 뒤엎게 된다. 메스너는 2년 뒤에 단독으로 두 번째의 무산소 등정을 해낸다.

메스너는 이 계획을 실행하기 위해 사전에 무산소 환경에 몸을 던져 자신을 실험했다. 1977년 봄에 메스너는 네팔의 카트만두에서 레오 디킨스, 에릭 존스와 함께 스위스 조종사가 조종하는 경비행기를 타고 에베레스트 상공을 비행했다.

그가 탑승한 이 비행기는 기내에 기압 조절 장치가 없었기 때문에 함께 탑승한 사람들은 산소마스크를 착용했다. 그러나 메스너는 산소마스크를 착용하지 않은 채 비행을 하고 있었다. 비행기는 이미 고도 6,000미터를 넘어섰고 로체와 눕체를 향해 고도를 점점 더 높이고 있었다. 잠시 후 좀 더 고도를 높여 사우스 콜을 넘어 고도 8,000미터를 넘어섰다. 메스너는 한 해 전 다울라기리 남벽을 등반한 때문인지 고소 적응이 수월한 상태였으며 비행 시간 내내 산소마스크 없이도 잘 견뎌냈다.

비행기는 에베레스트 정상 위를 날고 있었으며 이미 고도는 9,000미터에 이르고 있었다. 메스너는 산소마스크 없이도 생각하고 느끼는 데 아무런 지장이 없음을 알게 되었다. 그는 이 실험 비행을 통해서 에베레스트 무산소 등반이 가능할 것이라고 믿기 시작했다.

그러나 같은 높이를 비행기를 타고 오르는 것과 등반을 해서 오르는 것은 또 다른 일이라는 데 생각이 미쳤지만 메스너는 한계 극복에 나서기로 결심한다.

현재 세계 등반계에서는 무산소 등정자가 속출하고 있으며 이제 고소 환경에서의 무산소 등반은 점차 일반화되어 가고 있는 실정이다. 1999년 네팔의 셰르파 바부치리Babuchiri가 산소통 없이 에베레스트 정상에서 21시간 30분을 체류한 기록도 있으니 인간의 한계 극복은 그 끝을 가늠할 수 없게 되었다. 메스너와 하벨러의 에베레스트 무산소 등정은 인류가 20세기에 들어와서 이루어 낸 명기록 중 하나다.

정상에서 흘린 감격의 눈물

1978년 3월 21일, 무산소 등반을 실행하기 위해 볼프강 나이르츠가 이끄는 오스트리아 에베레스트 원정대에 합류한 메스너와 하벨러는 베이스캠프에서 등반 준비를 했다. 3월 27일 아이스 폴 개척을 위한 본격적인 등반을 시작했다. 두 사람은 빙탑과 크레바스 지대를 통과한 후 6,100미터 지점에 1캠프를 설치했다.

4월 18일에는 사우스 콜 아래 7,800미터 지점까지 루트를 개척한 뒤 베이스캠프로 하산해 오랜 시간 휴식을 취하면서 날씨가 호전되기를 기다렸다. 4월 20일 하벨러와 2명의 셰르파는 사우스 콜에 도착했으나 시속 200킬로미터로 부는 제트기류와 영하 40도의 강추위 때문에 하산을 해야 했다.

메스너는 어쩌면 단독으로 정상에 오를 수 있는 기회가 생길지도 모른다는 생각을 하면서 버티고 있었다. 그러나 바람이 더욱 거세지면서 손가락과 코에 동상의 징후가 나타나기 시작했다. 메스너는 이 죽음의 지대에서 50시간을 버틴 보람 없이 하산을 하고 만다. 이틀에 걸쳐 2캠프로 하산한 메스너는 탈진 상태에 빠진다. 일시적인 기억상실 증세에 시달리기도 했다. 메스너는 심신이 피로한 상태에서 무산소 등반을 포기할 생각까지 했다.

5월 3일, 메스너와 하벨러가 베이스캠프에서 휴식을 취하는 동안 로버트 샤워와 3명의 대원이 정상 등정에 성공한다. 이들 중 라인하르트 카를Reinhard Karl은 독일인 최초의 에베레스트 등정자가 된다. 모든 대원들이 이들의 등정 성공에 즐거워하고 있었으나 메스너와 하벨러는 무산소 등반 계획에 차질이 생기지 않을까 초조해지기 시작했다. 하벨러가 산소통을 가져가자고 고집했지만 메스너는 당초 계획대로 무산소 등반을 하자고 하벨러를 설득했다. 이들은 어떤 경우에 직면하더라도 오를 수 있는 고도까지 무산소로 올라가기로 했다.

5월 8일, 새벽 3시에 일어난 두 사람은 4시간 동안 사투를 벌인 끝에 10시에 5캠프에 도착한다. 이곳에서 30분 정도 휴식을 취한 후 무릎까지 빠지는 눈을 헤치며 거센 강풍을 뚫고 계속해서 고도를 높여 갔다. 고도가 높아질수록 공기가 희박해져 걸음은 점점 늦어지고 정신이 흐려지기 시작했다.

하벨러가 하산하자는 뜻으로 피켈을 이용해 눈 위에다 아래쪽을 향하는 화살표를 그렸고, 메스너는 등반을 계속하자는 뜻으로 위쪽을 향하는 화살표를 그렸다. 강풍과 희박한 공기 때문에 두 사람은 눈 위에 그림을 그려 가며 의사소통을 할 수밖에 없었다.

오르는 행위가 기계적으로 반복될 뿐이었다. 에베레스트에 있다는 사실도, 무산소로 오르고 있다는 사실조차도 전혀 의식하지 못한 상태로 다만 정상이 가까워지고 있다는 어렴풋한 환상 속에서 움직이고 있었다.

그들은 몇 발걸음 내딛고는 피켈에 의지해서 몸을 구부린 채 입을 크게 벌려 가쁜 숨을 몰아쉬면서 걸었다. 고도가 높아지자 눈 위에 드러누워 호흡을 가다듬는 횟수가 많아졌다. 드디어 남봉에 도착한 두 사람은 힐러리 스텝을 교대로 리드하면서 기다시피 오르고 또 올라 마침내 정상에 도착했다.

정상에 도착한 두 사람은 눈 위에 주저앉은 채 부둥켜안고 눈물을 흘렸다. 이들의 눈물은 사선을 넘나드는 긴장과 고통을 극복한 자만이 흘릴 수 있는 감격의 눈물이었다. 메스너는 무엇인가를 성취했다는 벅찬 감정을 느끼면서 하벨러에게 경의를 표했다.

그러나 앞에 서서 하산하는 하벨러의 뒤를 쫓아가며 메스너는 깊은 상실감에 빠진다. 오랫동안 간직했던 무산소 등정의 꿈이 더 이상 꿈이 아니었다. 꿈이 이루어진 뒤에 찾아오는 허탈감이 엄습해 왔다.

산의 높이를 '낮춘' 산소통

메스너는 에베레스트 무산소 등정 이후 모험의 동료 하벨러와 영원히 결별을 선언해 또 한 번 화제를 일으킨다. 메스너는 무산소 등정의 꿈을 성취했으나 오랫동안 갈망해 온 꿈과 우정을 함께 잃어버린 것이다. 그는 최고봉 무산소 등정을 이룩한 뒤에 저술한 등정기에 다음과 같은 말을 남겼다.

산소 기구의 사용은 산의 높이를 낮춘다. 산소 기구를 사용해 8,800미터에서 행동한다는 것은 6,400미터 지점에서 산소 기구 없이 행동하는 것과 같다. 또한 인간이 자신의 야망을 성취하려고 산업 기술을 사용한다면 그만큼 모험 정신은 약화되고 만다.

그는 고소에서 산소를 사용해 등정하는 행위는 8,850미터 높이의 에베레스트를 6,000미터급 산으로 격하시키는 행위라고 할 수 있으며 8,000미터급 고산 등반의 묘미를 맛볼 수 없게 된다고 했다.

두 사람은 에베레스트 무산소 등정을 끝낸 뒤 등정기를 펴냈다. 하벨러는 『고독한 승리(*Der einsame Sieg*)』를, 메스너는 『에베레스트: 마지막으로의 탐험(*Everest : Expedition to the Ultimate*)』을 펴낸다.

두 사람은 앞에서도 언급했듯이 이 역사적인 등반을 끝으로 결별을 선언한다. 그 원인은 하벨러가 쓴 등반기의 일부 내용이 메스너의 자존심을 상하게 해서인 것으로 보인다. 하산 중에 일어났던 상황을 묘사한 부분이었다.

메스너는 정상에서 사진 촬영을 위해 고글을 벗는 바람에 설맹에 걸렸다. 밤에 메스너가 고통으로 신음했다. 그는 흐느껴 울면서 말했다. "하벨러, 나를 버리고 혼자서 가면 안 돼. 나와 같이 있어야 해." 그는 조르고 또 졸랐다. (……) 나는 메스너를 얼음 위로 조심해서 유도하며 수많은 크레바스를 지나갔다. 그는 여전히 눈을 뜨지 못해서 자주 걸음을 멈추고 쉬어야 했다. "더는 못 가겠다. 정말 못 가겠다"고 메스너는 말했다. 그는 정신이 혼미하고 환각 증상을 일으키고 있었다. (……) 걸음을 옮길 때마다 발목과 온몸이 아프고 골이 깨지는 것 같았다. 그러니 메스너는 얼마나 고통스러웠을까. 그는 완전히 내게 매달려 따라왔으며 측은하기 이를 데 없었다.

이와 같은 하벨러의 상황 묘사가 세기적인 초인으로 일컬어졌던 메스너의 자존심을 여지없이 무너뜨렸던 것이다.

히말라야 거봉 정복 시대인 1950년부터 1964년까지 14년 동안 인류는 8,000미터 봉 14개를 모두 오른다. 이 중에서 인류가 처음 오른 8,000미터 봉인 안나푸르나를 위시해 6개 봉은 산소의 도움 없이, 그리고 나머지 8개 봉은 산소 용구의 도움으로 정상에 올랐다. 메스너와 하벨러의 8,000미터 봉 무산소 등정 기록은 인류가 이루어 낸 최초의 것은 아니다. 그러나 8,000미터급 14개 봉 중 최고봉인 에베레스트에서 이루어졌다는 점에서 큰 의의가 있다.

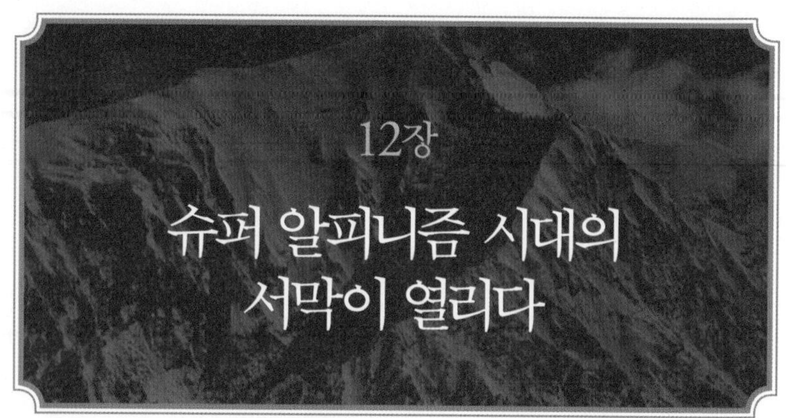

12장

슈퍼 알피니즘 시대의 서막이 열리다

1980년대를 맞은 세계 산악계의 첫 사건은 폴란드 원정대가 이룩한 에베레스트 동계 초등정이다. 안제이 자바다Andrzej Zawada가 이끄는 16명의 폴란드 원정대는 1979년 12월 중순부터 등반을 시작했지만 혹한과 강풍이 계속되는 악천후를 만난다. 그러나 2개월의 고전 끝에 한 해를 넘긴 1980년 2월 17일 사상 최초로 겨울철에 에베레스트 정상에 오른다.

이것은 히말라야 최초의 동계 등정으로 극한 등반 방식의 새로운 기록으로 추가된다. 라인홀트 메스너가 북벽을 통해서 에베레스트 무산소 단독 등반을 이룩해 세계를 놀라게 한 것도 바로 그해였다. 불과 10여 년 전만 하더라도 전혀 불가능한 것으로 여겨졌던 일들이었다.

안제이 자바다
1980년 에베레스트 동계 초등정을 이룩한 폴란드 원정대를 이끌었다.

에베레스트 첫 동계 등정의 영예를 얻은 사람은 크시슈토프 비엘리츠키와 레세츠크 치히Leseck Chichy 두 사람이다. 이들의 등정은 에드먼드 힐러리 이후 103등의 기록이다. 1980년 2월 14일 폴란드 에베레스트 원정대는 1차 등정조인 안제이 하인리히가 셰르파와 함께 정상 등정을 시도했지만 날씨가 좋지 않아 8,300미터 지점에서 퇴각하고 만다.

2차 등정조로 나선 비엘리츠키는 2월 17일 사우스 콜의 5캠프를 출발해 강풍과 영하 50도를 밑도는 추위를 극복하면서 동상을 입은 발을 이끌고 끝까지 등반을 강행해 오후 2시 25분에 레세츠크와 함께 겨울철 에베레스트 정상 등정에 성공한다.

기상이 악화되어 동상을 입은 발가락의 통증을 참으면서 비엘리츠키는 옆으로 걷기도 하고 뒷걸음질을 치기도 하면서 레세츠크보다 1시간 늦게 사우스 콜 캠프로 돌아왔고, 다음 날에는 기다시피 해서 간신히 베이스캠프로 귀환한다.

이 등반은 "세계 최고봉이 아니었다면 포기했을 것이다"라는 레세츠크의 말에서 알 수 있듯이 대단히 힘겨운 등반이었다. 이때의 등정기는 비엘리츠키에 의해 『히말라야의 정상, 14×8000(*Crown of Himalaya, 14×8000*)』이라는 제목으로 1997년에 폴란드어판과 영어판으로 동시에 출간된다.

폴란드 원정대의 동계 등반을 지휘했던 안제이 자바다는 히말라야 동계 등반의 개척자로 폴란드 산악계를 대표하는 사람이다. 그는 1980년 에베레스트 동계 초등정뿐만 아니라 에베레스트 사우스 필러 새 루트를 개척했고 1985년 초오유 동계 초등, 1988년 브로드 피크 동계 초등 등 히말라야에서 기록적인 동계 초등정의 역사 대부분을 일궈낸 동구권의 유명 산악인이다.

비엘리츠키는 에베레스트뿐만 아니라 1986년 1월 11일 캉첸중가 동계 초등, 1988년 12월 31일에 로체 단독 동계 초등을 이룩하는 등 동구권의 새로운 별로 떠오른다.

한때 폴란드 원정대의 에베레스트 동계 초등정은 등정 날짜를 놓고 논란이 일기도 했다. 네팔 당국에서 제정한 등산 관계 규정에서 동계 시즌으로 인정하고 있는 등반은 12월 1일~2월 15일까지로 2월 17일에 정상에 선 그들이 이틀을 초과했기 때문에 봄 시즌 등반으로 간주하려고 했다. 이 문제에 대해 국제산악연맹에서는 12월 15일~2월 말까지를 동계 시즌으로 재차 인정했다.

한국의 경우는 1988년 12월 22일에 허영호가 셰르파 앙리타Angrita와 함께 동남릉을 통해 동계 에베레스트 등정에 성공한다. 이들은 하산 중 8,600미터 지점에서 비박을 한 후 무사히 돌아온다. 이 등반은 동계 등반대로는 세계 4등이었으며 등정 국가별 순위로는 폴란드와 일본에 이어 세계 3위이고 등정자 연 인원수로는 허영호가 7등이 된다.

한국 팀의 동계 에베레스트 등반 보고서는 등반대장 신승모에 의해 『오리엔트 익스프레스 투 크리스탈 서밋(*Orient Express to Crystal Summit*)』이라는 제목의 영문 보고서로 발간된다.

에베레스트 동계 등정 2등은 등정 후 실종된 일본의 가토 야스오이며, 3번째 등정은 1983년 12월 26일에 등정한 일본의 야마다 노보루,

오지키 타카시, 무라카미 가루나리다. 이들은 가을에 로체를 오른 뒤 곧바로 겨울철 에베레스트에 올랐다

에베레스트 최초의 무산소 단독 등반

1980년대에 들어와서 중국 정부는 외국 팀들에게 티베트에 산재한 수많은 미답봉을 개방했다. 미답봉의 첫 등정자가 되기 위해 많은 원정대가 몰리기 시작했다. 메스너가 북방 루트를 통해서는 처음으로 에베레스트 무산소 단독 등반을 해낸다. 그는 노스 콜에서 북벽에 일부 새 루트를 개척하며 혼자서 정상에 오른 최초의 인물이 된다.

라인홀트 메스너는 1978년 산소 없이 에베레스트에 올랐던 방법보다 한발 더 앞선 방법을 실현하기 위해 에베레스트 무산소 단독 등반을 시도했다. 그는 일본인 최초로 이 산에 오른 일본의 국민적 영웅인 우에무라 나오미가 1980년 에베레스트 동계 단독 등반 허가를 받았다는 소식을 듣고 서둘러서 네팔 당국에 입산 허가를 신청했지만 거절당했다. 그리하여 중국의 북경 당국을 통해 북측 루트의 허가서를 받아냈다.

특히 북측에서 이 산을 오르는 일은 역사적으로도 흥미 있는 일이었다. 영국은 에베레스트 개척기에 수년 동안 이 산의 북쪽 루트를 통해서 등반을 시도해 왔기 때문이다.

이 롱북 빙하 측면은 1920년대와 1930년대에 영국 원정대가 6회에 걸쳐서 에베레스트 초등정을 시도한 역사적인 곳이었다. 메스너 원정대는 캐나다 여성 니나와 통역관, 2명의 중국인 연락관을 동행한 소규모였다. 롱북 빙하 위 해발 5,100미터 지점에 베이스캠프를 설치했다.

그는 베이스캠프에서 몬순에 관한 연구 보고서를 숙독하고 현지 티베트인들의 증언과 자신이 직접 관찰한 경험을 토대로 현지 기상 정보를 연구하는 한편 주변의 산에서 고소 적응 훈련을 한 뒤에 노스 콜 아래 해발 6,500미터 지점에 마련한 전진캠프로 올라갔다.

8월 17일 메스너는 일주일분의 식량과 연료와 천막, 침낭, 매트리스, 카메라가 든 18킬로그램 무게의 배낭을 노스 콜 80미터 아래까지 운반한 뒤 아이스 스크루로 고정하고 전진캠프로 돌아왔다. 에베레스트 북쪽 노스 콜은 6,600미터부터 7,050미터에 이르는 험준한 빙·설사면으로 이루어져 있다. 이 빙벽은 두꺼운 빙설로 덮여 있으며 평균 경사가 40~50도, 최대 70도 전후로 깊고 큰 크레바스가 종횡으로 치닫고 있다. 또한 사태의 위험도 높은 곳이다.

8월 18일 오전 5시에 전진캠프를 출발한 메스너는 하루 전날 옮겨 놓았던 배낭을 회수한 뒤 등반을 계속했다. 등반 중 발밑의 눈이 붕괴되면서 8미터 깊이의 크레바스 속으로 추락했으나 구사일생으로 탈출할 수 있었다. 그는 곧 이런 사실을 잊어버리기로 하고 정상을 향해 또 다시 움직이기 시작했다.

얼마 후 그는 강한 서풍이 부는 노스 콜에 올라선다. 그러나 로프나 알루미늄 사다리 없이 빙탑과 눈사태의 위험 지역을 운 좋게 벗어난다. 오후 3시경 북릉을 따라 오르면서 어려운 등반을 계속하던 중 해발 7,800미터 지점에 이르러 비박 장소를 찾아내 눈을 밟아 다진 뒤 텐트를 설치했다. 그는 텐트 안에서 치즈와 빵 조각을 먹으면서 꾸벅꾸벅 졸기 시작했다.

하루에 해발 고도 1,300미터를 오르느라 힘을 소진했는데도 잠을 제대로 이루지 못한 채 밤을 지새우고 다음 날 9시경 정어리 통조림

두 통과 가스 카트리지 한 통, 수프와 차 종류를 배낭에 집어넣고 또다시 북릉을 오르기 시작했다. 해발 7,900미터 지점에 도달했을 때 눈사태의 위험에 직면하기도 했다. 무릎까지 빠지는 깊은 눈 때문에 북릉으로 전진하기가 몹시 힘들었다.

그러나 에베레스트 북벽은 여러 차례의 눈사태가 신설을 쓸고 내려가 표면이 단단해져 오르기가 수월했기 때문에 북벽을 택해서 전진하기 시작했다. 북동릉과 평행선을 그으며 북벽을 횡단한 뒤, 오후 3시경 그레이트 쿨루아르에서 200미터 못 미친 8,220미터 지점에 도착했다. 메스너는 그 위쪽에 눈 덮인 바위턱을 찾아내 눈을 밟아 다진 후 텐트를 설치했다.

8월 20일 아침 8시경 피켈과 카메라만을 휴대한 채 비박 장소를 출발한 메스너는 그레이트 쿨루아르로 들어섰다. 눈으로 가득 찬 걸리를 오르기도 하고 100여 미터의 바위턱을 넘고 수직의 암벽을 오르면서 등반을 계속해 드디어 정상과 이어진 북동릉에 도착했다. 그는 지칠 대로 지친 몸을 이끌고 의지력만 앞세워 기고 걷기를 반복한 끝에 마침내 정상의 알루미늄 삼각대 앞에 섰다. 그는 1975년 중국 등산대가 설치해 놓은 삼각대를 움켜잡고 탈진한 상태로 한동안 꼼짝하지 않은 채 앉아 있었다.

메스너는 45분 동안 정상에서 휴식을 취한 뒤에 원기를 회복해 비박 장소로 하산했다. 그레이트 쿨루아르 밑에 있는 캠프에 도착했을 때는 물을 마실 기운조차 남아 있지 않았다. 그는 이곳에서 불면의 밤을 지새우고 다음 날인 8월 21일 오전 7시 30분경에 카메라와 벙어리 장갑과 색안경만을 챙겨 북벽을 횡단한 다음 비틀거리면서 전진캠프로 돌아왔다.

메스너는 이 등반을 끝내고 자신을 그리스 신화에 나오는 시시포스라고 불렀다. 신의 노여움을 사서 가파른 산정까지 바위를 굴려 올리는 형벌을 받은 시시포스와 마찬가지로 자신은 히말라야의 시시포스라고 말했다. 그는 자신이 밀어 올리는 바위는 자신의 영혼이라고 말했다.

그는 에베레스트 무산소 단독 등반을 마친 뒤에 『더 크리스탈 호라이즌(*The Crystal Horizon*)』이라는, 단독행의 생생한 기록이 담긴 등정기를 펴낸다.

에베레스트 북쪽의 등반이 어려운 것은 기후의 변화가 심하고, 날씨가 좋은 날이 드물며 강풍이 부는 데다 기온이 매우 낮기 때문이다. 8,000미터에서 부는 고공풍은 초속 60미터에 이르는 강한 바람으로 등반을 하는 데 있어 가장 위협적인 존재였다. 한번 강풍이 불기 시작하면 기온이 영하 30~40도까지 내려간다.

8,000미터 최초의 해트트릭

1980년대 중반에 들어서면서 8,000미터 거봉은 색다른 아이디어를 시험하는 무대가 된다. 등반 사상 유례가 없는 신기록들이 쏟아져 나오면서 슈퍼 알피니즘 시대가 도래한다.

1982년에는 세계를 놀라게 한 또 하나의 극한 등반이 성공을 거둔다. 8,000미터 3개 봉을 한 번에 오르는 등반이었다. 라인홀트 메스너에 의한 이 대담무쌍한 모험은 1982년 5월부터 시작해 8월에 끝난다. 이해에 히말라야에서 이루어진 가장 큰 성과로 캉첸중가와 가셔브룸 II, 브로드 피크 3개 봉을 연속적으로 오른 해트트릭을 꼽을 수 있다.

가셔브룸 II의 모습 이 산은 세계 제14위 고봉으로, 오스트리아 원정대가 초등정했다.

메스너는 1982년 5월 6일에 캉첸중가를 오르고, 계속해서 파키스탄의 가셔브룸 II를 7월 24일에 등정하고 8월 2일에는 브로드 피크를 올라 3개 봉 연속 등정을 해낸다. 메스너는 1970년 낭가파르바트를 시작으로 13년 동안 모두 9개의 8,000미터 봉을 오르는 기록을 보유하게 된다.

그동안에 있었던 메스너의 8,000미터 봉 등정은 모두가 무산소 등반이었으며, 이 중 2회는 단독으로 올라 새로운 극한 등반의 기록을 남긴다. 한 축구 경기에서 혼자서 3점을 득점하는 선수처럼 한 시즌에 3개의 8,000미터 고봉을 연속으로 오른다는 이 아이디어는 당초 메스너의 생각이 아니었다. 이 기발한 생각을 제공한 사람은 메스너가 개인적으로 운영하고 있던 등산학교의 강사인 고트프리트 무칠레히너Gottfried Mutschlechner였다. 그는 지금까지 아무도 시도해 보지 않은 새로운 스타일의 등반을 해보는 것이 어떻겠냐고 메스너에게 제안했다. 3개의 8,000미

한스 카머란더
메스너의 8,000미터 14개 봉 등정 경주의 파트너였다.

터 고봉을 연달아 등정한다는 것은 여러 해에 걸쳐 많은 노력을 쏟는 것보다 한 번에 몇 배의 성공을 거둘 수 있다는 매력을 지니고 있다.

3개 봉 등정을 한 번에 이룩해 보겠다는 계획은 고전적인 등반 방법으로는 도저히 성공할 수 없다. 이 계획에서는 오직 메스너 식으로 꾸려진 배낭만이 성공을 보장할 수 있었다. 그는 등산학교에서 가르치는 교과서적인 원리를 팽개쳐 버릴 수밖에 없었다. 모든 사람들이 불가능하다고 생각하는 일을 실현하기 위해서는 모든 교과서적인 기본 규칙을 과감히 버려야만 했다. 메스너와 호흡이 잘 맞던 한스 카머란더Hans Kammerlander는 메스너 식의 이런 스타일에 대해 다음과 같이 평가했다.

> 사람들은 메스너가 젊은 사람들을 모험으로 끌어들여 위험 속에 빠뜨리게 한다고 매도하지만, 선택은 개인의 상식에 달려 있다. 누군가의 인생에서 최고의 성과는 규정되거나 다른 사람에게 전달될 수 없는 것이다.

한스 카머란더는 메스너의 8,000미터 14개 봉 등정 경주의 파트너로 열렬한 메스너 신봉자이기도 하다. 메스너가 한스 카머란더를 가장 신뢰할 만한 파트너로 선정한 것은 자신의 등산학교 출신 제자였기 때문이다.

해트트릭을 실현하기 위해서는 여러 가지 복잡한 문제를 해결해야 한다. 각기 다른 3개의 봉을 오르기 위해서는 3개의 서로 다른 입산 허가서를 얻어내야 하며, 이것을 적절한 시기에 맞추고 3개의 원정대를 위한 자금도 조달해야 한다. 또한 지리적으로도 1개의 봉에서 다른 봉으로 신속하게 이동할 수 있어야 가능하다.

죽을 고비를 만난 캉첸중가 등정

메스너는 연속 등정의 첫 번째 봉으로 캉첸중가를 택해 북벽으로 오른 뒤, 네팔에서 파키스탄으로 이동해 발토로 빙하를 넘고 가셔브룸 II를 올라 이 산을 종주할 생각이었다. 또한 아무도 오른 적이 없는 동릉을 경유해 오르고, 노멀 루트로 하강한 후 세 번째로 마지막 8,000미터 봉인 브로드 피크를 종주한다는 계획을 세웠다. 그는 K2 쪽에서 북봉과 중앙봉을 경유, 주봉에 이른 후 노멀 루트로 하산한다는 생각으로 1982년 5월에 연속 등정의 첫발을 내딛는다.

1982년 봄, 메스너 일행은 3주간의 트레킹을 마치고 캉첸중가에 도착했다. 6개월 된 메스너의 딸 라일라도 아버지의 등에 업혀 베이스캠프까지 왔다. 우려했던 것과는 달리 라일라는 고도에 잘 순응했다. 일본의 오자키가 아들 마코토를 데리고 6,000미터급 아일랜드 피크에 오른 기록도 있긴 했지만 메스너는 베이스캠프에서 아내에게 딸을 맡겼다.

쉴 새 없이 강풍이 불어 베이스캠프 텐트가 요동쳤다. 메스너와 프리들은 몇 명의 포터와 함께 빙하를 건너 암벽으로 향했다. 이틀 동안 1캠프를 설치한 후 그곳에서 몇 주를 보냈다. 1캠프 위쪽의 루트는 등반이 어려운 코스였다. 200여 미터 높이의 둥근 빙탑 지대가 암벽의 기부 위에 있었다. 이 띠 모양의 빙탑 지대는 등로를 여는 문의 빗장과 같은 것이었다. 처음에는 빙탑 지대를 오르는 것이 불가능해 보였다. 몇 번이고 시도했지만 하루에 50미터밖에 오를 수 없었다.

그러나 이들은 반들반들한 얼음의 돌출부를 손으로 더듬어 가면서 조금씩 올라 빙탑의 중간에 이르렀다. 여기서부터는 루트를 찾을 수 없었다. 20미터 두께의 빙벽이 길을 가로막고 있었다. 일행은 그 빙벽에 얼음 크랙이 있는 것을 발견하고 그 속으로 들어갔다.

시간이 갈수록 이런 상황에 차차 익숙해졌다. 얼음 안쪽에서는 얼음이 쩍쩍 갈라지는 소리가 신경을 자극했고 위에서 떨어지는 작은 눈사태는 전진을 방해했다. 빙탑의 위쪽으로 두 번이나 어렵게 등반을 시도해 오른 뒤에 2캠프를 세웠다. 그런데 표고 7,200미터 지점까지 올라왔을 때 로프의 길이가 턱없이 모자랐다.

얼음이 매우 단단했기 때문에 고정 로프를 설치하지 않고 등반을 한다는 것은 끔찍한 일이 아닐 수 없었다. 두 사람은 하강을 결심하고 서둘러 하산하기 시작했다. 그러나 퇴각 중에 계속 눈이 내려 사면에 분설이 쌓이기 시작했다. 설상가상으로 작은 눈사태마저 일어났다. 두 사람은 몇 시간 동안 이런 상황 속에서 하강을 하다가 크레바스로 대피했다. 상황이 호전되기를 기다리는 수밖에 없었다.

장비도 없이 이런 곳에서 비박을 한다는 것은 위험하기 짝이 없는 일이었다. 악조건이었지만 텐트까지 철수를 강행할 수밖에 없었다. 두 사람은 눈사태가 잠시 멈춘 틈을 이용해 신속하게 하강을 시도했다. 다행히 아무 일도 없이 텐트까지 무사히 도착할 수 있었다.

프리들과 메스너, 셰르파 앙도르제는 마지막 시도가 될지도 모를 등반을 다시 한 번 감행했다. 이들은 북릉의 그늘진 틈새에서 첫 비박을 한 후 다음 날 8,000미터 지점까지 올라 능선 위에 2개의 작은 텐트를 쳤다. 그리고 북동 스퍼와 북릉이 만나는 지점에서 또 한 번의 비박을 했다.

5월 6일 아침, 세 사람은 세찬 바람을 뚫고 정상으로 향했다. 북릉 선상에 있는 서너 개의 암탑을 넘어 깊은 눈을 러셀하면서 협곡을 올라갔다. 티베트 쪽에서 엷은 안개가 베일처럼 몰려오고 있었으며 강한 북서풍이 불어오면서 얼음 위에 엷은 눈이 쌓이기 시작했다.

상황이 이런데도 세 사람은 로프를 쓰지 않은 채 각자 단독으로 등반을 했다. 로프를 쓰게 되면 그만큼 시간 소모가 많기 때문에 위험을 무릅쓰고 로프의 확보 없이 계속 전진한 것이다.

캉첸중가의 서봉을 넘어선 세 사람은 남면과 북면 사이의 잘록한 산등성이에 도착했다. 여기서부터 세 사람은 서로를 로프로 묶고 등반을 했다. 화강암 슬랩을 오른쪽으로 횡단한 후 오후에 정상에 도달했다. 정상에는 낡은 산소통이 뒹굴고 있었다. 인도 등반대가 남기고 간 측량용 폴도 눈 속에 박혀 있었다. 세 사람은 정상에 서서 서로 사진을 찍었다. 이들이 하산하기 시작했을 때 바람은 태풍으로 변했다. 늦기 전에 비박 지점까지 내려가야 했기에 세 사람은 도망치듯이 서둘러 하산하기 시작했다.

시간이 지날수록 바람이 점점 더 맹렬한 기세로 불어왔다. 프리들은 장갑을 조금 늦게 끼는 바람에 손에 심한 동상을 입었다. 저녁 늦은 시간에 가까스로 캠프에 도착한 이들은 크램폰을 텐트 입구에 벗어 놓고 신을 신은 채 얼어붙은 침낭 안으로 들어가 물조차 끓여 마시지 못하고 드러눕고 말았다. 텐트 밖에서 폭풍은 미친 듯이 날뛰고 있었다. 바람이 어찌나 세게 부는지 텐트 폴과 연결된 봉제 부분이 뜯겨 나갈 것만 같았다.

아침 5시경, 결국 강풍을 견디지 못한 텐트가 갑자기 큰 소리를 내면서 찢어져 버렸다. 몇 분 후에 앙도르제의 작은 텐트도 갈기갈기 찢어졌다. 날뛰는 폭풍 속에 노출된 세 사람이 침낭만으로 바람을 견디기에는 역부족이었다. 옷은 이미 눈에 젖었고 장갑은 바람에 날아가버린 뒤였다. 시속 100킬로미터가 넘는 폭풍이 계속해서 이들을 맹타하고 있었다.

힘든 등반과 고통스러운 밤을 보내며 지쳐 있었지만 위기 상황 속에서 재빨리 탈출해야 했다. 추위 때문에 온몸이 덜덜 떨려 크램폰을 착용하는 것도 쉽지 않았다. 거센 바람은 세 사람을 넘어뜨리기도 했다. 차라리 이곳에 주저앉고 싶은 심정마저 들었다.

마치 술 취한 사람처럼 비틀거리며 간신히 일어나 기는 듯이 옆으로 걸으면서 아래로 내려가기 시작했다. 표고를 낮출수록 바람의 기세는 점차 수그러들기 시작했다. 손과 발에 모두 동상을 입은 프리들은 걸음을 옮기는 일조차 힘들어 했다. 다음 날 밤, 세 사람은 기진맥진한 상태로 베이스캠프에 무사히 도착할 수 있었다.

이들 세 사람은 캉첸중가 등반을 무산소로 이뤘으며, 부분적으로 알파인 스타일을 채용해 변형 루트를 따라 북면에서 정상에 도달했다. 이들이 이룬 등정은 통산 10등의 기록이었다.

해트트릭의 웅대한 구상을 실현하기 위해 시도한 첫 번째 산에서 하산 중에 이들은 비싼 대가를 치러야 했다. 후일 메스너는 캉첸중가 북벽 등반이 자기 인생에서 가장 위험한 산행이었다고 말한 바 있다. 이때의 등반이 얼마나 어려웠는가를 짐작하게 하는 말이다.

이 등반에서 그와 함께 정상에 오른 셰르파 앙도르제는 캉첸중가를 오름으로써 8,000미터 봉 2개를 무산소로 오른 네팔인 최초의 등정자라는 기록을 남긴다. 후일 그는 에베레스트에서 3번째 8,000미터 봉 등반을 시도하던 중 사망하고 만다.

가셔브룸 II에서 만난 두 번째 고비

캉첸중가에서 죽을 고비를 넘기고 내려온 메스너는 카트만두에서 2~3일 동안 휴식을 취한다. 그의 동료 프리들은 동상 치료를 위해 유럽으로 돌아갔다. 메스너는 다음 목표인 가셔브룸 II를 오르기 위해서 항공편을 이용해 파키스탄으로 날아갔다. 파키스탄에 장비와 포터들이 준비되어 있었다. 그곳에서 파키스탄의 등반가인 나지르사비르와 셸칸을 만나 동행하기로 하고 고소 포터 로시알리와 리틀 카림도 동행하기로 약속했다.

메스너는 스카루드에서 포터 25명으로 구성된 소규모 원정대를 조직한다. 특히 1982년 여름에는 눈이 많이 내려, 오르기 쉬운 산이라는 가셔브룸 II도 만만치 않은 상태로 변해 있었다.

고도 순응을 마치고 며칠 뒤 가셔브룸 계곡 상류에 전진캠프를 설치하고 베이스캠프로 돌아왔다. 좋은 날씨를 택해 나지르사비르, 셸칸과 고소 포터 로시알리, 리틀 카림 등과 함께 1캠프로 올라갔다. 다음 날에도 계속 올랐다. 남서쪽 사면의 6,200미터 지점까지 포터들도 동행했다. 메스너는 이 지점에 텐트를 치고 비박을 했다.

메스너는 다음 날 아침 정상을 향해 오르던 중 올리브색의 비박용 텐트를 발견했다. 이 텐트의 주인은 분명 일주일 전에 이 산에서 행방불명된 오스트리아 산악인들이었다. 텐트 안에는 필름과 그들이 남기고 간 일기장만 남아 있었다.

그는 혹시 조난당한 오스트리아 산악인들이 정상 부근에서 살아서 구조를 기다릴지 모른다는 막연한 생각을 하면서 앞으로 나아갔다. 눈 속에서 희미하게 그들이 남긴 발자국을 발견했고 표고 7,500미터 지점에서 그들의 스키 폴 하나를 발견했다.

그날 밤 메스너 일행은 정상 피라미드 바로 아래쪽에 3인용 텐트를 치고 비박을 했다. 이날 밤부터 날씨는 급변했다. 이튿날 아침이 되자 폭풍은 텐트 주변을 무서운 기세로 휩쓸고 있었다. 그러나 이들은 폭풍이 불고 시야가 흐린 데도 불구하고 정상으로 향했다.

이들은 정상 피라미드 아래 횡단 루트에서 실종된 오스트리아 산악인을 찾아볼 생각이었다. 북동릉으로 진출하는 횡단 루트 능선 아래 바위 밑에서 시체 하나가 발견되었다. 반쯤 앉은 자세로 누군가를 기다리는 모습으로 죽어 있었다. 아마도 비박 중에 잠이 든 채로 마지막 순간을 맞은 듯했다.

7월 24일 메스너 일행은 폭풍과 안개가 낀 상황이었음에도 불구하고 등반을 계속해 마침내 정상을 밟았다. 그러나 하산 시의 상황은 더 극적이었다. 오를 때와 똑같은 루트로 내려갔으나 그사이 바람은 그들이 오를 때 남긴 발자국을 모두 지워 버려 올라온 흔적을 찾기가 힘들었다. 하산 루트를 찾기 위해 아래로 내려가기도 하고 다시 위쪽으로 올라가기도 하면서 방황하다가 간신히 마지막으로 비박을 한 지점을 찾아냈다.

브로드 피크 등정을 마치고 무사히 베이스캠프로

다음 날 이들은 베이스캠프까지 하산할 수 있었다. 그곳에서 오스트리아 대원들에게 조난자들의 일기장과 사망 소식을 전했다. 14개의 8,000미터 봉 중에서도 가장 쉽다는 가셔브룸 II일지라도 기상이 악화되면 죽음의 덫에 걸려들 수 있다는 사실을 메스너 일행은 실감했다. 이들의 등정은 통산 8등이라는 기록을 남긴다. 메스너는 2개 봉의 등정을 마무리하고 2~3일이 지난 후 나지르사비르와 셸칸과 함께 해트트릭의 마지막 산이 될 브로드 피크로 향했다.

이미 고소 순응이 된 세 사람은 호흡이 잘 맞는 파트너가 될 수 있었기에 브로드 피크를 2~3일 내에 오를 수 있다는 자신감을 갖고 기상 조건이 좋아지기를 기다리고 있었다. 메스너는 25년 전에 헤르만 불이 이룩한 초등 루트를 따라 오르기로 했다.

1957년 이 산에서 8,000미터 최초의 알파인 스타일을 실현한 선구자들에 대한 존경심의 표현이자 헤르만 불의 마지막 등정을 회고할 수 있는 기회를 갖기 위해서였다. 헤르만 불은 이 산을 마지막으로 등정하고 18일 후에 초골리사에서 눈처마 붕괴로 행방불명되었다.

메스너 일행은 눈 상태가 좋은 시기를 골라 출발했다. 베이스캠프에서 왼쪽으로 호를 그리듯이 오른 후 25년 전 헤르만 불이 사용했던 1캠프를 통과했다. 암벽 여기저기에는 아직도 고정 로프가 널브러져 있었다. 이들은 높이 3,000미터 정도의 사면 한가운데에 첫 비박 장소를 마련했다.

다음 날 약 20킬로그램의 배낭을 짊어지고 출발하여 계속 전진해 나갔다. 초등 당시 최종 캠프를 설치했던 자리에 텐트를 설치했다. 8월 2일은 구름 한 점 없는 쾌청한 날씨였다. 중앙봉과 주봉 사이의 샤르테*로 이어지는 긴 능선을 따라 오른 후 정상에 섰다. 정상에서 바라본 전경은 웅장했다. 북으로 K2, 앞에는 8,000미터 높이의 중앙봉이 보였다.

베이스캠프로 귀환했을 때 이들은 아직도 힘이 남아 있었고 마음만 먹었다면 두서너 개의 8,000미터 봉을 더 오를 수 있을 만큼 자신감에 넘쳐 있었다. 이 산을 등정한 후 메스너는 모든 8,000미터 봉을 오를 결심을 한다. 이런 결심을 하게 된 동기는 능력의 한계를 경험을 통해 확인하려는 강력한 동경심 때문이었다.

메스너는 브로드 피크 등정을 통해 히말라야 등반 사상 최초로 8,000미터 봉 3개를 단숨에 오르는 해트트릭을 이룩했다.

'정당한 방법'에 의한 8,000미터 2개 봉 연속 종주

히말라야 등반 사상 최초의 해트트릭을 성공시킨 지 2년 후인 1984년에는 2개의 8,000미터 봉을 베이스캠프를 경유하지 않은 채 횡단하는 사상 유례가 없는 기록이 탄생한다. 메스너와 한스 카머란더는 불과 일주일 동안에 가셔브룸 I과 가셔브룸 II의 횡단 등반을 베이스캠프를 경유하지 않은 채 장비와 식량 데포도 없는 상태에서 감행해 새로운 기록을 성공시킨다. 이 두 사람은 어떤 지원이나 고정 로프의 사용조차 거부한 채 정당한 방법으로 두 산의 종주를 마무리한다.

이들은 2개 봉 연속 등반을 계획했을 때만 해도 가셔브룸 I에 먼저 오른 다음 북벽을 넘어서 하강한 후 노멀 루트 사이에 있는 수직의 벽을 오르고

샤르테 Scharte
(독일어) 산등성이의 잘록한 협곡.

하강도 노멀 루트로 한다는 계획을 세워 놓고 있었다. 그러나 가셔브룸 I의 서릉에는 눈사태의 위험이 도사리고 있었으므로 두 봉의 횡단 등반을 역코스로 시도하기로 결정했다.

가셔브룸 II는 이미 1982년도에 등정한 경험이 있었기 때문에 노멀 루트를 따라 두 번째의 등정을 마무리했다. 이 산을 오르는 일은 첫 번째 등반 때와 비교하면 날씨가 좋았고 눈의 상태도 등반하기에 알맞은 조건이었다. 이들은 별 어려움 없이 정상에 올랐다.

두 사람은 프랑스 원정대의 루트와 폴란드 원정대의 루트 사이에 있는 벽을 넘어서 내려갈 때 몇 번 위험한 순간을 겪기도 했다. 곳곳에 빙탑이 산재해 있고 아랫부분은 오목한 지형을 이루고 있어 눈사태와 빙탑 붕괴 시 오목한 장소로 사태가 몰리게 될 것은 불을 보듯 뻔한 일이었다.

8,000미터 고봉은 어느 순간에도 방심할 수 없었다. 등반을 시작한 지 나흘째 되는 날, 두 사람은 균열 투성이의 수직 현수빙하로 하강하는 끔찍한 모험을 시도한다. 이들은 아무런 확보도 없는 상태로 이 지점을 하강해야 했다. 하루 중 제일 좋은 시간대인 이른 아침을 택해 비교적 짧은 시간에 이 위험한 지역을 신속하게 돌파했다.

이후 만년설로 이루어진 지릉에서 험한 모습으로 서 있는 암장을 통과한 후 빙탑 사이를 누비며 내려갔다. 빙탑 옆을 지나갈 때는 금방이라도 빙탑이 붕괴할 것 같아 온몸에 소름이 돋기도 했으나 얼마 후 광활한 가셔브룸 계곡까지 무사히 도착할 수 있었다.

2개의 8,000미터 봉 횡단 등반에서 가장 혹독했던 것은 공기가 희박한 죽음의 지대에서 장시간 동안 체류한다는 점이다. 두 사람은 8일 동안 베이스캠프에서 휴식도 취하지 못한 채 극한 상황을 극복했다. 수면도 제대로 취하지 못했을 뿐만 아니라 고정 로프도 없었고 지형조차 제대로 분간할 수 없는 혹독한 상황을 이겨냈다.

두 사람은 안전벨트와 낙석 방지용 헬멧은 물론 방향 탐지용 나침반조차 휴대하지 않았다. 만약의 경우에 대비해 구급용 약상자만을 휴대하고 있었다. 등반 용구로는 6밀리미터 굵기의 20미터 보조 로프 한 동만을 휴대했다. 이들은 최소한의 장비만을 고집한 채 '정당한 방법'만으로 등반을 했다.

정당한 방법이라는 등산 정신과 형식은 메스너에 의해 이뤄진 것은 아니다. 이 등산 정신은 이미 31년 전에 헤르만 불에 의해 제창된 바 있다. 이 등반은 확실히 고전적인 알피니즘의 규칙을 허문 혁신적인 방법이었다. 8,000미터 봉의 종주는 히말라야 등반 사상 새로운 변화를 몰고 왔다.

당시 메스너와 파트너가 되어 2개의 8,000미터 봉 횡단에 동행했던 한스 카머란더는 "이런 불가능한 등반을 가능케 하는 것은 메스너 식의 코란(Koran, 경전)이다"라고 평했다.

메스너는 이 등반을 끝내고 히말라야에서 연속 종주 등반의 가능성을 지닌 산은 얼마든지 있다고 말했다. 가셔브룸처럼 서로 나란히 서 있는 몇 개의 8,000미터 봉과 로체와 에베레스트의 종주나 5개의 캉첸중가 봉의 종주, 마칼루-로체-에베레스트를 연결하는 종주도 새로운 과제라고 말했다.

브로드 피크 3개 봉 종주 등반

2개의 8,000미터 봉 횡단 등반이 최초로 이루어졌던 1984년에 또 하나의 놀라운 사건이 일어난다. 동구권의 새로운 별로 부상한 폴란드의 예지 쿠쿠츠카와 거벽 등반의 귀재 보이치에흐 쿠르티카 2인조가 브로드 피크 3개 봉을 한 번에 등정해낸 것이다. 이들은 브로드 피크를 서릉으로 올라 북봉(7,600m)-중앙봉(8,016m)-주봉(8,047m)을 연결하는 3개 봉 종주 등반을 마무리했다.

쿠쿠츠카와 쿠르티카는 1984년 여름에 이 색다른 스타일의 등반을 감행한다. 봉우리 하나하나가 등반 대상으로 손색이 없는 브로드 피크 3개 봉 모두를 알파인 스타일로 등반하는 것이다. 이들이 택한 북서릉 루트는 브로드 피크 초등 후 27년 만에 열리는 새로운 길이기도 했다.

그러나 두 사람은 서로 다른 등반 스타일 때문에 계획 단계에서부터 충돌을 겪는다. 쿠르티카는 패배할 수 있다는 점을 염두에 두고 치밀한 계획을 세우는 스타일인 반면 쿠쿠츠카는 치밀한 계획 따위는 탐탁지 않게 생각하는 편이었다. 당연히 두 사람이 원하는 등반 루트도 달랐다. 쿠르티카는 북쪽에서부터 이 산을 가로지르려 했고, 쿠쿠츠카는 남쪽에서 시작해 3개 봉 모두를 연결하려고 했다. 결국 쿠르티카의 의견대로 루트를 잡게 된다.

브로드 피크 3개 봉 연결 등반을 시도하기 4년 전부터 두 사람의 반목은 이미 뿌리 깊은 것이었다. 결국 쿠쿠츠카와 쿠르티카는 서로를 필요로 함에도 불구하고 이 원정을 마지막으로 결별하게 된다. 쿠쿠츠카가 8,000미터 14봉 완등 경주에 뛰어든 것은 그 후의 일이다.

두 사람의 브로드 피크 종주는 속전속결로 이루어진다. 이들은 3주 동안의 고소 순응 등반에서 노멀 루트를 통해서 7,300미터까지 올라간 일을 빼고는 사전 공작도 전혀 하지 않았다.

등반의 시작부터 주봉까지 총 4일 반이 걸렸고 베이스캠프로 돌아오

동부 유럽의 떠오르는 등반가였던 예지 쿠쿠츠카

는 데 단 하루가 걸렸을 뿐이다.

7월 11일, 쿠쿠츠카와 쿠르티카는 베이스캠프를 떠나 암벽 아래에 도착했지만 온종일 불어대는 강풍 때문에 텐트 안에 갇혀 있을 수밖에 없었다. 7월 13일 새벽 일찍 출발한 두 사람은 달빛 아래에서 등반을 했다. 암벽과 작은 암릉 그리고 설벽과 빙벽에서 떨어져 쌓인 거대한 얼음더미 사이를 뚫고 전진해 나갔다. 급경사를 이룬 암벽에는 빙벽에서 떨어진 눈과 얼음덩이들이 쌓여 앞을 가로막고 있었다.

두 사람은 위압감을 내뿜는 거대한 빙탑의 급사면을 있는 힘을 다해 오르기 시작했다. 속도를 내기 위해 로프를 사용하지 않은 채였다. 이 산을 알파인 스타일로 신속하게 돌파하기 위해서는 어쩔 수 없는 선택이었다. 이들은 한동안 비박 장소를 찾지 못한 채 헤매다가 간신히 플랫폼처럼 생긴 장소를 찾아냈다.

다음 날인 7월 15일에 이들은 북봉을 올라 중앙봉과 북봉을 잇는 안부에서 느긋한 마음으로 비박 장소를 찾았다. 비박 장소 전면으로 카라코람 전체가 웅장한 모습을 드러내고 있었다.

세계 제2위 고봉 K2의 웅장한 남벽과 거대한 발토로 빙하의 끝에 아름다운 초골리사의 모습이 보였다. 왼쪽으로는 가셔브룸 산군이 위용을 뽐내며 도도한 모습으로 서 있었다. 그 뒤쪽으로는 말루비팅, 군양, 취쉬, 라카포시, 시스파레 등 여러 연봉들이 들러리처럼 늘어서 있었다. 저 멀리 낭가파르바트의 고고한 자태가 봉우리들 사이로 신기루처럼 서 있었고, 지평선으로 넘어가는 태양이 오렌지 빛으로 주변을 물들이고 있었다.

거벽 등반의 귀재, 보이치에흐 쿠르티카

이 웅장한 경관은 다음 날 두 사람이 중앙봉에 도달한 16일 정오까지 지속되고 있었다. 이들은 7월 15일 북봉을 오르고 16일에 중앙봉을 올랐다. 두 사람이 암릉에 올라선 순간 눈보라 속에 휘말린다. 점점 거세지는 눈보라에 밀려 콜 쪽으로 미끄러지듯 달려 내려갔다.

중앙봉에서 주봉 사이의 콜로 내려가는 루트는 급경사를 이루고 있어 매우 위험했고 바람마저 심하게 불고 있었다. 두 사람은 1975년 페렌스키가 지휘하는 폴란드 원정대의 중앙봉 초등자 5명 중에 3명이 하산 중에 눈보라의 기습을 받아 죽은 지점에 이르렀다.

비극의 현장을 넘어

쿠쿠츠카와 쿠르티카는 9년 전 이 지점에서 일어났던 조난자들의 잔류품을 발견했다. 쿠르티카는 카라비너가 걸린 피톤이 아직도 그대로 암벽에 박혀 있는 것을 발견했으며 조금 아래쪽에서 눈 속에 박혀 있는 죽은 사람들의 피켈도 눈에 띄었다. 두 사람은 9년 전 비극의 주인공들이 남긴 잔류품을 바라보면서 어둠이 깔리기 시작하는 길목을 서성거렸다. 바람 소리가 마치 망령들의 울부짖음처럼 들려왔다.

당시의 상황은 처참했다. 하산하던 폴란드 원정대가 콜에 이른 순간 뒤에서 내려오던 한 대원이 동쪽의 칠흑 같은 어둠 속으로 추락하면서 로프가 끊어져 버렸다. 다음 날 아침 나머지 대원 넷이 동료를 찾으려고 그 자리에 머물기로 했다. 그러나 이 결정은 더 큰 비극을 불러오고 만다. 고소의 극한 상황과 하룻밤을 더 싸우며 대원들의 체력과 인내심이 한계에 다다른 것이다.

동이 틀 무렵이 되었음에도 눈보라의 기세는 꺾일 줄을 몰랐다. 결국 그들은 가지고 있던 로프를 이용해 하산하기 시작했다. 그러나 체력이 고갈된 이들은 하산 중에 2명의 동료를 더 잃고 만다. 나머지 두 사람도 하산 중에 추락했지만 다행히 큰 부상을 입지는 않았다. 그들은 심한 동상을 입었지만 강한 의지력으로 버텨냈다.

두 사람은 목이 터지도록 동료들을 찾아 헤맸다. 그러나 동료들은 대답이 없었고 공허한 절규 소리만 바람에 휩쓸려 사라질 뿐이었다. 1975년 8월 1일 밤, 살아남은 두 사람은 동료들의 도움으로 베이스캠프까지 무사히 도착했고 베이스캠프는 비통에 잠겼다. 죽은 이들의 이름은 브로드 피크의 한 바위에 묘비명으로 남겨졌다.

쿠르티카와 쿠쿠츠카가 발견한 것은 바로 그들의 유품이었던 것이다. 다음 날 아침, 바람의 기세가 꺾이자 두 사람은 1982년에 처음 이 산에 올랐던 서릉 루트를 통해 주봉으로 향한다. 짐을 줄이기 위해 비박용 장비를 콜에 남겨 두었다.

쿠쿠츠카가 앞에 오르면서 한 바위 모서리에 이르러 뒤처진 쿠르티카를 기다렸다. 이때 쿠르티카가 겁에 질린 눈빛으로 뒤쫓아 올라왔다.

쿠르티카가 쿠쿠츠카에게 오자마자 한 말은 "하마터면 지옥에 갈 뻔했다"였다.

쿠르티카는 다른 팀이 설치한 고정 로프를 이용해 오를 생각이었다. 그런데 그가 로프에 체중을 싣자마자 고정 로프가 종이로 꼬아서 만든 것처럼 갈기갈기 찢어져 버렸다. 쿠르티카는 10여 미터를 굴러 떨어졌지만 다행히도 설사면에서 제동이 걸려 살아날 수 있었던 것이다.

히말라야의 노장이라 불렸던 쿠르트 딤베르거

두 사람은 노멀 루트와 만나는 지점인 콜에서 네 번째 비박을 하고 다음 날 2시간 반 만에 브로드 피크 정상에 섰다. 하산할 때는 초등 루트에 남긴 발자국을 따라 내려가기로 했다. 정상에서 내려오던 중에 멀리 K2의 장대한 피라미드를 바라보면서 서 있는 두 사람과 마주친다. 그들은 히말라야의 노장이라 불리는 쿠르트 딤베르거와 영국의 여성 산악인 줄리 툴리스였다.

이후 1986년에 이 두 사람에게 K2는 운명의 산이 된다. 줄리 툴리스는 영국 여성 최초의 K2 등정자라는 영광을 안고 눈보라 속에서 47세의 생애를 마감했고, 딤베르거는 이 산에서 동상에 걸려 손가락을 절단한다. 8,400미터의 비박 장소에서 구출된 딤베르거는 줄리 툴리스의 남편에게 짤막한 애도의 뜻을 전한다. "줄리와 나는 산 중의 산 K2를 올랐소. 난 이렇게 끝날 줄은 미처 몰랐소. 그녀를 빼앗아간 것은 정말 운명의 장난이었소."

그레이트 트랑고 타워 1984년에 동봉 남서벽에 '노 리턴' 루트가 개척된다.

이렇듯이 8,000미터 고봉이 기발한 아이디어를 시험하는 무대가 되어 가는 가운데 한편에서는 히말라야 등반의 무대가 더 높은 난이도를 추구하는 거벽으로 옮겨 가고 있었다. 3개의 고봉 종주 등반이 이루어진 1984년, 히말라야의 한 거봉인 트랑고에서도 주목할 만한 등반 성과가 이룩된다.

노르웨이의 한스 크리스티안 도제트Hans Christian Doseth, 핀 델리Finn Dæhli, 다그 콜스루트, 스테인 아스헤인Stein Ashein이 20여 일에 걸쳐 그레이트 트랑고 타워Great Trango Tower의 동봉 남서벽에 '노 리턴No Return'이란 이름의 새로운 루트를 개척한 것이다. 힘든 등반을 끝내고 하강하는 도중에 이들 중 2명이 목숨을 잃고 만다.

창가방, 등로주의 전형을 보여준 빛나는 서벽

1985년 카라코람 히말라야에 있는 2,500미터의 한 거벽을 용감한 두 클라이머가 뚫고 올라 새로운 루트를 개척하는 데 성공한다. 보이치에흐 쿠르티카와 로버트 샤워가 가셔브룸 IV(7,925m)의 서벽을 알파인 스타일로 올라 루트 초등을 이룩한 것이다.

두 사람은 11일간의 비박을 견디며 2,500미터의 서벽 전체를 죽을 힘을 다해 올라간다. 이 등반은 현대 등반사에서 가장 과감한 등반으로 꼽힐 성과였으며, 등반사에 획기적인 기록으로 남을 최고의 거벽 등반이었다. 그러나 당시 두 사람은 무명의 산악인이었다는 이유로 훌륭한 성과를 얻어냈음에도 언론으로부터 홀대를 받았다.

서벽 등반을 주도한 쿠르티카가 "등반가들이 8,000미터를 고집하는 이유를 알 수 없다. 등반 가치가 훌륭한 산인데도 높이가 낮다고 해서 등반을 기피하는 것은 히말라야 등반의 질을 낮출 뿐이다"라고 역설한 것에서 그의 등반 스타일을 단적으로 엿볼 수 있다.

쿠르티카는 자신의 신념을 실천하기 위해 가셔브룸 IV의 서벽을 선택한다. 이 산은 8,000미터에서 불과 75미터가 모자랐으며, 서벽은 세상에서 가장 어려운 벽이라고 할 수 있었다. 그동안 서벽은 첨예한 클라이머들에게 외경의 대상이었다. 영국, 미국, 일본 등의 많은 산악인들이 호시탐탐 기회를 엿보아 왔으나, 그 누구도 오르지 못한 채 미지의 봉으로 남아 있었다.

1985년 6월, 두 사람이 서벽을 오르기 시작했으나 만만한 대상이 아니었다. 암질은 푸석푸석했고 피톤 하나 박을 틈도 없이 편편했다. 두 사람은 40~80미터 이상을 확보도 없이 등반했다. 설벽에는 깊은 눈이 쌓여 굴을 파듯이 전진할 수밖에 없는 어려운 등반을 계속해야 했다. 5일분의 식량만을 지니고 갔기 때문에 6일째 밤이 되자 식량과 연료가 바닥나고 말았다.

비박색은 무서운 기세로 불어대는 허리케인에 금방이라도 찢어질 듯이 나부꼈다. 이들은 편안하게 눕지도 못한 채 앉아서 이틀 밤을 지새워야 했다. 깊은 눈 속에 파묻혀 질식할 것만 같은 상황 속에 갇혀 있었다.

다음 날은 날씨가 호전되었다. 극도로 지친 몸을 이끌고 살기 위해서 정상으로 필사의 탈출을 계속해 나갔다. 허리까지 빠지는 눈을 헤치면서 러셀을 해나가는 쿠르티카의 걸음걸이는 술 취한 사람처럼 비틀거렸다. 기아와 갈증으로 고통이 극에 달해 있었던 것이다. 그는 단 한 걸음이라도 움직이다 죽길 원했다. 극도로 지쳐 있으면서도 그는 죽을지도 모른다는 의식을 모아 주저앉기보다 사력을 다해 움직였다.

마침내 두 사람은 죽음의 늪과 같은 서벽을 빠져나와 평탄한 설릉에 도착했다. 서벽 등반을 완벽하게 마무리한 두 사람은 마지막 수십 미터를 남겨 놓고 정상을 포기했다. 당시 상황으로 보아 정상까지의 행보는 별 문제가 되지 않았다. 그러나 그들은 정상이 아무런 의미가 없다고 판단했던 것이다. 두 사람은 4일 동안이나 물 한 모금 마시지 못한 채 북서릉을 따라 하산하면서 온갖 환청과 환각에 시달렸다.

그들은 그런 극한의 고통을 견뎌내고 무사히 살아서 하산한다. 정상 등정이 등반을 완성하는 것이라고 하지만 서벽에서 체험한 극한 등반만으로도 그들은 만족할 수 있었다. 이들의 등로주의를 구현한 서벽 등반은 훗날 높게 평가된다.

우리나라는 조성대가 이끄는 한국산악회 원정대가 1995년 첫 도전에 실패하고 뒤이어 재도전한 끝에 1997년 7월 18일 유학재, 방정호, 김동관이 서벽 중앙 립을 타고 정상에 이르는 '코리아 루트'를 초등했다.

가셔브룸 IV를 등반하는 유학재의 모습

앞서 설명했듯이 가셔브룸 IV 서벽은 히말라야 거벽 중에서도 최난의 벽으로 손꼽히는 대상으로 1986년 쿠르티카가 초등한 이래 재등이 이루어지지 않고 있었다. 그만큼 난벽 중에 난벽이었기 때문에 국제 산악계에서도 한국 등반대의 성과에 비상한 관심을 보이며 놀라워했다.

미국의 산악 평론가 에드 더글러스는 이를 두고 산악 전문지《클라이밍(*Climbing*)》에 "연중 눈이라곤 구경도 할 수 없는 열대의 작은 섬나라 자메이카의 봅슬레이 팀이 동계 올림픽에서 우승을 한 것과 같다"며 뜻밖의 성과였다는 톤의 글을 싣기도 했다.

인간의 한계를 뛰어넘은 철인의 8,000미터 14봉 완등 레이스

한 사람이 평생을 투자하더라도 8,000미터 14봉을 모두 오른다는 것은 결코 쉬운 일이 아니다. 1986년 이전까지만 해도 한낱 몽상 속에서나 가능한 일이라고 여겨졌다. 그 꿈같은 일이 1986년 10월 16일, 세계

4위 고봉 로체 정상에 선 한 사나이에 의해서 현실로 이루어진다. 그 사나이는 이탈리아 출신의 등반가 라인홀트 메스너였다.

라인홀트 메스너가 8,000미터 14봉을 모두 등정했다는 사실이 전 세계로 전파를 타고 전해지자 대중 언론들은 일제히 '인간의 한계를 뛰어넘은 위대한 승리'라고 극찬하면서 기립 박수를 보냈다. 그것은 지구상의 가장 높은 14개 고봉 모두를 오르는 기적을 이룬 42세의 사나이에게 보내는 찬사였다.

메스너는 26세 때인 1970년에 히말라야에 처음 입문해 낭가파르바트를 시작으로 8,000미터 봉 14개를 모두 오르는 최초의 인물이 된다. 그는 30년 동안 5대륙의 최고봉을 모두 섭렵했고, 등산 수업 시대에 그의 놀이터나 다름없는 알프스의 여러 봉들을 2,000번 이상 올랐다. 8,000미터 14개 봉 중 에베레스트, 낭가파르바트, 히든 피크, 가셔브룸 II는 2번씩 올라 8,000미터 고봉 18차례 등정을 기록했다.

메스너는 "14봉 모두를 수집했으니 이제 할 일이 끝났다는 생각은 하지 않는다. 또 다른 8,000미터의 시대를 열어 갈 것이다. 남들이 미처 오르지 못한 루트와 보다 힘든 루트를 골라 끊임없이 도전하면서 살아남는 참 기술과 기쁨을 맛보겠다"라고 말했다. 그는 18차례나 8,000미터 봉을 등정하면서 이 중 16번을 자기가 주창한 '포기抛棄 알피니즘'(산소, 셰르파, 장비, 지원 등을 모두 포기한 채 자기 힘만으로 오르는 등산)을 철저하게 실천했다.

메스너 식의 이런 등산 방법에 대해 독일의 유명 잡지 《슈피겔》은 "메스너는 등반 기술의 발달을 멈추게 했다. 그것은 인간 능력을 한층 더 진화시키기 위해서였다"라고 논평했다. 1980년 그가 최초로 무산소 단독 등반으로 에베레스트에 올랐을 때는 이 산의 주인으로 자처해

에베레스트 정상에서 바라본 히말라야
멀리 초오유가 보인다.

온 영국인들조차도 "인간이 최초로 에베레스트에 올랐다"며 극찬을 아끼지 않았다.

메스너의 8,000미터 14봉 18차례의 등정 연보를 살펴보면, 1970년 6월 27일 낭가파르바트 남벽에 해당하는 루팔 페이스 초등, 1972년 4월 25일 마나슬루 남벽 초등, 1975년 8월 10일 히든 피크 북서벽 초등(페터 하벨러와 단둘이서 최초로 알파인 스타일 등반), 1978년 5월 8일 에베레스트 무산소 등정, 같은 해 8월 9일 낭가파르바트 디아미르 페이스 단독 초등정, 1979년 7월 12일 K2 등정, 1980년 8월 20일 에베레스트 북측으로 단독 초등정, 1981년 5월 28일 최악의 기상 조건 아래서 시샤팡마 등정, 1982년 5월 6일 캉첸중가를 등정하고 이어서 같은 해 7월 24일 가셔브룸 II와 8월 2일 브로드 피크를 올라 한 시즌에 8,000미터 3개 봉 등정, 1983년 5월 5일에 초오유 등정, 1984년 6월 25일 가셔브룸 II에 연이어 6월 28일에 히든 피크 종주 등반(하강 중 새로운 루트 개척), 1985년 4월 24일 안나푸르나 북서벽을 초등정하고 21일 뒤인 5월 15일에 다울라기리 등정, 1986년 9월 26일 마칼루를 등정하고 21일 뒤인 10월 16일에 로체 등정에 성공해 8,000미터 14개 봉 모두를 오르는 기록을 세웠다.

메스너가 이룩한 인간 한계에 대한 도전은 기록 이상의 선물을 세상에 안겨 주었다. 그것은 '결코 불가능은 없다'는 희망의 메시지였다. 또한 그가 남긴 여러 말들은 등산의 울타리를 넘어 모든 사람들의 귀에 메아리치는 아름다운 함성이 되었다. 메스너가 마지막 8,000미터 봉 로체에서 내려왔을 때 1957년 헤르만 불과 브로드 피크에서 최초의 알파인 스타일을 실현했던 원정대의 대장 마르쿠스 슈무크는 다음과 같은 축하 메시지를 보냈다.

진심으로 축하한다. 당신이 그 일을 해내어 기쁘다. 여러 말을 한다면 그건 잔소리에 불과하다. 이제 더 이상 할 말이 없다. 위험을 무릅쓰고 감히 저 높은 곳에 오르고 또 오른다는 것이 얼마나 엄청난 일인지 나는 알고 있다. 저 위에서 어떤 상황이 벌어지는지에 대해서라면 문외한은 전혀 알 수 없을 것이다.

8,000미터 이상의 높이를 가진 히말라야 봉은 그 인접봉까지 포함하면 29개나 된다. 그러나 8,000미터의 인접봉은 산이라고 부를 수가 없으며 현재로는 공식적으로 8,000미터 봉은 14개뿐이다.

인접봉들을 살펴보면 에베레스트 남봉(8,760m)과 북동측의 어깨(8,393m), K2 서봉(8,230m)과 남봉(8,132m), 캉첸중가의 중앙봉(8,482m)과 남봉(8,476m), 얄룽캉(8,433m), 로체 서쪽의 중간봉(8,426m)과 동쪽의 중간봉(8,376m), 로체 샤르(8,400m), 마칼루 남동봉(8,010m), 낭가파르바트의 남봉(8,042m), 안나푸르나 중앙봉(8,064m)과 동봉(8,029m), 브로드 피크 중앙봉(8,016m) 등이다.

또 다른 거인, 14봉 완등에 뛰어들다

메스너가 한창 8,000미터 14봉을 목표로 혼자서 줄달음치고 있을 무렵 폴란드의 무명 산악인 예지 쿠쿠츠카가 14봉 완등 경주에 뛰어든다. 1979년 쿠쿠츠카가 히말라야의 첫 출발로 로체를 무산소 등정했을 때 이미 메스너는 8,000미터 봉 6개를 오르고 난 뒤였다. 메스너보다 9년이나 뒤진 시기에 시작한 쿠쿠츠카는 1987년 시샤팡마를 오르는 것으로 세계 2번째의 14봉 완등자가 된다.

쿠쿠츠카는 14봉 중 로체를 제외하고는 모두가 새로운 루트를 개척해서 오르거나 동계 초등정을 해 히말라야 거봉 등정사에 빛나는 족적을 남긴다. 메스너가 1970년 낭가파르바트를 첫 출발점으로 8,000미터 봉을 하나하나 수집하고 있을 때 등산계에서는 아직 '14봉 완등 경주'라는 말이 없었다. 상대가 없는 경주란 있을 수 없기 때문이다. 이때까지만 해도 1970년대의 히말라야 고봉 수집은 메스너의 독무대나 다름없었다.

그러다가 1979년 혜성처럼 나타난 폴란드의 한 산악인이 그를 상대로 추격전을 벌이기 시작했다. 이래서 '14봉 완등 경주'라는 말이 생겨났다. 등산은 기록이나 숫자로 표현할 수 있는 경기는 아니지만 메스너와 예지 쿠쿠츠카 두 거인의 14봉 완등 기록은 비교해 볼 필요가 있다.

메스너는 14봉을 오르는 데 16년이 걸렸으며, 14봉 모두를 무산소로 등정했다. 또한 메스너는 16년 동안 8,000미터 고봉을 18차례나 올랐고, 14봉 중 4봉은 2번씩 올랐다. 쿠쿠츠카는 1989년 로체 남벽 등반 도중 로프가 끊어져 사망할 때까지 10년 동안 8,000미터 봉을 17차례나 올랐으며, 1979년 14봉 경주의 첫 출발점이 된 로체를 무산소 등정으로 올랐다.

그의 무산소 등정 기록은 메스너가 에베레스트 무산소 등정을 이룩한 바로 다음 해에 있었던 일이었기 때문에, 메스너는 쿠쿠츠카의 첫 출발에 비상한 관심을 갖게 된다. 이때만 해도 8,000미터 고봉에서 무산소 등정은 아무나 쉽게 할 수 있는 일이 아니었다.

쿠쿠츠카의 8,000미터 봉 등정 연보는 1979년 10월 4일 로체 등정으로 시작된다. 그의 행적 가운데 노멀 루트로 8,000미터 봉을 오른 것은 오직 로체뿐이다. 1980년 5월 19일 에베레스트(남벽에 새 루트 개척),

에베레스트, 마칼루, 로체의 모습 메스너와 쿠쿠츠카는 8,000미터 14봉 완등 경주를 통해 등반 역사에 괄목할 만한 기록을 남긴다.

1983년 7월 1일 가셔브룸 II(동서릉에 새 루트 개척), 1983년 7월 23일 가셔브룸 I(서남벽에 새 루트 개척)을 올랐다. 브로드 피크는 1982년 7월 30일에 서릉 노멀 루트를 통해 처음으로 올랐고, 1984년 7월 17일에 북봉과 중앙봉을 연결하는 새 루트를 개척해 두 차례나 올랐다.

1985년 7월 13일 낭가파르바트(동남벽에 새 루트 개척), 1986년 7월 8일 K2(남벽에 새 루트 개척), 1986년 11월 10일 마나슬루(동북벽에 새 루트 개척), 1987년 9월 18일 시샤팡마(서릉에 새 루트 개척) 등 모두가 새로운 길을 개척해 등정했다. 또한 마칼루는 1981년 10월 15일 마칼루 라에 베리에이션 루트*를 열고 서북릉으로 단독 등정했다.

이 밖에 1985년 1월 21일 다울라기리(동북릉 노멀 루트), 1985년 2월 15일 초오유(동남벽에 새 루트 개

* **베리에이션 루트** variation route 등산에서 일반적인 루트에 비해 등반하기 곤란한 루트를 일컫는다.

척), 1986년 1월 11일 캉첸중가(서남벽 노멀 루트), 1987년 2월 3일 안나푸르나 북벽을 동계 등정한다. 이 가운데 초오유와 캉첸중가는 동계 초등정이다. 1988년에는 어렵기로 정평이 나 있는 안나푸르나 남벽에 새로운 루트를 개척해 동봉에 오른다.

오늘날 세계 최강의 등반가로 손꼽히는 두 거인이 남긴 큰 자취를 비교해 보면, 쿠쿠츠카는 메스너가 한 번도 해보지 못한 엄동기 등반을 여러 차례 해냈으며 또한 다른 등반가들이 꺼려 온 극한의 베리에이션 루트를 추구해 왔다는 점에서 돋보인다. 두 거인이 활동한 등반 환경도 너무나 대조적이다.

메스너는 유럽의 전통적인 선진 문화권의 풍요로운 환경과 알피니즘의 메카에서 활동한 덕분에 여러 후원 업체들의 지원에 힘입어 여유로운 여건 속에서 등반 활동을 해왔으나 쿠쿠츠카는 동구권 폴란드의 낙후된 사회 환경과 뒤처진 알피니즘의 환경 속에서 등반을 해왔다.

어느 때는 돈을 아끼려고 폴란드의 반다 루트키에비치Wanda Rutkiewicz가 지휘하는 K2 여성 원정대에 불청객으로 빌붙어 브로드 피크를 입산 허가 없이 몰래 올랐다가 파키스탄 관광성에 들켜 2,000달러를 물기도 했다. 그는 9년이나 뒤늦게 출발한 시점에서 선두주자인 메스너를 추격해 그보다 11개월 늦게 14봉 완등 경주를 마쳤으니 그 놀라운 추진력과 집념에 찬사를 보내지 않을 수 없다.

1987년 쿠쿠츠카가 마지막 14봉이 된 시샤팡마를 끝내고 돌아오자 메스너가 보내온 한 통의 전보가 그를 기다리고 있었다. '당신은 제2인자가 아니다. 당신은 참으로 위대하다.' 자신이 14봉 완등을 끝낸 지 불과 몇 개월 뒤에 쿠쿠츠카가 14봉 완등을 마치고 돌아오자 메스너가 경탄하면서 보낸 축하인사였다.

14봉 완등, 인간 한계에 도전하는 사람들

이후 8,000미터 14봉 완등 대열에 많은 등산가들이 참여해 2013년 봄 시즌까지 33명의 완등자가 탄생한다.

1995년 스위스의 로레탕이 약 13년을 소요하여 3번째의 완등자가 되었으며, 1996년에는 두 사람의 완등자가 탄생한다. 멕시코의 카를로스 카르솔리오Carlos Carsolio가 약 11년을 소요하고 폴란드의 크시슈토프 비엘리츠키가 약 16년을 소요하여 14봉 완등을 끝내 각각 4번째와 5번째의 순위를 기록한다.

1999년에는 스페인의 후아니토 오이아르사발Juanito Oiarzabal이 14봉을 완등해 6번째의 순위를 기록한다. 2000년에는 이탈리아의 세르지오 마르티니Sergio Martini가 14봉을 완등했다.

2001년에는 두 사람의 완등자가 나왔다. 우리나라의 박영석이 약 8년을, 엄홍길이 약 13년을 소요하며 완등을 끝내 각각 8번째와 9번째의 순위가 된다.

2002년에는 스페인의 알베르토 이누라테기Alberto Inurrategui가 14봉 완등자가 되었으며, 2003년에는 우리나라의 한왕용이 약 9년을 소요하며 14봉 완등자가 된다.

이후 여성 최초로 오은선이 약 12년을 소요한 끝에 14봉 등정을 끝냈으나 캉첸중가 정상 등정 여부로 논란 중이며, 김재수가 약 20년을 소요하며 완등을 끝냈고, 김창호가 약 9년을 소요한 끝에 14봉 완등을 마무리한다. 이로써 한국은 2013년 봄을 기준으로 세계에서 가장 많은 6명의 완등자를 배출한다.

최근 들어 인간의 한계를 시험하려는 노력들이 상상을 초월하는 새롭고 독특한 아이디어로 이어지고 있다. 2013년 5월 19일 한국 팀의 김창호가 이룩한 해수면에서 시작하여 최고의 높이를 오른 기록은 고도 지향과 한계 도전이라는 등반의 두 가지 정신을 잘 구현한 등반이었다.

'From 0 to 8848'이란 기치를 내 걸고 에베레스트 등정에 성공한 김창호 원정대는 인도 캘커타 해변(0m)에서 시작하여 8,848미터라는 높이를 모두 오르는 힘겹고 색다른 등반을 이룩했다.

그는 해수면 기준 0미터에서 시작해 지구의 최고점 에베레스트 정상에 오른다는 의미의 'From 0 To 8848'이라는 개념을 도입해 인도 벵골만에서 출발하여 갠지스 강을 따라 카약을 타고 콜카타까지 156킬로미터를 거슬러 올라갔다. 그 후 인도와 네팔 평원을 가로질러 히말라야 산맥의 외곽 기점인 툼링타르까지 893킬로미터를 자전거로 이동한 후 약 162킬로미터를 도보로 에베레스트 베이스캠프에 이른 후 무산소로 정상 등정에 성공한다.

이로써 김창호는 2009년에 완등자가 된 카자흐스탄의 데니스 우룹코와 2011년 완등자인 막수트 주마예프에 뒤이어 아시아에서 3번째로 14봉을 무산소로 등정한 사람이 됐다.

이처럼 히말라야 14봉 완등자가 속출하면서 완등자의 체험을 바탕으로 한 여러 권의 완등 보고기가 간행되기도 했다.

선두주자 격인 메스너는 14봉 완등을 끝내고 나서 『나는 살아서 돌아왔다』라는 등정기를 펴냈고, 두 번째 완등자인 쿠쿠츠카의 경우 보고서, 일기, 기타의 글을 모은 사후 유고집으로 『14번째 하늘에서』라는 등정기를 출간한다. 5번째의 완등자인 폴란드의 크시슈토프 비엘리츠키는 『히말라야의 정상, 14×8000(*Crown of Himalaya, 14×8000)*』이라는 완등기를 펴낸다.

비엘리츠키의 주요 등반 기록을 살펴보면 그가 만만치 않은 등반가임을 알 수 있다. 그는 동구권의 등반가답게 동계 등반에 강했다. 에베레스트를 동계 초등했고, 브로드 피크를 21시간 만에 오르내렸고, 캉첸중가를 동계 초등했다. 로체를 단독으로 동계 초등했으며, 다울라기리와 시샤팡마 남벽을 17시간 만에 단독으로 초등한다. 또한 가셔브룸 II와 낭가파르바트의 킨스호퍼 루트도 단독행으로 마무리한다.

한국의 14봉 완등자 엄홍길과 박영석은 각각 『8000미터의 희망과 고독』과 『산악인 박영석 대장의 끝없는 도전』을 펴냈다.

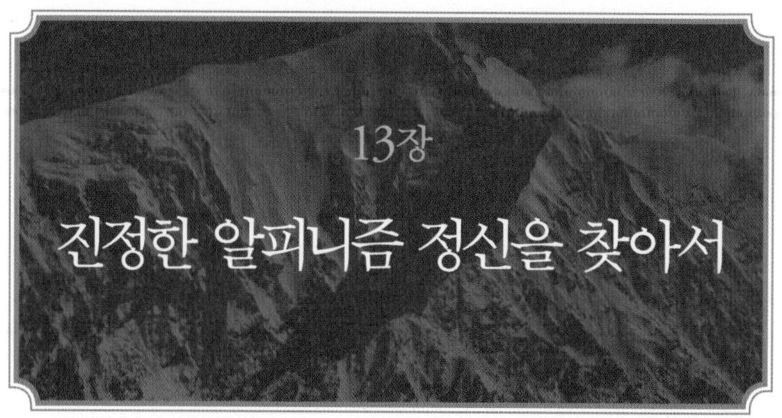

13장
진정한 알피니즘 정신을 찾아서

세계 등반계에서 히말라야 14봉 완등 레이스가 점차 열기를 띠어 가자 등반계 일각에서는 이를 비난하는 목소리가 점차 높아지기도 했다. 쿠쿠츠카의 둘도 없는 파트너였던 보이치에흐 쿠르티카는 쿠쿠츠카가 메스너를 상대로 8,000미터 14봉 완등 레이스를 벌이고 싶다고 했을 때 "미터를 피트로 환산해 본다면, 8,000미터는 26,240피트다. 26,000피트급 봉우리는 27개나 된다. 26,000피트급 레이스는 왜 안 벌이는지 묻고 싶다. 이처럼 숫자 놀이나 기록들을 수집하는 일은 알피니즘이 아니다"라며 경쟁 열기를 띠어 가는 완등 경주에 대해 일침을 가하면서 완등 레이스는 감정의 소비라고 했다.

1988년 캘거리에서 동계 올림픽이 개최되었을 때 국제올림픽위원회

IOC가 지구상의 8,000미터급 고봉을 완등한 공로로 메스너와 쿠쿠츠카에게 은메달을 수여하려고 했을 때 메스너는 이를 거절했다. 메스너는 "등산은 창조적 행위이며 순위를 비교해서 채점표에 나타내는 스포츠와 같은 것이 아니다"라고 거부 의사를 밝혔다. 만일 메스너가 그 메달을 받았다면 알피니즘이 스포츠라는 정의를 받아들이는 결과가 되었을 것이다.

알피니즘은 스포츠가 아니라는 의견에는 논란의 여지가 없다. 등산을 무상의 정복으로 표방한 리오넬 테레이는 알피니즘을 다음과 같이 정의했다. "적어도 등산가들은 다른 스포츠맨들과 같이 상대와 맞대결하면서 경쟁하지 않는다. 이것이 등산이 다른 스포츠와 구별되는 점이다."

고산 자유 등반의 신기원을 이룩한 토모 체센

1989년에는 히말라야 잔누(Jannu·7,710m) 북벽에서 5.10급의 단독 자유 등반이 성공을 거두었고, 1990년은 히말라야의 마지막 과제로 언급되어 오던 로체 남벽이 단독 초등정되어 세계 산악계를 놀라게 했다. 이 두 등반은 등반 역사상 고산 등반의 새로운 방향을 제시한 것으로 평가되고 있다.

토모 체센
탁월한 등반 능력으로 고산 자유 등반의 길을 열었다.

이를 성공시킨 주인공은 탁월한 등반 능력을 갖춘 슬로베니아 출신의 토모 체센Tomo Česen이다. 1980년대 들어 그가 세계 등반계에 미친 영향은 파울 프로이스, 벨첸바흐, 발터 보나티, 라인홀트 메스너 등과 같은 그 분야의 선구자들이 각각 그 시대에 미쳤던 영향들과 비교해 볼 때 조금도 손색이 없는 성과로 평가된다.

잔누 북벽은 1970년 중반부터 여러 차례 도전을 받아 왔으나, 허물어지지 않은 난공불락의 요새로 남아 있었다. 그곳은 수많은 낙석이 하루 종일 무서운 기세로 떨어지는 벽으로 7,100미터에서 정상 주변까지의 암벽은 80~90도의 경사를 이루고 있다.

전체 벽 중 기술적으로 가장 어려운 부분의 난이도는 5.11급이다. 7,000미터급 고소에서 5.10급 정도의 50미터 크랙의 크럭스*를 오른다는 것은 매우 어려운 일이다. 이런 곳에서는 플라스틱 이중화를 신고 장갑을 낀 채로 등반을 해야 하기에 더욱 악몽이다. 왜냐하면 5.9급의 등반이 7,000미터 고소 환경에서 행해질 때는 5.11~5.12급 정도로 어려워질 수밖에 없기 때문이다.

1989년 4월 27일 새벽, 체센은 5,200미터 지점의 베이스캠프를 출발한다. 그가 가지고 떠난 장비는 아이스바일 2자루, 크램폰, 예비 피크, 피톤과 아이스피톤 몇 개, 6밀리미터 두께 로프 50미터, 침낭과 비박색뿐이었다. 침낭과 비박색은 무게로 인해 등반에 방해가 될 경우 중도에 버리기로 마음먹었다. 이 외에도 예비 선글라스, 헤드 랜턴, 장갑, 바라클라바와 정어리 통조림 2개, 치즈 과자 2개, 식수 1리터 등을 챙겼다. 배낭의 무게는 6킬로그램을 넘지 않았다.

등반 도중 무수하게 난립한 세락 지대에서 90도에 가까운 눈과 얼음과 바위의 혼합 구간을 통과했고, 2~3센티미터 두께의 얼음이 유리판같이 뒤덮인 까다로운 슬랩 형태의 구간을 여러 차례 올랐

크럭스 crux
암벽 등반 시 루트 중에서 가장 어려운 부분.

베르글라 verglas
(프랑스어) 바위 표면에 엷게 덮인 살얼음. 박빙.

다. 이런 베르글라* 지대를 오른다는 것은 고도의 등반 기술과 집중력을 요구했다. 높이가 2,800미터에 달하는 거벽에서 5.10급의 자유 등반 크럭스와 A2급 구간을 여러 차례 오른다는 것은 매우 가혹한 일이었다.

단독 자유 등반으로 잔누 북벽에 도전하다

토모 체센은 수직에 가까운 암벽에서 손가락조차 들어가지 않을 정도의 좁은 크랙 10여 미터를 힘겹게 통과했다. 때로는 피톤을 박고 걸리에 도달하기 위해 펜듈럼 트래버스도 여러 차례 반복했다. 펜듈럼할 때 크램폰과 바위의 마찰로 불꽃이 튀었고, 펜듈럼으로 얼음이 덮인 장소에까지 몸을 날려 피크를 얼음에 휘둘러 꽂기도 하는 목숨을 건 첨예한 등반을 계속해 나갔다. 양다리 사이로 보이는 잔누 북벽의 거대한 공간은 그를 빨아들일 듯한 무서운 모습이었다.

공포에 질린 체센은 오르고 또 올랐다. 그는 10여 개의 피톤과 50미터 로프 1동만으로 1,000미터에 이르는 벽을 되돌아 하강한다는 것은 도저히 불가능하다는 것을 알고 있었다. 그래서 그는 A2급 인공 등반 구간에 이르러서 첫 번째 피톤에 로프를 묶어 고정한 후 뒤쪽의 로프는 잘라 버렸다. 이로써 그는 오른 구간으로 하산할 수 없게 된다.

체센은 오후 3시 30분에 바람이 거세게 휘몰아치는 잔누 정상에 섰다. 이때 이미 그의 앞에는 대단한 위력을 지닌 폭풍설이 몰려오고 있었다. 정상에 선 그는 어떤 기쁨이나 안도감을 전혀 느낄 수 없었다. 죽음의 벽을 내려가야 한다는 부담이 앞을 가로막고 있었기 때문이다.

일본 원정대가 뚫었던 하산 루트는 만만치 않은 곳이었다. 그는 한

잔누 북벽 토모 체센은 단독 자유 등반으로 이곳의 정상에 올랐다.

번도 쉬지 않고 빠른 걸음을 재촉하면서 계속 내려갔다. 폭풍이 점점 더 심해져 더 이상 하산하기가 어렵게 되자 6,600미터 지점에 있는 크레바스 속으로 들어가 비박을 했다. 바람은 크레바스 안에 눈가루를 퍼부었다. 그는 컴컴한 크레바스 속에서 짐승처럼 웅크리고 앉은 채 고통스러운 밤을 지새웠다.

새벽 2시경, 눈보라가 잠시 멈추자 하산을 서둘렀다. 새벽의 어둠 속에서 세락 지대를 더듬어 내려가던 중 높이를 가늠할 수 없는 얼음 절벽 끝에 도달했는데, 그의 수중에는 1개의 아이스 피톤도 남아 있지 않았다. 그는 최후의 수단으로 얼음을 깎아 아이스 볼라드*를 만들어 그곳에 로

아이스 볼라드 ice bollard
얼음을 버섯 모양으로 깎아 만든 확보 지점.

프를 걸고 하강했다. 50도 정도의 완만한 얼음 빙사면에 이르러서 로프를 잘라 버렸다. 그리고 마지막 남은 로프 20미터로 다음 경사면을 무사히 하강했다. 그는 출발한 지 40시간 만에 상처 하나 입지 않은 상태로 베이스캠프에 돌아올 수 있었다.

7,000미터급 고소의 벽에서 5.10급 정도의 크럭스를 단독 자유 등반으로 오른 것은 놀라운 성과일 수밖에 없다. 토모 체센의 잔누 북벽 단독 등반은 히말라야 등반에 분명 새바람을 불러일으킬 만한 대사건이었다. 그는 미래에 있을 히말라야 등반에 대해 다음과 같이 전망했다.

> 내가 이런 방법으로 등반을 했다고 해서 다른 사람들도 같은 방법으로 등반을 해야 한다고 말하고 싶지는 않다. 단지 그것은 내 수준에 적합한 등반 방식이었을 뿐이다. 이것은 미래에 있을 등반에 하나의 계기가 될 것이며 앞으로 다가올 등반 양식에 하나의 징조가 될 것이 분명하다. 히말라야에서 알파인 스타일 등반은 앞으로 보편화될 것이고, 모든 벽들을 알파인 스타일로 해낼 수 있다고 믿는다.
>
> 그동안 신비에 싸여 있던 8,000미터의 신화는 사라졌다. 클라이머들은 높은 고산에서 기술적인 루트를 열기 시작할 것이다. 알파인 등반만이 유일한 길은 아닐 것이다. 그것 또한 진보의 과정 중 하나일 뿐이다. 히말라야에서 진정한 등반을 하고 싶다면 노멀 루트에서 찾지 말아야 할 것이다.

체센은 모든 클라이머들이 꿈꾸어 오던 길을 열었다. 이제 고산에서도 5.13급 온 사이트* 능력을 갖추고 테크니컬한 등반을 해야 하는 시대가 온 것

온 사이트 on sight
암벽을 아무런 사전 정보나 지식 없이 한 번에, 스스로 확보물을 설치하며 추락 없이 자유 등반으로 오르는 것.

이다. 그는 알파인 클라이밍과 스포츠 클라이밍의 관계에 대해서 "스포츠 클라이밍은 등산에서 출발했으나 알파인과는 완전히 구분되는 새로운 스포츠다. 일부 알파인 클라이머들이 이 스포츠를 경시하는 경향이 있는 것은 사실이지만 그것은 그들이 이 스포츠를 이해하지 못하고 또한 그것의 높은 경지에 도달하지 못했기 때문이다"라고 날카롭게 지적했다.

잔누 북벽을 등정한 뒤 토모 체센은 고산 등반에 필요한 소중한 체험을 안고 히말라야에서 마지막 과제로 남아 있던 로체 남벽으로 달려간다. 로체 남벽은 그때까지 누구도 오르지 못했던 난벽 중의 하나로 손꼽히던 곳이다. 1975년 이탈리아 원정대의 일원으로 참가하여 이 벽에서 패퇴의 고배를 맛본 라인홀트 메스너는 이 벽을 가리켜 '서기 2000년의 벽'이라고 부르면서 당시의 기술로는 오르기 어렵고 앞으로도 20여 년 후에나 등반이 가능한 곳이라고 평했다.

그는 '가볍고 신속한 단독 등반만이 고소의 벽이 지니고 있는 여러 어려움을 해결해 준다'는 잔누 북벽의 경험을 로체 남벽에 적용시킨다. 그는 어려운 등반 문제를 분석하고, 해결책을 강구하는 일에 뛰어났다. 과거 여러 차례 로체 남벽에서 실패했던 원정대원들을 만나 그들의 의견을 듣고 미처 깨닫지 못한 점들을 상세히 파악하여 대비책을 세웠다. 그리고 치밀한 전술을 짰다.

그가 계획한 주된 전술은 한낮에는 휴식을 취하고 주로 야간에 신속하게 등반하여 눈사태와 낙석의 위험에 대처하기로 한 것이다. 결과적으로 이런 전술이 성공을 거두자 1975년 이탈리아 원정대의 대장으로 이 벽에서 참패를 당한 맹장 리카르도 카신은 "로체 남벽은 마치 걷고 있는 산처럼 움직이면서 계속하여 낙석과 눈사태를 퍼붓는다"고 표현하면서, 야간 등반을 감행한 토모 체센의 판단은 현명한 전술이었다고 평가했다.

'서기 2,000년의 벽'을 허물다

로체 남벽에는 1973년부터 1990년까지 17년 동안 일본, 이탈리아, 유고, 폴란드, 프랑스 등이 13차례나 줄기차게 도전했으나 단 한 번도 등정에 성공하지 못했다. 1973년 일본 원정대가 최초로 도전했으나 역부족이었고, 1975년 봄 카신이 지휘하는 이탈리아 원정대도 두 번의 눈사태를 맞고 무릎을 꿇었다.

한밤중에 거센 바람의 소용돌이와 함께 흘러내린 눈사태는 이탈리아 원정대의 베이스캠프를 삽시간에 아수라장으로 만들었다. 풍압과 분설은 베이스캠프를 거대한 운동장처럼 초토화시켰고, 장비를 넣어 둔 상자와 30킬로그램 무게의 산소통들은 베이스캠프로부터 1킬로미터나 떨어진 곳까지 밀려 버렸다.

카신이 로체 남벽에서 돌아와 패장의 모습으로 기자들 앞에 섰을 때 한 기자가 "로체 남벽은 정말 오를 수 없는 곳인가요?"라고 물었다. 카신도 메스너와 거의 마찬가지로 "아마 20년 후 누군가가 이 벽을 오를 수 있을는지 모르겠으나 현재로서는 불가능하다. 20년 후에 누군가 오른다 해도 행운이 따르지 않으면 도저히 불가능할 것이다"라고 답했다.

1981년에는 유고 원정대가 남벽 8,000미터 지점까지 오르고 실패했으며, 1985년에는 폴란드 원정대가 8,100미터 지점까지 올랐으나 실패하고, 프랑스 원정대 역시 실패했다. 첫 등정은 카신의 예언이 있은 지

로체 남벽 메스너는 이곳을 '서기 2000년의 벽'이라고 부르며 당시로부터 20여 년 후에나 등정이 가능할 것이라고 말했다.

15년 만인 1990년 4월 24일 토모 체센에 의해 64시간 만에 단독 등정으로 이루어진다. 그러나 이 등정은 체센 이후에 고전적인 스타일로 이 벽을 오른 구소련 팀에 의해 등정 의혹이 제기된다. 구소련의 세르게이 베르쇼프가 네팔 당국자에게 그런 곳을 단독으로 오른다는 것은 초인이 아니면 불가능하다고 말한 것이 의혹의 발단이 되었다. 이 말을 프랑스 기자가 언론에 보도하면서부터 더욱 확산되기 시작했다.

이 점에 대해 토모 체센은 "많은 사람들이 불가능하다고 단정 짓는 일을 해낸 사람에겐 꼭 의심을 품는 사람이 따라붙게 마련이다. 단지 불가능하다는 것 그 자체로 의심의 이유가 되기 때문이다. 내가 오른 증거가 필요하다면 정상에 남긴 피톤을 확인하라"고 응수했다.

1990년 4월 9일, 루클라 비행장에 내려 캐러밴을 시작한 토모 체센

일행은 의사 1명과 기자 1명의 단출한 팀이었다. 그들은 4월 15일 캐러밴을 끝내고 추쿵 마을에서 반 시간 거리인 해발 4,900미터 지점에 베이스캠프를 설치했다. 그리고 로체 샤르 남동릉의 7,150미터까지 한국 원정대가 설치해 놓고 간 고정 로프를 따라 4번이나 오르며 고소 순응을 끝마쳤다.

로체는 잔누보다 800미터나 더 높아 고소 순응을 잘해 둘 필요가 있었다. 그는 고소 순응 과정에서 남벽의 상태를 좀 더 자세히 관찰했다. 그는 4월 22일 베이스캠프에서 1시간 거리인 5,200미터 벽 밑에서 오후 5시에 출발했다.

장비로 침낭, 비박색, 아이스바일 2자루, 크램폰, 헬멧, 안전벨트, 빙벽용 피톤과 암벽용 피톤 몇 개, 여벌의 장갑과 양말, 고글, 카메라, 6밀리미터 로프 100미터와 여벌 옷을 챙겼다. 식량으로는 치즈, 초콜릿, 포도당, 치즈 과자, 커피 3리터를 보온병에 준비했다. 손에 들거나 몸에 착용한 장비를 제외하고는 배낭 무게가 9킬로그램을 초과하지 않았다. 커피 3리터는 3킬로그램의 무게였으나 스토브와 코펠의 무게와 식수를 만드는 데 소요되는 시간을 절약할 수 있었다.

그는 가장 어려운 부분은 야간에 등반하기로 하고, 1981년 유고 팀이 출발한 지점보다 훨씬 왼쪽으로 등로를 잡고 오르기 시작했다. 15시간을 물 한 모금 마시거나 쉬지 않은 채 줄곧 올라가 4월 23일 오전 8시에 해발 7,500미터 지점에서 좋은 비박 장소를 발견한다. 비박 장소 바로 위에는 오버행이 가로막고 있어 떨어지는 낙석을 피할 수 있었다.

이곳까지는 얼음이 엷게 깔린 70~80도 경사의 바위 부분만 빼고는 65도 경사의 눈과 얼음이 혼합된 구간이라 별 어려움 없이 쉽게 오를 수 있었다. 비박 지점에서 매트리스를 펴고 앉아 간단한 식사를 했다.

기온이 의외로 따뜻하여 우모 침낭을 몸 위에 덮은 채로 잠을 잤다. 크램폰은 벗어 놓을 만한 공간이 없어서 그대로 신고 잤다.

오후 1시에 일어나 배낭을 꾸린 후 다시 오르기 시작했다. 눈과 얼음으로 덮인 300미터가량의 긴 쿨루아르는 시작 부분부터 가파른 경사로 이루어져 있었다. 이런 곳에서 눈사태가 발생하면 그 결과가 어떠하리라는 것은 명백했다. 이곳을 신속하게 통과해야 한다는 생각이 재빠르게 스쳐갔다. 쿨루아르 기저 부분을 올라서서 가파른 암벽을 오른쪽으로 아슬아슬하게 횡단해야 했다.

이런 고도에서 로프도 묶지 않고 동료의 확보도 받지 않은 채로 80미터 길이의 살얼음이 깔린 바위 위를, 크램폰을 신고 횡단하는 것은 아찔할 정도로 소름이 돋는 일이었다.

횡단을 끝내자 눈과 얼음이 혼합된 50도 경사의 중앙 설원이 나타났다. 이 설원에서는 눈사태의 위험이 높아 조심스럽게 루트를 선택해야 했다. 밤 11시에 8,200미터 지점의 록 필러 아래에 도착하여 두 번째 비박을 했다. 그는 이곳의 조그만 테라스*에서 앉은 채로 밤을 새웠다. 이곳은 몹시 추워 그는 밤새 한잠도 못 잤다.

고산 자유 등반의 지평을 열다

4월 24일 새벽 5시, 체센은 정상으로 오르기 위해 비박 장소에 침낭과 매트리스뿐만 아니라 배낭과 식량 모두를 놔둔 채 가벼운 몸으로 출발했다. 눈 덮인 람페가 가파르게 이어져 있었다. 람페를 통과하자 곧이어 남벽

테라스 terrace
확보는 물론 잠도 잘 수 있을 정도로 제법 넓은 바위 턱.

에서 제일 어려운, 눈 덮인 푸석 바위로 이루어진 디에드르 형태의 바위가 나타났다. 간혹 수직에 가까운 60미터 경사 구간을 통과하는 데 3시간을 허비했다. 로프 없이 오르기에는 너무나 위험한 곳이기에 피톤을 박고 로프를 고정하여 오른 다음, 다시 내려와 피톤을 회수하는 방식으로 등반을 진행해 나갔다.

그는 위쪽에 설치한 피톤에 로프를 고정시켜 디에드르 맨 아래쪽까지 내려설 만큼의 길이만 남겨 놓고, 로프를 끊어 나머지 길이만 갖고 오르기 시작했다. 하강할 때를 생각해서 로프를 이곳에 고정시킨 것이다. 나머지 구간은 기술적인 어려움은 없었으나 고소증과 피로가 겹쳐 힘든 등반을 계속해야 했다.

마침내 정상으로 이어지는 설릉에 도착할 수 있었다. 정상으로 휘어진 설릉을 따라 심한 바람을 이겨내면서 200미터가량을 횡단한 뒤, 마지막 50미터 정도를 걸어 내려가 조그만 안부를 지나 로체 정상에 올라섰다.

4월 24일 오후 2시 20분 토모 체센의 로체 남벽 단독 등정은 이렇게 끝났다. 그는 워키토키를 꺼내 베이스캠프와 교신을 했다. "얀코, 더 이상 오를 수가 없다. 여기가 정상인 것 같다." 얀코는 그와 함께 원정대의 일원으로 베이스캠프까지 동행한 의사였다. 로체 정상은 좁고 뾰족하기 때문에 피켈에 카메라를 고정시켜 자동으로 사진을 찍기에는 마땅치 않은 장소였다. 그는 정상에 오르기 30미터 전에서 정상을 배경으로 미리 사진을 찍었다.

그는 올라왔던 루트로 다시 내려가기 시작했다. 디에드르를 다시 하강하고 전날 비박 지점에 두고 온 장비와 식량을 챙겨 메고 계속 내려갔다. 중앙 설원 7,700미터 지점 부근에서 갑자기 밀려오는 눈사태를 피하기 위해 잠시 멈춘 시간이 오후 6시였다. 그는 1시간 정도 기다린 뒤 다시 하강하여 300미터 쿨루아르 우측의 밴드로 현수하강했다. 쿨루아르로 하강한다는 것은 눈사태의 위험에 스스로를 노출시키는 자살 행위나 다름없었기 때문이다.

1981년 이곳 남벽의 8,000미터 지점에서 철수한 유고 원정대로부터 얻은 정보는 정확했다. 눈사태로 고정 로프는 없어졌으나 대부분의 피톤들은 그 자리에 박혀 있어 하강 지점으로 사용할 수 있었다. 20~50미터 정도의 하강 구간을 5차례나 하강한 뒤에 암벽 지대를 끝내고 설사면에 내려선 시간은 밤 9시였다. 어디선가 눈사태의 굉음이 들려왔고, 주변은 칠흑 같은 어둠뿐이었다.

7,300미터 지점에서 세 번째 비박에 들어갔다. 그는 서 있던 자리를 조금 깎아내고 선 채로 비박에 들어갔다. 체센이 말하는 비박이란 누워서 자는 것이 아니라 '그냥 서서 원하는 시간을 기다리는 것'이었다.

그는 베이스캠프를 호출하여 날씨를 문의해 보고 곧 호전될 것이라는 답변을 듣고 안심한다. 이날 밤은 로체 전체가 눈사태로 떨고 있었으나 자정이 되자 구름이 걷히고, 벽 전체가 조용해졌으며 하늘에는 별이 총총 빛나기 시작했다. 달이 없는 밤이었지만 설사면의 흰빛을 이용하여 계속 내려가 다음 날 오전 7시에 벽 밑에 도착했다. 그리고 3일 뒤엔 베이스캠프를 철수하여 5월 3일 카트만두로 조용히 돌아왔다.

그의 의사는 수술 기구까지 완벽하게 준비해 왔으나, 그는 반창고 하나 축내지 않았다. 토모 체센은 등반을 끝낸 후의 심경을 다음과 같이 밝혔다. "당신은 간절히 바라던 것을 엄청난 노력을 들여 이룩한 적이 있는가? 바로 그때의 감정이 바로 이 순간의 내 감정이다. 로체는 내 영혼을 차지하고 있다. 나는 끊임없이 선택하고 실행에 옮겨야 하는 그 불확실성과 모험을 종종 느끼고 싶다. 인간은 욕망이라는 돌을 미지의 세계로 던져 놓고 그것을 따른다."

새 시대를 열어 가는 거벽 등반가들은 5.12급을 온 사이트할 정도의 실력을 갖추어야 할 것이다. 로체 남벽을 단독 등정할 당시 토모 체센의 레드 포인트* 실력은 5.13b급이었다. 세계 등반사에 정통한 프랑스의 로제 프리종 로슈가 선정한 '세계 등반사 100대 사건'에 토모 체센의 로체 남벽 등반이 극찬된 점은 그의 등반이 얼마나 선구적이었는가를 여실히 보여주고 있다.

등반의 역사는 반복된다. 한 세대에서 불가능하게 보였던 도전의 대상이 다음 세대에서 해결되고 만다. 카신이 예언한 서기 2000년의 벽은 체센이 10년을 앞당겨 허물었다. 이 벽에서 쓰라린 실패를 맛본 메스너는 "체센처럼 자신만만하게 그런 등반을 해낼 수 있는 등반가는 없다. 그는 현존하는 세계 최고의 산악인이다"라고 그를 격찬했다. 그러나 이 등반의 진위 여부를 놓고 이론이 제기되고 있다.

북벽 직등을 허용하지 않은 탈레이 사가르

1991년 인도 가르왈 히말라야의 강고트리Gangotri 산군에서 가장 어려운 봉우리 탈레이 사가르(Thalay Sagar · 6,904m) 북벽이 헝가리 팀에 의해 등정된다. 이 봉우리는 지구 전체를 놓고 보아도 남미의 세로 토레와 더불어 가장 어려운 봉우리 중의 하나로 꼽힌다.

'낮지만 더 어려운less lofty but highly difficult' 봉우리를

레드 포인트 red point
선등자가 한 번의 추락도 없이 자유 등반으로 오르는 경우를 일컫는다.

탈레이 사가르 전경

추구하려는 히말라야 등반의 새로운 경향을 대표할 만한 대상지가 탈레이 사가르 북벽이다. '악마의 성'이라 불리는 이 봉은 헝가리 팀이 직등 쿨루아르를 우회해 오름으로써, 완전한 직등 루트를 만들지는 못했다.

탈레이 사가르 첫 등정은 1979년 6월 영미 합동대에 의해 북서면 쿨루아르로 이루어졌다. 이후 북동벽 루트가 많은 클라이머들의 표적이 되었다. 1980년부터 세 차례에 걸쳐 영국 원정대가 북동벽의 등정을 노렸으나 실패한다. 세 번째 도전에서는 정상 100미터를 남겨 두고 철수했다. 이때가 성공할 수 있는 유일한 기회였으나 대원 중 조 브라운Joe Brown이 비박 장비가 들어 있는 배낭을 떨어뜨리는 실수를 하는 바람에 기회를 놓친 것이다. 북동벽 루트는 1984년 폴란드 팀의 안제이 초크Andrzej Czok와 한스 크리스티안 도제트에 의해 알파인 스타일로 등정된다.

1991년 9월, 헝가리 팀의 페테르 데카니와 어틸러 오주바트Attila Ozsvàt가 북벽 루트 초등에 성공했다. 그러나 북벽은 많은 위험이 뒤따랐기 때문에 헝가리 팀은 상단의 암벽 부분은 오르지 못하고 마지막 500여 미터를 북서릉으로 우회해서 정상에 오른다. 결국 이들은 위쪽의 변성암 지대를 돌파하지 못했다. 그 후 많은 등반대가 북벽에 루트를 내려고 시도했으나 완벽한 북벽 등반은 이루어지지 않고 있다.

우리나라는 1993년부터 1997년까지 6개 원정대가 북벽을 노리고 등반했으나 한 팀도 성공하지 못했다. 1993년 대구 합동대가 북벽 6,400미터 지점, 1994년 우정 원정대가 6,500미터 지점, 1994년 연세대 산악회가 6,400미터 지점까지 도달하는 데 그쳤다. 이후 1995년 목포 전문대 원정대가 6,600미터 지점, 1996년 경상대 산악회가 6,630미터 지점, 1997년 충주 건국대 산악부는 6,630미터 지점까지 도달한다.

1998년에는 김형진, 신상만, 최승철이 북벽 새 루트 개척 등반 도중에 6,800미터 지점에서 의문의 추락사를 당하고 만다. 1999년 봔트클럽 원정대가 6,700미터 지점까지 오른 후 철수한다. 2000년에는 울산대 산악부의 정일웅, 김준모 대원이 북서릉을 통해 정상을 오른다. 이 팀의 등정은 북벽은 아니었으나 한국인으로는 최초의 정상 등정이었다.

2003년에는 한국의 마운틴 하드웨어 팀이 북벽 등반을 시도했으나 6,600미터 지점에서 등반을 포기했다. 이후로도 한국은 꾸준히 북벽 등반을 시도했으나 역시 성공을 거두지 못했다.

2006년 9월 서울 산악 조난 구조대 대원으로 구성된 '2006 네파 탈레이 사가르 조긴 원정대'가 북벽을 통해 한국 초등정을 이룩했다. 이는 북벽 직등 루트를 통한 세계 3번째 등정이다. 이때 오른 루트는 초등 루트와 러시아 루트 사이의 새 루트이며 '친구를 위한 마침표Period for Friend'라는 이름으로 루트명을 지었다. 이는 그동안 이 북벽을 시도했던 많은 산악인들에게 헌사하는 의미를 담고 있다.

이들은 벽 하단 세락 지대에서 왼쪽 빙설벽을 다이렉트로 치고 오른 다음 디에드르형 쿨루아르(6,050~6,400미터)를 타고 등반한 뒤 최난 구간으로 꼽히는 블랙 타워(6,400~6,800미터) 중앙 쿨루아르로 등반, 설원을 거쳐 정상에 섰다. 이로써 한국은 1993년부터 지금까지 10번의 시도 끝에 북벽 등반에 성공했다.

고봉과 거벽 등반에 도전한 슈퍼 우먼들

1990년대에 들어와서는 고봉과 거벽에 대한 도전 양상이 남녀 구분 없이 차츰 첨예화되어 과거에는 상상조차 할 수 없던 기록과 사건들이 속출한다. 1994년 9월 린 힐이라는 여성 등반가가 고도차 1,000여 미터에 이르는 엘 캐피탄을 오르기 위해 사전 연습을 마친 후, 그레이트 루프Great Roof 피치만 인공 등반을 하고 나머지 피치 모두를 자유 등반으로 마무리했다.

엘 캐피탄의 노즈를 오르는 린 힐

그녀는 9월 19일 저녁 10시부터 등반을 시작하여 23시간 동안 쉬지 않고 전 피치를 선등해 다음 날 저녁 9시에 등반을 마쳤다. 34피치에 달하는 노즈는 1957년 미국의 전설적인 등반가 워런 하딩이 다양한 인공 등반 기술을 구사하며 초등했던 루트다.

이곳이 린 힐의 자유 등반 초등으로 최고 난이도 등급이 5.13b급으로 매겨졌다. 그녀는 시마이의 매스 크리티케를 올라 여성 최초의 5.14급 등반을 해내기도 한다.

1995년 5월에는 영국의 앨리슨 하그리브스Alison Hargreaves라는 여성이 북동릉을 통해 에베레스트 무산소 단독 등정에 성공한다. 이 기록은 메스너 이후 15년 만에 이룩된 성과다. 그녀는 에베레스트 등정 후 같은 해 8월에 K2도 역시 같은 방법으로 등정했으나 하산 중에 시속 160킬로미터의 강풍에 날려 실종된다.

다음 날 하산하던 스페인 팀은 7,300미터 지점에서 가열기가 장착된 앨리슨의 등산화 한 켤레를 발견한다.

그녀는 알프스 6대 북벽을 모두 올랐으며, 특히 1988년에는 아이를 낳으면 산에 다닐 시간이 없을 것이라면서 임신 6개월의 몸으로 아이

에귀유 뒤 미디의 모습 앨리슨 하그브리스는 영국 여성 최초로 에귀유 뒤 미디의 북벽에 올랐다.

거 북벽을 오르기도 한다. 아이거 등반 후 일부 언론으로부터 야망과 명성 때문에 임신 중에 등반을 했다고 비난을 받는다.

1992년에는 마터호른 북벽에서 동계 단독 등반을 성공했고, 동계 그랑드 조라스 북벽을 악천후 속에서 단독으로 등정한다. 그녀는 에귀유 뒤 미디Aiguille du Midi 북벽과 몽블랑 뒤 타퀼Mont Blanc du Tacul을 올랐으며 마터호른 북벽 등반은 영국 여성 최초의 기록이다.

당시 그녀의 경쟁 상대는 프랑스의 유명한 여성 산악인 카트린 데스티벨Catherine Destivelle이었다. 두 여성은 경쟁 속에서 의미 있는 등반을 성공시켰다. 앨리슨은 등산과 대학을 바꿀 수 없다는 생각에 옥스퍼드 대학 진학조차 포기한 채 등산에 모든 열정을 불태운다. 단조롭고 틀에 박힌 일상생활에 대한 반항으로 산과 모험을 삶의 방편으로 택한 것이다.

앨리슨이 죽은 뒤 그녀의 주요한 등반 활동을 엮은 책 『엄마의 마지막 산 K2』가 발간되어 화제를 모으기도 했다. 이 책은 그녀의 남편 제임스 발라드와 두 아이들이 직접 K2를 트레킹하면서 추모의 형식으로 썼다. 또한 로스와 에드 더글러스가 공저로 엮은 『심장의 지대(*Regions of the Heart*)』가 전기물로 출간되어 널리 읽히고 있다.

카트린 데스티벨의 등반 모습

상업 등반대의 부작용

1990년대 후반에 이르러 고소 장비의 발전으로 산의 높이는 점차 낮아졌고, 등산의 대중화는 점차 산을 세속화시켰다. 고산 등반도 이제는 아웃소싱 시대가 되어 버렸다. 예전처럼 스스로 원정을 준비하고 체력과 기술을 연마하는 것이 아니라 일정 회비만 지불하면 기술적으로 어려운 일도 해결해 주고 기상 조건만 좋다면 정상까지 오르는 모든 일을 돈이 해결해 주는 시대가 왔다. 돈에 의해 정상을 살 수 있는 기회가 점차 많아지고 있는 것이 현실이 되었다.

1996년에는 등반 능력을 돈으로 살 수 있는 상업 등반대까지 등장하게 되었다. 당시 상업 등반대는 1인당 65,000달러를 지불하면 에베레스트 정상까지 고객을 올려 주었다. 에베레스트는 세계 최고의 높이를 지닌 산이라는 상징성 때문에 매년 수많은 사람들이 오르길 원했고, 상업 등반대의 출현은 최고봉 등정을 희망하는 사람들에게 다시없는 기회를 제공했다.

상업 등반대는 고객의 수요가 급증하자 필연적으로 생겨났다. 그러나 상업 등반대의 활동으로 인해 8명이 떼죽음을 당하는 부작용이 일어나며 전 세계를 깜짝 놀라게 했다. 사망자 중에는 베테랑급 고소 등반가들도 포함되어 있어 더욱 충격을 주었다.

상업 등반대의 가이드로 활동한 미국의 스콧 피셔Scott Fischer와 에베레스트를 5번이나 오른 뉴질랜드의 롭 홀Rob Hall과 같은 세계 수준급의 산악인들도 그들의 고객과 함께 목숨을 잃었다. 1996년 5월 10일 오후 6시부터 다음 날 오후 6시 20분까지 약 24시간 동안 벌어진 대참사는 에베레스트의 8,810미터 지점인 힐러리 스텝과 7,900미터의 사우스 콜 사이에서 벌어졌다.

사고는 힐러리 스텝에 많은 인원이 한꺼번에 몰려 오르고 내려오면서 장시간을 기다려야만 했던 정체 상황 속에서 일어났다. 기상이 급변한 가운데 눈보라가 몰아닥치자 고소 증세와 체력 저하로 탈진 상태에 이른 사람들의 탈출이 늦어진 것이다.

이날의 비극은 강한 폭풍설도 원인으로 지적할 수 있으나 상업 등반대의 무리한 운영이 참사를 초래했다는 지적이 더 우세하다. 이 사고로 4개 팀의 고객과 가이드, 셰르파 등 8명이 최후를 맞았으며, 우체국 직원에서 의사와 백만장자에 이르기까지 다양한 계층의 사람들이 희생되었다. 더그 한센이라는 미국의 우체국 직원은 등정의 꿈을 이루기 위해 밤낮을 가리지 않고 일해서 모은 돈 전부를 상업 등반대에 내주고 목숨을 잃었다. 돈을 주고라도 정상에 오르고 싶어 했던 간절한 소망이 그들을 죽음으로 몰아간 것이다.

그만한 돈을 마련할 수 있는 능력과 다소의 기본기가 있는 사람들에게 상업 등반대는 꿈을 이루는 기회가 될 수도 있으나 돈벌이를 위해 크램폰조차 제대로 신어 본 적 없는 준비되지 않은 미숙한 고객을 정상에 올리려는 그릇된 상업 심리와 의도는 결국 부작용을 낳았다.

이날 롭 홀이 리드한 상업 등반대는 대장 이하 7명이었고, 하산하던 중 롭 홀을 포함하여 대원 2명, 셰르파 2명이 죽었다. 같은 날 스콧 피셔가 이끄는 상업 등반대도 11명이 등정하고 하산하던 중 스콧 피셔와 대원이 함께 목숨을 잃었다. 10일에서 11일 사이에 모두 8명이 희생되었고 두 팀의 리더 5명 가운데 3명이 죽었다.

이 사건은 이렇게 끝났으나 롭 홀 등반대의 일원으로 참가, 불과 10여 분 차이로 죽음의 현장에서 극적으로 탈출한 존 크라카우어Jon Krakauer 기자가 《아웃사이드(*Outside*)》지에 생생한 르포 기사를 싣자 전 세계가 깜짝 놀란다. 존 크라카우어는 이때의 참상을 엮어 『희박한 공기 속으로』라는 책을 출간했다. 이 책은 출간 즉시 미국 내 비소설 분야의 베스트셀러 상위권에 오른다.

상업 등반대의 문제는 1997년 네팔 카트만두에서 열린 '국제산악인회의'에서 첫 의제로 토의되기도 했다. 이 참사가 일어난 1년 뒤에 가이드와 함께 등반 길에 오른 5명 전원이 사망한 일이 또 일어났다. 그러나 상업 등반은 이런 참사에도 아랑곳하지 않고 계속되고 있다. 찰스 허스턴은 "이제 클라이밍은 순수 스포츠가 아니며 비즈니스가 됐고, 어떤 사람에게는 수입만이 관심사가 되고 있다. (……) 위험이 많을수록 수입이 좋아진다"고 일침을 놓았다.

또 에베레스트를 네 차례나 오른 유명한 가이드인 피터 애선즈는 "상업 등반대에 참가한 고객들은 자기가 정상 정복의 티켓을 샀다고 생각하며, 스위스의 산악 열차를 탑승한 것처럼 에베레스트 정상까지 수월하게 올라갈 수 있다고 생각하는 데 문제가 있다"고 지적했다.

전통을 고수하려는 사람들은 세계 최고봉이 돈 많은 벼락부자들에게 팔리고 있다고 분개했으며, 등산의 순수성을 고집하는 산악인들은 에베레스트가 상업주의로 오염되고 있다고 개탄했다.

최악의 정체를 빚는 지구의 꼭짓점

세계 최고봉 에베레스트는 과거 어느 때보다 많은 사람이 몰려드는 지구상에서 가장 인기를 누리는 산이 되었다.

매년 봄 시즌이면 예외 없이 수백 명이 몰려와 인산인해를 이루고 정상 바로 아래의 힐러리 스텝은 사람들로 정체가 일어나 비극을 불러일으킨다. 사람들은 그토록 최고봉을 갈망하지만 '죽음의 지대*'에서 아래로 내려오지 못하고 삶을 마감하는 이들은 해마다 늘어나고 있다.

사람들이 가장 높은 곳을 갈망하는 꿈은 시대가 변했어도 달라지지 않았다. 인간은 누구나 자신이 원하는 것을 한 번쯤 추구할 권리가 있기에 설사 목숨을 요구하는 비싼 대가를 치르지라도 그 꿈을 버리지 못한다.

2013년 5월의 에베레스트에는 한꺼번에 많은 인파가 몰려 무간지옥을 방불케 했다. 파란 하늘

*죽음의 지대 death zone
해발 7,500미터 이상의 고소. 스위스의 등산가이며 의사인 에두아르 뒤낭이 처음 사용한 말이다.

에베레스트 4캠프로 향하는 등반로의 모습 300명이 넘는 사람들로 인해 정체 현상이 생기고 있다.

아래 드러난 힐러리 스텝(8,760m)에서 정상으로 이어지는 마지막 통로에는 수십 명의 사람들이 사탕 덩어리에 붙은 개미떼처럼 엉켜 붙은 채 정체를 빚었다. 이들은 에베레스트의 높은 꿈을 안고 정상으로 향하는 인간 행렬이었다.

2013년 독일의 주간지 《슈피겔》은 현지 취재 사진을 통해 지상 최고 높이에서 벌어지는 놀라운 광경을 보도했다. 마치 주말에 정체 현상을 빚는 우리나라 북한산의 백운대와 다를 바가 없었다. 힐러리 스텝을 오르내리던 이들은 서로 밀치고 떠밀며 "제발 길에서 비켜주세요!"라고 외쳤다.

2013년 봄에는 34개국에서 온 683명의 사람들이 등정을 시도했다. 5월 19일과 20일엔 300명 이상의 산악인들이 정상으로 출발했다. 이틀 동안에 남쪽 루트에서 4명, 북쪽에서 2명 등 모두 6명이 이 산에서 허망하게 목숨을 잃었고, 197명이 정상에 섰다. 그들은 하나같이 정상에 오르려는 일념으로 체력을 다 소모한 상태에서 정체로 막혀버린 하산

길에 체력이 바닥났고 결국 장시간 체류로 고산 증세에 시달리다 사망했다.

5월 19일 200명 이상의 사람들이 정상을 향해 올라갔다. 그들은 앞사람의 아이젠만 빤히 쳐다볼 뿐 사람들에게 막혀 두 발짝 이상을 꼼짝할 수가 없었다. 한 걸음을 떼고, 두 걸음을 디딘 후 걸음을 멈췄다. 그 이상 전진할 수 없었다. 그렇게 몇 시간이 걸렸다. 아직 힘이 남아 있는 사람들은 욕설을 퍼부었다. "왜 안 움직이시오?" 누군가 외치면 또 다른 사람이 마주 받아쳤다. "그럼 비키던지, 이 후레자식아!" 욕설이 난무하고 고성이 오갔다.

이것이 정상을 향해 올라가는 사람들의 모습이었다. 그들은 한결같이 "이제껏 산에서 그렇게 많은 사람들을 본 적이 없어요"라고 말했다. 미국의 한 보도 매체는 "신령한 산이 어쩌다 영안실이 됐는가?"라고 개탄했다.

죽음의 지대에서의 기압은 지상의 3분의 1 정도다. 이는 산소를 누르는 폐의 압력이 약해졌다는 것을 뜻한다. 그 때문에 호흡은 힘들어지고, 등반가들의 동작은 슬로 모션 카메라를 보듯 느리게 움직인다. 무엇보다 그들의 심장은 큰 속도로 고동치며, 두뇌에는 너무 적은 산소가 공급되기 때문에 어린아이 같은 지적 능력으로 되돌아간다. 사고력은 흐릿해지고, 자신의 주변을 제한적으로만 인지할 수 있다. 산소부족으로 뇌세포가 파괴되고, 혈액은 끈적끈적해진다.

생명을 위협하는 고산병의 두 가지 특별한 증상은 허파에 액체가 고이는 폐수종과 뇌에 뇌척수액이 축적되는 뇌수종이다. 뇌수종은 짧은 시간 동안에 뇌를 부어오르게 하며, 이로 인해 등반가들을 혼수상태에 빠지게 한다. 죽음의 지대에서 고산병 증세가 있다면, 최대한 빨리 하산해야만 한다. 절대로 희박한 공기 속에 24시간 이상을 체류해서는 안 된다.

상업대의 영업장이 된 에베레스트

매년 봄 히말라야의 기상 조건이 최적일 때면 전 세계의 등산가들은 에베레스트 등정을 시도한다. 그 가운데에는 전문 산악인들도 있지만 본래 에베레스트에 올 자격이 안 되는 모험가들도 점점 늘어나고 있다. 이들은 극단적인 경험을 즐겨 찾는 사람들이다. 그들은 세계 최고봉을 영업 장소로 상품화한 상업 등반대의 꼬임에 넘어가 에베레스트에 오른다.

어느 정도 튼튼한 발을 가진 사람이라면 누구나 에베레스트 투어를 예약할 수 있다. 고산 등반 경험은 필수적이지 않다. 오직 필요한 것은 용기와 돈뿐이다.

셰르파들이 장비를 지어 나르고 루트를 개척하며 고소 캠프를 설치해 줄 뿐 아니라, 진주알을 꿴 목걸이처럼 고객들을 고정 로프에 꿰어 정상으로 데리고 올라간다.

해발 5,365미터의 에베레스트 베이스캠프는 네팔의 수도 카트만두에서 320킬로미터 거리에 위치한 1평방킬로미터 넓이의 평지다. 등반의 최적기인 봄 시즌이 되면 약 100여 동의 텐트가 세워지고, 900명 정도가 거주한다. 이곳에는 등반에 필요한 모든 편의 시설이 잘 갖추어져 있다.

진료소, 식당, 휴대전화 송신탑, 헬리콥터 이착륙장이 있고, 헬리콥터는 등반 기간 내내 조난자 운송을 위해 상시 대기한다. 단지 기상 관측

소만 없다. 이는 혹한에 기상측기들이 제 기능을 발휘하지 못하기 때문이다. 대신 독일의 서부 도시 쾰른에서 기상학자들이 분석한 기상 자료를 이메일이나 휴대전화 메시지로 '바람 적음' '전망 좋음' '강설량 없음' 등과 같이 적어 베이스캠프에 전송해 준다.

베이스캠프에 머무는 등반가의 90퍼센트는 취미로 등산을 즐기는 사람들로, 각양각색의 사람들이 가득하다. 이색적인 기록을 목표로 하는 사람과 신기록 경신의 야심을 품고 온 등산가들도 있다. 최연소 등정을 기록한 13세의 네팔 소녀, 최초로 등정에 성공한 시각장애인, 대를 이어 등정에 성공한 부자, 정상에서의 결혼식, 정상에서 하룻밤 숙박, 다리가 잘린 사람이 외발로 정상에 오른 기록, 정상에서 스키 활강 기록 등 이벤트성 등산을 하는 사람들도 많다.

에베레스트는 이제 취미로 등산을 하거나 체험을 즐기려는 사람들의 놀이터로 전락하고 있다. 20여 년 전 만해도 이런 일은 상상할 수조차 없었다. 이것은 등산의 대중화가 가져온 결과다. 지금의 에베레스트는 상업주의에 오염되었고 등반 능력이 없는 사람도 돈을 주고 정상에 오르는 티켓을 구입할 수 있으며, 등반 능력을 돈으로 사는 고객의 수요는 해마다 증가하고 있다.

사정이 이렇다 보니 알피니스트들은 이렇게 말한다. "이제 에베레스트는 산악인의 산이 아니다." 이제 등반은 스포츠나 모험의 대상이 아니고 비즈니스가 되어 수입만이 관심사가 된 상업 등반대의 영업장으로 바뀌고 있다. 이런 일은 위험이 따를수록 수입과 수요자가 늘어난다.

스위스의 여성 등반가로 수년째 에베레스트 연대기를 쓴 빌리 비어링은 앞으로 에베레스트에서 이런 혼란과 사고는 중단되지 않을 거라고 말한다. 그 이유로 그는 "에베레스트는 너무 많은 돈을 벌어들이고 있기 때문이다"라고 꼬집었다. 입산료를 챙기는 네팔 정부의 상업주의가 잘못된 꿈을 팔다 보니 사람들이 목숨을 잃게 되는 것이다. 대략 10,000달러의 입산료를 받는 에베레스트 산은 네팔 정부의 훌륭한 수입원이다.

신기록 경연장이 된 세계 최고봉

21세기의 등산은 어느 산의 지리적인 정복이나 탐험이 아니라 대자연속에서 인간의 한계를 시험하고 그 능력을 개발하려는 노력으로 계속 이어질 것이다. 최근 들어 인간의 한계를 시험하려는 노력들이 상상을 초월하는 새로운 기록으로 이어지고 있다. 특히 에베레스트가 색다른 아이디어를 시험하는 경연장이 되어 가고 있다.

1990년 5월, 색다른 방법의 에베레스트 등정이 시도되었다. 해수면에서부터 시작하여 정상에 오르는 최고의 등고 기록이 나왔다. 8,850미터의 등고 모두를 최초로 오른 사람은 호주의 매카트니 스네이프Macartney Snape다. 그는 1990년 2월 인도의 항구 도시 캘커타 해변(0m)을 출발, 장장 700킬로미터 이르는 에베레스트 베이스캠프까지 걸어간 후 등반을 시작하여 1990년 5월 11일에 무산소로 정상에 올랐다.

또한 이보다 더 긴 여정을 거쳐 등정에 성공한 기록도 나왔다. 1995년 2월, 스웨덴의 고란 크로프Göran Kropp는 스톡홀름에서 자전거로 출발, 독일–체코–슬로바키아–헝가리–루마니아–불가리아 등 유럽 대륙을 횡단한 다음 터키–이란–파키스탄–인도를 거쳐 이듬해인 1996년 2월, 장장 12,500킬로미터를 달려 네팔의 카트만두에 도착했다.

그는 배낭 2개에 65킬로그램의 짐을 지고 포터를 고용하지 않은 채 혼자서 캐리벤을 띠나 베이스캠프까지 장비와 식량을 옮긴 뒤 기본 장비와 텐트, 6일분의 식량만을 갖고 등반을 개시한다. 그는 미리 루트를 설치해 놓고 통과비를 받는 아이스 폴을 우회해서 새로운 루트를 개척하며 오른다. 그는 5월 말에 무산소 단독 등정에 성공했다. 정상에는 자신의 10번째 등정에 성공한 네팔의 셰르파 앙리타가 그를 맞이했다.

그는 등반을 끝내고 자전거를 이용하여 오던 길을 역으로 달려 9월 말경에 스톡홀름으로 돌아갔다. 그러나 그의 등정 기록은 네팔 당국이 허가해 준 루트를 벗어났다고 해서 네팔 정부는 공식 기록으로 인정하지 않고 있다. 고란은 유럽과 아시아를 통과하는 데만 130일의 일정을 소요했다.

에베레스트의 해발 높이는 8,850미터로 이는 해수면에서부터 측량한 높이지만 이 산을 오를 때는 이 높이 모두를 등반하지 않고 베이스캠프가 되는 5,400미터부터 시작하는 것이 상례이기 때문에 실제 오르는 거리는 이에 못 미친다. 매카트니와 고란의 등반은 8,850미터를 모두 오르기 위해서는 해수면 높이부터 시작해야 한다는 점에 착안한 아이디어다.

해발 0미터에서 시작하여 8,850미터까지 누구의 도움도 없이 순전히 자력으로 에베레스트를 오르는 도전은 새롭게 '정당한 방법'을 실현한 알피니즘이었다. 이는 순수하고 정당한 방법과 수단으로 산을 오르려는 정신이며, 머메리와 헤르만 불, 라인홀트 메스너는 이런 정신의 선구자들이다.

1999년에는 죽음의 지대로 불리는 에베레스트 정상에서 산소 기구

없이 가장 오랜 시간을 머문 최장 체류 기록도 나왔다. 네팔의 셰르파 바부치리는 1999년 5월 6일 오전 10시 55분에 동생 2명과 함께 정상에 도착하여 텐트를 치고 21시간을 체류한 뒤 다음 날 오전 8시에 하산해 최장 시간 동안 정상에 머문 기록을 세웠다.

그러나 2001년 4월, 11번째로 에베레스트 등정을 시도하던 중 2캠프에서 사진을 촬영하다 크레바스에 추락하여 사망한다. 바부치리의 정상 체류 기록은 기네스북에도 올랐으며 아직까지 경신되지 않고 있다.

최근 들어 에베레스트 등정에 속도 경쟁이 가속화되고 있다. 최단 시간 등정 기록은 2003년 5월 26일, 10시간 56분 46초 만에 등정을 기록한 네팔의 셰르파 락파 겔루Lhakpa Gelu의 기록이다. 이 기록은 에베레스트 초등 50주년 기념 사업의 일환으로 네팔산악협회가 주관한 스피드 클라이밍 원정에서 이룩한 것으로 이때 그는 산소를 사용했다. 그의 등정 횟수는 통산 10회에 이르고 있다. 락파 겔루의 기록은 3일 전인 2003년 5월 23일 셰르파 펨바 도르제Pemba Dorjie가 이룩한 12시간 45분의 기록을 2시간 가까이 단축한 것이다.

20시간대로 등정 속도를 단축시킨 최초의 인물은 프랑스의 마르크 바타르Marc Batard다. 1988년 9월 26일 단독 등반으로 정상에 오른 마르크 바타르의 기록은 22시간 30분이다. 이로부터 10년 뒤인 1998년 10월 17일 네팔의 셰르파 가지Kaji가 이룩한 기록은 20시간 24분으로 바타르의 기록을 2시간 경신했고, 22년 뒤인 2000년 5월 21일에는 셰르파 바부치리가 16시간 56분 만에 무산소로 정상에 올라 가지의 기록을 경신한다.

에베레스트 초등 50주년인 2003년까지 1,659명이 이 산의 정상을 올랐으며 이들 중 무산소 등정에 성공한 사람은 110명뿐이다. 지금까지 가장 많이 정상에 오른 사람은 등반대 일로 생계 수단을 삼는 셰르파

앙리타 1983년 처음으로 에베레스트 무산소 등정에 성공한 이후 수차례 무산소로 정상을 밟았다.

들이다.

셰르파 아파Appa는 1990년 5월 첫 등정 이후 2002년까지 12회나 에베레스트 정상에 올라 개인 최다 등정 기록을 세웠다. 그 다음은 셰르파 앙리타다. 그는 1983년 5월 무산소로 첫 등정에 성공한 이후 1996년까지 10차례나 무산소로 등정했으며, 1988년에는 동계 무산소 등정을 성공시킨다.

2002년 5월 17일, 일본의 토미야수 이시카와는 65세의 나이로 등정에 성공하여 세계 최고령 남성 등반자가 된다. 같은 해 5월 16일에 이시카와보다 하루 앞서 등정한 와타나베 다마에가 63세의 나이로 정상에 올라 여성 최고령 등정자가 된다.

그러나 남성 최고령 등정 기록은 불과 1년이 지난 2003년에 일본의 프로 스키 선수로 활동 중인 미우라 유이치로(당시 70세)에 의해 경신된다. 남성 최고령 등정자로 기록된 미우라는 1970년부터 1985년까지 전 세계 6대륙 최고봉에서 스키 활강을 성공적으로 마무리한 유명한 인물이다.

그는 2003년 2월 아버지 게이조(99세)의 백수를 기념하기 위해 장남 유타(37세) 등 3대가 몽블랑에서 스키 활강을 강행해 화제가 되기도 했다. 그는 에베레스트 등정 후, 소감을 묻는 기자들에게 "나이가 들었기 때문에 도전할 가치가 있는 것입니다. 하면 됩니다"라고 담담하게 말했다.

3년 후인 2006년에는 일본의 다키오 아라야마가 70세 7개월의 나이로 에베레스트 등정에 성공하여 미우라의 기록을 경신했다.

이후 2008년 네팔 남성 바하두르 셰르찬이 76세의 나이에 등정에 성공한다. 2013년 5월 19일 73세의 일본 여성 와타나베 다마에가 정상 등정에 성공해 10년 전 자신의 기록을 경신한다. 그리고 같은 해 5월 23일 미우라 유이치로가 80세의 나이로 등정에 성공하여 자신의 기록을 경신하는 것은 물론 에베레스트의 등정 기록을 새롭게 쓴다.

이렇듯이 21세기에는 고봉에서 과거에는 상상할 수조차 없던 기록들이 속출하고 있다. 자유 등반의 세계에서는 5.9급을 사람이 넘어설 수 없는 한계 등급으로 여겨 왔으나 기술 체계의 향상으로 현재는 5.15b급의 세계까지 열렸다.

등산 장비의 발달은 산의 고도를 낮추었고, 많은 정보가 축적되면서 등반 양상이 빠르게 진전하고 있다. 앞으로 세계 고봉과 대암벽에서 인간 한계를 극복하려는 새로운 시도가 지속적으로 이어질 것이라는 점은 의문의 여지가 없다.

5부

알피니즘을 빛낸 선구자들

고드윈 오스틴

고드윈 오스틴, 헨리 하버샴 Godwin-Austen, Henry Haversham 1834~1923

인도 주재 영국 육군의 측량 기사였다. 세계 제2위 봉 K2(8,611m)의 발견자로 K2를 거론할 때 빼놓을 수 없는 인물이다. 1856년 몽고메리 영국 공병대 대위가 200킬로미터 먼 곳에서 K2의 높이를 측량하고, 그 산이 세계에서 두 번째로 높은 고봉임을 밝혀냈다. 그로부터 5년이 지난 1861년 고드윈은 카라코람에 들어가 비아포 빙하와 발토로 빙하를 발견했고, 이 지역을 탐험하면서 지도를 만들었다.

그는 발토로 빙하를 25킬로미터나 거슬러 올라가 앞을 가로막는 거대한 얼음 피라미드 K2와 마주친다. 고드윈은 이 지역의 여러 고봉에 도전했던 선구적인 탐험가로 발토로 빙하에서 K2에 이르는 루트를 최초로 발견한 사람이다. 한때 K2에 그의 이름을 붙여 마운트 고드윈 오스틴이라 명명했으나 일반화되지는 않았다.

귈리히, 볼프강 Güllich, Wolfgang 1960~1992

독일 팔츠에서 태어나 14살 때부터 암벽 등반을 시작했다. 독일 최초의 에베레스트 등정자인 라인하르트 카를에게서 등반 기술과 등반 철학을 배우고 대학에서 스포츠과학을 전공하면서 자신의 등반 스타일을 만든다.

근력을 키우기 위한 가혹한 트레이닝과 바위에서 파트너 없이 단독으로 대결하는 과단성, 인공 암벽에서나 가능한 등반 기술을 극한의 고소 등반에도 적용시키는 과감한 도전은 20세기 등반사에 독자적인 행적을 남긴다.

그는 32년이라는 짧은 생애 중 18년을 수직의 세계에서 언제나 새로움을 창조하며 단독 자유 등반의 지평을 넓혀왔다. 이런 그의 최후는 너무나 허망했다. 실베스터 스탤론 주연의 산악 스릴러 영화 〈클리프행어〉에서 주연 대역 스턴트맨으로 출연한 후 귀갓길 고속도로에서 교통사고로 숨진다.

파타고니아의 파이네 중앙 타워에서 비박 중인 볼프강 귈리히

그가 생전에 이루어낸 등반 행적을 살펴보면 경이 그 자체다. 볼프강 귈리히의 이름이 세상에 알려지기 시작한 것은 1983년으로, 그 해에 그는 독일 프랑켄 유라에 5.13a급의 미스터 마그네시아Mr. Magnesia를 개척했다. 이후 미국으로 등반 여행을 떠나 당대 세계 최고 등급으로 4년간 재등이 이루어지지 않던 그랜드 일루전Grand Illusion(5.13c) 등반에 성공하면서 세계적 등반가로 주목을 받기 시작한다.

그 후 세계 최초의 5.13d 루트인 카날 임 뤼켄을 개척한다. 이어 1984년에는 오스트레일리아의 아라파일스Arapiles로 건너가 세계 최초의 5.14급 루트인 펑츠 인 짐(5.14a)을 개척한다. 1985년에는 아라파일스의 예스터데이 다이렉트Yesterday Direct(5.13a)를 온 사이트로 오른다.

그 후에도 그의 비약은 계속 이어졌다. 1986년엔 프랑켄 유라에 겟토블라스터(5.14a)를 초등한다. 이처럼 지속적으로 등급 비약을 가져오게 한 것은 그의 열정과 연구열 덕분이었다. 그는 육체적인 한계를 극복하기 위해서 최신의 트레이닝 방법을 테크닉 향상에 접목시켰다.

그가 이룩한 가장 큰 업적 중 하나는 1988년 파키스탄 등반이었다. 카라코람의 고난도 암벽인 트랑고 타워의 유고 루트를 자유 등반으로 완등하여 세계적인 화제를 불러일으켰다. 아울러 센트럴 타워의 페인 루트(5.12d)도 자유 등반으로 올랐다. 트랑고 타워에서의 등반은 단순한 암벽 등반가를 넘어선 알피니스트로서의 위상을 보여주는 데 손색이 없었다. 그뿐만 아니라 히말라야에서의 자유 등반 가능성을 보여준 괄목할 만한 등반이었다.

그가 마지막으로 남긴 업적은 1991년 악치온 디렉트Action Directe(5.14d)의 개척이었다. 그가 세계 각지를 돌아다니며 자신의 루투를 개척한 이유는 '창조성이야말로 클라이밍의 진정한 본질'이라는 확신 때문이었다. 독일의 한 저널리스트는 그를 가리켜 "그가 자신의 힘으로 달나라에 가겠다고 말할지라도 그의 말을 믿겠다"고 평가했다.

그는 늘 새로운 루트, 독창적인 루트에서 꿈을 꾸듯이 오르기를 원했다. 또한 그런 등반을 통한 육체와 정신의 조화를 촉구했다. 그는 '클라이밍이 예술이라면 창조성이야말로 그 핵심'이라는 믿음으로 행동했던 등반가였다.

나오미, 우에무라 植村直己 1941~1984

일본 메이지 대학을 졸업하였고, 일본을 대표하는 등반가이자 탐험가다. 알프스와 히말라야에서 활동했으며, 세계 최초로 5대륙 최고봉을 등정했다. 1968년 남미 아마존의 원류로부터 하구까지 6,000킬로미터를 뗏목으로 주파하고, 1970년 일본인 최초로 에베레스트 정상에 올랐다.

그는 1974~75년까지 1년 동안 그린란드 최북단에서 극지 생활을 한 후 1978년 개썰매를 이용하여 북극권 1만 2,000킬로미터를 세계 최초로 단독 종단함으로써 북극점 최초 단독 도달이라는 기록을 세웠다. 그는 그때의 공으로 1979년 3월 영국에서 수여하는, 세계에서 가장 용감한 사람에게 주는 국제 스포츠 용맹상을 수상한다. 1984년 2월 북미의 매킨리 단독 등정에 성공하였으나 하산 도중 실종되었다.

국내에 번역된 저서로는 『청춘을 산에 걸고』 『돌아오지 않는 봄』 『안나여 저게 코츠뷰의 불빛이다』 『아내여, 나는 죽으러 간다』 등이 있다.

노르가이, 텐징 Norgay, Tenzing 1914~1986

네팔 국경 타메이라 불리는 작은 셰르파 마을에서 출생했다. 1953년 힐러리와 함께 세계 최고봉 에베레스트 정상을 최초로 밟은 인물이다. 1953년 5월 29일 에베레스트 정상에서 맹렬한 바람에 깃발이 흩날리는 피켈을 높이 쳐들고 있는 텐징의 유명한 사진은 불가능에 도전한 인간 승리의 기록이기도 하다. 인류가 32년에 걸쳐 끈질기게 도전해 왔던 이 산의 상징적인 정상을 현실적인 정상으로 실현시킨 순간이기도 하다.

그는 1939년 티리치 미르(Tirich Mir · 7,690m) 등반에 참가하고, 1951년 프랑스 원정대의 난다데비 동봉(7,434m) 등반에 참가하여 등정에 성공하였으나 대원인 뒤플라Duplat와 비느가 사망한다.

1946년 이래 여섯 차례나 에베레스트 원정에 참가했으며, 1953년 영국의 제10차 에베레스트 원정대의 사다로 참가, 힐러리와 함께 개방식 산소 호흡기를 사용하여 초등정에 성공하였다. 그와 함께 정상에 오른 힐러리는 "그의 힘, 완벽한 등반 기술, 능동적인 태도에 감탄하였다"고 말하면서 "나는 자신을 한 번도 영웅으로 생각해 본 적이 없다. 하지만 텐징은 예외다. 그는 진정한 영웅이었다. 그는 미천하게 출발하여 세상의 정상에 올랐다"고 격찬하였다.

에베레스트 등정 후 등반 활동과는 인연을 끊고 다르질링에서 등산학교 강사로 후진을 지도하면서 인도 등반계의 발전에 크게 기여한다. 한때 이 인류사적인 에베레스트 초등정을 놓고 호사가들은 두 사람 중 누가 먼저 정상을 등정했는가에 대해 관심을 모아 왔다. 이 점에 대해 힐러리는 어느 언론 매체와 가진 인터뷰에서 다음과 같이 말하였다.

"누가 먼저 정상에 올랐느냐는 중요하지 않다. 우리는 어려운 문제를 함께 해결해냈을 뿐이다. 다만 남봉(8,749m)에서 정상까지는 내가 리드했다."

텐징이 정상을 눈앞에 두고도 혼자 오르지 않고 뒤에 처진 힐러리를 30분이나 기다린 일은 매우 감동적이다. 힐러리는 정상에 올라 텐징의 사진만 찍고 자기는 사진 찍기를 거절했다. 그가 동반자를 진정한 영웅으로 여겼기 때문이다.

저서로는 제임스 램지 울먼의 도움으로 발간한 자서전 『에베레스트의 영웅(*Man of Everest*)』(1955) 『애프터 에베레스트(*After Everest*)』(1982)와 에드 더글러스가 집필한 『텐징 노르가이: 히말라야가 처음 허락한 사람』이 있다.

노턴, 에드워드 펠릭스 Norton, Edward Felix 1884~1954

노턴은 1924년 영국 제3차 에베레스트 원정대의 대장이었다. 그는 1854년 난공불락으로 여겨 왔던 베터호른을 초등하여 알프스 황금시대를 연 앨프리드 윌스 경의 손자다.

그는 조부의 산장에서 등반 활동에 눈을 떴고, 제2차 세계대전 중에는 군인으로 인도에서 복무했다. 1922년 제2차 에베레스트 원정대에 참가하여 맬러리, 소머벨 등과 함께 무산소로 8,225미터까지 진출했다. 인류가 산소 보급기 없이 8,000미터 선을 넘은 최초의 기록이다.

1924년 제3차 에베레스트 원정에서는 병으로 쓰러진 브루스 대장을 대신해서 원정대장이 되었으며 그도 직접 등반에 참가해 북면 쿨루아르의 8,572미터까지 올랐으나 맬러리와 어빈이 정상 공격 중에 행방불명되자 철수한다. 당시 노턴이 오른 8,572미터의 기록은 1953년 에베레스트가 정복되기 전까지 인간이 오른 최고 높이였다.

에베레스트에 관한 그의 해박한 지식은 이후 에베레스트 원정에 많은 도움을 주었으며 1953년 헌트 원정대의 초등정에도 큰 공헌을 하였다. 저서로 1925년 발행된 『더 파이트 포 에베레스트 1924(*The Fight for EVEREST 1924*)』가 있다.

다이렌퍼스, 노먼 Dyhrenfurth, Norman 1918~

미국의 산악인이다. 히말라야 등반사의 권위자인 스위스의 귄터 오스카 뒤렌푸르트의 아들이다. 스위스 태생으로 미국에 귀화하여 영화 제작에 종사하면서 부친과 함께 히말라야 탐험에 관심을 기울였다. 1952년 스위스 제2차 에베레스트 원정대(대원 19명, 비용 40만 달러, 장비와 식량 27톤, 포터 909명, 셰르파 32명, 총인원 1,000명)를 조직하여 지휘한다.

이 등반대는 에베레스트 등반 사상 처음으로 에베레스트 트래버스를 실현한 팀이다. 각기 다른 루트로 오른 두 팀이 정상에서 합류하여 함께 하산했다.

휘터커와 셰르파가 1차 공격에 성공하자 시간, 장비, 대원이 충분했으므로 누구도 시도해 보지 않은 야심찬 계획을 세운다. 서릉 팀과 반대편인 남동릉 팀, 두 팀이 따로 오른 뒤 정상에서 만나기로 하고 실행에 옮긴 것이다.

언솔드와 혼바인이 서릉 팀으로 등정한 후, 남동릉으로 오른 비숍, 저스타드와 정상에서 만난 후 함께 하산하는 획기적인 횡단 기록을 성공시킨다. 서릉의 '혼바인 쿨루아르'는 당시의 혼바인 대원의 이름에서 유래한 것이다. 늦은 시간에 정상에서 합류한 네 사람은 밤 12시에 8,500미터 고소에서 맨몸으로 비박하고 사고 없이 하산했다.

그 후 다이렌퍼스는 1971년 국제 합동 원정대를 조직하여 에베레스트 남서벽에 도전했으나, 대원들 간의 불화와 질병, 악천후 등이 원인이 되어 실패한다.

데스티벨, 카트린 Destivelle, Catherine 1960~

바위의 발레니나로 불리는 그녀는 알제리의 오랑에서 태어나 파리에서 성장했다. 운동신경이 뛰어났던 그녀는 가족끼리 파리 근교의 퐁텐블로 숲으로 피크닉을 갈 때면 사암의 바위를 오르는 즐거움에 흠뻑 빠져들었다. 그것이 그녀를 클라이밍의 세계에 입문케 하는 첫 동기가 되었다.

1985년 산악계에 두각을 나타낸 이래 그녀는 대중적 인기에 안주하지 않고 혼자만의 힘으로 자신의 영역을 구축하는 등반을 해왔다.

1955년 발터 보나티가 드류 서벽 단독 등정에 성공했을 때 전문가들은 "등산 역사상 가장 탁월한 업적 하나를 이루었다"고 극찬했다. 보나티가 6일에 걸쳐 오른 루트를 그녀는 단 4시간 20분 만에 단독으로 주파하여 세상을 놀라게 한다.

1991년 그녀는 개척의 가능성이 전혀 보이지 않는 루트들 사이에서 더 험하고 힘든 루트를 단독으로 개척해 드류 서벽에 자신의 이름 하나를 추가한다.

1991년 드류 남서벽에서 단독으로 신 루트를 개척 중인 카트린 데스티벨

그녀가 이룩한 '데스티벨 루트'는 여성도 첨예한 등반을 할 수 있다는 메시지를 남겼다. 과거 대부분의 여성 등반가들은 남성이 개척한 루트를 재등하는 데 만족했지만, 그녀가 남긴 루트는 여성도 새로운 루트를 개척하고 등반가로서의 위치를 찾는 시대가 되었음을 선포한 것이었다.

그녀는 등반이 끝난 뒤 "나도 보나티처럼 그 벽을 등반할 수 있는지 시험해 보고 싶어서 단독으로 개척했다"고 말했다. 1992년 3월 아이거 북벽에서 행한 동계 단독 등반은 사람들이 이미 예상했던 사실을 확인시켜준 것에 불과한 대담한 등반이었다.

그녀는 작은 체구에 검은 머리카락과 초록색 눈동자, 매력적인 미소를 지녔으며, 그녀의 미모는 대중적인 인기를 얻기에 충분했다. 이런 인기 때문에 프랑스 장비 업체들은 그녀를 광고 모델로 활용했다.

무엇보다 그녀는 단순한 각종 스포츠 클라이밍 대회에만 안주하지 않았다.

1990년 네임리스 트랑고의 자유 등반은 그녀가 경험한 알파인 거벽 등반의 첫 해의 원정이었다. 제프 로와 함께한 트랑고 등반은 그녀에게 큰 자신감을 안겨 주었으며 드디어 드류 서벽에 새로운 루트를 만들게 했다. 미국의 유명 등반가인 제프 로는 그녀에게 용기와 격려, 거벽 등반 기술의 전수를 아끼지 않았다. 모든 사람들이 그녀의 드류 등반에 부정적인 반응을 보일 때 제프만은 '당신은 할 수 있어'라고 명쾌한 답을 주었다.

그녀는 80킬로그램이 넘는 장비의 무게와 외로움을 해소하기 위해 소설책 한 권과 무전기를 휴대했다. 600여 미터의 벽을 완등하기 위해 그녀는 11일 동안 바위에 매달려야 했다. a3와 a4급의 인공 등반 기술을 구사해야 하는 기술적인 어려움을 지닌 루트를 성공시킨 훌륭한 단독 초등이었다. 그녀는 1993년 마칼루를 시도했으나 실패했고 1994년 안나푸르나 남벽 도전에도 실패했지만 1995년 겨울 마터호른 북벽의 보나티 루트(1965년 초등)를 동계 2등했고 1993년 그랑드 조라스 북벽 동계 단독 등반을 끝낸다. 이로써 그녀는 알프스 3대 북벽에 대한 여성 단독 초등의 기록을 세운다.

1988년 그녀는 미국을 대표하는 여성 등반가 린 힐과 스노우버드 암벽 경기 대회에서 서로 상대방을 모르는 가운데 자웅을 겨룬다. 결국 데스티벨이 속도 경기에서 승리하지만 그 후 그들은 친밀한 우정을 나누게 된다.

데시오, 아르디토 Desio, Ardito 1897~2001

데시오는 이탈리아 밀라노 대학의 지질학 교수이자 등반가다. K2 초등 당시 이탈리아 원정대의 대장을 지냈다. 알프스와 카라코람 등의 산악 지대에서 지리학 및 지질학 조사를 했다.

1954년 이탈리아는 45년 전 아브루치 공이 시도했다가 실패한 K2 초등정을 목표로 대규모 원정대를 조직한다. 대장인 데시오를 포함해서 11명의 등반대원과 3명의 과학자로 구성된 이 원정대는 폐렴으로 인한 대원 1명의 사망과 악천후를 무릅쓰고 초등에 성공한다. 아킬레 콤파뇨니와 리노 라체델리는 정상 공격 중 산소가 바닥나자 산소 없이 등반을 계속해서 정상을 밟은 것으로 알려졌다. 그러나 후일 그들이 산소를 사용했음이 밝혀졌다.

이탈리아의 초등정 성공은 데시오의 뛰어난 조직력과 대원들 간의 팀워크가 밑바탕이 되었다. 당시 이탈리아 원정대는 팀 전체의 팀워크와 단결된 정신을 존중해서 정상에 오른 두 사람의 이름을 밝히지 않는다. 등정자 두 사람의 이름이 알려진 것은 오랜 세월이 흐른 뒤였다.

뒤렌푸르트, 귄터 오스카 Dyhrenfurth, Günter Oscar 1886~1975

뒤렌푸르트는 독일에서 태어나 1939년에 스위스로 귀화한 고생물학자 및 지질학자이자 산악인이다. 1963년 미국 에베레스트 원정대를 이끈 노먼 다이렌퍼스의 아버지이며, 그의 부인은 시아캉리(7,315m) 서봉을 1934년 8월에 초등정하여 당시 여성으로는 최고봉 등정 기록을 세웠다.

뒤렌푸르트는 1930년 국제 원정대를 조직하여 캉첸중가(8,586m) 서면에 도전했으나 눈사태로 실패하고, 시아캉리와 종상 피크(Jongsang Peak·7,473m)를 초등했다 40여 년간의 히말라야 연구로 이 방면에 세계적인 권위자가 되었으며 이에 대한 방대한 책을 저술했다. 독일 태생인 뒤렌푸르트의 부친은 독일 내에서 손꼽히는 재벌이었다. 그는 이런 부친의 막강한 부를 배경으로 히말라야 개척기에 여러 차례의 원정과 저술을 통하여 히말라야 연구에 큰 공헌을 하였다.

그는 브레슬라우 대학에서 14년간 지질학과 고생물학 교수를 역임했으며 히틀러 나치 정권이 집권하자 대학 교수직을 버리고 중립국인 스위스로 망명해 스위스 국적을 취득한다. 히말라야를 무대로 하는 영화 제작 사업에 투자하면서 가산을 탕진했다.

히말라야 문헌 중 1952년 발간된 『제3의 극지(*Zum Dritten Pol: Die Acbttausender der Erde*)』가 그의 대표작이다. 이 책은 '*To the Third Pole: The History of the High Himalaya*'란 제목의 영역판으로 출간되었다.

뒬퍼, 한스 Dülfer Hans 1892~1915

뒬퍼는 독일의 선구적인 등반가로 뮌헨에서 의학과 법률학을 전공했다. 마우어의 피톤과 오토 헤어초크가 고안한 카라비너, 뒬퍼가 개발한 뒬퍼지츠 기술 등 삼위일체를 이룬 인공 등반 기술을 동부 알프스 북부에서 실용화시켰고, 난이 등급—뒬퍼가 초안한 난이 등급은 후에 벨첸바흐에 의해 완성된다—을 초안했다. 레이백layback 등반 기술과 로프를 이용한 현수하강 기술인 뒬퍼지츠를 개발했다. 1912년 플라이슈방크Fleischbank 동벽, 1913년 치마 그란데 서벽을 등반했다.

그는 제1차 세계대전에 참전하여 전사했으며 1912년부터 22세의 젊은 나이로 전사할 때까지 3년 동안에 인공 등반 기술을 체계화한다. 뒬퍼가 고안한 뒬퍼지츠는 암벽에서 로프에 매달려 하강하거나 루트를 변경할 때 옆으로 이동하는 펜듈럼까지도 포함하는, 당시로서는 획기적인 기술이었다. 뒬퍼는 등반뿐만 아니라 피아노를 자유자재로 다룰 줄 아는 음악적인 소양도 풍부했다.

딤베르거, 쿠르트 Diemberger, Kurt 1932~

딤베르거는 오스트리아 등반가로 1942년경부터 마터호른, 아이거를 비롯하여 알프스에서 많은 등반 활동을 했다. 1957년 마르쿠스 슈무크가 이끄는 소규모의 브로드 피크(8,047m) 원정대 일원으로 참가하여 헤르만 불과 함께 정상에 올라 초등정을 이루었다.

이는 8,000미터 봉우리에서 이룩한 최초의 알파인 스타일 등반이다. 그들은 포터와 산소 없이 등반했다. 그는 이 등반을 마치고 헤르만 불과 함께 초골리사를 등반했으나 헤르만 불이 눈처마 붕괴로 사망한다. 1960년 다울라기리(8,167m)를 초등함으로써 당시로서는 8,000미터급 거봉을 2개 이상 오른 몇 안 되는 등반가가 되었다.

그는 힌두쿠시의 티리치 미르 서벽을 등반하고 티리치 미르 4봉을 초등했으며, 그린란드, 아프리카, 안데스에서도 활동하였다. 또 1978년 마칼루(8,462m)와 에베레스트(8,850m)의 미국 원정대에도 참가하였다. 커빙턴M. Covington이 1980년에 설립한 판타지 리지 알피니즘Fantasy Ridge Alpinism 등산학교의 초청 강사로 있었다.

그는 1986년까지 브로드 피크, 다울라기리, 마칼루, 에베레스트, 가셔브룸 II, K2 등 8,000미터 봉 6개를 등정했다. 딤베르거는 1950년대 초기에 이미 슈퍼 알피니즘을 실천했으며, 현대와 근대를 잇는 가교 역할을 한 등산가다.

그는 1986년 한국 팀의 K2 원정 때, 한국 팀이 힘들게 작업해 놓은 비좁은 캠프 사이트를 비집고 들어와 한가운데 텐트를 쳐서 눈총을 받기도 했다. 당시 54세의 노장으로 영국 여성 줄리 툴리스와 K2를 등정한 후 늦은 시간까지 하산하던 중 조난되자 구조대에 의해 전진캠프에서 구출되어 한국 팀의 치료를 받고 하산한다. 결국 툴리스는 사망했고, 그는 동상에 걸린 손가락 2개를 절단했다. 저서로 『서미츠 앤드 시크릿츠(*Summits and Secrets*)』가 있다.

라머, 오이겐 기도 Lammer, Eugen Guido 1863~1945

라머는 오스트리아의 등반가이자 비엔나 대학 교수였다. 그는 로리아A. Lorria와 함께 단독 등반, 가이드리스 등반 등 대담한 등반 활동을 펼쳤다. 그는 낙석과 같은 외적 위험도 등반의 일부라고 여겼으며, 산장을 포함한 모든 인공적 구조물의 철거를 주장할 정도로 자연주의를 신봉했다. 20대 전후에는 거의 단독 등반으로 일관했으며, 기존의 루트를 피하여 새로운 루트 개척에 도전하였다.

1884년에 푸스슈타이네Fussteine 북동릉, 1885년 그로스페네디거Grossvenediger 서벽을 초등했고, 1887년에는 바이스호른, 치날로트호른을 단독 등반했다. 마터호른 서벽(4,477m) 등반을 시도하던 중 눈사태를 만났으나, 기적적으로 살아났다. 1893년 그로스페네디거 북서벽, 1898년에는 힌테러 브로크코겔Hintere Brockkogel 북릉을 초등했다.

특히 이 등반은 당시로서는 가장 높은 수준의 등반이라 할 수 있었다. 라머는 루트비히 푸르첼러, 에밀 지그몬디 등과 마찬가지로 전통적인 등반을 거부하고 극한적인 벽 등반을 추구했다. 이로 인하여 많은 비난을 받았으나, 그는 자기 주장을 조금도 굽히지 않았다.

그의 '죽기 아니면 살기Do or Die' 식의 극적인 등반 태도는 1930년대의 전통적 등반 방식을 고수하려는 등반가들의 감정을 자극하는 것이었으나, 등반 장비의 개발로 이러한 논쟁은 무의미하게 되었다. 그는 전형적인 19세기 말의 독일·오스트리아계 등반가의 한 사람으로 투쟁적이라는 평을 받고 있다. 그는 "등산에서 스스로 위험 속에 뛰어들어 산의 위험과 싸우는 것이야말로 영웅적인 행위이며, 인간 정신의 승리를 가져오는 것이며, 이것이 등산의 최고 기쁨이다"라고 말했다. 그는 니체를 숭배했고, 말년에는 열렬한 나치주의자가 되었다.

저서로는 극한을 추구하는 인간 행위와 등반 활동을 신비적으로 묘사한 『청춘의 샘』이 있다.

라슈날, 루이 Lachenal, Louis 1921~1955

프랑스의 산악인이다. 알프스 가이드 출신으로 1948년 샤모니 가이드 조합 멤버가 되었다. 1950년 모리스 에르조그와 같이 안나푸르나(8,091m) 초등정을 이룩했다. 이는 인류가 8,000미터에 오른 최초의 거봉 등정 기록이다. 그와 에르조그는 정상 등정 후 폭풍설 속을 헤매며 하산하던 중 5캠프에 대기 중이던 레뷔파와 테레이에 의해 구조되었다. 목숨을 건 이들의 하산 과정은 영광과 비극이 점철된 극적인 드라마였다.

당시 그들은 정상 등정 전에 복용한 흥분제 맥시톤Maxiton의 영향과 심한 동상으로 자제력을 잃은 상태였다. 라슈날은 발가락 동상으로 그 후 무려 14차례의 절단 수술을 받게 된다.

1955년 에르조그와 함께 마리넬리 쿨루아르를 통해 몬테로사를 등정하였으며, 이들은 동상으로 손가락과 발가락이 잘린 자신들이 다시 등반할 수 있음을 확인하고 매우 기뻐

드류에서 바라보이는 메르 드 글라스와 발레 블랑슈

했다. 그러나 그해 말 라슈날은 발레 블랑슈Vallée Blanche의 빙하에서 스키 활강 도중 크레바스에 빠져 사망한다.

그의 등반 경력을 살펴보면 1946년 그랑드 조라스 북벽 워커 스퍼 4등, 1947년 아이거 북벽 2등, 트레올레 북벽 2등, 프레디엘 서벽 2등, 1949년 피츠 바딜레Piz Badile 북벽은 6등으로 7시간 만에 등반했다. 저서 『까흐네 뒤 베흐티즈(*Carnets du Vertige*)』(1956년, 모리스 에르조그 편집)가 있다. 영문판 제목은 '*Vertigo Note Books*'이다.

레뷔파, 가스통 Rébuffat, Gaston 1921~1985

프랑스를 대표하는 산악인 중 한 명이자 유명한 알프스 가이드다. 프랑스 마르세유에서 출생, 칼랑그에서 등반 활동을 시작하여 1942년 가이드가 되었고, 1946년 샤모니 안내인 협회의 인정을 받았다. 그는 육군 고산병 학교를 졸업했으며, 국립스키등산학교ENSA 강사에 선임됐으나 가이드 생활을 위해 강사직을 포기했다.

레뷔파는 1920~30년대에 초등되었던 알프스의 어려운 루트들을 1940년대에 재등하여 주목받기 시작한다. 1945년 그랑드 조라스 북벽 워커 스퍼 2등, 1949년 피츠 바딜레, 그리고 1952년 아이거 북벽, 1950년 모리스 에르조그가 이끄는 안나푸르나 초등반에도 참가했다.

당시 리오넬 테레이와 한 조가 되어 5캠프에 대기하던 중 레뷔파는 정상을 오르고 거의 빈사 상태에서 하산하던 에르조그와 라슈날을 구조한다. 4캠프를 향하여 괴로운 하산을 시작할 때 그는 고글을 잃어버려 설맹에 걸린 상태에서 장님처럼 헤매면서 동상에 걸린 동료를 업고 하산했다.

1956년 에귀유 뒤 미디에 레뷔파 루트를 개척했으며, 국립스키등산

에귀유 뒤 미디 남벽을 오르는 가스통 레뷔파

학교 교장을 지냈다. 그는 등반 활동 외에도 많은 산악 저술과 영화 제작에 몰두하여 11권의 책과 4편의 산악 영화를 제작하였다. 우리나라에는 『설과 암』, 『별빛과 폭풍설』 등이 번역되어 많은 산악인들에게 사랑을 받았다. 『별빛과 폭풍설』은 산악 문학을 한 차원 높인 책으로 수많은 독자들이 산을 동경하도록 했다는 평가를 받고 있다.

그는 『설과 암』에서 그가 평생을 바쳐 온 등반의 세계를 다음과 같이 표현했다. "산은 하나의 다른 세계다. 그것은 지구의 일부라기보다는 동떨어져 세워져 있는 신비의 왕국인 것이다. 이 왕국에 들어서기 위한 유일한 무기는 의지와 애정뿐이다."

또한 『설과 암』에서 기술 위주의 등반에 집착하려는 최근의 경향을 꼬집기라도 하듯이 정신을 바탕으로 한 기술 개발을 강조하면서 다음과 같은 글을 남겼다.

"테크닉은 등정의 감격을 위한 최종 수단이 되어야 한다. 만약 그렇지 않다면 고산의 세계는 체육관의 스케일로 축소되고 말 것이다. 그러나 이 상태로 다가서는 길은 얼마나 먼가? 등반가들은 강한 근육, 강철 같은 손가락, 완벽한 테크닉을 갖추지 않으면 안 되지만 이러한 것은 도구에 불과하다. 등반가는 무엇보다 먼저 생에 대한 애정을 가지고 있어야 한다. 인간에게는 육체와 영혼이 있다. 높은 봉우리는 인간에게 활동과 명상을 제시하고, 인간 속에 잠들어 있는 꿈을 일깨워 주는 것이다."

또 다른 저서 『하늘과 땅 사이(*Entre Terre et Ciel*)』는 영화로 만들어져 1961년 이탈리아 트렌토에서 열린 제10회 국제산악영화제에서 대상을 받기도 했다.

레뷔파가 산악계에 남긴 공적은 직업 가이드로서의 등반 활동뿐만 아니라 이처럼 저서와 영화를 통해 등산의 대중화에 성공함으로써 산악계와 일반인의 의식을 바꾸어 놓은 점에서 찾을 수 있다. 그는 저서를 통해 수많은 금언을 쏟아냈다. 한때 레뷔파는 우리나라 1950~60대 산악인들의 우상이기도 했다.

『설과 암』은 산악인들의 애독서였으며, 성서와 같은 존재였다. 빨간 실크 머플러를 목에 두르고 니커보커 차림에 눈송이 모양의 무늬를 넣은 검정 바탕 스웨터 차림을 한 모습은 산악인들 사이에서 선풍적인 유행을 불러일으켰다. 또한 저서 『더 몽블랑 매시프(*The Mont Blanc Massif*)』(1975) 표지에 등장하는, 로프를 손에 감아쥐고 침봉 끝에 서 있는 사진은 수많은 젊은 클라이머들의 마음을 사로잡았다. 그는 9년 동안 암으로 고생하다가 1985년 알프스의 별빛으로 승화했다.

레뷔파의 이 외의 저서로는 『몽블랑에서 히말라야까지(*Du Mont Blanc a l'Himalaya*)』(1955) 『마터호른, 완벽한 정상(*Cervin, Cîme Exemplaire*)』(1965) 『눈으로 덮인 얼음과 바위(*Glace Neige et Roc*)』(1970) 등이 있다.

레이, 귀도 Rey, Guido 1861~1935

곡예 등반Acrobatic climbing을 보급한 이탈리아 등반가다. 북이탈리아 트리노 출신으로 실업가, 작가, 탐험가이기도 하다. 유명 산악 사진작가 겸 탐험가인 비토리오 셀라와 사촌 간이다. 1880년대부터 1900년대 초에 걸쳐 알프스에서 가이드 마키냐 형제와 함께 폭넓은 등반 활동을 했으며, 당시 새로운 등반 방식인 인공 등반을 추구한 대표적인 등반가였다.

그는 이탈리아, 프랑스, 스위스 등지의 여러 봉을 등반했고, 몬테로사와 마터호른 등반에 특히 열중했다. 1890년부터 마터호른의 푸르겐 그라트에 수차례 도전했으나 실패했고, 1899년 줄사다리를 사용해서 남동 능선으로 등반 성공했다. 푸르겐 그라트는 머메리가 1880년에 도전했으나 실패한 능선으로 잘 알려진 곳이다.

그는 처음에는 가이드 없이 등반을 했으나 1885년 콜 뒤 제앙 등반 중에 동생을 잃고 마키냐 형제를 가이드로 고용하여 많은 산행을 함께하면서 평생 동안 깊은 우정을 쌓았다. 그는 오르기 힘든 암벽 구간에서 인공 등반을 최초로 시도하면서 줄사다리와 피톤을 사용했다. 당시 고전적인 등반을 추구하던 영국인들의 냉소와 비아냥거림에 전혀 개의치 않고 산을 새로운 방식으로 오른다는 신념을 가지고 행동했다.

20대엔 이탈리아·스위스·프랑스에서, 30대엔 몬테로사와 마터호른 주변에서, 40대엔 샤모니와 돌로미테 주변에서 활동하면서 곡예 등반을 보급했다. 50대엔 전쟁 중에 입은 부상으로 등산을 그만두고, 마터호른이 바라보이는 산장에서 산을 음미하면서 여생을 보냈다. 몬테로사의 크레스타 레이Cresta Rey는 그의 이름을 따서 명명한 것이다.

그의 부상은 제1차 세계대전 중에 적십자 활동을 하다가 입은 교통사고였으며, 등반 활동을 마친 뒤에는 평생을 즐겨 오르던 마터호른 가까이에서 살았다. 마터호른을 초등한 에드워드 윔퍼를 흠모하고 존경하면서 산장에서 일생을 독신으로 보내다가 사후 고향 트리노에 묻혔다. 저서로 『마터호른(*The Matterhorn*)』(1907), 『정상과 절벽들(*Peaks and Precipices*)』(1914)이 있다.

로레탕, 에르하르트 Loretan, Erhard 1959~2011

스위스의 유명 산악인이다. 직업이 목수였으며, 서양인의 기준으로는 체격이 왜소했으나 보나티처럼 체질적으로 동상에 잘 걸리지 않았다. 그는 메스너와 쿠쿠츠카에 뒤이어 1995년 히말라야 8,000미터급 14봉의 3번째 등정자가 된다. 14봉 전봉을 무산소로 등정했고, 이 고봉들을 속도 등반으로 마무리했다. 그는 잠을 잘 때도 등반하는 꿈을 꿀 정도로 등반에 몰입했다.

그는 자신의 모암격인 300미터 높이의 가스틀로젠의 수직 벽에 많은 신 루트들을 개척했으며, 보나티와 드메종이 저술한 책들을 숙독했다. 특히 메스너의 『제7급』을 애독하며 암벽, 빙벽, 혼합 등반 기술을 계속 연마했다. 1969년 메스너가 7시간 만에 단독 등반한 드루아트 북벽에 신 루트를 개척했다. 1980년에는 남미 페루의 6,000미터급 5개 봉을 등정했으며, 그중 3개 봉에 신 루트를 개척했다. 1982년에는 생애 첫 히말라야 낭가파르바트 서벽(디아미르)을 빠른 속도로 등정에 성공한다. 1983년에는 단 한 번의 원정에서 8,000미터 봉 3개를 등정한다.

에르하르트 로레탕

6월 15일 가셔브룸 II, 6월 23일 가셔브룸 I, 6월 30일 브로드 피크 등 3개 봉 모두를 알파인 스타일로 등정한다. 그는 베이스캠프에서 3개 봉의 정상까지 왕복하는데, 1개 봉 등반에 단지 이틀만 소요했다. 1개 봉을 하루 만에 등정하고 하루 만에 하산한 것이다. 그는 3개 봉 모두를 등반하는 데 17일이 소요될 정도로 초특급의 속도 등반을 했다.

1984년 마나슬루를 등정하고 같은 해에 히말라야 등반 사상 가장 위대한 등반인 안나푸르나 동릉을 종주한다. 등반 사상 최초로 안나푸르나 1봉의 동릉을 종주하며 동봉(8,010m), 중앙봉(8,051m), 주봉(8,091m) 등 8,000미터 봉 3개를 트래버스한 다음 북벽으로 하산하여 알파인 스타일의 정수를 보여준다. 1985년 빠른 속도로 K2를 등정했고, 같은 해 다울라기리 동벽 동계 등정에 성공한다.

1986년에는 알프스의 쿠론 엥페리알Couronne Imperiale 능선을 종주한다. 이 능선은 그레첸에서 치날까지 38개 봉으로 연결되며, 그중 4,000미터 이상의 봉이 30개다. 그는 이 종주를 19일 만에 끝내는 놀라운 업적을 이룩한다. 같은 해 그는 장트루아 예와 함께 셰르파와 중간 캠프, 고정 로프 방식이 없이 무산소의 순수 알파인 스타일로 슈퍼 쿨루아르 직등 루트를 통해 39시간 만에 에베레스트 정상에 선다.

그들은 북벽 밑까지 3,000미터 표고의 설빙벽을 글리세이딩으로 3시간 반 만에 하산한다. 에베레스트 등반 사상 가장 빠른 하산이었다. 그는 등반 도중 심한 척수 부상을 입어 코르셋을 착용하고 등반했으며, 행동이 부자연스러울 경우는 코르셋을 벋고 등반을 감행하여 주치의를 당황하게 했다.

1988년 보이치에흐 쿠르티카와 트랑고 타워 동벽(1,200m)을 14일 만에 초등한다. 1989년 1월 그는 아이거 북벽을 포함한 13개 북벽을 동계 등정한다. 그는 등반을 끝낸 후 '8,000미터 고봉 등반 때보다 근력이 더 소요되었다'고 말했다. 1990년에는 장트루아 예, 보이치에흐 쿠르티카와 함께 초오유 남서벽에 신 루트를 개척했고, 12일 후엔 시샤팡마(8,027m) 남벽 상부의 서봉과 중앙봉 사이의 꼴로 이어지는 신 루트를 3일 만에 개척한다.

1991년 마칼루(8,463m), 1994년 로체(8,516m), 1995년 캉첸중가(8,586m)를 등정하여 라인홀트 메스너와 예지 쿠쿠츠카에 이어 3번째 8,000미터 완등자가 된다. 이 위대한 등반가는 2011년 그의 꿈을 키워준 알프스에서 등반 중 조난하여 삶을 마감한다.

로빈스, 로열 Robbins, Royal 1935~

미국의 전설적인 등반가로 요세미티와 알프스에서 활동하였다. 그는 암벽 등반에서 등반 윤리를 강조한 자유 등반의 대표주자다. 로빈스는 1957년 5일간에 걸쳐 요세미티의 하프 돔 북서벽에 루트를 개척했고, 1959년 엘 캐피탄의 살라테 월Salathe Wall을 자유 등반으로 개척했으며, 1964년에는 노스 아메리카 월North America Wall을 취나드, 프로스트와 함께 볼트 38개로 9일 만에 올라 높은 평가를 받았다. 1967년에는 엘 캐피탄의 서벽도 개척했다.

1965년에는 등반 무대를 알프스로 옮겨 존 할린과 함께 드류 서벽과 남서 필러 루트를 개척했으며, 유럽에 요세미티 등반 기술과 신 장비를 전파했다. 이 루트는 고도의 기술과 담력을 필요로 하는 루트로 스카이훅skyhook, 러프, 봉을 비롯한 혁신적인 요세미티 등반 장비가 사용되었다. 1967년 엘 캐피탄의 서벽 등반에서는 유마르를 이용한 색 홀링 기술을 개발하여 등정하였으며, 취나드와 함께 클린 클라이밍을 제창했다.

1968년 엘 캐피탄의 뮤어 월Muir Wall을 10여 일에 걸쳐 단독 초등반했다. 1970년에는 하딩이 300여 개의 볼트를 박으며 개척한 엘 캐피탄의 얼리모닝 라이트Earlymorning Light를 6일에 걸쳐 재등반하면서 하딩이 초등시 박아 놓은 대부분의 볼트를 제거해 하딩과 심한 논쟁을 벌인다. 그는 거벽 등반에서 2개의 유마르를 이용한 색 홀링 시스템을 개발했고, 암장의 훼손을 줄이는 너트nut의 이점을 최대한 활용하여 1967년 엘 캐피탄의 서벽 등반에서 클린 클라이밍을 시도하였다.

그는 거벽 등반에 이용되었던 시지 택틱스siege tactics 방법을 반대했으며, 일회돌파론single push theory을 주장했다. 등반 활동의 창조성과 예술성, 윤리성을 강조한 자유 등반의 대표자로 손꼽힌다. 러버즈 리프Lovers Leap 등산학교를 세우고 요세미티 계곡에 로빈스 등산 장비점도 운영했다.

로페, 가브리엘 Loppé, Gabriel 1825~1913

산악 화가 로페는 우리나라에서는 산악인과 미술인들 모두에게 여전히 낯선 존재이지만 유럽에서는 널리 알려져 있다. 로페는 알프스 등산의 황금기를 빛낸 에드워드 윔퍼와 『유럽의 놀이터(*The Playground of Europe*)』를 저술하고 알파인 클럽 4대 회장을 역임한 평론가 레슬리 스티븐과 친교를 나누며 등산을 함께해 온 프랑스의 유명 산악 화가다.

그는 풍경을 전문으로 한 화가이자 사진가이며 알피니스트다. 일반적으로 알프스 산악 화가라면 세계에서 독보적인 위치를 차지하고 있는 이탈리아의 조반니 세간티니Giovanni Segantini를 떠올리지만 그는 산에 올라 등산을 하면서 알프스 풍광을 화폭에 옮긴 화가는 아니다. 반면 로페는 화구를 짊어지고 3,000미터급의 고산에 올라 알프스의 아름다움을 화폭에 담거나 사진으로 찍어 작품을 만든 화가다.

그는 레슬리 스티븐과 몽블랑 정상에 올라 화구를 펼쳐 놓고 그림을 그렸으며 스티븐이 이룩한 여러 초등반에도 참여했다. 로페는 알프스의 풍경에 매료되어 그전에는 아무도 높은 장소에서 그림을 그릴 수 있다는 것을 상상조차 하지 못하던 시대에 고봉에 올라 그림을 그렸다. 높은 산봉우리, 세락과 빙하 호수, 크레바스, 눈 쌓인 계곡을 화폭에 담았다.

때로는 엄청난 크기로 캔버스화를 그렸으며, 사진처럼 정확한 풍경화를 그렸다. 1862년 그는 런던에서 회화 전시회를 열었으며 파노라마 산악 풍경이 영국 신사들에게 큰 호평을 받은 것이 계기가 되어 1864년 입회 자격이 까다롭기로 정평이 나있는 알파인 클럽 회원이 되기도 했다.

로페가 사진가로 데뷔한 것은 나중의 일이지만, 일찍부터 많은 사진가들과 시간을 함께 보냈기 때문에 사진은 그에게 친숙한 영역이었다. 처음에는 산정에서 보이는 웅장한 파노라마 이미지와 알프스의 풍경 사진을 찍었는데, 당시 사진은 지리와 지형을 정확하게 보여주는 귀중한 자료로서 등반가들이 산행 루트를 계획하는 데 도움을 주었다.

그는 샤모니 주변 몽블랑 산군뿐만 아니라 동부 알프스의 돌로미테 산군에 이르기까지 알프스 여러 지역의 산과 암군을 대상으로 그림을 그렸다. 그 후 그는 알프스를 떠나 파리로 이주해 에펠탑을 위시한 도시 풍경을 예술적으로 찍는 회화주의 사진을 찍었다. 특히 에펠탑에 떨어진 낙뢰의 순간을 포착한 사진은 널리 알려진 작품 중 하나다. 그는 1913년 파리에서 사망했다.

19세기 알프스가 '유럽의 놀이터'가 되었던 등산의 황금시대를 살았던 로페는 1849년부터 본격적으로 샤모니 일대의 산에 올랐고 프랑스 산악회 회원이 된다. 1861년 비송 형제를 따라 몽블랑을 처음 올랐고, 이후 산 정상에 올라 그림을 그렸다. 그는 많은 시간을 산에서 보냈고 때로는 여러 날 동안 낮과 밤을 가리지 않고 산중에서 지내며 다양한 기상 조건에서의 일출과 석양 등 대기의 환상적인 빛에 대해 공부했다.

1862년 런던에서 열린 그의 전시회에는 몽블랑의 만년설이 덮인 산들의 지형적 특징을 상세하게 묘사한 작품들을 출품하여 영국의 신사와 산악인들에게 많은 감동을 전했다.

당시 사진의 표현 기술은 사실적인 표현에 한계성을 지니고 있었다. 하지만 그는 이를 충실히 표현해내는 사진작가였으며 당시 일어나기 시작한 영국의 알프스 등산 열풍에 기여한 공로가 크다. 많은 산악인들이 그의 그림을 보고 등반 계획에 반영했다.

그의 고객 대부분은 알프스 등산 초기 영국의 등반가들이었다. 그와 친교를 나누었던 영국의 에드워드 윔퍼와 레슬리 스티븐은 알피니즘 역사에서 영원히 기억되는 인물이다. 윔퍼는 마터호른 초등정을 성사시켰으며, 레슬리는 여류 소설가 버지니아 울프의 아버지이자 알프스 황금기에 맹활약을 했던 등산가로 알프스에서 가장 많은 초등을 이룩한 선구자 중 한 명이다.

『유럽의 놀이터』 서문에서 레슬리는 몽블랑 정상에서 일몰을 맞았던 가브리엘 로페와의 추억을 고백한다. 가브리엘은 캔버스를 펼쳤고 레슬리는 얼어붙은 와인을 꺼냈다. 수많은 산과 빙하가 석양빛을 받아 불바다를 이루며 어둠 속으로 사라져가던 그 모습을 평생 잊을 수 없다고 했으며 25년이 지난 지금 몽블랑의 일몰에는 변화가 없으나 그 산에 오르던 인간은 늙어 버렸다고 탄식한다. 이 책에는 레슬리가 로페에게 쓴 편지가 실려 있어 두 사람의 오랜 우정을 짐작케 한다.

로페 사후 그의 작품을 기리는 전시회는 여러 차례 열렸다.

2005~2006년 '산악 여행(Mountain Journeys)'이라는 이름의 회화전이 샤모니 산악박물관에서 열렸으며, 2013년 6월부터 2014년 5월까지는 '산정의 화가(Artist of the Summits)'라는 이름의 사망 100주년 기념 회고 회화전이 있었다. 2013년 9월부터 2014년 5월까지는 '사진의 여정(Photographic Itinerary)'이라는 사진전이 있었다. 이 사진전은 로페의 사진 작품 중 산악 풍경뿐만 아니라 도시 풍경에 이르기까지 100여 점 이상의 작품이 전시된 바 있다.

롱스태프, 토머스 조지 Longstaff, Thomas George 1875~1964

영국의 위대한 초기 히말라야 탐험가, 의사, 박물학자다. 알프스, 히말라야, 카프카스, 캐나디안 로키, 셀커크스 외에도 북극 탐험을 5차례, 히말라야 탐험을 6차례 했다.

그는 이튼 학교와 옥스퍼드 의대를 졸업했다. 1895년 알프스 지역을 여행했고, 1903년 카프카스 탐험에서 시카라 서봉(Shkara West · 5,200m)을 초등정하였으며, 1905년에는 히말라야 난다데비를 돌아 상투아리 부근까지 탐험한 후 난다데비 동봉(7,434m)과 난다코트(6,861m) 등정을 시도하였으나 실패하고 만다.

1907년 리시 강가 강River Rish Ganga을 통해 상투이리에 들어가려 했으나 실패하고, 트리술(7,120m)을 초등하였다. 이 등정이 인류 최초의 7,000미터 봉 등정 기록이다.

토머스 조지 롱스태프

1909년 카라코람 지역에 들어가 시아첸 빙하와 테람캉리(Teram Kangri·7,462m)를 발견했다. 1910년 캐나디안 로키의 어시니보인(Assiniboine·3,618m)을 등정했다. 이후 군에 입대하여 심라Simla 총영사부 참모 장교를 역임했으며, 1916년에는 인도 변방 국경 경비대 길기트 지역 부사령관까지 역임한 후 1919년에 퇴임했다. 1922년에는 영국의 제2차 에베레스트 원정대에 기술 고문으로 참가하였다.

그는 수많은 탐험 체험들을 잡지에 기고했으며, 한 인간으로서는 유례없는 탐험과 여행을 했다. 그는 자유로운 여행과 탐험을 즐겼으며, 그 지방의 문화와 원주민을 사랑하고 그들과 잘 융합했다. 1929년 왕립 지리학 협회는 그의 히말라야 업적에 대해 골든메달을 수여했다. 그는 후에 왕립 지리학 협회 부회장을 역임했고, 알파인 클럽 회장을 지냈다. 저서 『나의 여정(*This My Voyage*)』이 있다.

루트키에비치, 반다 Rutkiewicz, Wanda 1943~1992

반다는 동서 냉전 시대 폴란드가 낳은 '철鐵의 여인'이다. 그녀는 1943년 리투아니아의 플룬게에서 출생했고 1964년 바르샤바에서 전자공학과

K2 여성 원정대를 지휘했던 반다 루트키에비치

기계공학을 전공했다. 18세에 처음 등반을 시작한 그녀는 30여 년 동안 등산 활동을 해 온 20세기 여성 산악인으로 독보적인 존재다. 8개의 8,000미터급 봉우리를 등정했으며, 1978년 유럽 여성 최초로 에베레스트 등정에 성공한다. 이는 일본의 다베이 준코, 중국의 판통에 뒤이어 세계 3번째 여성 등정자로 기록된다. 1992년 캉첸중가 등반 중 8,200미터 지점에서 목격된 후 실종되었다.

1975년 그녀는 당시에 미등봉으로 남아 있던 가셔브룸 III(7,952m)를 초등하면서 세계 산악계에 홀연히 나타나 자신의 능력을 보여주었다. 이어 1983년 브로드 피크 여성 원정대에서 여성끼리의 알파인 스타일 등반을 성공시킨다. 1985년 낭가파르바트(8,125m)에서 여성들만으로 조직된 등반대를 이끌고 무산소 등정을 이룩한다. 1986년의 K2(8,611m)등정은 여성으로는 세계 최초다. 1987년 시샤팡마(8,027m), 1989년 가셔브룸 II(8,035m)를 무산소로 등정함으로서 세계에서 가장 강력한 여성 알피니스트로 자리를 굳힌다.

두 번 이혼한 경력의 그녀는 평범한 인생을 거부한 채 산을 통해 자아실현의 길을 걸어갔다. 그녀는 남성들에 의지해서 등반하는 것을 거부했으며 "산은 남성들의 전유물이 아니다. 여성들만으로 조직된 등반대가 바람직하다"는 입장을 고집하며 성차별에 맞섰다. 또한 히말라야

뿐만 아니라 알프스, 남미, 노르웨이, 러시아 등지에서 수많은 여성 초등의 기록을 남긴다.

그녀는 한국 산악인들과도 인연이 있다. 1986년 K2에서 당시 세계적인 산악인 13명이 고소 캠프에서 사망하거나 하산 도중에 추락사하는 대참사가 일어났을 때 그녀도 악천후에 갇혀 있다가 하산 도중 1캠프에서 한국 팀을 만나 도움을 받은 일이 있었다. 1989년엔 한국을 방문하여 한국 산악인들과 인수봉을 등반하고 강연회를 열기도 했다.

마뇬, 기도 Magnone, Guido 1917~2012

1950년대에 활동한 프랑스를 대표하는 산악인이다. 알프스 최후 과제로 불리던 프티 드류 서벽을 1952년 7월에 초등하여 유명해졌다. 그는 이 등반에서 250개의 피톤을 사용했으며, 북면에서부터 볼트를 박아 가며 줄사다리를 사용해서 서벽으로 진입했다. 이 등반의 성공으로 그는 1950년대 등반 활동에 이정표를 세웠다.

1951년 12월 리오넬 테레이와 함께 남미 파타고니아에 있는 난이도 6A인 피츠 로이(Fitz Roy·3,375m) 침봉에 고정 로프를 설치하고, 1952년 2월에 초등정에 성공했다. 1954년 마칼루(8,462m)를 정찰한 후 1955년 프랑코가 이끄는 마칼루 원정대에 참가하여 9명의 전 대원이 등정에 성공한다. 이 등반은 히말라야 원정 사상 유례가 없는 가장 완벽

드류 서벽 등정을 축하하는 모습 맨 왼쪽이 기도 마뇬이다.

한 등반이었다. 이때의 등반대원들은 당대의 프랑스를 대표하는 쿠지, 테레이, 프랑코, 마뇬 등이었다.

1956년에는 무즈타그 타워 남동릉을 초등반했다. 1959년 프랑코가 이끄는 잔누 원정에 참가해 테레이와 함께 정상에 섰다. 저서 『드류 서벽(*La Face W des Drus*)』이 있다.

맬러리, 조지 허버트 리 Mallory, George Herbert Leigh 1886~1924

에베레스트에서 영원한 미스터리를 남긴 영국 산악계의 전설적인 인물이다. 영국 체셔에서 목사의 아들로 태어나 케임브리지 대학을 졸업하고 에베레스트 원정대에 참여하기 전까지는 교사 생활을 했다. 영국과 알프스에서 등반 활동을 한 뒤 초기 에베레스트 등반대에 참여하여 제1차(1921년), 제2차(1922년), 제3차(1924년)까지 연속으로 원정대에 참가했다.

맬러리에게 등산을 가르친 사람은 영국 최고의 산악인으로 꼽히는 제프리 윈스럽 영이다. 영은 제1차 세계대전 중 한쪽 다리를 잃고도 의족으로 마터호른을 오른 인물이기도 하다.

맬러리는 두드러진 등반 기록은 없으나 인상적인 외모와 성격, 지적이고 재치가 뛰어난 능력의 소유자로 유명했다. 어느 등반가도 그만큼 많은 일화나 미스터리를 남기지 못했다. 오늘날 만인에게 회자되는 "산이 거기에 있기 때문에"라는 말은 그가 남긴 명언이다. 이 말은 제3차 에베레스트 원정을 떠나기 전에 필라델피아의 한 강연에서 "왜 에베레스트에 올라가길 원하는가?"라는 한 청중의 질문에 답변한 말이다.

그는 이 말을 남긴 후 제3차 원정에서 어빈과 함께 6캠프(8,220m)를 떠난 후 정상 부위의 구름 속으로 자취를 감춘 채 영영 돌아오지 않았다. 이로부터 75년이 지난 1999년 그의 시체가 정상 부근에서 발견되어 그의 망령은 또 한 번 세상을 놀라게 했다.

그는 1921년 정찰 위주의 제1차 에베레스트 원정에서 능력을 인정받아 제2, 3차에서도 원정대원으로 선발되어 산악계의 행운아로 불렸다. 거대한 에베레스트는 그를 압도했다. 그는 북면으로의 등정 가능성을 확인하였고, 웨스턴 쿰(1953년 헌트가 이끄는 초등대는 웨스턴 쿰을 통해 정상 등정에 성공했다)을 통과하기는 불가능하다고 생각했다. 맬러리는 1924년 노턴을 대장으로 한 제3차 원정에서 6월 8일 동료 어빈과 6캠프(8,220m)를 떠나 정상 등정 시도 중에 실종되었다.

당시 6캠프에 있던 오델은 구름 사이로 북동 능선 상에서 움직이는 그들을 보았으나 바람이 불고 구름이 잠깐 가린 후 그들의 모습은 사라졌다. 구름이 다시 걷혔을 때 그들의 모습은 완전히 사라진 후였으며, 돌아오지 않았다. 이 사고는 영원한 수수께끼로 남았다. 과연 그들은 정상을 밟고 하산 중에 사고를 당한 것인가? 이 문제는 세월이 흐를수록 의문을 증폭시켜 왔다.

1933년 영국의 제4차 에베레스트 원정대는 북동릉 8,229미터 지점에서 9년 전의 피켈 한 자루를 발견했는데 이것은 1924년에 실종된 어빈의 것으로 밝혀졌다. 1953년 에베레스트를 초등한 힐러리와 셰르파 텐징은 맬러리와 어빈이 정상에 오른 어떤 흔적도 발견하지 못했다고 한다.

1960년 중국의 초모룽마(에베레스트) 원정대의 대장이었던 스잔춘은 1981년 《LA타임스》와의 인터뷰에서 그의 대원이 북동릉 8,500미터 지점에서 피켈 자루로 보이는 나무 방망이와 로프를 발견하였으며, 수백 미터 아래에서는 산소 용구 2개를 찾았는데 그중 하나에 '영국제'라고 쓰여 있었다고 말했다. "맬러리가 정상을 밟았다고 생각하는가?"라는 기자의 질문에 그는 의문이라고 답했다. 결과적으로 사고는 8,500미터 지점에서 일어났고, 맬러리와 어빈은 이 지점에서 추락한 것으로 보인다.

1999년 맬러리의 시신을 찾기 위해 다국적 탐색대가 에릭 시몬슨Eric Simonson 대장의 지휘하에 원정에 나섰다. 과연 누가 에베레스트 최초 정복자였는지 밝혀내려는 일념으로 수색에 나선 이들은 5월 3일 에베레스트 북쪽 능선에서 실종 75년 만에 맬러리의 시체를 찾아냈고, 시체 발굴기는 『에베레스트의 망령(*Ghosts of Everest*)』이란 책으로 발간됐다. 이 책에서는 여러 가지 정황으로 보아 맬러리의 정상 등정은 불가능했을 것이라는 결론을 내린다.

시체 발굴에 성공한 에릭 시몬슨 등반대는 중국 산악인 왕훙바오의 진술에 크게 도움을 받았다. 왕훙바오는 1975년 에베레스트 등정 중 북쪽 루트에서 세계대전 이전 차림새의 영국인 시체를 목격했다며 옷에 손을 대자 바스러졌다고 전해 주었다. 맬러리의 존재를 몰랐던 그는 이 사실을 1979년에 함께 에베레스트 등정에 나선 일본인 하세가와에게 처음 알렸으나 하세가와는 바로 다음 날 눈사태로 사망해 위치를 파악할 단서가 사라지고 말았다.

에베레스트를 2번 오른 라인홀트 메스너는 《하이(*High*)》지에 기고한 기사에서 맬러리가 정상에 오르지 못했다고 결론을 내린다. 메스너가 주장하는 실패의 원인은 다음과 같다. 해발 8,500미터에 있는 수직의 세컨드 스텝은 당시의 열악한 장비로는 극복할 수 없었다는 것이다. 이 지점은 세계대전 이전까지는 어떤 원정대도 돌파하지 못한 지점으로 1975년 중국 원정대가 알루미늄 사다리와 피톤을 사용해서 돌파했다. 지금도 이 지점은 자유 등반을 허락하지 않는 곳이다.

당시 맬러리가 징이 박힌 등산화와 20킬로미터의 배낭을 멘 채 이곳을 돌파할 수 있었는지는 의문이 앞서며, 오후 늦은 시간에 이 지점에 도착한 맬러리는 식수와 산소가 바닥이 났고, 산소가 없는 죽음의 지대에서 오래 머문 여파로 근육이 풀리고 마취된 상태에서 비틀거리며 움직였다는 것은 어떤 실수도 치명적인 결과와 연결되었을 것이라고 추정했다.

결국 그들은 등정에 실패했고, 하산 도중 사망했음이 분명하다고 주장한다. 맬러리 시체가 발견된 지점은 그들이 세컨드 스텝에서 실패했음을 알려주는 증거라고 했다. 또한 그의 고글이 주머니 안에서 발견된 것으로 보아 사고는 일몰 후 어둠 속에서 일어났을 것이라고 결론을 내렸다.

맬러리의 시체는 유족의 뜻에 따라 수색대가 에베레스트 북쪽 능선에 안장하고 그 장소는 비밀에 부쳤다. 리버트슨D. Rebertson은 그를 추모하여 1969년에 『조지 맬러리(*George Mallory*)』라는 책을 썼으며, 더들리 그린Dudley Green은 1990년에 『에베레스트의 맬러리(*Mallory of Everest*)』라는 전기물을 펴냈다. 라인홀트 메스너는 그의 의문의 죽음을 파헤친 『에베레스트의 미스터리』라는 책을 출간했다.

머메리, 앨버트 프레데릭 Mummery, Albert Frederick 1855~1895

현대 등반의 기초를 다졌으며 영국 산악인 최초로 8,000미터 거봉에 도전했다. 많은 추종자를 거느린 신화적인 인물이다. 콘웨이는 그를 평하여 "모든 세대를 통하여 가장 위대한 산악인"이라고 말했고, 윈스럽 영은 "그는 너무 과대평가되었으나, 등반의 발전에 그가 기여한 공로는 아무도 과소평가하지 못할 것이다"라고 말했다.

그는 영국 켄트 주의 도버에서 부유한 피혁상의 아들로 태어났으며, 병약한 소년 시절을 보냈다. 그의 사회적 배경은 귀족적인 분위기의 영국 산악회로부터 배척을 당하는 원인이 되기도 했다.

그가 '근대 스포츠 등산의 비조' 혹은 '등반사의 일대 반역아'로 불렸던 까닭은, 그가 안전하고 쉬운 루트를 통하여 정상에 오르는 것만을 목적으로 삼던 당시의 일반적인 등산 풍조에 대항했기 때문이다. 그는 정상에 오른다는 사실 자체(등정주의)보다 좀 더 어려운 루트를 택하는 새로운 모험적인 등반을 끊임없이 추구하는 머메리즘(등로주의)을 제창했다.

그의 등반 편력은 전기와 후기로 나누어 볼 수 있다. 전기에는 안내인 알렉산더 부르게너Alexander Burgener와 동행하였고, 후기에 속하는 1890년대부터는 안내인을 동반하지 않는 가이드리스 등반으로 전환하였다.

1879년 위험한 루트로 알려진 마터호른의 츠무트 리지를 단 한 번의 시도만으로 올라 세상을 놀라게 하였으며, 1892년 그레퐁, 1893년 당뒤 르캥Dent du Reguin, 1894년 몽블랑의 올드 브렌바 루트Old Brenva Route를 초등했다. 그 외에도 에귀유 뒤 플랑 북벽과 그랑드 조라스의 이롱델르 리지에 도전하였으나 성공하지 못했다.

1895년 머메리는 존 노먼 콜리, 헤이스팅스, 그리고 구르카인 라고비르Raghobir, 고만싱Gomansingh과 함께 히말라야의 낭가파르바트를 원정했다. 규모가 크고 접근이 쉬워 이 산을 택했지만 일반인에게 잘 알려져 있지 않았으며 자료도 없는 상태였다. 머메리가 그의 부인에게 보낸 편지를 보면 이들이 낭가파르바트 등반을 과소평가한 것으로 보인다.

정찰을 마친 그들은 서쪽의 디아미르 페이스를 목표로 하였으나 식량 부족과 구르카인들의 고산병으로 포기하고, 북면의 라키오트 계곡으로 가기로 했다. 콜리와 헤이스팅스는 포터들과 함께 식량 보충을 위해 돌아가고, 머메리는 2명의 구르카인들과 서북 능선의 디아마 콜(Diama Col·6,200m)을 횡단하여 라키오트 계곡에서 합류하기로 하였다. 콜리가 라키오트에 도착했을 때 머메리 일행은 없었다. 그들은 온 길을 되돌아 출발점에 갔으나 머메리의 빈 텐트만 있을 뿐 그가 돌아온 흔적은 발견할 수 없었다.

머메리 일행은 눈사태를 만나 압사했을 것이라는 추측이 지배적이다. 머메리는 히말라야 최초의 희생자가 됐고, 이 사고는 1934년과 1937년에 연이어 일어난 독일 낭가파르바트 원정대 비극의 전조였다.

머메리의 저서로는 윔퍼의 『알프스 등반기』와 더불어 산악 문학의 불멸의 고전으로 손꼽히는 『알프스에서 카프카스로』가 있다. 이 책은 머메리가 히말라야로 떠나기 직전에 쓴 책으로 사후에 출간되었으며 당시 유럽 산악계에 큰 영향을 끼쳤다.

메르클, 빌리 Merkl, Willy 1900~1934

독일의 산악인으로 국유 철도기사였다. 돌로미테를 비롯한 동부 알프스에서 대담한 등반을 하였을 뿐만 아니라 서부 알프스에서도 훌륭한 빙벽 등반을 하였다. 1929년 카프카스의 코시탄타우 북릉을 초등정하고 우쉬바 남봉을 등정하였다.

뮌헨파Münichen school의 일원으로 1934년 비극으로 끝난 낭가파르바트 원정대의 대장이었다. 1932년 메르클은 1929년 벨첸바흐의 계획을 답습하여 낭가파르바트에 도전하였다. 6명의 독일인과 보도 담당 여성을 포함한 2명의 미국인으로 구성된 독일, 미국 혼성팀이었다. 그들은 포터의 도주, 악천후, 대원의 질병 등 여러 가지 장애로 많은 시간을 소비하여 결국에는 몬순이 시작되는 6월 말에야 겨우 베이스캠프를 설치할 수 있었다. 낭가파르바트가 위치한 서부 지역은 몬순이 약간 늦게 분다는 한 가닥 희망을 갖고 등반을 시작했으나 몬순이 불어닥쳐 7캠프까지 설치한 후 퇴각했다.

1934년 여름, 낭가파르바트에 재도전한 그는 1932년의 원정대원 2명을 포함 8명으로 구성된 강력한 원정대를 조직하였다. 그는 1932년의 루트를 택해 순조롭게 4캠프까지 설치했다. 그러나 대원 드렉셀이 폐수종으로 사망하여 그의 장례를 치르고, 또한 셰르파의 식량이 떨어져 추가 공급을 기다리며 많은 시간을 소비했다.

7월 8일, 7,480미터 지점에 8캠프가 설치되면서 정상 등정은 시간문제처럼 보였으나 몬순의 폭풍설이 불어닥쳐 어쩔 수 없이 또다시 철수해야 했다. 그러나 맹렬한 폭풍설 속에서의 후퇴란 불가능한 일이었다. 폭풍설 속에서 하산 길을 잃고 헤매던 중, 셰르파 니마 누르부가 죽고, 이어 대원 빌란트도 쓰러졌다.

메르클과 벨첸바흐, 그리고 셰르파 앙체링과 케레는 7캠프에서 굶주리며 밤을 새웠다. 벨첸바흐가 숨지자 텐트에 눕혀 둔 채 나머지 생존자들은 6캠프로 내려가기 시작했다. 완전히 지쳐 기진맥진한 메르클과 케레를 두고 앙체링은 구조를 청하러 4캠프로 내려왔다. 4캠프에 미리 도착해 있던 아셴브레너와 슈나이더는 앙체링과 함께 메르클과 케레를 구조하기 위해 필사의 노력을 했으나 계속되는 폭풍설로 실패하였다. 메르클과 운명을 같이한 셰르파 케레의 행위는 고용 관계를 떠난 헌신적인 동지애가 느껴지는 미담으로 전해져 온다.

결국 메르클 원정대는 4명의 대원과 셰르파 9명의 목숨을 잃고 비극으로 막을 내린다. 두 차례의 원정 실패로 메르클의 지도력은 심한 비난을 받는다. 미지의 봉에 도전해서 눈보라 속에서 숨진 그에게 가해진 이 비난은 너무나 불행한 것이었다. 1953년 메르클의 의형제 헤를리히코퍼가 이끄는 원정대는 이 산에 맞서다 죽은 메르클의 한을 풀었다. 헤르만 불이 단독으로 초등정하였는데, 이는 8,000미터급 봉우리에서 이룩한 최초의 단독 초등정으로 유명하다.

저서로는 『낭가파르바트로 가는 길(*Ein Weg zum Nanga Parbat*)』(1936)이 있다. 이 책은 메르클이 죽은 뒤에 의형제인 헤를리히코퍼가 편집하여 발간했다. 메르클 원정대의 비극을 다룬 책으로는 생존 대원 프리츠 베히톨트가 쓴 『비극의 낭가파르밧』이 있다.

메스너, 라인홀트 Messner, Reinhold 1944~

이탈리아 남티롤의 빌네스에서 출생한 현존하는 가장 탁월한 등반가다. 남티롤 지방에서 등반 활동을 시작했으며, 그의 등반 토대는 오랫동안 활동해 온 알프스 등반에서 기인했다. 본격적인 등반 활동은 1970년 낭가파르바트 원정에 참가하면서 시작됐다. 당시 그는 이탈리아 파두아 대학 공학도로 이 원정에 참가했다.

메스너의 세계 등반사적인 업적은 1978년 페터 하벨러와 둘이서 에베레스트를 무산소로 등정하고 연이어 같은 해에 낭가파르바트를 무산소로 단독 등정한 일이다. 이 일로 그는 세계적인 영웅이 되었으며 이때부터 초인이라 불리게 되었다.

1986년에는 세계 최고봉 8,000미터급 14개 봉 모두를 완등하였다. 완등에 소요된 기간은 1970년부터 1986년까지 16년이었다.

그는 그동안 50여 권에 이르는 등산 서적을 저술하는 등 돋보이는 활동을 해왔다. 그는 보나티, 불, 벨첸바흐의 정신을 계승하고, 기존의 난이 등급에 7급을 첨가하여 스스로 7급 등반을 하면서 산악 활동에 무한한 가능성을 열어 주었다.

그는 익스펜션 볼트의 사용을 강력히 비난하고, 클린 클라이밍을 주장하면서 인간의 능력과 기술만이 모든 문제를 해결할 수 있다고 믿었다. 그는 결국 무산소 등반 등을 해냈으며 등반은 보조 수단을 쓰지 않고 정당한 방법에 의해서만 이루어져야 한다고 주장했다.

그가 이룩한 주요 등반 기록을 살펴보면 다음과 같다.

1968년 아이거 북릉 초등, 마르몰라타 남벽 직등 루트 초등.

1969년 알프스 드루아트 북벽 단독 초등.

1970년 낭가파르바트 루팔 페이스 초등.

1972년 마나슬루 남벽 초등.

1974년 아콩카과(6,962m) 남벽 직등 루트 단독 등반, 아이거 북벽 10시간 만에 등정, 마터호른 북벽 8시간 만에 등정.

1975년 히든 피크 북서벽 초등(페터 하벨러와 둘이서 최초로 알파인 스타일로 등반).

1976년 매킨리 머터나히트존네 반트 초등.

1978년 킬리만자로(5,895m)의 브리치 월Breach Wall 상단 1,220미터의 브리치 아이시클Breach Icicle을 12시간 만에 직등, 에베레스트 무산소 등정, 낭가파르바트 디아미르 페이스 단독 초등.

1979년 K2 등정.

1980년 에베레스트를 북측에서 단독 초등(에베레스트 2회 등정).

1981년 시샤팡마 등정.

1982년 5월 캉첸중가, 7월 가셔브룸 II, 8월 브로드 피크 등정으로 한 시즌에 8,000미터급 봉우리 3개 등정.

1983년 초오유 등정.

1984년 6월 25일 가셔브룸 II 등정에 이어 6월 28일에 히든 피크 종주 등반(하강 중 새로운 루트 개척).

1985년 4월 24일 안나푸르나 북서벽을 초등정하고, 21일 뒤인 5월 15일에 다울라기리 등정.

1986년 9월 26일 마칼루를 등정하고, 10월 16일에 로체 등정.

이로써 8,000미터급 14개 봉 모두를 올랐다. 두 차례씩 오른 4개 봉을 합쳐 모두 18차례나 8,000미터급 고봉을 올랐다. 그는 무산소, 단독 등반, 알파인 스타일, 해트트릭 등 독특한 등반 형식을 창출해낸 금세기 최고의 등반가다.

저서로는 『고독한 경기장(*Arena der Einsamkeit*)』(1976) 『거대한 벽(*Die Grossen Wände*)』(1977) 『에베레스트: 마지막으로의 탐험(*Everest: Expedition to the Ultimate*)』(1979) 『낭가파르바트 단독 등반(*Alleingang Nanga Parbat*)』(1979) 『K2—산 중의 산(*K2—Berg der Berge*)』(1980) 『끝없는 지평선(*Der Gläserne Horizont*)』(1982) 『나의 길(*Mein Weg*)』(1982) 등이 있다. 국내 번역된 저서로 『검은 고독 흰 고독』 『죽음의 지대』 『제7급』 『모험으로의 출발』 『도전』 『나는 살아서 돌아왔다』 『자유로운 영혼』 『산은 내게 말한다』 『세로 토레: 메스너, 수수께끼를 풀다』 『나의 인생 나의 철학』 등이 있다.

그는 2016년 한국에서 개최한 울진산악영화제에 참가해 강연회를 가졌으며 한국 국립산악박물관을 방문했다. 메스너는 강연회에서 "산악인은 누구도 가지 않은 길을 가는 사람이다"라는 명언을 남겼다. 이 말은 알피니즘이 창조적인 행위임을 천명한 그의 평소 등산 철학과도 일치하는 경구였다.

바우어, 파울 Bauer, Paul 1896~1990

독일의 산악인으로 위축된 독일 산악계의 재건에 힘썼다. 쇠낭거 북벽과 베터슈타인을 초등했다. 1929년 바우어가 조직한 카프카스 원정대는 독일의 등반 기술을 러시아에 전수해 주었으며, 러시아 등반 기술 발전에 큰 영향을 끼쳤다.

그는 두 차례에 걸쳐 캉첸중가를 원정했다. 1929년 그가 지휘한 원정대는 캉첸중가 북동릉 정찰에서 7,393미터 지점까지 올랐고, 1931년 재차 시도한 원정대에서는 대원 카를 빈이 7,700미터 지점까지 올랐으나 대원 한 사람이 사망하여 끝내 실패하고 만다.

1936년 그가 꾸린 시킴 원정대는 시니올추(Siniolchu·6,890m)를 초등정하였다. 1934년과 1937년의 두 번에 걸친 낭가파르바트 원정에서 대참사를 겪은 독일이 우수한 히말라야 경험자들을 모두 잃게 되자, 그는 독일 산악계의 재건을 위해 많은 노력을 기울였다. 1938년 제4차 낭가파르바트 원정대를 조직해 직접 전면에 나서 진두지휘를 하면서 7,300미터 지점까지 올랐으나 계속되는 악천후로 1934년의 전철을 밟지 않기 위해 철수한다.

파울 바우어

저서 『히말라야의 전투에서(*Im Kampf um den Himalaja*)』(1931) 『캉첸중가에서(*Um Den Kantsch*)』(1933) 『히말라야

여행(*Auf Kundfahrt in Himalaja*)』(1937) 『히말라야와 도전(*Kampf un den Himalaja*)』(1952) 『낭가파르바트를 향한 도전(*Das Ringen um den Nanga Parbat*)』(1955)이 있다.

발마, 자크 Balmat, Jacques 1762~1834

발마는 몽블랑을 초등정하여 근대 등산의 문을 열었다. 1786년 8월 8일, 샤모니의 의사 미셸 파카르와 함께 몽블랑에 처음 올랐다. 발마의 직업은 수정 채취업자 겸 사냥꾼이었다. 발마와 파카르 이 두 사람의 거사가 중요한 것은 몽블랑 등정이 근대적 등산의 개막을 상징하기 때문이다. 발마는 1760년 샤모니를 방문했던 스위스의 소쉬르가 몽블랑 초등자에게 상금을 걸었다는 이야기를 듣고 이 산을 등정한다.

발마와 파카르는 몇몇의 지방 주민과 함께 현재의 발로 산장Vallot Hut 위치까지 올랐으나 초등정 때는 다른 루트를 택했으며, 이것은 동반자인 파카르의 의견으로 보인다. 등반 중 발마가 등반을 포기하려 했다는 증거도 있으나 1783년 첫 도전에 실패한 부리는 파카르의 성공을 시샘한 나머지 발마가 이 등반을 주도했다고 주장했다. 부리는 발마를 부추겨 파카르가 실맹과 동상에 걸려 중도에 포기한 채 오르지 못했다고 악의에 찬 허위 사실을 유포했고, 발마 역시 이 역사적인 업적을 독점하려는 의도에서 거짓 증언과 허위 선전을 했다.

발마는 용기와 모험심은 강했으나 성품이 비열하여 혼자서 영웅이 되려고 했다. 이 두 사람의 거짓 증언에 대하여 당대의 대문호 알렉산더 뒤마가 일방적인 모험담을 매끄러운 필치로 써서 세상에 발표하자 대중들은 이 사실을 믿어 버렸다. 이후 파카르의 초등정 논쟁은 150년간이나 계속되었다.

자크 발마

샤모니 광장에 몽블랑 초등정을 기념하는 동상이 건립된 당시까지만 해도 몽블랑 등정은 발마 한 사람만이 성공한 것으로 굳어져 있었다. 그래서 파카르는 동상 건립 대열에서 빠져 버리고 소쉬르와 발마 두 사람의 것만 세워졌다. 이후 파카르의 동상은 1986년에 뒤늦게 세워졌다.

파카르의 등정 의혹에 대해, 그 진상 규명에 결정적인 역할을 한 사람은 영국의 유명 산악인 프레시필드다. 그는 진실 규명을 위해 집요한 추적을 계속해 소쉬르의 증손자가 보관해 온 자료를 찾아내어 100여 년 동안 숨겨져 왔던 진실을 밝혀낸다. 그는 샤모니에 서 있는 소쉬르와 발마의 기념 동상 옆에 오랫동안 멸시를 받아 온 진정한 몽블랑 초등자인 파카르를 기념하는 또 하나의 동상을 세울 것을 주장했다.

발마는 몽블랑 초등정 이후 파리 출신 여성 파라디M. Paradis와 네 차례나 몽블랑을 오른 후 채광업을 시작했으나 채굴 작업 도중 사고로 사망한다. 그의 조카 손자인 오귀스트 발마Auguste Balmat 또한 등산 안내인이 되었다. 그는 지성과 헌신적인 책임감을 겸비한 등산 가이드였으며 조부와는 달리 부와 명성에 초연했다.

오귀스트 발마는 1842~43년 빙하학자인 포브스와 빙하 탐색을 하고, 1854년 알프스 황금시대를 개막시킨 베터호른 초등정을 영국 등산가 윌스와 함께 성사시킨다.

베히톨트, 프리츠 Bechtold, Fritz 1901~1961

독일의 등반가다. 1932년부터 1939년까지 네 차례나 낭가파르바트에 도전했으나 등정에 실패했다. 1934년 낭가파르바트에서 비극적인 죽음을 맞은 빌리 메르클 대장의 동료로 알프스와 카프카스에서 등반 활동을 했다. 1932년 제1차 독일·미국 합동 낭가파르바트 원정대에 참가했고, 1934년 제2차 원정에도 참가하여 비극의 현장을 직접 체험한 후 『비극의 낭가파르밧』이라는 유명한 조난 보고서를 남긴다.

1937년 카를 빈이 이끄는 제3차 낭가파르바트 독일 원정대가 눈사태로 전멸했을 때, 파울 바우어와 함께 현지에 가서 수색에 참여한다. 이 눈사태로 대장을 비롯하여 7명의 대원과 9명의 셰르파가 비극을 겪었다. 1938년 그는 바우어가 지휘하는 제4차 원정에도 참여했으나 7,300미터 지점에서 악천후로 철수한다.

그는 1934년 10명의 대원이 사망한 대참사 때, 7캠프에서 고소 증세를 보이는 셰르파들을 데리고 먼저 하산하여 목숨을 건졌다. 또한 그가 6캠프(6,955m)를 통과할 때 엄청난 폭풍설에 휩싸였으나 기적적으로 생환했다.

벨첸바흐, 빌로 Welzenbach, Willo 1899~1934

독일을 대표하는 탁월한 등반가다. 독일 뮌헨 출신으로 문무 겸장의 인텔리 산악인이며, 순수 빙벽 등반의 장르를 연 알프스 북벽 등반의 맹장이다. 1924년부터 1933년까지 계속된 그의 북벽 등반 업적은 곧 1920~30년대 세계 등반사의 일부가 되었다. 그가 생전에 오른 북벽 루트들은 현재도 힘든 곳으로 정평이 나 있다. 그는 뮐퍼가 초안한 기존의 난이 등급에 6급을 첨가하여 근대적인 난이 등급 체계를 완성했다.

1921년부터 1926년까지 5년에 걸쳐 동부 알프스 빌더 카이저 산군의 암장에 난이도를 6급으로 나누어 약 200여 개의 루트를 냈다. 벨첸바흐의 6단계 그레이딩을 벨첸바흐스칼라Welzenbachskala 또는 알펜스칼라Alpenskala라 한다. 그는 난이도를 석회암, 화강암, 빙벽 등 세 가지로 구분해야 한다고 주장했다. 스칼라는 등급을 뜻하는 독일어다.

1924년 그로세스 비스바흐호른 서북벽 초등 시 동료인 프리츠 리겔레가 고안한 빙벽용 피톤을 사용해서 등반함으로써 빙벽용 피톤의 일반화에 공헌했다. 두 사람의 만남은 빙벽 등반 기술 발전에 길이 남을 기념비적인 일이다.

암벽 틈새에 박는 피톤의 발명이 한스 피히틀의 공로였다면, 아이스피톤의 발명과 일반화는 리겔레와 벨첸바흐 두 사람의 공로다.

아이스피톤의 개발과 보급은 1920년대 유럽 등반가들에게 구원의 메시지나 다름없었다. 이 용구의 도움으로 눈, 얼음이 덮인 험난한 북벽들이 차례로 정복되었다. 벨첸바흐는 20세에 등산을 시작하여 34세에 낭가파르바트 7캠프에서 죽음을 맞을 때까지 14년 동안에 940여 개의 봉을 등정했으며, 이 중 50여 개가 초등반이었다.

근대적인 그레이드를 완성했을 뿐만 아니라 아이스피톤을 보급하여 빙벽 등반의 한계를 한 차원 높이는 데 공헌한다.

1924년부터 1933년까지 그가 9년 동안에 이룩한 중요 북벽 등반의 기록을 살펴보면 다음과 같다.

1924년 그로세스 비스바흐호른 서북벽 초등.

1925년 당 데랑 북벽 직등으로 초등. 이는 같은 해 졸레더가 이룩한 치베타 북서벽 초등과 함께 1920년대를 대표하는 등반으로 높게 평가된다. 같은 해 리스캄 북벽을 초등했다.

1926년 그로스글로크너 북벽 초등. 체르마트 브라이트호른 북서면 초등. 글로크너 지역의 글로케린Glockerin 북서벽 초등. 아이스코겔레Eiskogele 북벽 초등. 1926년은 벨첸바흐의 생애에서 가장 많은 루트를 개척한 해였다. 총 149개의 산을 올랐으며, 이 중 19개는 초등이다.

1930년 그로스 피셔호른Gross Fiescherhorn 북벽 직등.

1931년 그랑 샤르모즈 북벽 초등.

1932년 그로스호른 북벽 초등.

1933년 네스트호른 북벽 초등.

1929년 낭가파르바트 원정을 추진했으나 무산되었으며, 1934년 메르클이 이끄는 제2차 낭가파르바트 원정대에 부대장으로 참가한다. 이 원정에서 몬순기 폭풍설로 인해 철수하던 중 질버 자텔 부근에서 침낭도 없이 비박을 하고, 다음 날 겨우 7캠프까지 왔으나 이틀 동안 식량과 연료 없이 버티다가 극적인 최후를 맞는다.

눈보라가 계속 몰아치자 그의 동료들은 할 수 없이 그의 시신을 텐트 안에 남겨 둔 채 철수했으나, 눈보라 속을 헤매다 그들도 모두 사망한다. 당시 벨첸바흐가 지나간 곳에는 '벨첸바흐 빙원'과 '벨첸바흐 쿨루아르'라는 지명을 붙여 그를 기념하고 있다. 저서로는 『빌로 벨첸바흐의 등반(*Willo Welzenbach Berg-fahrten*)』(1935)이 있다.

보나티, 발터 Bonatti, Walter 1930~2011

1950년대를 대표하는 이탈리아 등반가다. 그는 1950년대 중반 동계 북벽 등반이라는 새 장르를 개척한 주인공으로 전후 알피니즘을 주도했다. 보나티는 두 차례 그랑 카푸생Grand Capucin 동벽 등반에 실패한 후, 1951년 마침내 초등정에 성공한다. 1976년 초등 25주년을 기념하는 행사에서 21세에 초등반한 루트를 46세에 재등하는 저력을 보여준다. 카푸생 등반은 연속적인 인공 등반 방식을 서부 알프스에 최초로 적용시킨 것이었다.

1955년에는 드류의 보나티 필러라 부르는 남서 필러를 단독으로 초등정한다. 그는 이 등반으로 이탈리아 대통령으로부터 용감한 시민상을 받는다. 그는 시상식장에서 "인간은 불가능을 가능으로 바꾸고 미지의 세계를 탐험하고 싶은 욕구 때문에 모험을 하게 된다. 불가능의 매력은 그것을 포기하는 데 있는 것이 아니라 그것을 극복하는 데 있다"고 말했다.

보나티 필러는 인공 등반 A1~A2, 자유 등반 V~VI의 난이도를 지닌 어려운 루트로, 1개의 볼트도 사용하지 않은 채 단독으로 등반을 성공시켜 세인들을 놀라게 했다. 6일이 소요된 이 등반에서 그는 손가락에 심한 동상이 걸렸다. 이때 그는 일주일분의 식량과 장비를 자루에 매달아 끌어올리는 방식을 사용하였다. 이 방법은 요세미티보다 10년이나 앞선 것으로 색 홀링 시스템을 최초로 개발한 것이었다.

1957년 고비T. Gobbi와 함께 몽블랑의 에크파일러 버트레스Eckpfeiler Buttress를 초등한다. 이곳은 대략 700미터의 가파른 암벽과 500미터의 암빙 혼합 구간, 600미터의 빙벽으로 이루어진 낙석이 심해 매우 위험한 루트다.

1961년 마지막 미등의 벽으로 남은 6등급의 프레네의 중앙 필러를 이탈리아와 프랑스 산악인 7명이 합동으로 등반하던 중 폭풍설에 휩싸여 그의 파트너 오조니와 3명의 동료를 잃었다. 목숨이 위태로운 속에서도 위험을 무릅쓰고 동료를 구한 공로로 프랑스 정부는 그에게 레지옹 도뇌르Legion d'Honneur 훈장을 수여한다.

그랑 카푸생 동벽에서 보나티

1963년 19세에 등정한 바 있는 그랑드 조라스 워커 스퍼를 코시모 차펠리와 6일 동안의 사투 끝에 동계 초등반하여 동계 등반의 이정표를 세운다. 1965년 마터호른 북벽 직등 루트를 동계 단독 초등정한다.

이해는 마터호른 초등 100주년이 되는 해이기도 하다. 그는 알프스에서 거벽뿐만 아니라 히말라야와 남미의 거벽에서도 활동했다.

1954년 이탈리아 K2 원정대의 최연소 대원으로 참가하여 정상 등정 대원 콤파뇨니와 라체델리를 지원해 초등정에 공헌한다. 그러나 초등 당시 보나티가 초등의 영예를 차지하려고 공격조와 경쟁을 벌였다는 콤파뇨니의 모함으로 괴로워하다가 법정 투쟁을 벌여 누명을 벗는다.

1958년에는 카신이 이끄는 가셔브룸 IV(7,925m) 원정대의 일원으로 카를로 마우리Carlo Mauri와 함께 북동릉을 경유하여 초등정에 성공하였다. 같은 해 마우리와 함께 파타고니아의 세로 토레 등정을 시도하였으나 실패하였으며, 세로 모레노(Cerro Moreno · 3,506m)를 초등정한 후, 세로 아델라Cerro Adella 산군의 연봉을 횡단한다.

1961년에는 남미 페루의 안데스에 가서 네바도 니나샹카(Nevado

Ninashanca·5,638m), 세로 파린 노르드(Cerro Parin Nord·5,166m), 론도이 노르드(Rondoy Nord 5,820m) 등을 초등정하였다. 이후 그는 모험 기사를 전문으로 다루는 저널리스트로 활동한다.

저서로는 『고지에서(*On the Heights*)』(1964) 『산—나의 산(*Berge—Meine Berge*)』(1964) 『위대한 날들(*The Great Days*)』(1974) 『내 생애의 산들』(2001/2012)이 있다.

보닝턴, 크리스 Bonington, Chris 1934~

영국을 대표하는 뛰어난 등반가로 영국은 물론 알프스, 히말라야 등반에 풍부한 경험을 지녔으며 현존하는 영국 등반가 중 세계적으로 가장 널리 알려졌다.

런던 출신으로 16세부터 등산을 시작했다. 1953년 스코틀랜드에서 동계 등반 활동을 했다. 영국인 최초로 드류의 보나티 필러를 오르고 치마 그란데를 직등했으며 안나푸르나 I 남벽, 에베레스트 남서벽을 등반하여 히말라야 거벽 등반의 새 시대를 연다.

그는 1956년 군에 입대했으나 원정 등반에 관계하면서 이에 흥미를 느껴 제대 후 본격적인 등반을 시작한다. 1957년 드류의 보나티 필러와 치마 그란데를 직등한다. 아이거 북벽을 두 차례나 실패한 뒤 1966년에 성공한다. 그는 이때부터 본격적으로 글을 쓰고 사진 촬영을 하기 시작한다. 아이거 북벽 직등에서는《데일리 텔레그래프(*Daily Telegraph*)》지의 사진기자 겸 보도기자로 참가하여 『아이거 다이렉트 클라임(*Eiger Direct Climb*)』의 표지 사진을 찍었다. 이 등반에서 그는 존 할린과 묘한 갈등을 일으켰으며, 그의 추락을 직접 목격한다.

1960년 안나푸르나 II(7,937m)를 초등한다. 이는 그가 해낸 첫 번째 히말라야 등반이다. 1961년에는 눕체(7,861m)를 오른다. 1970년 안나푸르나 I(8,091m) 남벽 등반에 대규모 원정대를 조직하여 초등정에 성공한다. 이 등반이 갖는 등산사적 의미는 히말라야에서 이룩한 최초의 거벽 등반이라는 점이다. 이때의 등정자는 돈 윌런스와 두걸 해스턴이다.

1973년 브람마(Brammah·6,416m)와 1974년 창가방(6,864m)을 초등정한다. 1975년 포스트 몬순에 에베레스트 남서벽 원정대를 조직하여 해스턴, 스콧, 보드맨이 2회에 걸쳐 영국인 최초로 정상에 오르도록 한다. 이들 중 버크가 단독 등반을 시도하다가 행방불명이 되었다.

1977년 카라코람의 바인타 브라크(Baintha Brakk·7,285m) 남서봉을 초등정한 후 스콧과 하산 도중, 스콧이 추락하여 양다리 골절상을 당한다. 설상가상으로 기상마저 악화된 가운데 5일 동안 사투를 벌이면서 가까스로 하산한다. 1978년 K2 서릉 원정대를 꾸렸으나 눈사태로 대원 1명이 사망하여 실패한다. 이 외에도 중국 신강 지역의 미답봉 콩구르(Kongur·7,649m)를 원정하여 알파인 스타일로 초등정한다.

1982년 에베레스트 동북릉 등반을 시도하였으나 전진캠프를 출발하여 정상 공격에 나선 피터 보드맨과 조지프 토머스 태스커Joseph Thomas Tasker가 능선 상에서 행방불명된 채 이 원정은 실패한다. 1985년 그는 디즈니랜드의 부호이자 7대륙 최고봉 등정자인 딕 배스Dick Bass와 함께 에베레스트에 오른다. 이때 그의 나이는 51세였다.

저서로는 『나는 오르기로 선택했다(*I Chose to Climb*)』(1966) 『안나푸르나 남벽(*Annapurna South Face*)』(1971) 『에베레스트 남서벽(*Everest Southwest Face*)』(1973) 『최후의 도전(*The Ultimate Challenge*)』(1973) 『더 넥스트 호라이즌(*The Next Horizon*)』(1973) 『창가방(*Changabang*)』(1975)

『에베레스트, 더 하드웨이(*Everest, The Hard Way*)』(1976) 『콩구르: 중국의 오르기 힘든 정상(*Kongur: China's Elusive Summit*)』(1982) 『디 에베레스트 이어즈(*The Everest Years*)』(1987) 『크리스 보닝턴 마운티니어(*Chris Bonington Mountaineer*)』(1989) 『더 클라이머스(*The Climbers*)』(1992) 등이 있다. 국내 역서로는 『퀘스트』가 있다.

보드맨, 피터 데이비드 Boardman, Peter David 1950~1982

고난도의 알파인 스타일을 추구한 영국의 등반가다. 창가방 서벽(6,860m)을 비롯, 알프스와 히말라야 카라코람 등에서 수많은 고난도벽 등반을 추구한 선구적인 산악인이다.

노팅엄 대학 출신으로 알프스의 라우터브루넨Lauterbrunnen 등을 등반하며 많은 경험을 쌓았으며, 1971년 드루아트 북동릉에서 태스커와 운명적인 만남 이후 우정을 키워 가면서 브라이트호른 북벽의 제르바수티 루트를 함께 오른다.

1972년 최초의 해외 원정 등반을 힌두쿠시로 택하여 코히 몬디 북벽을 비롯하여 5곳에 새로운 루트를 개척한다. 1975년 보닝턴이 이끄는 에베레스트 남서벽 원정대에 참가하여 셰르파 페르템바와 함께 정상에 선다.

남서벽 등반은 에베레스트 등반사에 영원히 기록될 장거로 안나푸르나 I 남벽에 이어 히말라야 거벽 등반에 새 장을 연다. 보드맨은 당시 스콧과 해스턴이 첫 등정에 성공한 뒤 뒤이어 두 번째 등정자가 된다.

다음 해인 1976년 그의 영원한 파트너인 태스커와 함께 창가방의 서벽을 초등정한다. 당시 창가방 서벽은 세계에서 가장 어렵다는 평가를 받는 난벽 중의 하나였다. 이 등반을 주제로 쓰인 책이 『더 샤이닝 마운틴(*The*

보드맨과 태스커가 캉첸중가 정상 조금 못 미친 지점에서 쉬고 있다.

Shining Mountain)』이며, 함께 등반했던 동료 태스커가 쓴 『세비지 아레나』의 일부분을 함께 묶어 번역한 책이 『창가방 그 빛나는 벽』이다.

그는 1978년 보닝턴과 K2 서릉 초등을 노렸지만 눈사태로 대원 중 1명이 사망하자 등반을 끝내고 뉴기니로 가서 오세아니아 최고봉 칼스텐츠 피라미드(Carstensz Pyramid·4,884m)를 오른다.

1979년 캉첸중가 북릉을 무산소로 등정한 후 가우리 상카르(Gauri Sankar·7,134m) 서릉도 등정한다. 1980년 K2 재등을 시도했으나 실패했고, 콩구르(7,649m) 초등정을 성공시킨다.

1982년 보닝턴 원정대의 에베레스트 원정에 참가하여 당시 미등으로 남아 있던 북동릉을 산소 없이 알파인 스타일로 시도하던 중 5월 17일, 그의 영원한 친구 태스커와 함께 8,220미터 지점에서 실종된다. 이 사건은 영국 등산계의 크나큰 손실이었으며, 큰 충격을 불러일으킨다.

10년 뒤인 1992년 에베레스트 정상 바로 아래서 일본 원정대에 의해 태스커의 시신이 발견된다. 이 두 사람을 기리기 위해 1983년 '보드맨-태스커 산악문학상Boardman-Tasker Award'을 제정한다. 보드맨의 등정기 『더 샤이닝 마운틴』은 1979년 존 루엘린 라이스 기념상을 수상한다.

그는 1966년 아이거 북벽에서 추락사한 미국 등반가 할린이 스위스의 레이진에 설립한 등산학교 ISMInternational School Mountaineering의 교장직을 맡기도 했다.

저서로는 『노팅엄 대학 힌두쿠시 산맥 탐험(*Nottingham University Hindukush Expedition*)』(1972) 『더 샤이닝 마운틴(*The Shining Mountain*)』(1978) 『세이크리드 서미츠(*Sacred Summits*)』(1982) 등이 있다.

볼, 존 Ball, John 1818~1889

아일랜드의 정치가이자 변호사다. 세계에서 가장 역사가 오래된 알파인 클럽(1857년 창립)의 초대 회장(1858~1860)을 지냈다.

1827년 처음으로 알프스를 방문한 이래 매년 알프스를 찾았으며, 1863~68년까지 알프스를 서부, 중부, 동부 세 지역으로 구분하여 『볼의 알파인 가이드(*Ball's Alpine Guides*)』라는 최초의 알프스 지역 안내서를 발간하였다. 이 책은 현재까지도 정확한 안내서로 평가받고 있다.

그는 현재의 《알파인 저널(*Alpine Journal*)》의 전신인 《봉우리, 고개 그리고 빙하들(*Peaks, Passes and Glaciers*)》을 자신이 직접 편집하여 1859년에 출판하였으며, 《알파인 저널》도 발행했다.

저서로는 『더 웨스턴 알프스(*The Western Alps*)』 『더 센트럴 알프스(*The Central Alps*)』 『디 이스턴 알프스(*The Eastern Alps*)』 등이 있다.

부아뱅, 장마르크 Boivin, Jean-Marc 1951~1990

프랑스 산악인이자 모험가다. 부아뱅은 프랑스가 자랑하는 스키 활강 모험가이며, 빙벽 등반의 달인으로 행글라이딩 고공 활강 기록을 갖고 있는 알파인 등반가다. 그는 몽블랑 주변 4,000미터급 빙설암을 등반하고 스키로 신속하게 하강하는 방식의 익스트림 스키 분야에 일대 혁신을 가져왔으며, K2와 가셔브룸 고봉, 에베레스트와 같은 8,000미터 고산에서 행글라이딩으로 활공하여 하산하는 등 스키와 행글라이딩을 등산에 접목시킨 독특한 스타일의 등반을 창출하였다.

1990년 베네수엘라에서 패러글라이딩 활공 사고로 사망할 때까지 숱한 모험을 감행했다.

1972년 페를랭 북벽 직등 루트와 에귀유 상놈의 브라운패티 루트, 푸 남벽, 드류의 아메리칸 다이렉트Americane Directe를 올랐으며, 단독으로 몽블랑 뒤 타퀼의 알비노니 가바루 루트와 모디카누리를 동계에 오르는 능력을 보여 주면서 부아뱅 돌풍을 일으킨다.

1975년 가바루Patrick Gabarrou와 함께 드로아트 북벽과 에귀유 베르트 북벽 직등 루트와 제르바수티 필러, 몽블랑 뒤 타퀼의 슈퍼 쿨루아르를 직등으로 초등하는 두드러진 성과도 이룩한다.

1978년 그의 첫 해외 원정지가 된 페루로 출발하기에 앞서 그랑드 조라스 슈라우드Shroud를 단독으로 등반하여 2시간 30분 만에 끝내고, 높은 난이도를 지닌 라가드 세고뉴 쿨루아르를 단독으로 초등정한다. 같은 해 페루의 우아스카란 남벽과 피스코(Pisco·5,780m) 북벽, 키타라후 북벽을 등반하고 3곳 모두 스키로 활공하여 그의 진면목을 보여 준다.

그는 1979년 베르나르 멜레Bernard Mellet가 이끄는 K2 원정에 참가하여

장마르크 부아뱅

7,600미터 지점에서 베이스캠프까지 1분에 200미터씩 고도를 낮추며 13분 만에 활공하여 안착한다. 이것은 히말라야 등반 사상 최초로 이룩한 기록이었다. 전 세계 산악계는 이 일을 격찬했고 영국 정부는 그에게 국제 스포츠 용맹상을 수여한다.

1980년 그는 색다른 모험에 도전한다. 마터호른 북벽을 4시간 10분 만에 올라 정상에서 행글라이딩으로 활공하여 하산한 후 다시 마터호른에 올라 동벽으로 스키 활강하여 하산하는 연장 등반 기록을 이룩한다. 익스트림 스키와 행글라이딩을 조화시켜 스피드 클라이밍이란 독특한 장르를 창출한 것이다.

1982년 파타고니아 등반에 참여했고, 그랑드 조라스(2시간 30분), 마터호른(4시간 30분), 아이거 북벽(7시간 30분) 등 3대 북벽을 14시간 만에 오르는 기록을 탄생시킨다. 뿐만 아니라 푸 남벽을 오르고 드류의 아메리칸 다이렉트 루트를 통해 이동하여 블레티에르에 도달하는 등반을 단 하루 만에 끝낸다. 이런 등반은 행글라이더 덕이다.

1985년 7월, 가셔브룸 II(8,035m)를 등정한 후 행글라이딩으로 25분 만에 베이스캠프에 안착하였다. 다음 해 콜롬비아의 리타 쿠바(Rita Cuba·5,200m)에서 패러글라이딩 활공을 한다. 1987년 4월, 르모앙, 드류, 에귀유 베르트, 테쿠르트, 그랑드 조라스 등 5개 봉을 연장하여 활강과 등반을 하루 만에 끝낸다.

1988년 프랑스 에베레스트 등정 10주년 기념 원정대에 참가하여 남동릉으로 정상에 오른 뒤 세계 최고봉에서 역사상 최초로 패러글라이딩 활공을 하여 베이스캠프에 안착한다. 부아뱅의 이스트림 스키 활강 수준은 55~65도의 급경사까지도 가능하다.

그는 "히말라야 8,000미터 14봉을 지겹게 오르내리는 일의 반복은 흥미가 없으며, 세계 각국의 색다른 지역을 다니면서 새로운 도전과 모험을 계속하고 싶다"고 말했다.

불, 헤르만 Buhl, Hermann 1924~1957

오스트리아 티롤 출신의 등산가이며 8,000미터 봉 최초의 단독 초등자다. 산악 도시인 인스브루크에서 출생하여 알프스 전 지역의 난벽들을 상대로 등산 수업을 하였다.

그는 강한 의지와 혹독한 훈련을 통해 심신을 단련한 세계적인 등반가다. 그는 힘든 조건만을 골라 겨울철과 야간에 난독 등반을 하면서 스스로 냉혹한 채찍질을 하였다. 1947년까지 134개에 이르는 난봉들을 골라 등반했으며, 이 중 11개 봉은 초등반을 기록한다.

돌로미테 지역의 최고 난벽 피츠 바딜레 북벽을 단독으로 4시간 만에 올라 세인들을 놀라게 했으며, 동부 알프스의 최대 난벽인 표고차 1,800미터 높이의 와츠만 동벽의 잘츠부르크 루트를 한겨울 밤 시간을 택하여 단독으로 9시간 만에 완등한다.

1953년 2월에 시도된 와츠만 동벽 등반은 낭가파르바트 원정에 앞서 자기 능력을 시험하기 위한 등반이었다.

1952년 여름, 8등을 기록한 아이거 북벽 등반은 그를 더욱 유명하게 만든 계기가 되었다. 당대 유럽의 쟁쟁한 등반가들인 장 쿠지, 레뷔파 등과 함께 줄을 묶은 이 등반에서 그는 가장 어려운 구간을 선두에서

리딩하였다. 이때 보여준 등반 솜씨에 대해 이 벽의 초등자인 하인리히 하러조차도 그를 가리켜 "신의 경지에 이른 달인의 솜씨였다"고 극찬하여 당시의 비평가들을 침묵시켰다. 그는 1953년 헤를리히코퍼가 이끄는 독일·오스트리아 합동 낭가파르바트 원정대에 참가한다.

이 원정대는 1934년 이 산에서 희생된 메르클을 추모하기 위해 '메르클 추모 원정대'라는 이름을 붙였다. 이들은 고소 포터의 부족으로 캠프 설치에 많은 시간을 소요했기 때문에 5캠프를 설치하고 정상 공격을 시작할 때는 몬순이 불어닥쳤다. 기상이 악화되자 대장은 정상 공격을 중지하고 캠프를 철수하라고 지시했으나 다시 기상이 호전되자 불, 에르틀, 프라운베르거, 켐프터 등 4명은 대장의 명령에 불복한 채 정상 공격을 결정한다.

5캠프까지 이들과 함께 오른 불이 단독으로 정상 공격에 나섰다. 정상으로 향하던 중 방풍의, 피켈, 카메라만 남기고 나머지 장비는 크레바스에 넣어 둔다. 그는 7,820미터 지점에서 흥분제 두 알을 먹고 드디어 오후 2시 독일, 오스트리아의 숙명의 산 낭가파르바트 정상에 선다. 이후 하산 과정은 너무도 유명한 한 편의 드라마였다. 두 차례의 비박을 하고 혈액순환을 돕기 위해 다량의 혈액순환 촉진제를 복용한 그는 환청과 환각 상태에 시달리면서 하산을 재촉한다.

동상에 걸린 발가락이 마비되고, 빈사의 상태로 40여 시간 동안 사투를 벌이면서 가까스로 5캠프에 도착하여 에르틀의 도움을 받는다. 그러나 죽음을 극복하고 베이스캠프로 귀환한 그에게 베풀어진 분위기는 너무나 냉랭했다. 퇴각 명령을 어기고 등정한 행위가 대장 측의 비위를 상하게 했기 때문이다. 대장 자신이 의사임에도 불구하고 동상에 걸린 그의 발가락을 치료해 주지 않았다. 이후 동상 후유증으로 그는 발가락 2개를 절단한다.

1954년 불은 『8000미터 위와 아래』라는 낭가파르바트 등정기를 출간한다. 그러나 헤를리히코퍼는 이 등정기가 대장의 사전 동의 없이 발표되었다는 이유로 법원에 소송을 제기한다. 이로 인해 불은 오랫동안 심적 고통을 받는다. 원정대 출발에 앞서 대원들은 원정이 끝난 뒤 등반에 관한 글을 발표할 때는 대장의 동의를 얻어야 한다는 계약서에 서명했던 것이다. 대장은 계약 위반을 빌미로 불을 궁지에 몰아넣었다.

1957년 불은 슈무크 대장이 이끄는 브로드 피크(8,047m) 오스트리아 원정대에 참가한다. 이 원정대는 대장을 포함하여 4명의 대원으로 구성된 히말라야 등반 사상 가장 규모가 작은 소규모 원정대로 히말라야에서 알파인 스타일을 최초로 실천한 등반대였다. 이들은 산소 용구와 고소 포터를 쓰지 않은 채 전 대원 모두가 6,950미터 높이의 고소 캠프까지 직접 짐을 운반하고, 대원 모두가 등정에 성공한다.

불은 이때 그의 생애 두 번째로 8,000미터 봉 정상을 등정한다. 그는 이 등반을 끝내고 딤베르거와 초골리사(7,665m) 등반을 시도하던 중 짙은 안개와 폭풍설 속에서 철수하다 눈처마 붕괴로 추락사한다.

브라운, 조 Brown, Joe 1930~

영국 맨체스터 출신의 걸출한 등반가다. 고향 친구인 돈 윌런스와 이상적인 등반 파트너가 되어 영국의 암벽뿐만 아니라 히말라야에서도 수많은 등반을 함께한다. 그는 160센티미터의 작은 체구였으나 의지가 강하고 담대한 사람이었다. 윌런스와 함께 더비셔와 웨일스 등지에서 수많은 개척 등반을 한다.

1954년 윌런스와 함께 알프스에 가서 드류 서벽을 21시간 만에 등반하고, 블레티에르에 브라운 윌런스 루트Brown Whillans Route를 개척한다. 1955년 에번스가 이끄는 캉첸중가 원정에 참가하여 밴드와 함께 정상을 오른 후 1956년 카라코람의 무즈타그 타워를 등정한다. 1962년 파미르의 마운트 코뮤니즘(Mt. Communism·7,495m)을 초등정한다.

1973년 베네수엘라의 미답봉 호라이마(Roraima·2,810m)를 초등했으며, 1976년 트랑고 타워(6,286m) 원정대를 꾸려 마틴 보이슨을 초등시킨다.

그는 유명한 등산 장비 제작업자로 슬랑베리스Slanberis에 장비점을 열기도 했다. 1970년대 한국에 널리 보급되어 등반가들이 애용했던 '조브라운 헬멧'도 그가 보급한 장비다. 또한 등산에 관한 영화와 텔레비전 방송에 해설자로 자주 출현했으며, 영국 등산계의 우상처럼 널리 알려졌다. 저서로는 『힘든 세월들(*The Hard Years*)』(1967) 등이 있다.

빈, 카를 Wien, Karl 1906~1937

독일의 등반가이자 물리학자다. 1937년 비극으로 막을 내린 독일 낭가파르바트 원정대의 대장이다. 이 원정에서 대장을 포함하여 7명의 대원과 9명의 셰르파가 눈사태로 사망한다.

그는 1924년 벨첸바흐와 바우어를 만나 서부 알프스에서 많은 등반을 한다. 1925년 베터슈타인에 3개의 새로운 루트를 개척하고, 1926년 벨첸바흐와 함께 그로스글로크너 북벽, 아이스코겔레 북벽, 글로케린 북서벽을 초등한다. 특히 주목할 만한 등반은 1927년 몽블랑과 리스캄에서의 최초 동계 종주다.

1928년 릭머스의 파미르 원정에 참가했으며, 1931년 바우어가 이끄는 캉첸중가 원정에도 참가하여 7,700미터까지 오른다. 이 등반은 대원

1명과 셰르파의 추락으로 실패한다.

1933년 동아프리카의 마운트 게냐와 마운트 메루를 등반하고, 1934년 메르클이 이끄는 낭가파르바트 원정에도 참가한다. 이때의 원정은 3명의 대원과 6명의 셰르파 목숨을 앗아간 채 끝난다. 그러나 정상까지 4~5시간 거리를 남겨 둔 채 등정 일보 직전에 실패했으므로 그는 다음 등반을 기약한다.

1936년 시킴 원정 시 시니올추와 네팔 피크를 초등한다. 1937년 낭가파르바트 원정을 위해 자신을 포함한 7명의 우수한 대원으로 강력한 원정대를 조직했다. 2캠프까지는 등반이 순조롭게 진행되었으나 눈사태로 일단 철수한 다음 6월 초에 재도전하여 5캠프를 구축한 뒤 전 대원이 휴식차 4캠프에 모였다. 비극은 이날 밤에 일어났다.

라키오트 피크의 빙벽에서 시작된 눈사태는 자고 있던 모든 대원을 묻어 버리고 말았다. 발굴 작업에서 발견된 대원들은 침낭 속에서 평화스러운 모습으로 잠들어 있었고, 얼어붙은 시계는 12시 20분을 가리키고 있었다. 비극은 이 시간에 일어난 것으로 추정된다. 당시 독일은 구조를 위해 바우어를 현지로 급파한다.

카를 빈이 편집한 책으로 『빌로 벨첸바흐의 등반(*Willo Welzenbachs Berg-fahrten*)』이 있다.

셀라, 비토리오 Sella, Vittorio 1859~1943

이탈리아 알프스 산악 지역인 비엘라 출신의 등반가이자 탐험가이며 뛰어난 산악 사진작가다. 이탈리아 알피인 클럽 창설자인 퀸티노 셀라의 조카이며, 이탈리아 사진계의 개척자였던 아버지의 영향으로 일찍부터 등산과 산악 사진에 입문한다. 그는 1879년 비엘라 주변에 있는 산에 올라 파노라마 산악 사진을 최초로 촬영했으며, 알프스 여러 지역에서 산악 사진을 촬영했다.

본격적으로 1882년 마터호른, 1884년 몬테로사, 1885년 리스캄, 그리고 1888년 몬테로사와 몽블랑을 동계 등반했다. 1889년부터 1896년 사이에 세 차례나 카프카스를 탐험했다. 1897년 아브루치 공과 함께 알래스카에 가서 세인트 일라이어스를 초등정했고, 1899년 프레시필드와 함께 캉첸중가를 일주하였다. 1906년 아브루치 공과 함께 아프리카 루웬조리에도 갔다.

1909년 아브루치 공, 데 필리피de Filippi 등과 카라코람을 탐험하고 히말라야에도 두 차례나 갔다. 카라코람 탐험 시 K2를 최초로 정찰하였으며, 당시의 원정 기록을 정리한 데 필리피의 방대한 보고서에 그가 찍은 K2 사진이 실렸다. 이로 인해 K2 모습이 최초로 세상에 공개되었다.

그의 사진은 이후 K2 원정대에 많은 도움을 주었다. 그가 K2에서 촬영한 산악 사진들은 풍부한 내용과 정보를 제공했을 뿐만 아니라 기술적·예술적으로도 높은 가치를 지니고 있으며, 현재까지도 널리 활용되고 있다.

등반 역사가 아널드 런에 의하면 당시 셀라의 사진 건판 규격은 약 30×40센티미터의 대형이었으며, 사진 장비 무게는 123킬로그램이나 되었다고 한다.

그의 생애와 사진들을 엮어 에이킨S. Aitken은 『알프스의 가운데에(*Among the Alps*)』를, 클라크R. W. Clack는 『더 스플렌디드 힐스(*The Splendid Hills*)』를 출간했다. 1879년에서 1909년까지의 셀라의 작품을 모아 편집한 『서밋(*Summit*)』이라는 화보집도 발간되었으며, 이 화보집은 밴프Banff 산악 도서 축제상을 수상하기도 했다.

슈미트, 토니 Schmid, Toni 1909~1932

독일의 등반가인 토니 슈미트는 형인 프란츠 슈미트의 이름과 함께 붙어 다니며 일반적으로 '슈미트 형제'로 불린다. 이들 형제는 1931년 마터호른 북벽을 함께 초등했으며, 이 장거는 세계 등반사에 영원히 기록될 업적이다.

이 두 형제는 독일 뮌헨 출신으로 당시 동부 알프스의 어려운 빙설암 루트에서 등반 기술을 연마했으며, 마터호른 등반 때는 자전거를 이용하여 체르마트까지 장거리를 이동한 일화로 유명하다. 그들은 이틀 동안의 정찰을 마치고 북벽 등반에 나섰다. 등반 도중 지친 나머지 회른리 리지로 탈출하려는 생각도 하였으나 결국 어려운 난관을 극복하고 당시 유럽 산악계의 과제였던 마터호른 북벽을 초등정한다.

그때까지 북벽 등반에서는 건조하고 따뜻한 날씨가 최적의 조건이라고 생각하였으나 이 등반으로 많은 적설과 혹한의 추위가 오히려 낙석의 위험에서 벗어날 수 있어 북벽 등반에 최적의 조건을 제공한다는 사실이 입증됐다.

이들은 마터호른 북벽 등반을 끝내고 아이거 북벽과 그랑드 조라스 북벽을 시도했으나 실패했다. 동생 토니는 이듬해 그로세스 비스바흐호른 북서벽 등반 도중 아이스피톤이 빠져 추락사하였다.

저서로는 루돌프 페터스와 공동 집필한 『로프의 위험성(*Gefahren am Seil*)』이 있다.

스마이드, 프랜시스 시드니 Smythe, Francis Sydney 1900~1949

영국의 등반가이자 등반 저술가, 사진가로 유명하다. 프랭크 스마이드라고 부르기도 한다. 그는 1933, 1936, 1938년 세 차례에 걸쳐 영국 에베레스트 원정대에 참가했으며 히말라야에 대한 풍부한 경험을 가지고 있었다. 몽블랑 브렌바 페이스Brenva Face의 상티넬 루트Sentinelle Route와 메이저 루트Major Route 등반으로 알프스 등반에 커다란 공헌을 했다.

1930년 귄터 뒤렌푸르트가 이끄는 국제 캉첸중가 원정대의 대원이었으며, 1931년에는 자신이 직접 원정대를 조직, 십턴과 함께 카메트(7,756m)의 정상을 오른다. 이는 그 당시까지 등정된 봉우리 중에서 가장 높은 고봉 등정 기록이었다.

1933년 에베레스트 원정에서 십턴과 함께 정상 공격을 하였으나 십턴이 병을 얻어 6캠프로 철수하자 혼자서 8,560미터 지점까지 올라갔다. 그러나 아무런 지원도 없는 상태에서 너무 지쳐서 등반을 포기한다. 연이어 1936년과 1938년에 에베레스트 원정에 참가했으며, 제2차 세계대전 중에는 산악 훈련 교관으로 근무하였다.

1949년 인도에서 원정대를 조직하던 중 병을 얻어 귀향했으나 사망하고 만다. 그는 1927년부터 20여 년간 등산 활동을 하면서 27권의 산악 명저를 집필했으며, 훌륭한 사진도 많이 남겼다. 그의 필력이 세상에 알려지게 된 계기는 캉첸중가 등반 때 《타임》지의 특파원 자격으로 글을 써서 발표한 것에 의해서였다. 그의 글이 외국어로 번역되어 수많은 독자들에게 읽히면서 숱한 산악인들로부터 주목을 받게 되었다. 그가 남긴 『산의 영혼』에는 주목할 만한 격조 높은 명구들이 많다.

그는 등반 수단으로서의 인공적인 용구의 사용으로 자연이 파괴되는 것을 우려하면서 용구의 사용 한계 설정을 주장했다. 다음 세대를 위해서 아름다운 산을 남겨 놓는 것이 이 시대 사람들이 실천해야 할 의무라고 강조했다.

또한 그는 등반의 편의성을 적극적으로 배척했다. 에베레스트에서 산소 용구의 사용을 비판했으며, 그런 것을 이용하여 등정에 성공하기보다는 차라리 그런 용구를 사용하지 않고 실패하는 편이 더 좋다고 말했다. 등반은 모험으로 남아 있어야 하므로 산소 용구와 같은 인위적인 요소는 동원되지 말아야 하며, 만일 그런 것이 없어 등반이 불가능할 것 같으면 등반을 시도하지 않는 편이 좋다고 강조했다.

그는 등반은 자연을 사랑하는 일이고, 자연의 어려움 속에서 끝까지 진지하게 싸울 때에 비로소 그 가치와 의의가 있다고 보았다. 그는 과학이 제공하는 편리함을 예찬하는 것이 오늘날 등반 세계의 재난이며, 등반의 진수를 알려면 기계적인 보조 기구를 줄여야 한다며 등반 윤리 문제를 거론했다.

스마이드의 저서로는 『클라임스 앤드 스키 런스(*Climbs and Ski Runs*)』(1929) 『캉첸중가 어드벤처(*The Kangchenjunga Adventure*)』(1934) 『캠프 식스(*Camp Six*)』(1937) 『에드워드 윔퍼(*Edward Whymper*)』(1940) 『등반가의 모험(The *Adventure of a Mountaineer*)』(1940) 『나의 알파인 앨범(*My Alpine Album*)』(1940) 『마운틴스 인 컬러(*Mountains in Color*)』(1951) 등이 있으며, 이외 국내 역서로는 『산의 영혼』 『산의 환상』 『꽃의 계곡』 등이 있다.

스잔춘 史占春 1928~

중국을 대표하는 등산가로 중국 등산 협회 부주석을 역임하였다. 1955년경부터 등반 활동을 시작하여 1956년 7월 중국, 소련 합동대의 부대장으로 무즈타그 아타(Muztagh Ata·7,546m) 초등정에 성공하였다. 당시 이 등반대는 31명 전원이 정상 등정에 성공했다.

1957년 6월 미니아 콩카 등반대장으로 참가하여 서릉으로 등정하여 제2등을 기록한다. 1959년 7월 무즈타그 등반대에 참가하였으며, 1960년 5월 에베레스트 등반대장으로 북동릉 8,695미터까지 올랐으며, 1961년 6월 파미르 최고봉 콩구르 여자 등반대에 참가하여 등반 활동을 지원하였다.

그 후 문화 대혁명 당시 하방下放되었으나 1975년 5월 에베레스트 등반대장으로 복귀하여 북동릉으로 등정에 성공하였다. 1980년대 중국 지역 등반 개방에 많은 노력을 하였다.

스콧, 더글러스 키스 Scott, Douglas Keith 1941~

스콧은 본명보다는 흔히 더그 스콧Doug Scott으로 더 널리 알려졌다. 영국 노팅엄 출신의 뛰어난 거벽 등반가다. 그는 인공 등반에 의한 빅월 클라이밍이라는 새로운 장르를 영국에 도입해 직접 보급하면서 그 방면의 대표적인 인물로 인정받고 있다. 그는 초등반보다는 오르는 행위의 순수성을 주장하고 등정 지상주의를 멀리했다.

알프스, 히말라야, 요세미티, 노르웨이 등 세계 각지의 거벽에서 등반 활동을 하였다. 1972년 힌두쿠시의 코에반다카(Koh-e bandaka·1,658m) 남벽을 초등했고, 같은 해 봄, 가을 시즌에 두 번 에베레스트를 원정했으며, 1974년 창가방을 등정했다. 1975년 보닝턴의 에베레스트 남서벽 원정대에 참가하여 영국인 최초로 두걸 해스턴과 함께 정상에 오른다. 1976년 해스턴과 함께 매킨리 남벽 직등 루트를 6일 반 만에 등정하고 웨스트 버트레스로 하산하던 중 지쳐 있는 다른 팀의 등반자를 구조하기도 했다.

1977년 보닝턴 등 6명으로 구성된 바인타 브라크 원정에 참가하여 보닝턴과 등정을 끝내고 하산하던 중 양다리 골절상을 입는다. 폭풍설이 몰아치는 가운데 6일 동안 버티면서 빙하를 무릎으로 기어 내려와 가까스로 생환한다. 이런 극적인 희신으로 그는 인간 승리라는 칭송을 들어야 마땅함에도 세평은 그를 지탄했으며, 언론의 희생물이 된다.

영국의 한 스포츠 단체가 그에게 국제 스포츠 용맹상을 수상하기로 결정했으나 그는 등반이란 개인적인 즐거움이나 성취감을 위한 것이지 영예를 얻기 위한 것이 아니라는 이유로 수상을 거절하였다. 그러나 이 상에 상금이 지급된다고 들은 그는 에베레스트 재단Mt. Everest Foundation에 상금을 기부하기 위해 수상을 수락하였으나 다시 상금이 지급되지 않는다고 확인되자 수상을 거부하여 구설수에 오른다.

이 스포츠 단체의 담당자들은 그가 개인적인 이익만을 추구한다고 생각하였으나 곧 상금을 기부하고자 했던 그의 진의가 밝혀졌다.

1981년 메스너와 함께 참랑(Chamlang·7,317m) 중앙봉을 4일 만에 등정한다. 이는 마칼루(8,462m) 등반을 위한 시험 등반이었으나 이 등반을 마친 뒤 팀은 해산한다. 1982년 그를 포함한 3명의 원정대는 시샤팡마 미답의 남벽 초등에 성공한다.

저서로는 『빅 월 클라이밍(*Big Wall Climbing*)』(1974)이 있다.

슬링스비, 윌리엄 세실 Slingsby, William Cecil 1849~1928

영국 요크셔 출생의 등반가이자 탐험가로 직물 제조업자다. 그는 당시 등반을 스포츠로 생각한 사람 중 하나로 등반 대중화에 공헌했다. 영국인들이 당시 알프스로 몰려갈 때 그는 미답지인 노르웨이의 많은 산을 개척하는 데 정열을 쏟았다.

1872년 최초로 노르웨이를 방문한 이래 80년의 생애 가운데 15차례에 걸쳐 노르웨이 산을 등반하는 데 진력하여 '노르웨이 등반의 아버지'로 불리고 있다.

1876년 스카가스퇼스틴(Skagastølstind·2,405m) 등반 시 노르웨이 안내인들이 등반을 거부하였으나 단독으로 등반하여 초등정에 성공한다. 1878년부터 알프스에서 등반 활동을 하여 1879년 바이스미스Weissmies와 마터호른을 등반하였다. 1892~93년 당대를 풍미하던 머메리, 콜리 등과 함께 당 뒤 르캥을 가이드 없이 초등정하였으며, 에귀유 뒤 플랑에 도전하였으나 실패했다.

이 두 등반에서 그는 빙벽 등반 기술을 유감없이 발휘했다. 또한 그는 영국의 스카펠Scafell 지역의 암벽 개척에도 많은 공헌을 했다. 이후 그는 머메리와 낭가파르바트에 동행하고, 1913년까지 왕성한 등반 활동을 했으며, 초기 영국 암벽 등반 개척자 중 한 사람으로 알파인 클럽 회장을 역임했다. 영국의 유명 산악인인 제프리 윈스럽 영이 그의 사위이기도 하다.

저서로는『노르웨이: 북쪽의 놀이터(*Norway : The Northern Playground*)』(1904)가 있다.

십턴, 에릭 얼 Shipton, Eric Earle 1907~1977

영국 실론 태생의 등반가이자 탐험가다. 대규모의 원정보다는 소규모 원정을 선호했으며, 이로 인해 결국 역사에 길이 남을 1953년 에베레스트 초등대의 대장직을 헌트에게 양보하게 된다. 그는 문필에도 재능이 있어 많은 저술을 남겼다. 그는 학창 시절 윔퍼의 책을 비롯해 많은 산악 서적을 탐독하며 등산에 흥미를 느끼기 시작해 노르웨이의 요툰하임Jotunheim에서 첫 등산을 한다.

1928년 케냐에 이주해 커피 농장을 경영하면서 미답의 넬리온(Nelion·5,188m)을 등정한 후 등반 기록을 출간한다. 이것이 계기가 되어 역시 이곳에서 농장을 경영하던 틸먼을 만나 히말라야 등 수많은 산군에서 함께 활동한다.

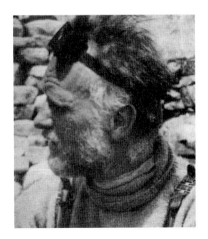

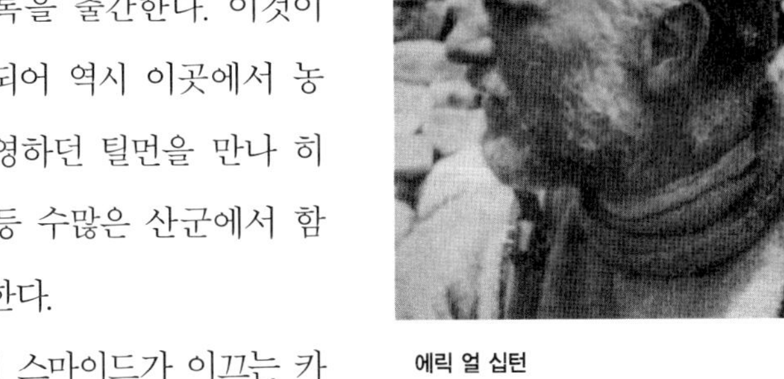
에릭 얼 십턴

1931년 스마이드가 이끄는 카메트 원정대에 참가하여 홀즈워스, 레와 등과 함께 초등정을 한다. 이는 그 당시까지 등정된 봉우리 중에서 가장 높은 고봉 등정 기록이었다.

1933년 제4차 에베레스트 원정에 참가한 그는 스마이드와 함께 6캠프까지 올랐다가 날씨가 나빠 퇴각한 후 에베레스트에 매혹되어 농장을 그만두고 히말라야 탐험에 정열을 쏟는다. 난다데비 등정을 여러 차례 시도했으나 번번이 실패했으며, 1934년 리시 강가 강을 통하여 난다데비 상투아리 탐험을 계획한다. 그는 틸먼과 10여 명으로 구성된 소규모 원정대를 이끌고 난다데비의 남측을 정찰하고 상투아리에서 광범위한 탐험을 하였다.

1935년 6명으로 구성된 제5차 에베레스트 정찰대의 대장이 되어 유능한 등산가 틸먼과 지형학자 스펜서, 전도가 촉망되는 텐징 노르가이 등을 대동하고 다르질링을 떠나 전년의 루트를 피해 처음부터 새로운 길을 찾아 나섰다. 당시 에베레스트 일대는 좋은 날씨가 계속되었으나 십턴은 등정에는 마음을 두지 않고 오로지 주어진 정찰 임무에만 충실하였다.

사실 그들은 빠른 속도로 전진하여 롱북 빙하로부터 6일 만에 4캠프를 설치했으나 더 오르지 않고 주변만을 탐사한다. 두 달 사이에 주변 봉우리를 26개나 오르며 시간을 소비해 막상 에베레스트 공격을 개시했을 때는 몬순과 눈사태로 후퇴한다.

초기 히말라야 연구의 권위자 귄터 뒤렌푸르트는 그의 저서 『제3의 극지(*The Third Pole*)』에서 십턴이 기상 상태가 가장 좋은 때를 탐색으로 소비하여 정상 등정의 기회를 놓쳤다고 비난했다.

반복되는 원정의 실패로 대중의 호응을 얻지 못해 자금 조달이 어려워진 상황에서 1936년 제6차 에베레스트 원정대가 조직되었다. 스마이드, 십턴 등 히말라야 경험이 풍부한 12명의 대원으로 구성된 이 원정대는 23명의 셰르파를 고용했다. 그러나 정상 공격을 하던 십턴과 스마이드는 4캠프까지 진출하였으나 일찍 닥쳐온 몬순 탓으로 몰아치는 눈보라 속에서 철수하고 말았다.

1937년 틸먼과 함께 카라코람의 샥스감Shaksgam 지역을 탐험하고, 1938년 틸먼이 이끄는 제7차 소규모 에베레스트 원정대에 참가하였으며, 1939년 두 번째의 카라코람 원정에도 참여하여 초고룽마Chogolungma 지역을 탐험한다. 1951년 에베레스트 정찰대의 대장을 맡아 처음으로 남쪽 루트의 등반 가능성을 정찰한다. 그는 웨스턴 쿰을 통과하여 사우스 콜 루트의 등반 가능성을 확인한다.

그는 중국 신장성新疆省의 카슈가르Kashgar 주재 총영사를 지내고 쿤밍昆明에서도 근무하였다. 1952년 초오유 원정대의 대장을 맡았으나 계획에 차질이 생겨 실패하고 만다. 이어 1953년 에베레스트 원정대의 대장을 십턴으로 지명하였으나 그의 성격은 노련한 지도력이 요구되는 대원정에 부적합하다는 이유로 히말라야 위원회가 결국 대장을 헌트로 교체한다. 이 결정은 십턴을 추종하던 젊은 대원들을 흥분시켰으나 헌트의 탁월한 리더십이 이 문제를 잘 해결했다.

1958년 파타고니아 탐험은 그의 생애에서 두 번째 탐험기의 시작이었다. 1958~64년 사이 남파타고니아 아이스 캡을 횡단하고 티에라 델 푸에고Tierra del Fuego 탐험에 이어 북파타고니아 아이스 캡도 횡단하였다. 그는 칠레의 지질 관계 자문위원으로 있으면서 피노체트 정권을 옹호해 논쟁을 일으키기도 하였다. 이후에도 계속하여 남미에서 탐험과 여행을 하였다.

저서로는 『난다데비(*Nanda Devi*)』(1936) 『블랭크 온 더 맵(*Blank on the Map*)』(1938) 『어폰 댓 마운틴(*Upon That Mountain*)』(1948) 『타타르의 산들(*The Mountains of Tartary*)』(1951) 『에베레스트 정찰 원정(*Mount Everest Reconnaissance Expedition*)』(1951) 『에베레스트에 맞선 사람(*Man Against Everest*)』(1955) 『폭풍의 땅(*Land of Tempest*)』(1963) 『마운틴 컨퀘스트(*Mountain Conquest*)』(1966) 등이 있다.

쓰네오, 하세가와 長谷川恒男 1947~1991

동양인 최초로 알프스 3대 북벽을 동계 단독 초등정한 일본의 등반가다. 10대부터 등반을 시작하여 일본 암장의 개척 등반에 많은 공헌을 하였다. 1971년 일본 알파인 가이드 협회에 가입하여 본격적인 안내인 활동을 하던 그는 1973년 일본 에베레스트 원정대에 참가하여 8,350미터 지점까지 올랐다.

1977년 2월에는 마터호른 북벽을 동계에 단독 초등반하였으며, 1978년 2월 아이거 북벽 동계 단독 초등반을 이룩한다. 1979년 2월 그랑드 조라스 북벽 워커 스퍼 동계 단독 초등반을 성공시켜, 3대 북벽 등반을 연이어 성공시킨다. 그랑드 조라스 등반은 3번 만의 승리였다. 앞서 2명의 동료와 두 차례나 시도하였으나 모두 실패하였으며, 첫 번째 등반에서는 동료 한 사람이 추락해 중상을 입기도 한다.

한때 그는 일본 젊은이들의 우상일 정도로 인기 있는 등반가였다. 1980년 우리나라를 방문하여 인수봉과 울산암을 등반하기도 하였다. 저서는 『북벽에서 춤추다(北壁に舞う)』(1979)가 있다.

그는 1991년 파키스탄 훈자의 울타르 피크 II(Ultar Peak II·7,388m)에서 눈사태로 사망했다.

아브루치 공작 Duke of the Abruzzi 1873~1933

이탈리아의 등반가이자 탐험가로 이탈리아를 통일하여 근대 국가를 세운 엠마누엘 2세Emmanuel II의 손자다. 그가 조직한 원정대는 그의 신분에 알맞게 대규모로 잘 조직되었으며, 사진작가인 셀라가 항상 동행하여 많은 기록 사진을 남겼다. 셀라는 말년까지 아브루치 공과 깊은 우정을 나누며 유일한 탐험 동료가 된다.

1897년 낭가파르바트(8,126m) 원정을 계획하였으나 인도에 전염병이 발생하여 행선지를 알래스카로 변경해 세인트 일라이어스를 초등정하였다.

1899년 북극점에 도달하려는 시도를 하여 당시로서는 가장 극점에 가까운 북위 86도 31분까지 이르렀으나 3명의 대원이 실종되었으며 아브루치 자신도 동상으로 손가락 2개를 잃었다. 이 탐험은 북극 탐험사의 한 페이지를 장식한 채 실패로 끝났다. 당시 이 탐험대는 극지법을 최초로 채용하여 전진하였다.

그는 1906년 아프리카 자이레의 루웬조리(5,109m) 등반을 시도한다. 적도의 열기와 살인적인 폭풍우, 맹수들의 위협을 뚫고 이들은 루웬조리 지역의 4,500미터 이상인 14개 봉을 모두 초등정한 후 이 지역의 지도를 작성한다.

1909년 카라코람의 K2에 도전하였으나 실패한다. 12명의 대원과 260명의 포터, 5톤 분량의 식량과 장비를 가지고 발토로 빙하 베이스캠프에 도착한다. 이들은 폭설과 추위를 극복하고 정상을 향한 루트 개척에 힘썼으나 남동릉 6,700미터 지점까지 도달하고 철수한다.

이때 개척한 루트가 '아브루치 리지'로 지금은 K2 등반의 가장 일반적인 루트가 되었고, 이때 셀라가 찍은 K2의 모습이 이 산을 세상에 알리는 최초의 계기가 되었다. 이로부터 45년이 지난 1954년 이때의 원정에서 얻은 자료를 바탕으로 데시오가 이끄는 원정대가 K2 정상에 이탈리아 국기를 꽂았다.

1914년 제1차 세계대전이 일어나자 아브루치 공은 연합국 함대사령관으로 맹활약을 하고, 뛰어난 전술과 전략으로 명성을 얻는다. 아브루치 공의 원정대는 초골리사에서도 등반을 하였으며, 1894년 체르마트에서 우연히 머메리를 만나 1879년에 머메리가 초등한 마터호른 츠무트 리지를 함께 재등한다.

그는 머메리가 자신을 왕족이 아니라 동료 등반가로 인정해 주는 것을 감사히 여겼고 우정을 지속했다. 그가 낭가파르바트 등반을 계획한 것은 낭가파르바트에서 사망한 머메리를 추모하기 위해서였다고 한다. 몽블랑 산군의 피크 루이지 아메데오(Pic Luigi Amedeo·4,469m)는 그의 원명을 따서 명명한 것이다.

그는 1919년부터 1933년 사망할 때까지 이탈리아와 아프리카를 오가며 에리트리아 식민지에서 농촌공동체 설립을 위해 일하며 강연과 연구 등 왕성한 활동을 하던 중 전립선 암으로 사망헌다. 그에 대한 관련 저서로는 미렐라 텐데리니와 마이클 샌드릭이 함께 쓴 『아브루치 공작(*The Duke of the Abruzzi*)』(1997)이 있다.

안데레크, 멜히오어 Anderegg, Melchior 1828~1914

스위스의 일류 가이드로 마이링겐 부근에서 출생했다. 그는 알머와 함께 당대를 대표할 만한 훌륭한 알프스 가이드였다. 원래의 직업은 목각 조각가였으나 영국 산악회 창설의 주역인 힌치클리프T. W. Hinchcliff에 의해 발탁되었다.

그는 1862년 몬테 디스그라치아Monte Disgrazia와 당 데랑을 초등정하고, 1859년에 몽블랑의 보스 리지Bosses Ridge를, 1865년에 브렌바 페이스를 초등반하였다. 여성 최초로 마터호른을 등반한 루시 워커와는 20여 년간의 등반으로 우정을 나누었다. 그는 성실하고 정의감이 투철한 인물로 산행에서도 무모한 모험은 절대로 감행하지 않았다. 그의 둘째 아들 역시 훌륭한 가이드가 되었다.

알랭, 피에르 Allain, Pierre 1904~2000

프랑스의 등산가이며 훌륭한 알프스 가이드이자 장비 제작자다.

그는 주로 퐁텐블로Fontainebleau에서 암벽 등반을 했다. 1933년 푸 남서릉, 1935년 드류 북벽, 당 뒤 케망Dent du Caiman 동벽, 1936년 당 뒤 크로코딜Dent du Crocodile 동릉의 개척 등반을 하였으며, 당대의 일류 등반가인 테레이, 라슈날, 레뷔파 등과 등반 활동을 하였다.

이후 장비 제작에 열중하여 1939년 처음으로 알루미늄 합금 카라비너를 제작해 1947년부터 상업화하여 판매하기 시작하였다. 뿐만 아니라 외피가 캔버스 천으로 되고, 접착력이 뛰어난 부드러운 고무창을 댄 현재와 같은 모양의 플랫 솔 암벽화가 알랭에 의해 최초로 개발되었다. 이 암벽화는 그의 이름 머리글자를 따서 피에이슈즈P. A. Shoes라 불렸으며, 암벽 등반계에 일대 혁신을 일으켜 세계적으로 널리 보급되었다.

피에르 알랭

그는 1963년 파리를 떠나 그르노블Grenoble 근처의 위리아주로 옮겨가 카라비너와 하강기 외에도 여러 장비를 제작하여 판매하였다. 저서로는 『알피니즘과 경기(*Alpinisme et Competition*)』(1949) 『등산의 예술(*L'Art d'Alpinisme*)』(1956)이 있다.

알머, 크리스티안 Almer, Christian 1826~1898

그린델발트 출신의 알프스 가이드다. 안데레크와 비교되는 일급 가이드로 원래는 목동이었다. 그는 1854년 윌스의 베터호른 초등정에 참가하여 윌스의 쇠기둥을 정상에 꽂았다. 이때의 등정은 알프스 등반 사상 황금시대를 여는 첫 쾌거였으며, 근대 등반의 시작이라 할 수 있다.

1857년 아이거와 묀히를 초등정하였으며, 1864~65년 윔퍼와 함께 많은 등반을 하였으나 마터호른의 초등정에는 참가하지 않았다.

크리스티안 알머

1868~84년까지 쿨리지와 등반을 하였으며, 1884년 융프라우 농계 등반 중에 동상으로 발가락을 절단한 뒤 등반을 하지 않다가 1890년부터 다시 등반을 시작하였다.

그의 아들 5명이 모두 등산 가이드가 되어 아버지의 뒤를 이었다. 그는 성품이 진실되고 순진하였으며, 항상 신중하게 등반을 하였다. 특히 베터호른을 좋아하여 1896년 금혼식 기념으로 부인과 함께 이 산을 등반하였다.

앨리슨, 하그리브스 Hargreaves, Alison 1962~1995

1995년 5월에는 영국의 앨리슨 하그리브스라는 주부가 북동릉을 통해 에베레스트 무산소 단독 등정을 성공시킨다. 이 기록은 메스너 이후 15년 만에 이룩된 성과다. 그녀는 에베레스트 등정 후 같은 해 8월에 K2도 역시 같은 방법으로 등정했으나 하산 중에 시속 160킬로미터의 강풍에 날려 실종된다. 다음 날 하산하던 스페인 팀은 7,300미터 지점에서 가열기가 장착된 앨리슨의 등산화 한 켤레를 발견한다.

그녀는 마터호른, 아이거, 그랑드 조라스, 드류, 치마 그란데, 피츠 바딜레 등 알프스 6대 북벽을 모두 올랐다. 특히 1988년에는 아이를 낳으면 산에 다닐 시간이 없을 것이라면서 임신 6개월의 몸으로 아이거 북벽을 오르기도 했다. 아이거 등반 후 일부 언론으로부터 야망과 명성 때문에 임신 중에 등반을 했다며 비난을 받았다.

1992년에는 마터호른 북벽을 동계 단독 등반으로 성공시켰고, 동계 그랑드 조라스 북벽을 악천후 속에서 단독 등정으로 성공시켰다. 그녀는 에귀유 뒤 미디 북벽과 몽블랑 뒤 타퀼을 올랐으며 마터호른 북벽은 영국 여성 최초의 등반 기록이 되었다.

당시 그녀의 경쟁 상대는 프랑스의 유명한 여성 산악인 카트린 데스티벨이었다. 두 여성은 경쟁 속에서 의미 있는 등반을 성공시켰다. 등산을 위해 학문의 길마저 포기한 앨리슨은 등산과 대학을 바꿀 수 없다고 하면서 옥스퍼드 대학 진학조차 포기한 채 등산에 모든 열정을 불태운다.

앨리슨의 주요한 등반 활동을 엮은 책이 『엄마의 마지막 산 K2』라는 이름으로 그녀가 죽은 뒤에 발간되어 화제를 모으기도 했다. 이 책은 그녀의 남편 제임스 발라드와 두 아이들이 직접 K2를 트레킹하면서 추모의 형식으로 쓰였다. 또한 로스와 에드 더글라스가 공저로 엮은 『심장의 지대(*Regions of the Heart*)』가 전기물로 출간되었다.

언솔드, 윌리엄 Unsoeld, William F. 1926~1979

미국의 등반가로 워싱턴 대학에서 비교종교학을 강의했던 철학 교수다. 12세 때부터 등산을 시작하여 티턴Teton과 캐스케이드Cascades 등지에서 등산 수업을 한 다음 히말라야에 진출하였다.

1949년 가르왈의 닐칸타(Nilkanta·6,596m), 1954년 마칼루 등정을 시도하였으며, 1960년 마셔브룸을 초등정하였다. 1962~67년에는 평화봉사단의 부단장으로 네팔에서 거주하였다.

1963년 노먼 다이렌퍼스가 이끄는 에베레스트 원정대에 참가하여 혼바인과 함께 미국인으로서는 최초로 정상에 올랐다. 이때 그는 혼바인과 함께 서릉 팀에 속해 남동릉으로 하산하는 루트를 택했으며, 비숍과 저스타드는 남동릉 팀으로 두 팀이 정상에서 만났다.

이는 에베레스트 원정 사상 유례가 없는 최초의 횡단 등반이었다. 당시 이들은 정상에서 합류한 후 8,500미터 지점에서 비박을 하였다. 이때 언솔드는 동상으로 9개의 발가락을 절단했으나 이에 굴하지 않고 히말라야 등반에 온 정열을 쏟았다.

그는 난다데비에 매혹되어 딸의 이름도 난다데비로 지어 준다. 그의 딸 난다데비는 아버지가 이끄는 1976년 난다데비 합동 등반대에 참가하였으며, 정상 바로 아래 북릉에서 조난사한다.

그는 자신이 가르치는 학생들을 인솔하고 레이니어(Rainier·4,392m)를 등반하였으나 하산 도중 눈사태로 사망한다.

에글러, 알베르트 Eggler, Albert 1913~1998

스위스 베른 출신의 등반가로 베르너 오버란트Berner Oberland를 중심으로 등반 활동을 하였으며, 바이스호른, 그랑 샤르모즈 등을 오르기도 하였다.

1956년 로체 초등정과 에베레스트 제2등을 목표로 11명의 대원으로 구성된 스위스 원정대의 대장을 맡는다. 이 원정대는 빙벽에서 비박용 얼음 구멍과 비박 사이트를 만들기 위해 화약을 준비하였으나, 위험한 빙탑을 제거하는 데 이 화약을 사용하였다.

로체 등반 중 6캠프를 설치하였으나 기상이 악화되어 등반을 일시 중지했다가 재도전하여 라이스와 루흐징거가 산소를 사용해 초등정에 성공한다. 이 원정대는 로체를 등정한 뒤 2차례에 걸쳐 에베레스트에도 올랐다.

이 원정에서 5일 간격으로 2개의 8,000미터 봉 등정이라는 성과를 이룩한다. 이 원정대의 성공은 에글러 대장의 리더십과 조직력이 유감없이 발휘되었기 때문에 얻어진 성과였다.

저서로는 『구름 위의 정상(*Gipfel über den Wolken*)』(1956)이 있다.

에번스, 로버트 찰스 Evans, Robert Charles 1918~1995

영국 옥스퍼드 출신의 외과 의사이자 등반가다. 1967~70년 알파인 클럽 회장을 역임했다. 영국과 알프스에서 활동하며, 1950년 틸먼과 안나푸르나 산군을 탐험하고 1952년 십턴이 이끄는 초오유(8,201m) 원정대에 참가하였다. 이 원정대는 1953년으로 예정된 에베레스트 원정에 필요한 대원 훈련과 장비 시험을 계획했으나 실패로 끝났다.

그는 1953년 에베레스트 원정대의 일원으로 참가하여 보딜런T. O. Bourdillon과 함께 1차 공격조가 되어 남봉(8,754m)을 오를 때 보딜런이 개량한 산소 용구를 사용했다. 3일 후 힐러리와 텐징 노르가이가 역사적인 초등정을 이룩한다.

1955년 세계 3위의 고봉인 캉첸중가 원정대의 대장을 맡아 밴드와 브라운의 초등정을 성공시킨다. 초등 당시 두 사람은 정상 몇 발자국을 남겨 놓고 발걸음을 멈추었다. 그것은 현지 원주민들과 신성한 정상을 밟지 않기로 한 약속을 지키기 위해서였다. 다음 날 두 번째 공격조 하디와 스트리더가 정상 등정에 성공한다. 그동안 난공불락으로 여겨져 왔던 캉첸중가 원정의 성공은 에번스의 탁월한 지휘력과 대원들 간의 확고한 팀워크가 이루어 낸 결과였다. 우리가 흔히 사용하고 있는 에번스 매듭은 그가 개발한 매듭이다.

저서로는 『아이 온 에베레스트(*Eye on Everest*)』(1955) 『캉첸중가: 미답의 정상(*Kangchenjunga: The Untrodden Peak*)』(1956) 『온 클라이밍(*On Climbing*)』(1956) 등이 있다.

에켄슈타인, 오스카 요하네스 루트비히 Eckenstein, Oscar Johannes Ludwig 1859~1921

런던 태생의 화학을 전공한 철도 기사이자 등반가로 독일계 부친과 영국인 모친 사이에서 태어났다. 그는 현대적인 크램폰 발전의 기초를 마련했다.

그는 오늘날 크램폰의 원형이 된 일명 '에켄슈타인 10발 크램폰'을 1908년에 최초로 고안하여 새로운 빙벽 등반 기술과 함께 보급, 현대적 형태로 발전할 수 있도록 계기를 마련했다. 그가 고안한 10발 크램폰은 당시로서는 혁명적인 장비였다. 이 용구의 출현으로 등산은 한층 눈부시게 발전하였고, 눈과 얼음에 대한 등반 개념이 완전히 바뀌었다. 그동안 미등의 벽으로 남아 있던 눈과 얼음이 덮인 북벽의 루트들이 차례로 등정되기 시작했다.

아이러니하게도 이 신형 크램폰을 개발한 에켄슈타인조차 처음에는 크램폰 사용을 경멸했다. 그러나 1886년 호베르크호른의 빙벽 등반을 하던 중 피켈을 이용한 발판 깎기 기술인 스텝 커팅에 지쳐 등반을 포기하게 되면서 비로소 크램폰의 효용 가치를 깨닫게 된다. 이후 그는 크램폰 무용론이 그동안 자신의 무지와 편견이었음을 깨닫고 서둘러 역사적인 물건이 된 '에켄슈타인 10발 크램폰'을 고안하게 된다.

당시 크램폰이 발명된 영국에서는 이 용구의 사용을 기피했다. 보수적인 영국인들은 크램폰과 같은 인공적인 용구를 써서 정상에 오르는 일은 스포츠 정신에 위배되며, 이런 이기利器를 거부하는 것이야말로 참

된 등산이라고 생각한 것이다. 오늘날 보편화된 용구가 한때는 이단시 되었다는 점은 흥미로운 일이다

그는 크램폰 발명뿐만 아니라, 길이가 짧은 피켈과 크램폰 사용 기술을 조화시킨 '에켄슈타인 크램폰 기술'도 창안하여 보급했다. 오늘날의 평발 딛기 기술인 플랫 푸팅도 개발했다.

일부 사람들은 프랑스어로 '피에 다 플라'라고 하는 이 기술을 정통 프랑스식 기술로 오인하고 있으나 기술의 창안자는 영국의 에켄슈타인이며, 이후 프랑스 산악인들이 더욱 정교하고 우아한 형태로 완성시켰다. 10발 크램폰은 종래의 쇠 징 박힌 등산화를 퇴출시키는 계기가 되었고, 비브람 고무창을 출현시키는 기회를 제공했다.

그는 1892년 콘웨이가 이끄는 카라코람 원정대의 부대장으로 참가하였으나 대장과의 불화로 원정을 포기한다. 1902년 자신이 직접 K2 원정대를 최초로 꾸려 온갖 어려움 속에서 북동릉 루트를 따라 6,821미터 지점까지 진출했다.

그는 등반 이론에 정통한 산악인으로 암벽 등반에 체계적인 이론을 도입하고, 크램폰뿐 아니라 여러 가지 등반 장비를 과학적으로 연구하여 실용화하는 데 전력했다. 그는 빙벽 등반에 적합한 짧은 피켈도 고안했으며 안정성이 높은 여러 가지 매듭도 연구했다.

그는 제1차 세계대전 전에 있었던 여러 등반가 중 가장 과학적인 등반가로 평가되고 있다. 영국 클라이머스 클럽Climbers Club 창설 회원의 한 사람이며, 알파인 클럽에는 평생 동안 가입하지 않았다.

에르조그, 모리스 Herzog, Maurice 1919~2012

인류 역사상 최초로 8,000미터 봉을 오른 프랑스 등반가다. 리옹 출신

의 엔지니어로 몽블랑 산군에서 수많은 등반 활동을 하였다. 1950년 안나푸르나 I(8,091m) 초등정으로 유명하며, 프랑스 등반가 중 가장 널리 알려진 사람 중 하나다.

1950년 프랑스 산악회와 프랑스 히말라야 위원회는 히말라야 진출을 계획하고, 금단의 나라 네팔이 등반대에게 문호를 개방하자 프랑스 원정대를 처음으로 입국시켰다. 그들은 당시 아무런 자료 없이 '지도의 공백 지대'나 다름 없는 다울라기리와 안나푸르나 두 산의 지형을 정찰하고 접근로를 탐색하는 데 20여 일을 소모했다. 등반대장은 에르조그였고, 대원들은 당시 프랑스를 대표하는 1급 가이드들로 구성했다.

그들은 두 산을 정찰한 후 안나푸르나를 오르기로 결정했다. 6월 3일 에르조그와 라슈날은 5캠프를 출발, 정상으로 향했다. 두 사람은 흥분제인 맥시톤을 복용했으며, 오후 2시 정상을 밟았다. 하산 도중 약 기운으로 흥분 상태에 빠져 있던 에르조그는 무의식적으로 장갑을 벗다가 이를 잃어버린다. 예비용 장갑이 있었으나 전혀 기억하지 못한 채 구조될 때까지 광적인 상태에서 맨손으로 버티다 동상에 걸렸다. 그러다 결국 5캠프에서 그들을 기다리던 레뷔파와 테레이에 의해 구조되었다.

그 이후의 하산 과정은 한 편의 장대한 서사시였다. 도중에 크레바스에서 비박을 하고 동상 때문에 셰르파에게 업혀 내려왔다. 원정대의 의사인 우도J. Oudot는 부족한 의료 기구로 썩어 가는 그들의 손가락과 발가락을 절단하며 의사로서의 책임을 다했다.

안나푸르나 초등정이 오늘날까지 높게 평가되는 이유는, 인류 최초의 8,000미터 봉 등정이라는 점과 사전 정찰 없이 단 한 번의 시도로 불가능을 가능케 했기 때문이다. 이들은 전후에 개발된 최신 소재의 장비를 총동원했다. 사상 최초로 나일론 섬유와 두랄루민 소재의 경량 장비를 사용하여 통상 1개월 이상 소요되는 8,000미터 거봉을 단 18일 만에 거뜬하게 등정하여 '나일론 등반대'라는 별칭을 얻기도 했다.

이 산의 초등정은 히말라야 거봉 초등정의 황금시대를 열게 한 기폭제가 되었으며, 20세기에 실현된 가장 위대한 모험으로 기록되고 있다. 이 등정으로 에르조그는 네팔 정부가 수여하는 구르카 무사 훈장을 받았으며, 네팔 국왕으로부터 '용자勇者'라는 칭호를 받는다.

이후 그는 자신의 기록과 이삭, 라슈날 등의 개인 일기를 종합하여 병상에서 구술한 『최초의 8000미터 안나푸르나』를 1952년에 출간한다.

"우리 모두가 빈손으로 찾아간 안나푸르나는 우리가 평생 간직하고 살아갈 보배인 것이다. 정상 등정의 실현을 계기로 역사의 한 페이지는 넘어가고 또 다른 삶이 시작된다. 인생에는 또 다른 안나푸르나들이 우리를 기다리고 있다"라고 남긴 에필로그는 오늘날 많은 사람에게 회자되고 있다.

이 책은 세계에서 가장 많이 읽힌 산악 도서 중 하나로 반 세기가 지난 지금 40여 개 국어로 번역되어 약 1,100만 권이 판매되는 기록을 남겼다. 이 책은 프랑스인 기질답게 화려한 문체로 씌어진 것이 특징이다. 그 후 그는 프랑스 국립스키등산학교 교장, 샤모니 시장, 국제 올림픽 위원회 위원을 역임했다. 저서로는 『최초의 8000미터 안나푸르나』, 『성봉 안나푸르나 초등初登』 등이 있다.

영, 제프리 윈스럽 Young, Geoffrey Winthrop 1876~1958

영국 명문가 출신 교육자이자 시인이며 알프스에서 화려한 초등 기록을 남긴 20세기 초의 등반가다. 1941~44년까지 알파인 클럽 회장을

제프리 윈스럽 영

역임했으며, '노르웨이 등반의 아버지'로 불리는 슬링스비의 딸 엘레아노르와 결혼했다.

부친을 따라 유년 시절부터 웨일스 지방에서 등반을 하였으나 삼촌이 등반 사고로 사망하자 그의 집안에서 등반은 금기 사항이 되었다. 20세 때 처음 알프스에 진출하여 가이드 크누벨과 명 파트너를 이루면서 여러 산들을 섭렵했다.

1898년 그랑 코르니에Grand Cornier를 단독 등반하고, 1905년 바이스호른 남동벽에 새 루트를 개척했다. 1906년 테슈호른Täschhorn 남서벽과 브라이트호른의 영 그라트Young Grat 남서벽을 등반했다. 1907년 치날로트호른 동벽과 바이스호른의 영 그라트를 등반했다.

1909년에는 맬러리 등과 함께 네스트호른 북동릉을 초등반했다. 1911년 그레퐁, 메르 드 글라스 페이스Mer de Glace Face를 직등하고, 그랑드 조라스 동릉과 서릉을 등반했다. 이 밖에도 테슈호른의 남면, 콜드 그랑드 조라스 서릉, 그슈팔텐호른Gspaltenhorn의 레드 티스Red Teeth 등에서 주목할 만한 등반을 했다.

그는 제1차 세계대전에 참전하여 야전 병원에 근무하던 중 왼쪽 다리를 잃었으나 등반에 대한 의욕은 꺾이지 않았다. 스프링을 장착하여 길이를 자유롭게 조절할 수 있고 충격을 흡수할 수 있는 특수 제작된 의족을 차고 등반을 하면서 강한 의지로 장애를 극복했다. 그는 의족을 차고 마터호른을 비롯한 여러 첨봉들을 올랐다.

마터호른 등반 시 그는 외다리로 9시간 30분 만에 등반을 끝냈다. 그가 의족을 차고 등반한 것은 1927년이 처음이고, 1935년 치날로트호른 등반을 마지막으로 등반 생애에 종지부를 찍었다. 당시 그의 나이 59세였다. 그는 알파인 클럽 회장뿐만 아니라 1944년에는 영국 등산 협회를 창설하기도 했다. 또한 여러 권의 격조 높은 저술을 남겼다.

그의 저서 『마운틴 크래프트(*Mountain Craft*)』(1920)는 오랫동안 등산의 지침서가 되어 왔으며, 이 밖에도 『온 하이 힐(*On High Hill*)』(1927), 의족을 차고 마터호른을 비롯하여 여러 봉을 오른 등반 기록인 『마운틴스 위드 어 디퍼런스(*Mountains with a Difference*)』(1951) 등의 저서를 남겼다.

영허즈번드, 프랜시스 에드워드 Younghusband, Francis Edward 1863~1942

영국의 군인이자 탐험가다. 인도의 뮤레(현 파키스탄)에서 육군 소장 존 영허즈번드의 아들로 태어났다. 그는 영국 왕실 소속 기병대에 배속되었다가 1890년부터 인도 정치국으로 옮겨 카시미르, 중앙아시아 각 지방의 주재관을 역임했다.

1886~87년 만주를 출발, 서양인 최초로 백두산(2,744m)을 등반했고, 북경에서 출발하여 고비 사막을 횡단하고 중앙아시아를 넘어 인도에 이르는 대장정을 성공적으로 마무리했다. 이 여행에서 당시 미지의 영역이었던 카라코람 북쪽 무즈타그 고개를 넘어 발토로 빙하를 탐험했다. 그는 K2 북면을 가까이서 조망한 최초의 서양인이 되었다.

1889년 두 번째 탐험을 감행, 아그힐 패스Aghill Pass, 샥스감 강, 가셔브룸, 우르도크 빙하Urdok Glaciers 등을 발견하고, 파미르 지역 깊숙이 들어가 3년에 걸쳐 탐사 활동을 하였으며, 민타카 고개(Mintaka Pass·4,712m)를 넘어 길기트로 귀환했다. 이후에도 파미르를 일주하는 탐험을 감행하였으며, 인도 북서 변경의 정무관이 되어 1903년 티베트 영토에 군대를 진주시켜 영국 외교사에 이름을 남겼다.

그는 영국 에베레스트 원정을 추진한 장본인으로 영국 왕립 지리학 협회 회장을 역임하는 한편, 에베레스트 위원회를 발족시켜 그 위원장을 겸하였다. 이 위원회는 후일에 히말라야 위원회로 개칭된다. 그의 백부와 형도 중앙아시아, 인도 북서 변방 및 아프가니스탄을 탐험한 선구자였다.

그의 중앙아시아 지역 탐사 활동은 20세기 초 대영제국의 식민지 영토 확장의 일환으로 이루어진 첩보적 성격을 가진 탐색이었다는 비판도 일고 있다.

저서로는 『대륙의 심장(*The Heart of a Continent*)』(1896) 『카슈미르(*Kashmir*)』(1909) 『히말라야의 경이(*Wonders of the Himalaya*)』(1924) 『에베레스트 서사시(*The Epic of Mount Everest*)』(1926) 『베이징에서 라사로(*Peking to Lhasa*)』(1926) 『에베레스트 더 챌린지(*Everest the Challenge*)』(1936) 등이 있다.

오라스 베네딕트 드 소쉬르 Horace Bénédict de Saussure 1740~1799

제네바의 부유한 귀족이자 자연과학자다. 근대 알피니즘의 아버지라 불린다. 1760년 샤모니를 방문하여 몽블랑 초등자에게 상금을 제안해 이 산의 초등에 크게 기여했다. 몽블랑은 그가 제안한 26년 후인 1786년 8월 8일에 수정 채취업자인 자크 발마와 의사인 미셸 파카르에 의해 초등된다. 소쉬르는 초등정 1년 후인 1787년에 몽블랑을 올라 제2등을 기록한다.

그는 학문적인 목적으로 알프스를 두루 여행했다. 그가 근대 등산의 선구자라는 것은 의심할 여지가 없으며, 알프스 역사가인 윌리엄 쿨리지는 그와 플라치두스 아 스페카 신부Father Placidus a Spescha로부터 근대 알피니즘이 시작되었다고 평가했다. 현재 샤모니에는 몽블랑 등정을 기념하는 소쉬르와 발마, 파카르의 동상이 서 있다. 저서로는 알프스 지역에 대한 상세한 지도가 담긴 『알프스 여행기(*Voyages dans les Alpes*)』가 있다.

워커, 호러스 Walker, Horace 1838~1908

영국 빅토리아 시대를 대표하는 여성 등반가로 마터호른을 여성 최초로 오른 루시 워커의 동생이다. 그는 16세 때 벨랑Velan 초등반을 시작으로 67세 때 폴룩스Pollux 등반까지 수많은 초등반으로 세계적인 명성을 얻는다. 1864년 바르 데 에크랭Barre des Ecrins 초등정, 1865년 피츠 로세그Piz Roseg 초등정과 몽블랑의 브렌바 페이스를 초등반하였다. 1868년 그랑드 조라스 푸앵트 워커(Pointe Walker·4,208m) 초등반은 특히 유명하다. 이는 1930년대 등반가들에게도 과제가 된 곳이기도 하다.

1874년 카프카스의 엘브루스와 이미 등정된 봉들에 수많은 새 루트를 개척했다. 그뿐만 아니라 도피네 알프스와 티롤, 돌로미테 등 알프스의 전 지역을 섭렵했다. 그는 동계 등반과 가이드리스 등반을 강조하면서 몽블랑과 피츠 베르니나 등지에서 그의 이상을 실현했다. 1890년부터 1892년까지 알파인 클럽 회장을 역임했으며, 평생을 독신으로 살았다.

웨스턴, 월터 Weston, Walter 1860~1940

일본 알프스와 일본 산악회를 거론할 때 빼놓을 수 없는 인물로 '일본 등산의 아버지'로 불리는 영국의 성공회 목사다. 그는 유럽 알프스에서 등산을 시작하여 브라이트호른, 마터호른 등을 올랐으며, 최초로 아이거요흐Eiger-Joch를 가이드 없이 횡단했다. 1888년부터 제1차 세계대전 전까지 일본에서 성공회 목사로 일했다. 일본에 거주하면서 '일본 알프스'라는 산명을 만들어 세계에 널리 알렸으며, 일본의 등산 운동에 활력을 불어넣었다.

1905년 일본 산악회 창설을 유도하고 그 기초를 다졌다. 그는 지도자적 소양을 갖춘 인물로 아이거 미텔레기 리지를 초등하여 일본 산악계에 자극을 준 마키 유코도 웨스턴의 권유로 스위스에 가서 등반 활동을 한다. 저서로는 『일본 알프스에서의 등반과 탐사(*Mountaineering and Exploration in the Japanese Alps*)』(1896) 『극동의 놀이터(*The Playground of the Far East*)』(1918) 등이 있다.

윌런스, 도널드 데스브로 Whillans, Donald Desbrow 1933~1985

영국 더비셔 출신의 등반가로 돈 윌런스라고도 불린다. 제2차 세계대전 이후 영국 산악계를 이끌었으며 1950~60년대 영국 암벽 등반의 새 지평을 열었다. 1950년부터 더비셔 주변의 암장에서 암벽 등반을 시작했다. 그는 타고난 자질로 수주일 만에 VS급(Very Severe, 매우 어려움)을 선등했으며, 다른 산악인들과 함께 줄을 묶으며 경험을 쌓아갔다.

1951년 초 조 브라운을 만나 수많은 암벽에 새로운 루트를 함께 개척하면서 우정을 나누었다. 이 무렵 그는 맨체스터의 록 앤드 아이스 클럽Rock and Ice Club을 창립하기도 한다. 이후 이 클럽은 10년 동안 새롭고 어려운 암벽 등반을 펼쳐 나가면서 윌런스와 브라운의 선설적인 파트너십이 시작된다.

그는 영국의 등반 수준을 높이려고 1953년에는 알파인 클라이밍 클럽Alpine Climbing Club을 결성하고 창립 회원이 된다. 이 그룹의 이상은 곧 그의 이상이기도 했다.

그는 자서전에서 이렇게 말했다. "1953년 에베레스트가 등정되면서 높이에 대한 추구는 끝났다. 이제는 등반성과 난이도가 산악 활동의 새로운 평가 기준이 될 것이다."

프레니 봉에서 비박 중인 윌런스(좌)와 보닝턴(우)

1954년 알프스에 가서 브라운과 함께 블레티에르 서벽을 초등반하고, 영국인 최초로 드류 서벽을 25시간 만에 등반하였으며, 1961년 보닝턴과 프레니의 중앙 필러를 초등반하였다.

1960년부터 그는 해외 원정 등반에 관심을 기울이기 시작하였다. 1957년 카라코람의 마셔브룸 원정에 참여하고, 1964년 히말라야의 가우리 상카르(7,134m)를 초등정하였다. 1962년 남미의 파이네 중앙탑을 등반하고, 1968년에 우안도이(Huandoy·6,395m) 남벽을 등반하였다.

1970년 보닝턴이 이끄는 안나푸르나 남벽 원정에 참가하여 두걸 해스턴과 함께 초등정에 성공함으로써 히말라야에서 기벽 등반 시대를 연다. 1971~72년 노먼 다이렌퍼스가 이끄는 국제 에베레스트 남서벽 원정대에 참가하였으나, 이 원정대는 국적이 다른 대원들 간의 팀워크

부재로 인한 불화와 질병, 악천후로 실패한다.

1957년 디리치 미르, 1976년 배킨리의 웨스턴 립 원정에 참가하였다. 또한 1975년 크리스 보닝턴이 이끄는 에베레스트 남서벽 원정대에서 그는 제외됐다. 이로 인해 그는 마음이 상했고, 보닝턴과의 오랜 파트너십은 무너진다. 그는 장비를 고안하는 재능도 있어 고소용 텐트 '윌런스 박스 텐트Whillans Box Tent'를 고안했으며, 1970년대 한국의 등반가들이 애용했던 '윌런스 시트 하니스Whillans Sit Harness'도 고안하여 보급했다.

저서로는 오머로드A. Ormerod와 함께 쓴 『돈 윌런스: 한 산악인의 초상(*Don Whillans: Portrait of a Mountaineer*)』이 있다.

윌스, 앨프리드 Wills, Alfred 1828~1912

알프스 개척기에 활동한 영국의 등반가이자 고등법원 판사다. 베터호른을 등정하여 알프스 황금시대를 열었으며, 알파인 클럽 회원으로 1864~65년까지 회장을 지냈다. 그의 집안은 영국 유수의 등반 가문으로 유명한 등반가들을 많이 배출하였다. 1924년 에베레스트 원정대 대장인 노턴은 그의 손자다.

비록 초등정이 아닌 네 번째 등정이기는 하나 1854년 그의 베터호른 등정은 근대적인 등반의 시작이라 평가되고 있다. 이때의 등정 기록을 담은 『알프스의 방랑(*Wanderings Among the High Alps*)』은 알프스 등반 사상 황금시대의 막을 올리는 데 커다란 공헌을 하였다. 영국 사람들은 베터호른의 등정에 대해 자부심을 가지고 등정일인 9월 17일을 '근대 등산 창립의 날'로 정하여 기념하고 있다.

윌스는 19세기 중엽에 일어난 빙하 논쟁에도 참여하여 포브스의 견해를 지지하였다. 윌스의 베터호른 등정 때 근대 피켈의 원조격인 용구가 최초로 등장하여 등반에 사용되었다는 점은 등산 용구 발달사에서 특기할 만한 가치가 있다. 당시 윌스가 고용한 베르니 오비린트의 한 가이드가 도끼와 지팡이의 기능을 결합시켜 만든 수제품 아이스 액스를 들고 온 것이 현대 피켈의 효시가 된다. 이들은 이 기발한 발명품을 활용하여 빙하의 발판을 깎고, 커니스를 절단하고, 크레바스를 탐색하는 등 효과적으로 사용했다.

이 기발한 용구에 대해 윌스는 그가 펴낸 책에서도 언급하고 있다. "이 피켈은 길이 약 1.2미터의 강철제 파이크(Pike, 긴 자루창)로 얼음을 깎기 좋도록 날카로운 날을 세웠으며, 자루와 평행이 되도록 수직을 이루고 있어 마치 큰 도끼 모양을 하고 있다"고 기록하고 있다.

윌스는 알프스 계곡에 이글스 네스트The Eagle's Nest라는 산장을 지어 안내인 발마(몽블랑 초등자인 자크 발마의 손자)에게 관리를 맡기고 여생을 이곳에서 보냈으며, 나중에 폐인이 된 발마를 죽을 때까지 보살펴 주었다. 저서로는 『알프스의 방랑』(1856) 및 『디 이글스 네스트(*The Eagle's Nest*)』(1860) 등이 있다.

윔퍼, 에드워드 Whymper, Edward 1840~1911

영국의 등반가로 1865년 알프스 4,000미터급의 마지막 보루였던 마터호른을 5년 동안 도전한 끝에 초등정을 이룩했다. 이 등반으로 베터호른에서 시작된 11년간의 황금시대는 종말을 고하고 등산의 은시대가 열린다. 윔퍼는 원래 목판 조각공으로 1860년 판화 그리는 일을 부탁받고 알프스에 갔다가 산의 매력에 이끌린다.

그는 등반의 기초를 닦지는 않았으나 몽펠부Mont Pelvoux, 바르 데 에크랭의 푸앵트 윔퍼(Pointe Whymper·4,184m), 에귀유 베르트 등을 등반했다. 그는 바이스호른, 마터호른과 같은 미답봉의 등정을 꿈꾸었으나 딘들이 바이스호른을 초등정하자 마터호른 등정에 전념하였다.

그는 마터호른의 회른리 리지, 츠무트 리지, 이탈리아 리지 중에서 등정을 시도하기 위해 브뢰일Breuil에 가서 카렐을 만났다. 그는 카렐의 인간적인 면모에 매혹되었으나 그가 이탈리아인으로 구성된 마터호른 등반대를 조직하자 분노와 배신감을 느낀 채 체르마트로 돌아와 회른리 리지로 등정하기 위한 대규모 등반대를 조직한다. 이 등반대의 대원은 프랜시스 더글러스, 찰스 허드슨, 더글러스 해도우였으며, 안내인은 미셸 크로, 페터 타우크발더 부자였다.

그들은 7월 14일 오후 2시경 아무런 사고 없이 정상에 도착하였다. 이때 윔퍼는 이탈리아 리지로 올라오고 있는 카렐 일행을 보고 그들의 주의를 끌기 위해 돌을 던지기도 했다. 윔퍼의 마터호른 등정은 그가 알프스를 알게 된 이후 5년 동안 8번에 걸쳐 끈질긴 도전 끝에 얻어낸 결과로 알프스 역사의 흐름을 바꾸어 놓은 엄청난 업적이었다. 윔퍼는 정상에 서서 "세계는 나의 발아래에 있다"고 기쁨의 함성을 보냈으니, 이 등정은 황금시대의 최후를 장식하는 한 편의 드라마였다. 이로써 마터호른이 오를 수 없는 산이라는 신화는 사라졌다.

그는 이탈리아 원정대의 카렐과의 싸움에서 승리했지만, 오랫동안 기다렸던 승리 뒤에는 엄청난 비극이 기다리고 있었다. 하산 도중 해도우가 미끄러지면서 크로, 더글러스, 허드슨을 끌어당기자 로프가 절단되면서 네 사람은 1,200미터 아래의 마터호른 빙하로 추락했다. 알프스 등반 사상 가장 충격적인 조난 사고가 일어난 것이다. 윔퍼와 타우크발더 부자만이 살아남아 체르마트로 돌아왔다.

이 사고는 세상 사람들을 놀라게 하였고, 사고가 일어난 상황 자체가 독특했기 때문에 세간에 많은 논란을 일으켰다. 당시 사람들은 인명 사고를 내는 등산에 대하여 비난의 소리를 높였으며 등산 금지 여론까지 일었다. 하지만 등산의 열기는 한층 고조되면서 은시대라는 새로운 등반 시대를 연다.

이 사건으로 윔퍼는 재판에 회부되었으나 무죄 판결을 받는다.

윔퍼의 등정 이틀 뒤인 7월 16일에는 카렐이 이탈리아 등반대를 이끌고 이탈리아 리지를 통해 2등을 기록, 초등정의 영예를 놓친다. 이후 윔퍼는 알프스에서 눈을 돌려 탐험에 관심을 기울이게 되어 1867년과 1872년 두 차례에 걸쳐 그린란드를 탐험한다. 노르웨이의 탐험가 난센의 그린란드 횡단이 1888년이었음을 볼 때 윔퍼의 생각이 한발 앞섰음을 엿볼 수 있다.

그 뒤 윔퍼는 카렐과 함께 남미 에콰도르 안데스 산군의 침보라소를 비롯하여 6개의 초등반을 기록한다. 이 등반에서 그가 펴낸 보고서를 높이 평가한 영국지리학회가 그에게 금메달을 수여한다. 그는 안데스뿐만 아니라 캐나디안 로키도 탐험한다.

그는 틴들의 『1861년의 등반(*Mountaineering in 1861*)』, 존스H. Jones의 『레귤러 스위스 라운드(*Regular Swiss Round*)』, 보니T. G. Bonney의 『알파인 리전스(*Alpine Regions*)』 등 여러 책의 삽화를 그렸으며, 〈1864년 체르마트의 클럽룸(The Clubroom at Zermatt in 1864)〉이라는 유명한 판화도 그렸다. 이 판화에는 당대를 풍미하던 유명한 등산가 18명이 등장한다.

윔퍼는 엄격하고 냉정하여 접근하기 어려운 인물로 여자에게는 관심이 없었다. 그러다 죽기 5년 전인 67세에 비로소 결혼하였으나 그의 가정생활은 행복하지 못했다. 그는 1911년 샤모니에서 급사하여 몽블랑이 보이는 샤모니 계곡에 묻혔다. 그의 묘비에는 저술가, 탐험가, 등반가로 기록되어 있는데, 그의 생애는 바로 알프스 황금시대와 더불어 시작하여 근대 등산의 기조가 굳어질 때 끝났다.

그의 역저 『알프스 등반기』는 마터호른에 오른 지 6년이 지난 1871년에 출간되었다. 등반사 연구가 아널드 런이 "이 책은 사람이 산에 오르는 한 계속 읽어야 할 책"이라고 격찬을 보낸 것처럼 한 세기가 지난 지금에도 여러 나라의 언어로 번역되어 세계적인 산악 문학의 고전으로 널리 읽히고 있다. 저서로 『알프스 등반기』(1871/1988) 『에콰도르 안데스 산맥 여행기(*Travels Amongst the Great Andes of the Equador*)』(1892) 등이 있다.

유코, 마키 槇有恒 1894~1989

1920년대 유럽 알프스에서 활동한 일본을 대표하는 산악인이다. 게이오 대학 출신으로 미국과 영국에 유학했다. 영국에서 '일본 등산의 아버지'라 불리는 월터 웨스턴을 만나 그의 영향을 많이 받았다. 그의 권유로 스위스로 건너가 그린델발트를 중심으로 등반 활동을 시작한다.

1920년 베터호른과 아이거를 오르고, 1921년 몬테로사와 마터호른을 오른 후 아이거 동릉을 초등했다. 그해 말 귀국하여 일본에 본격적인 알프스식 등반 방식을 소개하여 일본의 등반 기술 향상에 크게 기여했다.

그는 1925년 일본 최초의 해외 원정대를 이끌고 캐나디안 로키에 가서 마운트 앨버타(Mt. Alberta·3,619m)를 초등했다. 1950년대 초 일본이 히말라야 8,000미터급 처녀봉인 마나슬루 원정을 계획하는데, 그의 주도하에 히말라야 위원회가 조직되었다.

1952년 첫 정찰 후 1954년과 1955년 두 번의 원정이 있었으나 원주민들과의 불화로 실패한다. 1956년 그를 대장으로 하는 거국적인 원정

대가 조직되어 마나슬루 초등정에 성공한다. 이 원정의 성공은 일본의 히말라야 원정에 불씨를 지피는 계기를 만든다. 그는 일본 산악회의 제4대와 제7대 회장을 역임하기도 했다. 저서로 『산행(山行)』 『마나슬루 등정기(マナスル登頂記)』가 있다.

제르바수티, 주스토 Gervasutti, Giusto 1909~1946

이탈리아 프리올레 출신의 뛰어난 등반가다. 트리노 대학에서 법률과 정치학을 전공했으며, 알프스 북벽 등반 시대로 상징되는 1930~40년대에 서부 알프스에서 5, 6급의 멋진 등반을 하였다. 1934년 샤보R. Chabod와 함께 그랑드 조라스 크로 스퍼Cro Spur에 도전하였으나 악천후로 후퇴하였다. 이들은 이를 두고두고 후회하였다.

같은 해 타퀼 동벽을 등반하고 1935년 6월 그랑드 조라스를 다시 찾은 그는 그랑드 조라스 북벽 제2등을 기록한다. 초등의 기회는 놓쳤지만 초등 팀보다 6시간이나 짧은 시간에 오른 그에게 유럽 등반계는 찬사를 보냈다. 1936년 에일프로와드 서봉, 1938년 에귀유 블랑슈 뒤 퓌트레Aiguille Blanche de Peuterey의 푸앵트 구글리에르미나Pointe Gugliermina 남벽, 1940년 프레니의 라이트 핸드 필러 초등반 등은 특기할 만한 등반이었다. 같은 해 그는 그랑드 조라스 동벽의 이롱델르 리지Hirondelles Ridge를 초등정한다.

제르바수티는 매우 현대적인 사고방식을 지닌 인물로 머메리를 존경했다. 머메리의 저서 『알프스에서 카프카스로』를 열심히 탐독했고, 머메리의 몬테 시에라 초등빈 루트를 따라 오르며 자신의 첫 선등을 장식한다. 그는 프랑스의 등반가 루시앙 드비Lucian Devies와 파트너십을 이루며 우정을 나누었다. 그와 함께 1,100미터가 넘는 거벽 오랑

(Olan · 3,564m) 북벽을 우박과 안개, 벼락이 치는 가운데 올라 초등정에 성공한다.

그는 후일 자서전에서 당시의 등반 상황에 대해 "정상으로 오르는 등반은 죽음과의 사투였고, 등정을 위해서라기보다는 생존을 위해 올랐다"고 회상했다.

제르바수티는 이탈리아 산악회로부터 프랑스와 정치적 대립 문제를 이유로 루시앙 드비와 단절할 것을 종용받았다. 그러나 그는 "내가 즐기기 위해 등반을 하는 것이지 국가의 위신을 걸고 등반하는 것은 아니다"라면서 등반에 대한 파트너십은 국경을 초월하는 것이라는 의사를 표명했다.

그는 등반뿐만 아니라 인간미와 원숙한 인격의 소유자로 평가되고 있다. 그의 로프 파트너였던 루시앙 드비는 "비록 언어와 조국이 다를지라도 서로의 마음을 읽을 수 있는 가까운 친구로 그와 함께 로프를 묶고 등반할 수 있기를 항상 기대하고 있다"고 말했다.

그는 알프스의 난이도 높은 거벽뿐만 아니라 첫 해외 원정으로 남미 안데스를 원정하여 세로 리토리오(Cerro Littorio · 5,395m)와 무명봉인 마르모레호(Marmolijo · 6,100m) 건너편의 중앙릉도 초등정한다. 그는 1946년, 지금은 제르바수티 필러라 불리는 몽블랑 뒤 타퀼 중앙릉 등반 중 기상 악화로 하강하다가 로프 두 가닥을 모아 쥐지 않고 한 가닥만 잡는 실수로 추락사하였다.

저서로는 『알프스에서의 등반(*Scalate Nelle Alpi*)』(1947)이 있다.

지그몬디, 에밀 Zsigmondy, Emil 1861~1885

오스트리아의 등반가이자 외과의사다. 그의 형 오토와 함께 알프스 황금시대를 이룬 대표적인 인물로 손꼽힌다. 이들 형제는 가이드리스 등반과 단독 등반을 과감하게 실천하여 당시 주변에서는 많은 비난을 받았다.

에밀 지그몬디

그러나 그들이 실천한 등반 방식은 단지 한 시대를 앞서간 것으로 1920~30년대에 활약한 벨첸바흐 등으로 대표되는 뮌헨파에 의해 절정에 이른다. 이들은 근대 등산의 개념을 정립하는 계기를 마련한 것이다.

지그몬디는 도피네 알프스의 라 메이주 남벽 횡단 중에 추락사하였다. 칠러탈 알프스에 있는 지그몬디 슈피체Zsigmondy Spitze는 그들 형제를 기념하기 위해 명명된 이름이다.

체센, 토모 Česen, Tomo 1959~

슬로베니아 크란지에서 출생하였으며, 본명은 토미슬라브 체센Tomislab Česen이다. 5.13급의 온 사이트 능력을 갖춘 고산 자유 등반가로 히말라야 잔누 북벽에서 5.10급의 단독 자유 등반에 성공했고, 히말라야 마지막 과제로 불리던 로체 남벽을 단독 초등정하여 세계 산악계를 놀라게 하였다. 이 두 등반은 고산 등반에 새로운 방향을 제시하였다.

1980년대에 그가 세계 등반계에 미친 영향은 파울 프로이스, 벨첸바흐, 발터 보나티, 라인홀트 메스너 등과 같이 등반 분야의 선구자들이 각각 그 시대에 미쳤던 영향들과 비교해 볼 때 조금도 손색이 없는 성과로 평가되고 있다.

16세 때부터 등반을 시작한 토모 체센은 1979년 안데스의 알파마요

(Alpamayo·5,947m) 남벽의 새로운 루트를 초등하였으며, 1980년 드류의 보나티 필러, 몽블랑 뒤 타퀼의 가바루 쿨루아르 등 알프스의 여러 고전 루트를 섭렵하였다.

1983년 파미르의 코뮤니즘 북벽을 등반하였고 1985년 얄룽캉 북벽을 초등반하였다. 얄룽캉 등반에서는 4일 동안 굶은 상태에서 물도 마시지 못한 채 하산 중에 비박을 하면서 어느 한 군데 동상에 걸리지 않은 상태로 베이스캠프로 무사히 돌아왔다. 얄룽캉에서의 비박과 고통은 후일 훌륭한 등반가가 되기 위한 값진 경험이 되었다.

1989년 말모라다 남벽의 모던 타임(5.11a)과 가바루 롱 루트(5.11d)를 동계 단독 등반하면서 잔누 북벽 등반을 준비하였다. 1989년 4월 잔누 북벽으로 향한 그는 화강암 슬랩 위에 얇게 얼어붙은 2~3센티미터 두께의 베르글라 지대 구간과 2,800미터 거벽에서 5.10급의 크럭스와 A2급 구간을 여러 차례 오르면서 23시간 동안 계속하여 등반을 한 후 정상에 오른다. 이 등반은 그동안 히말라야에서 행해진 그 어떤 등반보다 어려운 단독 등반이었다.

7,000미터급 고소에서 80~90도 경사에 5.10급 난이도의 벽을 플라스틱 이중화를 신고 장갑을 낀 채로 돌파한다는 것은 악몽과 같은 일이다. 5.10급의 등반이 7,000미터 고소 환경에서 행해질 때는 5.13급 정도로 어려워질 수밖에 없다. 난이도 높은 잔누 북벽의 단독 등반은 히말라야 등반에 분명 새 바람을 일으킬 만한 대사건이었다. 그는 이제 클라이머들이 8,000미터 고산에서도 난이도 높은 기술적인 루트를 열어야 하는 시대가 왔음을 보여 주었다.

체센은 모든 등반가들이 꿈꾸어 오던 길을 열었다. 그로 인해 고산에서도 5.13급 온 사이트 능력을 갖추고 테크니컬한 등반을 해야 하는 시대가 열린 것이다.

1990년 4월, 로체 남벽에 도전하였다. 이 벽은 1973년부터 17년 동안 여러 나라 원정대에 의해 13차례나 줄기차게 도전을 받았으나 등정은 역부족이었다. 1975년 봄에 리카르도 카신이 지휘하는 이탈리아 원정대도 두 번의 눈사태를 맞고 무릎을 꿇었다.

이 벽에서 패장이 되어 돌아온 카신은 "아마 20년 후에나 누군가가 이 벽을 오를 수 있을지 모르겠으나, 그것도 행운이 따르지 않으면 불가능하다"고 말했다. 일찍이 메스너도 '서기 2000년의 벽'이라 말했을 만큼 세계의 유명 등반가들을 완강히 물리쳐 왔던 로체 남벽이 단독으로 도전한 체센에게 길을 열어 주었다. 그는 히말라야 최후 과제 중 하나를 단독으로 2박 3일 만에 해결했다.

그는 주로 밤에 등반하고, 눈사태와 낙석이 쏟아지는 낮에는 휴식을 취했다. 이런 방법으로 바위와 얼음, 눈이 혼합된 지대를 속공으로 오르면서 32시간 만에 정상에 오른다. 그러나 그가 이룬 로체 남벽 단독 등정의 진위를 놓고 이론이 제기되고 있다.

그의 로체 남벽 등반은 미래의 고소 등반에 대한 새로운 기준을 제시하였다. 그는 이전에 "고소 등반은 앞으로 필수적인 장비 외에는 소지하지 않고 소수의 인원으로 산소 없이 알파인 스타일로 행해지는 등반이 주류를 이룰 것"이라고 말했다.

추어브리겐, 마티아스 Zurbriggen, Mattias 1856~1917

이탈리아 출신의 스위스 가이드다. 남미 안데스의 최고봉 아콩카과 남벽을 단독 초등반하였다. 그는 1881년부터 본격적인 가이드가 되었으며, 몬테로사를 즐겨 올랐다. 1890년 이후 카라코람을 중심으로 한

마티아스 추어브리겐

히말라야와 뉴질랜드, 알프스, 안데스 등 알프스 이외의 지역에서 활발하게 등반 활동을 하였다.

1892년 콘웨이가 이끄는 영국 원정대에 참가하여 카라코람의 파이어니어 피크(6,398m)의 서남릉을 초등정하였다. 1895년 뉴질랜드의 마운트 쿡(Mt. Cook·3,764m) 북동릉을 피츠제럴드와 함께 초등정하였다. 그는 1897년 피츠제럴드가 이끄는 대규모 안데스 원정대에 참가하여 피츠제럴드와 함께 아콩카과 정상을 공격했다. 정상 500미터 아래에서 피츠제럴드가 고산병으로 등반을 포기하고 내려갔으나 추어브리겐만이 단독으로 등반을 강행하여 남봉(6,928m)을 초등정하였다. 저서로는 『알프스에서 안데스까지(*From the Alps to the Andes*)』(1899)가 있다.

취나드, 이본 Chouinard, Yvon 1938~

캐나다 출생의 프랑스계 미국인으로 뛰어난 등반가이자 장비와 의류 제작자다. 1957년 취나드는 스위스에서 이주한 존 살라테에게서 피톤 제작 기술을 전수받아 요세미티 계곡에서 자동차에 모루와 풀무, 단조용 망치를 싣고 다니며 두껍고 모양 좋은 강철제 피톤을 직접 만들어서 팔았다. 그가 만든 피톤은 여러 차례 반복하여 사용해도 형태가 변하지 않는 장점을 지니고 있었다. 그의 떠돌이식 대장간은 후일 세계적인 장비 제작사인 대태평양공작소Great Pacific Iron Work로 발전한다.

그는 도끼날 모양의 우표 크기만 한 러프도 고안하였다. 이 용구는 1960년 요세미티의 캣 피너클Kat Pinnacle 서벽 등반을 위해 특별히 고안한 것으로 머리카락 굵기의 미세한 크랙에서도 사용할 수 있어 실용성을 인정받았다. 이 용구는 A4급의 루트를 A2급으로 낮춰줄 정도로 성능이 우수했다.

이 밖에도 나이프 블레이드, 부가부, 앵글angle, 알루미늄 소재의 봉, 스카이훅 등 여러 가지 모델들이 그의 마술사 같은 손을 거쳐 보급되었다.

그는 친환경적인 등반을 위해 너트 사용을 역설했고, 스와미 벨트Swami Belt를 처음으로 착용하기도 하였다. 그는 암벽 등반 장비뿐만 아니라, 피켈 변천사에서 가장 중대한 전환이라 할 수 있는 피크가 굽고 자루가 짧은 피켈과 아이스해머를 톰 프로스트와 함께 1966년에 개발하기도 했다.

이 용구들은 매우 혁신적이었다. 빙벽 등반에서 상반되게 마련인 속도와 안정성을 함께 향상시키는 결과가 되었다. 또한 몸체가 하나로 고정된 현대적 감각의 리지드 크램폰도 최초로 고안하여 실용화한다. 이 두 용구는 빙벽 등반 기술의 혁명을 가져왔다. 이 크램폰은 빙벽에서 프론트 포인팅 자세로 버티기 좋도록 기능을 높여 빙벽 등반에서 최적의 조건을 제공했다.

그는 빙벽 등반 용구뿐만 아니라, 용구를 사용해 오버행이나 수직의 빙벽에서 몸을 끌어당겨 오르는 기술인 더블액스 테크닉도 개발한다. 이 혁신적인 빙벽 등반 기술의 개발로 난이도 높은 빙벽의 한계를 극복할 수 있게 하였다. 그가 개발한 더블액스 테크닉은 1967년 캘리포니아의 여러 아이스 폴에서 실험을 거쳐 우수한 빙벽 등반 기술로 인정받는다.

이 기술의 개발로 빙벽 등반은 대중화의 길을 걷게 되며, 훗날 프랑스에서는 이 기술을 피올레 트락시옹이라는 이름을 붙여 보급한다. 알프스 지역에 보급된 이 기술은 1973년 세키넬이 드류 북벽 쿨루아르 초등 시에 유용하게 사용한다.

1983년 미국의 《아웃사이드(*Outside*)》지가 그를 가리켜 '현대판 에켄슈타인'이라고 격찬한 것은 결코 과장된 표현이 아니었다. 에켄슈타인도 장비 개혁에 공헌이 많았지만 쉬나드는 여기에서 더 나아가 자신이 직접 등반을 하면서 성능을 확인시켜 주었다. 그의 장비에는 장인의 숨결이 살아 있었으며 자신의 등반 세계를 비즈니스로 연결시켜 크게 성공했다. 그가 장비 제작으로 성공한 것은 더그 스콧의 말처럼 쉬나드가 지닌 천부적인 장비 제작 능력 때문이라고 평가된다.

그는 현재 '파타고니아Patagonia'라는 세계적인 의류 브랜드의 기업가로 크게 성공하였다. 이윤이 적고 말썽 많은 금속 장비 제조를 버리고 높은 이윤의 옷장사로 돌변했다고 해서 "등산을 팔아 돈 번 기업가"라고 혹평하는 사람들도 있으나 그가 개발한 등산 장비는 분명 등반을 한 세기 이상 앞당기는 데 공헌했다. 그는 요세미티식 등반 방식의 확산과 현대적인 빙벽 등반 기술의 개발과 보급에도 기여한 바 크다.

또한 1960년대 초 한국에서 미군으로 복무했으며, 1963년 9월 북한산 인수봉에 깨끗하고 자연스러운 선으로 연결된 취나드 A, B 두 코스를 개척하여 그의 흔적을 한국에 남겨 놓았다.

그가 등산을 시작한 동기는 LA에서 송골매 훈련을 시키는 클럽 회원일 때 바위 절벽에 있는 매의 둥지에 도달할 수 있을 정도의 등반 기술을 익히기 위해서였다. 그렇게 시작한 암벽 등반이 본격적인 등반가의 길로 들어서게 하였다.

그는 히말라야에서처럼 많이 걷는 등반은 꺼려 왔다. 그리고 알프스의 악천후, 히말라야에서의 셰르파들과의 신경전과 고소 적응 등 거추장스러운 등반은 피해 왔다. 그는 요세미티와 같은 깨끗한 벽을 즐겨 올랐다. 60여 개 이상의 험난한 코스를 등반했고, 35세에 이미 50개의 초등반을 기록했다.

1961년 부가부 지역의 하우저 타워(Howser Tower·3,307m) 웨스트 버트레스를 초등하였다. 1964년 엘 캐피탄의 노스 아메리카 월을 프로스트, 로빈스 등과 함께 10일에 걸쳐 초등반했으며, 1965년 엘 캐피탄의 뮤어 월을 8일 만에 초등반했다.

북미 등반사를 집필한 크리스토퍼 존스는 취나드의 수많은 등반 가운데 캐나디안 로키의 에디트 카벨(Edith Cavell·3,363m) 북벽 등반과 엘 캐피탄의 뮤어 월 초등을 가장 두드러진 업적으로 꼽는다. 1,200미터의 에디트 카벨 북벽을 악천후 속에서 사전 정찰 없이 극복하고 초등을 이룩하였다.

취나드는 알피니즘 세계에서 불확실성을 가장 중요한 요소로 꼽았다. 오늘날 정보가 풍부해지면서 불확실성이 점차 사라지고 있다고 지적하면서 등반은 모험으로 남아 있어야 한다고 강조하였다.

그는 1968년 남미의 피츠 로이 남서벽을 초등한다. 60일 동안 남극에서 불어오는 폭풍설과 맞서 싸우며 설동 생활을 하면서 등반을 성공시킨다. 이때 촬영한 기록을 이탈리아 트렌토산악영화제에 출품하여 그랑프리를 수상하기도 했다.

1973년 엘 캐피탄의 노즈 루트 전 구간을 너트만을 사용해 오르는 올 너트All Nut 클라이밍을 성공시킨다. 이 등반은 클린 클라이밍의 실천이기도 하다. 1980년 중국 스촨성에 있는 미니아 콩카(7,556m) 북서릉 등반 중 눈사태로 늑골 2개가 부러지는 중상을 입고 등반을 포기한다.

그는 시에라 빙벽 등산학교Sierra Ice School를 설립하고 《아메리칸 알파인 저널》에 '현대 요세미티 등반'이라는 글을 기고하면서 요세미티 등반 기술을 널리 보급한다. 또한 그는 "등반은 쉽다. 그러나 글을 쓰기는 어렵다"면서 7년 동안을 각고한 끝에 『아이스 클라이밍』(1978/1986)을 펴낸다.

카렐, 장 앙투안 Carrel, Jean Antoine 1829~1890

카렐은 이탈리아 출신의 등반가다. 1865년 윔퍼의 마터호른 초등정 때 정상 등정을 놓고 경쟁을 벌였다. 그는 윔퍼의 뒤를 이어 이틀 뒤인 7월 16일 이탈리아 능선을 통하여 마터호른 제2등을 기록, 초등의 영예를 놓친다. 그는 1858~59년 마터호른 이탈리아 능선을 최초로 정찰한 이래 죽는 순간까지 윔퍼 이상으로 이 산에 대해 강한 집념을 나타냈다. 그는 마터호른 첫 정찰 후 윔퍼와 틴들 등의 안내인으로 이 산의 등반에 참가하여 틴들과 함께 피크 틴들까지 올랐다.

장 앙투안 카렐(왼쪽)

그는 조국애가 남다르게 강한 사람으로 이탈리아 사람이 마터호른을 초등하기를 바라며 이탈리아 능선으로 등반을 시도했다. 윔퍼는 카렐의 도전에 분개했으나 곧 화해하여 1874년 마터호른을 함께 오르기도 했다. 1879~80년에는 남미 안데스 원정에도 함께했다.

카렐은 1890년 이탈리아 능선으로 후퇴하던 중 폭풍설 속에서 지쳐 사망했다. 그가 죽은 장소에 추모비가 세워져 있다.

카머란더, 한스 Kammerlander, Hans 1956~

이탈리아 남티롤 아호르나흐Ahornach에서 태어난 등반가로 등산 가이드 겸 스키 강사다. 그는 유년기부터 돌로미테 지역의 산들과 친숙해 50여 개의 루트 초등과 60여 개의 단독 초등을 이룩했다. 세로 토레와 돌로미테, 그리고 알프스 전역의 험봉들을 대부분 올랐으며, 히말라야 8,000미터급 거봉 13개를 올랐다. 이 중 7개 봉은 그의 등반 스승인 전설적인 등반가 라인홀트 메스너와 파트너가 되어 함께 올랐다.

그는 메스너가 세운 남티롤 등산학교를 수료했다. 스승인 메스너의 명성에 가려지기도 했지만 기대 이상의 파트너십을 발휘한 유일한 동료이기도 했다.

그는 등산학교 수료 후 유럽 알프스 순례 등반에 나서 난이도 6~8급 루트에서 알파인 속도 등반 경험을 쌓고 이를 고산 등반에 적용했다. 1983년에 메스너와 함께 초오유 남서벽을 초등했으며, 1984년에도 메스너와 함께 가셔브룸 I(8,068m)과 가셔브룸 II(8,035m)를 등정하여 최초로 8,000미터급 2개 봉 무산소 연속 등정의 기록을 세운다.

이후에도 메스너와 함께 등반을 계속한 그는 1985년 다울라기리를 등정하고 같은 해에 안나푸르나 북서벽에 새 루트를 개척하여 초등정한다. 1986년에는 마칼루와 로체를 등정하고 1988년에는 남미 파타고니아의 세로 토레를 그때까지의 가장 빠른 속도인 17시간 만에 등반에서 하강까지 완료한다.

1990년 낭가파르바트 등정 후 최초로 디아미르 사면을 스키 활강으로 하산한 그는 1991년에 6주 동안 1,200킬로미터를 이동하면서 10만 미터 이상을 등반하며 300개가 넘는 정상을 오르내리는 남티롤 일주 등반을 한다.

1992년에는 24시간 내에 회른리 리지, 푸르겐 리지, 리옹 리지, 츠무트 리지 등 4개 능선으로 마터호른(4,477m)을 4번 등정한다.

1993년에 가르왈 히말라야의 쉬블링 북봉을 초등하고 1994년에는 브로드 피크(8,047m) 등정 후 7,000미터 지점부터 스키로 활강하여 하산한다.

1996년에 시샤팡마 등정 후 정상에서부터 스키로 하산하고 같은 해에 무산소 단독으로 고소 캠프를 설치하지 않고 에베레스트 정상에 오른 후, 세계 최초로 스키 활강을 하는 경이로운 기록을 세운다. 1998년 캉첸중가(8,586m) 등정 후 부분적으로 스키 활강을 하고 1999년 K2(8,611m) 등정을 시도했으나 눈사태의 위험으로 포기했다. 그는 남티롤 등산학교 교장을 역임했다.

저서로는 『그러나 정상이 끝은 아니다』(2000/2004)가 있다.

카스파레크, 프리츠 Kasparek, Fritz 1910~1954

오스트리아를 대표하는 등반가 중 한 명이다. 그는 1938년 7월 헤히마이어, 푀르크, 하러 등과 함께 전 유럽의 관심이 집중되었던 난공불락의 아이거 북벽을 초등하여 세계 산악계에 이름을 떨친다. 그는 아이거 북벽을 초등함으로써 알프스 최고 난이도의 과제를 해결함과 동시에 알프스 철시대의 정점을 장식하는 위업을 이룩한다.

그는 카이저 연봉과 돌로미테 등지에서 6급의 등반을 하였다. 1938년 치네 북벽을 동계 초등반했으며, 아이거 북벽 등반에서는 탁월한 등반 기량을 구사하며 정상에 섰다. 1954년 안데스의 살칸타이 북동릉 등반 중에 눈처마의 붕괴로 추락사하였다.

저서 『필스테인에서 아이거 북벽까지(*Vom Peilstein zur Eiger Nordwand*)』(1951)는 산악인들의 진한 우정을 담아 냈으며, 하러의 『하얀 거미』와 함께 전 세계 산악인들에게 널리 애독된 책이다.

카신, 리카르도 Cassin, Riccardo 1909~2009

제2차 세계대전 전 유럽 전역의 알피니즘을 주도해 온, 세계대전 이전과 이후 세대를 연결한 이탈리아 등반계의 대부다. 그는 알프스 등반사에서 1930년대를 대표하는 금세기 최고의 알피니스트로 평가받고 있다. 북부 이탈리아에서 태어나 레코Lecco에 살면서 그리냐Grigna의 석회암장에서 1926년부터 등반을 시작했다.

그는 '이탈리아 신 등반 그룹New Italy Climbing Group'을 결성하고 이를 주도하면서 서부 알프스와 돌로미테 등지에서 6급의 암벽 등반 시대를 열어 나갔다. 1934년 당대의 명 등반가인 에밀리오 코미치와 첫 만남을 가진 후 친밀한 관계를 맺어 오면서 이때부터 본격적인 등반을 시작하였다.

1935년 그의 생애 최고 업적 중의 하나인 치마 오베스트 북벽을 초등하였다. 당시 그는 낙뢰와 섬광이 번쩍이는 폭풍 속에서 오버행으로 이루어진 500여 미터의 수직 벽을 이틀 동안 비박을 하면서 과감한 등반을 감행한다. 그는 이 등반을 성공시킨 후 이탈리아의 영광이 될 만한 커다란 업적을 이룩했다는 자부심으로 감격했다.

당시 유럽 산악계의 분위기는 독일, 이탈리아, 오스트리아, 프랑스 등의 등반가들이 자기 조국의 영예를 걸고 경쟁적으로 미등의 벽에 초등의 흔적을 남기던, 알피니즘에도 국가 간의 내셔널리즘이 강하게 작용하던 시대였다. 올림픽에 출전한 운동선수가 조국의 영예를 표방하고 그라운드에서 열띤 경쟁을 벌이듯이 유럽 산악인들도 자국의 우월성을 앞세우면서 초등 경쟁을 벌였다.

1937년 피츠 바딜레 북동벽 초등 당시에는 정상 부근의 폭풍설 속에 갇혀 2명의 대원이 탈진하여 사망한다. 1938년 그는 에스포지토, 티조니와 함께 단 한 번의 시도로 전 유럽의 관심사였던 그랑드 조라스의 워커 스퍼를 초등반하여 유럽 산악계를 침묵시켰다. 워커 스퍼 초등으로 이탈리아는 일거에 산악 강국으로 부상한다. 이 기습적인 쾌거는 이 벽의 등반을 노리던 수많은 등반가들을 실망시켰다. 카신 일행이 이룩한 성공은 독일 게르만 민족의 아이거 북벽 승리에 대한 무언의 시위이기도 했으며, 알프스 3대 북벽 중 유일하게 남아 있던 마지막 과제를 해결한 것이기도 했다.

카신은 이때의 심경을 "같은 산악인으로서 아이거 북벽 초등 소식을 듣고 기뻐한 것은 분명한 사실이지만, 한편 우리 기대가 무참히 무너졌다는 사실에 몹시 실망했다. 그래서 몇 번 정도 듣기만 했던 그랑드 조라스를 선택한 것이다"라고 말했다. 그랑드 조라스 등정은 국가의식이 강하게 작용한 단순한 동기에서 출발한 등반이지만 지금까지도 세기적인 등반으로 높이 평가받고 있다.

제2차 세계대전 이전에 전 유럽의 알피니즘을 주도해 온 카신의 천재성은 루트에 대한 정확한 판독에 있다. 세기적인 대등반으로 평가받는 워커 스퍼 초등이 이를 입증한 결과다. 그는 자연스러운 선을 따르면서 직등을 추구하였다. 워커 스퍼 등정 후 그는 "알피니즘의 본류는 빙설암의 어려운 조건을 추구하고 이를 극복하는 데 있다"고 말했다.

카신의 원래 취미는 권투였으나 등반 세계에 입문하고 나서부터 광적인 클라이머로 변신한다. 제2차 세계대전이 일어나기 전에는 레코에서 전기 공장의 감독으로 일하였고 전쟁 중에는 레지스탕스 요원이 되어 독일 항전에 참여하기도 했다.

1946년 이탈리아 산악회 레코 지부장을 역임하면서 후진 지도와 산장 복원 사업에 주력했다. 회장직을 사임한 1947년부터 피톤, 카라비너, 해머 등 금속제 장비 제작에 힘을 기울였다. 1970년대 그가 직접 제작한 '카신'이란 상품명의 암벽 장비가 우리나라에서도 널리 사용되었다. '대장장이 카신'이라는 애칭도 그가 금속 장비 제작을 했기 때문에 붙여진 별명이다.

1953년 이탈리아 정부의 지원으로 K2 원정대 아르디토 데시오 대장과 K2를 정찰했으나 대장과의 견해 차이로 불화가 생긴 가운데 스키 사고로 발목 부상을 입어 1954년 K2 초등대에 합류하지 못하는 아쉬움을 남겼다.

1958년 가셔브룸 IV(7,925m) 원정대장으로 참가, 초등정을 이룩하였다. 1961년 52세의 나이로 북미 최고봉 매킨리에 원정, 사우스 버트레스 루트를 초등정했다. 이 루트는 초등자 카신을 기려 '카신 리지'로 명명되었다. 이 초등을 축하하기 위해 미국의 케네디 대통령과 이탈리아 그론치 대통령이 축전을 보내 그의 공적을 크게 치하했다.

1969년에는 페루 중부의 안데스 히리스앙카(Jirishanca·6,126m) 서벽을 초등하였다. 1975년 히밀라야 3대 미해결 과제로 남아 있던 등반 고도 3,500미터에 이르는 난공불락의 로체 남벽에 대장으로서 원정하였으나 베이스캠프까지 덮쳐 오는 눈사태와 한 달 동안 매일 몰아치는 강풍의 횡포 앞에 결국 후퇴하고 만다.

이때 그의 등산 인생에서 최초의 패배를 맛본다. 당시 대원으로 참가했던 메스너는 대장이 처음 당하는 패배감을 백전노장답게 잘 참아냈다고 당시 상황을 증언했다.

로체 남벽에서 돌아와 기자회견장에 들어선 카신은 "아마 20년 후 누군가 이 벽을 오를 수 있을는지 모르겠으나 현재로서는 불가능하다. 20년 후에 누군가 오른다 해도 행운이 따르지 않으면 도저히 불가능할 것이다"라고 말했다. 카신의 예언이 있고 난 후 15년 만인 1990년에 로체 남벽은 토모 체센에 의해 단독 등정된다.

그는 로체 남벽에서 후퇴했으나 그의 알피니즘은 끝나지 않는다. 1987년 78세의 나이로 피츠 바딜레를 10시간 만에 재등하여 주변을 놀라게 했다. 그는 등반을 끝낸 뒤 "등반을 즐기면 50, 60, 80세까지도 등반이 가능하다"고 말하면서 아직도 자신이 건재함을 입증했다.

그는 산을 찾는 후배 산악인들에게 "보다 높은 차원의 알피니즘을 위해서는 환경 자체를 극복할 수 있는 저력을 반드시 키워 나가야 한다"고 말한다.

저서로는 『로체 '75(*Lhotse '75*)』(1977) 『알피니즘 50년(*Fifty Years of Alpinism*)』(1981) 등이 있다.

커닝햄, 존 크래브 Cunningham, John Crabbe 1927~1980

영국의 전후 세대를 주도한 스코틀랜드의 등반가다. 원래 그는 뛰어난 레슬링 선수였으며 발레를 배우기도 했다. 발레는 몸의 유연성을 중시하는 암벽 등반에서 많은 도움이 되었다. 1980년 홀리헤드Holyhead 근처의 벽에서 추락하는 소녀를 구하려다 사망하였다.

1953년 커닝햄은 단출한 에베레스트 원정대를 조직했으나 자금 조달에 실패하여 원정을 포기한다. 1958년 디스타길 사르(Distaghil Sar·7,885m), 1959년 아마 다블람(Ama Dablam·6,856m) 원정에 참가하는 등 히말라야뿐만 아니라 뉴질랜드에서도 활동하였으며, 남극을 세 차례나 방문하였다.

등반사적 측면에서 볼 때 그는 빙벽 등반 기술 보급에 커다란 공헌을 한 인물이다. 1960년대 수준 높은 빙벽 등반을 하는 사람이 많지 않던 시기에 그는 스코틀랜드 빙벽 등반의 전설적인 존재였던 지미 마셜Jimmy Marshall의 자리를 추월하였다.

그는 이제까지 불가능하다고 여겨졌던 프론트 포인팅의 한계를 70도 경사까지 끌어올렸다. 1970년 커닝햄은 케언곰Cairngorm에 있는 헬스럼Hell's Lum의 수직 빙벽을 올랐다. 이는 스텝 커팅을 하지 않고 오른 스코틀랜드 최초의 수직 빙벽 등반이었다.

그는 전 세계의 빙벽 등반 기술에서 스코틀랜드 상황에 알맞은 기술을 택하여 수정을 하고 독자적인 기술을 개발하는 데 놀라울 정도의 융통성을 보였다. 그는 스코틀랜드 동계 등반에 가장 큰 공헌을 한 등반가였다.

그는 70도 이상의 빙벽에서 아이스 스크루를 사용하지 않고 각진 아이스대거Ice Dagger와 크램폰의 프론트 포인팅 기법을 사용하여 수직 빙벽을 올랐다. 또한 각이 심하게 진 아이스 액스와 데드맨*의 사용을 일반화하는 데에도 많은 기여를 하였다. 저서로는 『케언곰과 크리그 미가이드: 겨울 등반 가이드(*Cairngorms and Creag Meaghaidh: Guide to Winter Climbs*)』(1973)가 있다.

* **데드맨 deadman** 알루미늄 판에 금속 케이블을 연결한 확보 전용 장비다.

코간, 클로드 Kogan, Claude 1919~1959

클로드 코간은 프랑스 남부 출신의 여성 등반가다. 알프스의 여러 어려운 루트를 선등했고, 히말라야, 안데스, 그린란드에서도 활약했다. 1951년 안데스의 키타라후(Quitaraju·6,040m)를 등반하고, 1952년 살칸타이와 가네시 히말(Ganesh Himal·7,422m)을 초등했다. 1954년 스위스와 프랑스 합동대의 초오유(8,201m) 원정에도 참가하여 정상을 공격했으나, 7,700미터 지점에서 기상 악화로 퇴각한다. 이 고도는 당시 여성이 오른 최고의 기록이다.

1959년 8명의 여성들로 구성된 국제 여성 합동 등반대를 조직하여 1954년의 실패를 설욕하기 위해 초오유에 재도전했으나, 4캠프 주위에서 벨기에 여성 대원과 함께 눈사태에 쓸려 사망했다.

코미치, 에밀리오 Comici, Emilio 1901~1940

이탈리아 트리에스테 출신의 등반가로 인공 등반을 창안한 대표적인 인물이다. 그는 이탈리아의 '국민적 클라이머'로 추앙받고 있다. 돌로미테에서 등반 활동을 하면서 200여 개의 루트를 개척해 6급 등반 시대의 막을 여는 데 큰 공헌을 하였다. 그는 39년이라는 짧은 생애 동안 돌로미테에서 600여 개의 루트를 등반했으며, 이 중 200개가 초등 루트였다. 특히 1933년 치마 그란데 북벽 초등반은 알프스 북벽 등반의 전환점이 되었다.

그는 단독 등반에도 상당한 관심을 가지고 있었으며, 직등을 주창하였다. "정상에서 물방울을 떨어뜨려 그 흐르는 자국을 따라 직선으로 루트를 개척해야 한다"고 말하였으며, 가능하면 어려운 루트로 정상에 오르는 것이 가장 품위 있는 등반이라고 했다.

코미치의 이러한 견해는 오늘날 볼트의 사용으로 그 성공 가능성이 높아졌으나 그가 볼트의 사용까지 생각했는지는 의문이다. 그가 생존했을 당시에는 아직 볼트가 개발되지 않고 있었다. 후일 그의 견해를 잘못 이해한 많은 등반가들이 세계 도처의 거벽에서 볼트를 과용하면서 직등 루트를 뚫는 우를 범하였다.

그의 충격적인 첫 번째 초등반은 1929년 이틀에 걸쳐 오른 소렐라 디 메초Sorella di Mezzo 북서벽 등반이다. 이 등반은 이탈리아 최초의 6급 등반으로 기록된다. 카라비너, 피톤, 줄사다리를 사용한 수준 높은 인공 등반 기술을 현대적 관점으로 풀이한 첫 등반이었다.

1931년 치베타 북서벽의 코미치 베네디티Comici Benedetti 루트를 초등하였으며, 1933년 수직 암벽과 오버행이 550미터나 이어져 있는 치마 그란데 디 라바레도 북벽 코미치 데마이 루트와 치마 피콜라 디 라바레도 북벽을 차례로 초등반하였다. 그는 후일에 치마 그란데 재등을 할 때 자신의 초등 때의 기록을 깨고 3시간 30분 만에 단독 등반으로 정상에 오르기도 하였다.

그는 귀도 레이의 아크로바틱 클라이밍의 맥이 흐르는 돌로미테의 분위기를 발판으로 하여 6급 클라이밍 세계로 도약하면서 현대 인공 등반 기술의 표준 스타일을 완성하는 데 공헌하였다.

그는 오토 헤어초크, 한스 듈퍼 등 독일과 오스트리아 등반가들이 주도해 온 뮌헨파 전통을 전수받은 등반가였다. 또한 소년 시절부터 여러 분야의 스포츠에 열중한 만능 스포츠맨으로 거의 완벽에 가까울 정도의 신체 조건을 구비한 등반가였다. 딱 벌어진 넓은 어깨, 가는 허리, 긴 팔 등 클라이머로서 최적의 조건을 갖추고 있었다. 등산 세계에 입문하기 전에는 동굴 탐험에 심취하기도 했다.

그는 이탈리아 최초의 등산학교를 개설하여 운영했으며, 그가 학교에서 가르친 과목은 인공 등반 기술이었다. 그가 등반 교육에서 강조한 부분은 피톤을 가능하면 한 피치당 1개 정도만 사용하도록 하는 피톤의 제한적 사용법이었다. 그는 수많은 루트를 등반하였으나 피톤을 가장 적게 사용하려고 노력했다.

코미치가 발전시킨 인공 등반 기술은 알프스 전역의 수직 벽과 오버행에서 위력을 발휘했으며, 줄사다리 3개를 이용해 루프를 돌파하는 핵심 기술도 그가 창안한 것이다. 그는 등반 교육 중 여자 교육생과 암각에 슬링을 걸고 내려오다 슬링이 끊어지면서 50미터 추락하여 사망하였다. 저서 『알피니스모 에로이코(*Alpinismo Eroico*)』는 사후에 발간된 유고집이다.

콘웨이, 윌리엄 마틴 Conway, William Martin 1856~1937

영국의 등반가이자 탐험가로, 빅토리아 시대의 미술 평론가이자 작가이기도 하다. 그는 프랭크 스마이드와 같은 스타일의 등반 방식을 취했으며, 머메리를 무척 존경했다. 윔퍼의 안데스 원정대를 모방하여 1892년 카라코람 지역에 대한 원정대를 조직하여 스리나갈로부터 길기트에 들어가 히스파, 발토로 빙하 지역을 답사하고 지도를 제작했으며, 파이어니어 피크를 추어브리겐과 함께 등반하여 5,970미터까지 도달한다.

그는 카라코람 일대에 있는 2개의 거봉에 브로드 피크와 히든 피크라는 산명을 붙인다. 브로드 피크는 알프스의 브라이트호른과 비슷해서 영어로 같은 뜻인 '폭이 넓은 봉Broad Peak'이란 이름을 붙인 것이며, 히든 피크는 가셔브룸 산군의 여러 고봉에 가려져 발토로 빙하 깊숙이 거슬러 올라가야 볼 수 있기 때문에 '숨어 있는 봉우리Hidden Peak'라고 이름을 붙인 것이다.

1898년 남미의 이이마니(Illimani·6,462m)를 초등정하고 아콩카과(6,962m)를 등반하였으며, 1901년 자신이 처음으로 올랐던 브라이트호른 등반을 마지막으로 등반 활동을 끝낸다.

그는 1881년 페나인 알프스 지역의 등반 안내서인 『더 체르마트 포켓 북(*The Zermatt Pocket Book*)』을 발간하고, 쿨리지와 등반 안내서인 『페나인 클라이밍 가이드(*Pennine Climbing Guide*)』라는 연작물을 발간한다.

그의 저서로는 『카라코람 히말라야에서의 등반과 탐험(*Climbing and Exploration in the Karakorum Himalaya*)』(1894) 『알프스 끝에서 끝까지(*The Alps from End to End*)』(1912) 『마운틴스 메모리즈(*Mountains Memories*)』(1920) 『디 알프스(*The Alps*)』(1904) 『더 볼리비안 안데스(*The Bolivian Andes*)』(1901) 등이 있다.

콜리, 존 노먼 Collie, John Norman 1859~1942

영국의 등반가로 초기 히말라야 개척에 영향을 주었다. 그는 알프스에서도 많은 활동을 하였다. 1893년 머메리와 함께 당 뒤 르캥과 에귀유 뒤 플랑 남서벽을 초등반하였다. 1895년 6월 머메리, 헤이스팅스 등과 함께 최초로 낭가파르바트 원정에 참가하였다. 그러나 이 원정은 머메리와 그를 수행한 2명의 구르카인의 행방불명으로 비극으로 끝났다.

콜리와 헤이스팅스는 10월까지 남아 머메리를 수색하였으나 무위로 끝나고 말았다. 1902년 콜리는 자신의 등정기에서 친구를 설산에 묻고 돌아오는 허전한 마음을 애절한 문장으로 남겼다.

존 노먼 콜리

그는 1897년 캐나디안 로키를 영국인으로서 최초로 답사한 이래 다섯 차례나 이 지역을 방문했다. 그는 유니버시티 칼리지의 유기화학과 교수로 네온 가스를 발견하고 X선의 응용 실험을 하기도 했다.

저서로는 『히말라야와 다른 산맥들에서의 등반(*Climbing on the Himalaya and Other Mountain Range*)』(1907)이 있다.

쿠지, 장 Couzy, Jean 1923~1958

프랑스 산악인으로 전자·항공 기술자다. 6급의 등반가로 지적이며 독창적인 성격의 소유자다. 1950년 모리스 에르조그가 지휘하는 안나푸르나 원정대에 참가했다. 1954년 테레이와 함께 초모론조를, 1955년 마칼루를 각각 초등한다. 1958년 등반 중 낙석에 맞아 타계했다.

쿠쿠츠카, 예지 Kukuczka, Jerzy 1948~1989

폴란드 태생의 세계적인 등반가로 1979년부터 1989년 로체 남벽에서 사망할 때까지 10년 동안 8,000미터 고봉 17개를 완등한 20세기가 낳은 철인이다. 그는 14개 거봉 완등 경주를 벌였던 메스너와 달리 낙후하고 폐쇄된 동구권에서 등산을 시작했다. 그가 열악한 환경 속에서 히말라야 거봉들을 전혀 새로운 스타일로 등반해 낸 점은 세계 등반사에 길이 남을 업적으로 평가되고 있다.

1979년 그가 히말라야 무대에 혜성처럼 나타나서 1989년 로체 남벽에서 로프가 끊어져 사망할 때까지 10년 동안에 오른 8,000미터 고봉 편력은 매우 다채롭다.

노멀 루트로 오른 산은 오직 로체뿐이었고 에베레스트, 가셔브룸 I과 II, 브로드 피크, 낭가파르바트, K2, 마나슬루, 시샤팡마는 모두 새로운 루트를 개척했으며, 마칼루는 단독 등정했다. 특히 다울라기리, 초오유, 캉첸중가, 안나푸르나는 동계 등정을 이룩했다. 이 중 초오유와 캉첸중가는 동계 초등정이었으며, 어렵기로 정평이 나 있는 안나푸르나 남벽은 새로운 루트를 뚫고 정상에 올라 8,000미터 거봉 등정사에 새로운 족적을 남긴다.

1981년 베리에이션 루트를 열며 서북릉을 통해 단독으로 오른 마칼루 등정은 등정 증거가 없어 의혹이 제기되었으나 다음 해인 1982년 한국 원정대의 허영호가 정상에서 쿠쿠츠카가 정상 등정 증거물로 놓고 온 무당벌레 마스코트를 발견함으로써 등정 의혹에 종지부를 찍는다.

쿠쿠츠카의 히말라야 중요 등반 연보를 살펴보면 다음과 같다.

1979년 로체 서북면 무산소 등정.

1980년 에베레스트 남벽에 신 루트 개척.

1981년 마칼루 서북릉에 베리에이션 루트를 열고 단독 등정.

1982년 브로드 피크 등정.

1983년 가셔브룸 II 동서릉과 가셔브룸 I 서남벽에 새 루트를 개척하여 등정.

1984년 브로드 피크의 북봉과 중앙봉을 연결하는 새 루트로 등정하여 이 산을 두 번 등정하게 된다.

1985년 다울라기리 동북릉 동계 초등정.

초오유 동남벽에 새 루트를 개척하여 동계 초등정.

낭가파르바트 동남벽에 새 루트를 개척하여 등정.

1986년 칸첸중가 서남벽 동계 초등정.

K2 남벽과 마나슬루 동북벽에 새 루트를 개척하여 등정.

1987년 안나푸르나 북벽 동계 초등과 시샤팡마 서릉에 새 루트를 개척하여 등정.

그의 경쟁자였던 메스너가 8,000미터급 14봉을 완등한 지 불과 4주 뒤 쿠쿠츠카가 시샤팡마를 마지막으로 14봉 등정을 끝내고 돌아왔다. 메스너는 쿠쿠츠카에게 '당신은 제2인자가 아니다. 당신은 참으로 위대하다'라는 내용의 축하 전문을 보냈다.

저서로는 『14번째 하늘에서』(1990/1993)가 있다. 이 책 내용 중에는 1983년 한국 안나푸르나 원정대의 동계 초등 의혹에 대한 그의 견해가 담겨 있어 흥미롭다.

쿨리지, 윌리엄 오거스터스 브레보트 Coolidge, William Augustus Brevoort 1850~1926

영국의 등반가이자 알프스 등반사에 정통한 저명한 역사가다. 뉴욕에서 출생한 쿨리지는 옥스퍼드 대학을 졸업했다. 병약했던 그는 이모의 보살핌 속에서 성장했다. 그의 이모 브레보트 역시 산악인으로, 사망할 때까지 쿨리지와 함께 등반하면서 그에게 커다란 영향을 주었다. 1870년 라 메이주 중앙봉, 1876년 피츠 바딜레를 초등했으며, 1874년에는 베터호른, 융프라우, 1879년에는 슈레크호른을 동계 초등했다.

1865~98년 사이 한 계절도 빠지지 않고 알프스를 등반하여 이 지역

에 대한 풍부한 경험과 지식을 쌓았으며, 수많은 등반을 하였다. 그는 암벽 등반보다는 빙벽 등반을 선호했으며, 알프스 황금시대가 끝난 후에야 암벽 등반을 시작하였다. 그는 1882년 이후 알프스 연구와 산악 도서관 건립에 생애를 바쳤다. 1897년에는 재직하고 있던 옥스퍼드를 떠나 그린델발트로 이주하였다.

윌리엄 쿨리지

그는 알프스를 서부, 중부, 동부로 구분하고 이를 다시 세분하였다. 이 분류법이 지금도 일반적으로 쓰이고 있다. 그가 최초로 펴낸 실험적 소책자인 『콘웨이와 쿨리지의 안내서(*Conway and Coolidges Guides*)』에는 알프스에 대한 그의 방대한 지식과 등반가를 위한 정확한 정보가 담겨 있다. 그의 저서는 등반가들에게 많은 정보를 제공해 주는 중요한 자료로 높게 평가되고 있다.

그는 완고하고 논쟁적이어서 많은 등반가들과 대립했다. 30세 이후에는 성직에 종사하였고 거주지를 그린델발트로 옮긴 후 그린델발트의 현인으로 불리면서 죽을 때까지 그곳에서 살았다.

저서로는 『스위스 여행과 스위스 가이드북(*Swiss Travel and Swiss Guide Books*)』(1889) 『조지아 시믈러와 1600년까지의 등산의 기원(*Josias Simler et Les Origines de l'Alpinisme Jusqu'en 1600*)』(1904) 『알프스의 자연과 역사(*The Alpine Nature and History*)』(1908) 『알파인 스터디스(*Alpine Studies*)』(1912) 등이 있다.

크로, 미셸 오귀스트 Croz, Michel Auguste 1830~1865

미셸 크로

크로는 프랑스 르 투르 출신의 안내인이다. 젊은 나이에 일찍 사망하여 활동 기간이 짧았으나, 수많은 초등을 이루어내어 알프스 황금시대를 장식했다. 1864년 바르 데 에크랭, 에귀유 다르장티에르Aiguille d'argentière, 1865년 당 블랑슈Dent Blanche, 그랑드 조라스의 윔퍼 피크Whymper Peak 서봉 초등이 유명하다.

1865년 7월 14일 윔퍼의 마터호른(4,477m) 원정대에 참가하여 초등에 성공했으나, 하산 도중 7명을 연결했던 로프가 낙석에 맞아 끊어지면서 추락한다. 일행 중 4명이 1,200미터 아래 마터호른 빙하로 떨어져 죽었는데 크로도 이때 사망했다.

마터호른은 알프스 4,000미터급 봉우리 중 마지막 난봉으로 남겨졌던 봉우리다. 이때의 등반으로 알프스 황금시대가 막을 내리고 은시대가 개막된다.

클린치, 니컬러스 Clinch, Nicholas 1930~2016

미국인 최초로 8,000미터 봉 초등 기록을 이룩한 장본인이다. 일리노이 주 에번스톤 출신인 그는 뉴멕시코 군사 전문학교와 스탠퍼드 대학에서 법학을 전공한 변호사이자 등반가다. 그는 20세부터 등반을 시작하여 경험을 쌓아 갔으며, 1958년 가셔브룸 I 초등대를 지휘하여 쇠닝과 카우프만을 정상에 올려 세계 최강국 미국의 체면을 세우면서 유명해졌다.

미국은 그동안 8,000미터 고봉 중에서 K2 등정을 세 차례 시도했지만 모두 실패하여 세계 열강들의 8,000미터 고봉 초등 경쟁 대열에서 뒤처졌고 강대국의 체면이 평가절하되고 있었다. 그래서 미국은 처음부터 가셔브룸 I의 초등정을 이룩하기 위해 노력을 기울였다.

그는 1955년 남미 페루 서부의 푸카히르카(Pukajirka·6,039m)를 초등, 1960년 마셔브룸 I을 등정하고, 1966년 남극 대륙의 빈슨 매시프(Vinson Massif·5,140m) 원정대를 지휘하여 쇠닝과 에번스의 초등정을 성공시킨다. 이후 그는 미국 산악회장을 역임한다. 저서로는 히든 피크 초등 기록인 『하늘 속의 산책(*A Walk in the Sky*)』(1982)이 있다.

태스커, 조지프 토머스 Tasker, Joseph Thomas 1948~1982

영국의 유명한 등반가로 1982년 5월 피터 보드맨과 함께 에베레스트 동북 능선에서 행방불명되었다. 그의 이름은 흔히 조 태스커Joe Tasker로 불리기도 한다. 헐Hull 출신으로 어쇼 대학에 진학하여 그 근처의 채석장과 호수 지역에서 등반을 시작했으며 맨체스터 대학에서 사회학을 전공하였다.

태스커는 1972~74년 알프스의 3대 북벽과 아이거 북벽을 동계 등반했다. 1975년 두나기리(Dunagiri·7,066m) 남릉 등반을 알파인 스타일로 시도하여 6일치의 식량으로 10일을 버티면서 서사시를 연출한다. 1976년 창가방을 초등정하고, 1979년 캉첸중가 북릉을 최초로 무산소 등정한다. 1980~81년 에베레스트 서릉 원정에 참가하고, 1981년 보닝턴, 보드맨과 함께 콩구르(7,649m)를 초등정했다.

1982년에는 보닝턴이 지휘하는 에베레스트 원정대에 참가한다. 이

창가방 정상의 조 태스커 그는 1976년 이 산의 서벽을 초등정하는데, 이때의 기록은 『창가방 그 빛나는 벽』에 담겨 있다.

원정대는 에베레스트에서 최초로 알파인 스타일에 의한 베리에이션 루트 개척을 목표로 산소와 포터의 사용을 배제한 채 도전했다. 공격조에 선발된 태스커와 보드맨은 최상의 조건하에서 전진캠프를 출발했다. 8,200미터 지점까지 올라가는 두 사람의 모습이 보닝턴의 망원경에 관찰되었으나 곧 날이 어두워지고 모습은 사라졌다. 그것이 두 사람의 마지막 모습이었다.

아마도 두 사람은 그 지점에서 정상까지 얼음으로 연결된 사면에서 미끄러져 동벽의 캉슝 빙하Kangshung Glacier로 추락했을 것이다. 이들의 실종은 영국 산악계의 커다란 손실이었다. 당시 원정대는 이들의 기적적인 생환을 기대하면서 10일 이상을 기다렸으나 그들은 영원히 돌아오지 않았다. 원정대는 8,200미터 이상의 고소에서 그렇게 오랫동안 생존해 있는 것은 불가능하다고 판단하여 철수했다.

태스커와 보드맨은 원정을 떠나기 전 공항에서 가진 기자회견에서 "선배들이 피와 땀이 얼룩진 티베트 측면은 매력적이며, 어떤 어려움이 있어도 정상에 오르겠다"고 말했으나 그들의 꿈은 영원히 사라지고 말았다.

그들의 최후는 1924년 에베레스트 북릉에서 사라진 맬러리와 어빈의 조난을 떠올리게 한다. 그들도 추락했을 것이라는 추측만 있을 뿐 그 외는 모두가 미스터리에 싸인 채 망각되었으나 맬러리는 실종된 지 75년이 지난 1999년에 8,250미터 지점에서 시체로 발견되었으며, 태스커는 실종 10년 후인 1992년 정상 바로 아래에서 일본 원정대에 의해 시신이 발견되었다.

저서로는 에베레스트 서릉 원정기인 『더 크루얼 웨이(*The Cruel Way*)』(1981)와 『세비지 아레나』(1982/1996)가 있다. 『세비지 아레나』는 그의 마지막 원정이 된 1982년 에베레스트 원정을 떠나기 바로 전날 저녁에 출판사에 전해진 원고다.

테레이, 리오넬 Terray, Lionel 1921~1965

프랑스의 등반가다. 알프스 가이드 출신으로 루이 라슈날과 팀을 이루어 1945년부터 1950년대에 걸쳐 서부 알프스의 거벽과 침봉을 섭렵한 프랑스를 대표하는 명 가이드다. 1946년 그랑드 조라스 북벽 워커 스퍼의 제4등과 1947년 아이거 북벽 제2등을 기록했으며, 1950년 안나푸르나 원정대에도 참가하였다.

테레이는 1951년 12월 말 피츠 로이로 원정을 떠난다. 기도 마뇬, 포앵스노J. Poincenot와 함께 떠난 이 원정에서 포앵스노는 급류에 휩쓸려 사망한다. 피츠 로이에서의 본격적인 등반은 1952년 1월부터 시작, 100여 개의 피톤과 120미터의 고정 로프를 설치하면서 악천후를 뚫고

리오넬 테레이

정상에 오른다.

1956년 그가 한 등반 전문지에 기고한 피츠 로이 등반기를 보면 "등반을 해보았으나 파타고니아에서의 등반은 나의 체력과 윤리관의 극한을 요구하는 것이었다. 기술적인 면에서는 알프스 화강암 등반보다 약간 떨어진다"고 말했다.

1955년 장 쿠지와 마칼루(8,462m)를 초등정한다. 1954년 마칼루 II(7,640m) 초등정, 1962년 잔누와 닐기리 북봉(Nilgiri North·7,061m)을 초등정한다. 1964년 마운트 헌팅턴(Mt. Huntington·3,730m) 원정대의 대장으로 북동릉을 초등반한다.

그는 프랑스 베르코르Vercors 산군의 암벽을 오르다 안개 속에서 추락하여 사망한다. 테레이는 제2차 세계대전 후 가스통 레뷔파, 루이 라슈날과 함께 프랑스 3대 등반가로 평가받고 있다. 그는 아르망 샤를레 이후 전통적인 가이드로서 고전과 현대를 잇는 가교 역할을 한 인물로 알려져 있다. 저서로는 『무상의 정복자』(1961/2016)가 있다.

틴들, 존 Tyndall, John 1820~1893

아일랜드 출신으로 빅토리아 시대의 과학자이자 등반가다. 그는 등반 활동에서 윔퍼와 경쟁 관계였으며, 미답봉으로 남아 있던 바이스호른을 1861년에 초등정하여 윔퍼로 하여금 마터호른으로 관심을 돌리게 하였다. 그는 또 마터호른에도 관심을 가져 이탈리아 리지의 피크 틴들까지 올랐다.

그는 빙하의 구조에 관심을 갖고 1856년 알프스를 방문한 이래 알프스에 매혹되어 베르너 오버란트 등지에서 등반 활동을 하며 알프스의 황금시대를 장식하였다. 그는 빙하 연구에 관한 논문에서 빙하학자 포브스와 반대 입장을 표명했다. 이후 그는 왕립학회 회원이 되었고, 영국 산악회 부회장을 역임했다. 저서로는 『알프스의 빙하(*Glaciers of the Alps*)』(1860) 『알프스에서 보낸 시간들(*Hours of Exercise in the Alps*)』(1871)이 있다.

틸먼, 해럴드 윌리엄 Tilman, Harold William 1898~1977

영국의 등산가이자 탐험가로 에릭 얼 십턴의 친구이자 등산 파트너다. 그들은 아프리카 케냐에서 커피 농장을 경영할 때 처음 만났다. 두 사람 모두 대규모 원정보다는 소규모 원정을 선호하였다. 그들은 마운트 케냐의 넬리온과 바티안Batian 사이를 첫 횡단 등반하였으며, 1934년 소규모 원정대를 꾸려 난다데비(7,816m)를 정찰하였다.

그들은 리시 강가 강을 통하여 난다데비 상투아리까지 들어가 난다데비 남측을 정찰하였고, 이를 바탕으로 1936년 오델과 함께 난다데비를 초등정하였다. 당시 영국에서는 이들의 소규모 원정을 비난했지만 그들은 굴하지 않고 그들의 소신대로 실천하였다.

1935년 십턴이 이끄는 제5차 에베레스트 정찰대에 참가하였으며, 1938년 영국의 제7차 에베레스트 원정대의 대장으로 대원들을 지휘하여 노스 콜까지 도달하였다. 이 원정대는 북방의 티베트 측에서 마지막 원정을 한 팀이다. 그는 기동력이 있고 검소한 소규모 원정대가 이상적이라고 생각했다.

틸먼은 문명의 이기를 경시하는 순수한 등반가였기 때문에 산소 사용을 극도로 반대하였으며, 종전의 원정대에 비해 장비와 경비를 5분의 1로 줄였고, 필수적인 장비 이외에 모든 것을 줄였다. 이들은 기상이 악화되는 가운데 전 대원이 노스 콜에 올라 5캠프를 세우고 전진하여 8,290미터까지 진출하였다. 1950년에는 에베레스트의 네팔 측을 정찰, 쿰부 계곡을 탐사하고, 아이스 폴 기슭까지 올랐으며 웨스턴 쿰으로 이어지는 거대한 세락 지대를 발견하였다.

제2차 세계대전 중에는 발칸 반도에서 빨치산을 도와 싸웠으며, 전후 히말라야 황금시대로부터 남미의 파타고니아와 극지방으로 눈을 돌려 1955~56년 파타고니아 아이스 캡을 최초로 횡단하였다. 그는 보트를 이용한 극지 탐험에도 몰두하여 마운트 포스터를 목표로 1977년 리우데자네이루를 출발하였다. 탐험대는 25세의 리처드슨을 대장으로 7명의 대원으로 구성되었다. 이들은 포클랜드 군도로 향하는 도중 보트가 침몰하여 대원 중 2명은 구출되었으나 틸먼을 포함한 5명은 남대서양에 수몰되고 말았다.

저서로는 『적도에 쌓인 눈(*Snow on the Eguator*)』(1937) 『난다데비를 오르며(*Ascent of Nanda Devi*)』(1937) 『마운트 에베레스트(*Mount Everest*)』(1938, 1948) 『두 개의 산과 하나의 강(*Two Mountains and a River*)』(1949) 『차이나 투 크리스탈(*China to Chitral*)』(1951) 『네팔 히말라야(*Nepal Himalaya*)』(1952)가 있고, 그의 자전적 유고집으로 앤더슨이 저술한 『높은 산과 차가운 바다(*High Mountains and Cold Seas*)』(1980)가 있다.

파카르, 미셸 가브리엘 Paccard, Michel Gabriel 1757~1827

1786년 8월 8일 발마와 함께 몽블랑 초등을 이룩하여 등반 역사에

한 획을 그은 인물이다. 근대 알피니즘의 메카 프랑스 샤모니에서 공증인의 아들로 태어나 이탈리아 트리노에서 의학을 공부하고 의사가 되었으며 치안 판사도 역임했다.

1783년 부리와 함께 몽블랑 등정을 시도하였으나 불화로 실패한 것을 비롯해 1775~84년까지 9년 동안 모두 3차례나 몽블랑 등정을 시도하였지만 실패하였다. 그는 이탈리아 측도 정찰하였다. 샤모니 토박이인 그는 몽블랑 등정을 열망해 온 강인한 사람으로 1786년 발마와 함께 역사적인 초등정을 이룩한다. 몽블랑 초등정 후 파카르는 보고서를 작성한 것으로 전해지고 있으나 원고는 발견되지 않았다.

몽블랑 초등정의 주역이 발마라고 주장한 부리의 중상모략으로 파카르는 많은 고통을 겪었으며, 이 사건은 등반 사상 가장 큰 논쟁의 하나가 되었다. 역사가들은 소쉬르, 발마, 부리, 파카르 네 사람 중 진정한 알피니스트란 단어를 붙일 수 있는 사람은 파카르 한 명이라고 평하고 있다.

관련 저서로는 브라운과 드비어가 저술한 『몽블랑 초등정(*The First Ascent of Mont Blanc*)』이 있다.

푸르첼러, 루트비히 Purtscheller, Ludwig 1849~1900

오스트리아의 등반가다. 고학으로 체육 교사 자격증을 얻어 잘츠부르크에서 교사 생활을 하며 본격적인 등반 활동을 시작했다. 지그몬디 형제의 동료이며, 이들과 함께 가이드리스 등반을 하였다. 클라이네 치네[Kleine Zinne]와 치베타를 초등정하고, 바츠만[Watzman] 동벽도 초등반했다.

그는 다른 독일·오스트리아 등반가들과 마찬가지로, 안내인 없는 등반을 하고 티롤 지방에서는 단독 등반도 하여 무모하다는 비판을 받았다. 1889년에는 메이어[Meyer]와 킬리만자로(5,895m)를 초등정하고 1891

루트비히 푸르첼러

년에는 카프카스에 가기도 하였다.

그는 알프스 등반 사상 1880~90년대를 장식하는 대표적인 산악인의 한 사람으로 드류에서의 추락사고 후 6개월 만에 허약한 상태에서 감기로 사망하였다. 저서로는 『동부 알프스 여행(*Der Hochtourist in den Ostalpen*)』(1894)이 있고 유고집 『바위와 만년설을 넘어서(*Über Fels und Firn*)』(1909)가 있다.

프랑코, 장 Franco, Jean 1914~1971

프랑스의 등반가로 1955년 프랑스 마칼루 초등 원정대의 대장을 역임했다. 그의 부인도 등산가로, 이들 부부는 1944년 바르 데 에크랭 남릉을 초등반했다.

1954년 프랑스는 마칼루 원정을 계획하고 프랑코를 대장으로 하여 정찰대를 파견하고, 다음 해인 1955년 역시 그를 대장으로 프랑스의 우수한 등반가들로 구성된 강력한 원정대를 조직하였다. 이 원정대는 대원 7명, 지질학자 2명, 의사 1명으로 조직되었다. 원정대는 고소 순응을 위해 3주를 소비하였으나 등반은 예정대로 진행되었다. 쿠지와 테레이가 1차 등정에 성공한 후 이어서 프랑코, 마뇬, 걀첸 노르부가 정상에 섰으며 나머지 대원들도 2개 조로 나누어 전원 등정하면서 히말라야 등반 사상 전례가 없는 화려한 기록을 남겼다.

훌륭한 장비와 우수한 대원, 그리고 1950년에 있었던 안나푸르나 등반의 불행을 교훈 삼아 6,000미터 높이의 산을 오르내리면서 고소 적응 훈련을 한 것이 전 대원에게 행운을 안겨 주었다.

프랑코는 1959년 잔누 원정대의 대장으로 다시 히말라야에 갔으며 이때에는 테레이와 마뇬이 정상에 섰다. 그는 국립스키등산학교 교장을 역임하였으며, 프랑스 등산계에 큰 공헌을 하였다. 저서로는 『마칼루(*Makalu*)』(1955) 『잔누 등정을 위한 도전(*Bataille pour le Jannu*)』(1966)이 있다.

프레시필드, 더글러스 윌리엄 Freshfield, Douglas William 1845~1934

영국의 등반가이자 탐험가로 알프스에서 히말라야까지 대부분의 지역을 등반하고 탐험하였다. 1893~95년까지 알파인 클럽 회장을 역임하기도 한 그는 영국 서식스 출신으로 이튼 칼리지와 옥스퍼드 대학을 졸업하였다. 변호사 자격증을 갖고 있었으나 평생 동안 개업을 하지 않았으며, 등산과 탐험에 전념할 수 있을 정도로 재력이 풍부했다. 열렬한 산악 여행가인 어머니의 영향을 받았으며, 60여 년간의 등반 활동을 통하여 등반의 발달에도 크게 공헌했다.

3차례에 걸친 카프카스 탐험에서 카즈벡Kasbeck과 엘브루스 동봉을 등반하였다. 1899년 비토리아 셀라와 캉첸중가 주변을 탐험하고 이 지역에 대한 지도를 제작하여 20세기의 히말라야 등반에 커다란 영향을 주었다. 그 외에도 루웬조리, 캐나디안 로키와 시베리아를 거쳐 일본 알프스에도 갔다. 그도 쿨리지처럼 많은 저술을 남겼으며, 그가 펴낸 책들은 대중적인 인기를 얻기도 하였다.

또한 그는 근대 등산의 효시가 된 1786년 몽블랑 초등자 파카르의 초등정 의혹의 진상을 규명하는 데 결정적인 역할을 했다. 미등정 의혹에 휩싸여 150년 동안이나 논쟁을 일으켜 오던 파카르의 초등정에 대한 증거

더글러스 윌리엄 프레시필드

를 찾아내어 이를 규명한다. 그는 샤모니 광장에 서 있는 소쉬르와 발마의 기념 동상 옆에, 오랫동안 등정 의혹으로 멸시받아 온 초등자인 파카르를 기념하는 동상을 세울 것을 주장하였다.

프레시필드의 저서로는 『코카서스 탐험(*The Exploration of the Caucasus*)』(1896) 『캉첸중가 일주(*Round Kangchenjunga*)』(1903) 『이탈리아 알프스(*The Italian Alps*)』(1875) 『중앙 코카서스를 여행하다(*Travels in the central Caucasus*)』(1869) 『오라스 베네딕트 드 소쉬르의 생애(*The Life of Horace Bénédict de Saussure*)』(1920) 『설선 아래로(*Below the Snow Line*)』(1923)가 있다.

프로스트, 톰 Frost, Tom 1938~

아메리칸 알파인 클럽 부회장을 역임한 스탠퍼드 대학 출신의 등반가다. 그는 1960년 로열 로빈스 등과 시지 택틱스 방법을 사용하지 않고 엘 캐피탄의 노즈를 7일 만에 재등하였다. 이들은 아직 주마링이 실용화되지 않던 때여서 장비와 식량을 직접 손으로 끌어올리고 후등자는 프루지크 매듭을 이용해서 올랐다.

1961년에는 로빈스와 엘 캐피탄의 살라테 월을 개척했다. 그들은 전 루트의 40퍼센트 이상을 자유 등반으로 올랐으며, 그들이 이 루트에 설치한 볼트는 13개에 불과했다.

1963년 그는 알프스에 가서 푸 남벽과 프레니 벽을 오른 후, 1968년 로터스 플라워 타워Lotus Flower Tower 동벽을 올랐다. 1970년 히말라야 벽 등반의 문을 연 보닝턴이 이끄는 안나푸르나 I(8,091m) 남벽 원정대에 참가하여 윌런스와 해스턴의 1차 공격 성공에 뒤이어 2차 공격에 참가하였다. 그는 무산소로 1,500미터의 난이도 높은 수직 벽을 단 하루 만에 오르는 등 놀라운 업적을 이루었으나, 기상의 악화로 정상 등정에 실패한다. 1979년 아마 다블람 남릉을 등반하였다.

그는 취나드와 합작으로 장비 회사를 운영하다가 독립하여 장비 제조업에 종사했다. 1966년에 최초로 개발된 피크가 굽은 피켈은 그가 취나드와 합작으로 개발한 제품이다.

프로이스, 파울 Preuss, Paul 1886~1913

오스트리아의 뛰어난 등반가로 19세기 말에서 20세기 초에 걸쳐 활약한 당대를 대표할 만한 등반가다. 음악 교수인 헝가리인 아버지와 프랑스인 어머니 사이에서 태어났다. 그는 1912년 뮌헨 대학에서 식물생리학 박사 학위를 취득했다.

1911년부터 동부 알프스를 중심으로 300여 회의 단독 등반을 했고, 이 중 150회는 초등반이었다. 그는 동부 알프스뿐만 아니라 돌로미테, 서부 알프스의 몽블랑 산군에까지 족적을 남기며, 생전에 1,200여 개의 봉우리를 등반할 정도로 왕성한 활동을 전개했다.

당시 북부 알프스에서는 피톤이 처음 사용되기 시작하여 종전에는 불가능하게 여겨졌던 벽들에 인공 등반으로 쉽게 길을 열었으나 그는 피톤 사용을 거부하고 피톤리스 등반을 몸소 실천했다. 그의 주요 등반 경력을 살펴보면, 몬테로사를 동계에 초등정하고, 그랑 파라디소

(4,061m)를 스키로 초등정했다.

프로이스의 등반관과 평소의 신념이 잘 표현된 등반은 1911년 7월 돌로미테의 캄파닐레 바소 동벽 등반이다. 그는 기둥을 박아 세운 듯한 이 암탑을 피톤, 카라비너, 로프 등 일체의 인공적인 용구를 사용하지 않고 2시간 만에 단독으로 초등정하여 세상을 놀라게 하였다.

이 유명한 등반은 이후 26년 동안 아무에게도 재등을 허락하지 않아 난이도 높은 등반으로 평가되었다. 이 암탑은 1937년에 이르러서 인공 등반의 창시자인 에밀리오 코미치가 프로이스와 같은 방법으로 올라 그의 진가를 한층 더 높여 주었다. 이 외에도 크로촌 디 브렌타 Crozzon di Brenta 북동벽, 치마 피콜라 북동벽, 에귀유 블랑슈 뒤 푀트레 남동릉을 초등반하였다.

정열과 지성, 자기 소신에 투철했던 자유 등반의 기수 프로이스는 1913년 동부 알프스의 만들 코겔 북벽의 오버행에서 단독 등반 중에 추락하여 27세의 젊은 나이로 삶을 마감한다. 10여 일이 지난 후 구조대는 100미터 아래의 신설 속에서 그의 시체를 발견하였다. 평소 프로이스와 상반된 주장을 펴왔던 한스 듈퍼는 그의 죽음에 충격을 받고 어린아이처럼 통곡하였다고 한다.

후일 프로이스의 죽음을 놓고 리카르도 카신은 "그의 자유 등반에 대한 열망은 존경하나 등반 중에 죽었기 때문에 그가 말하는 자유 등반 일변도는 현실성이 없다. 나는 목숨을 잃기보다는 피톤 하나를 더 사용하겠다"라고 말했다. 결국 프로이스는 그의 이상을 실현하기 위해 피톤 사용을 거부하고 자유 등반을 실천해 왔으나 피톤을 사용했더라면 좀 더 오래도록 등산을 했을 것이다.

플라치두스 아 스페카 Placidus a Spescha 1752~1833

플라치두스 아 스페카

소쉬르와 함께 근대 등반의 선구자로 불린다. 그는 스위스 디젠티스Disentis의 베네딕트파 수도사다. 3,500미터급 봉들이 있는 퇴디Tödi 산군, 라인발트호른(Reinwaldhorn·3,400m) 산군을 중심으로 등반 활동을 하였다. 시대를 앞서가는 등반가로 소쉬르의 책을 읽고 그의 영향을 많이 받았다. 그는 열정적인 등반 활동 때문에 프랑스의 첩자로 오해받거나 그가 미쳤다고 생각하는 동료 수도사들로부터 심한 방해를 받았으며, 그가 수집한 많은 자료들은 프랑스의 침략으로 모두 불타 버렸다.

그는 라인발트호른, 오버알프슈토크(Oberalpstock·3,326m)를 비롯하여 여러 개의 봉우리를 초등정하였다. 그가 근대 등산의 선구자라는 것은 의심할 나위가 없으며, 등반 역사가 쿨리지는 그와 소쉬르로부터 근대 알피니즘이 시작되었다고 말했다.

하딩, 워런 Harding, Warren 1924~2002

미국의 암벽 등반을 주도했던 뛰어난 거벽 등반가다. 캘리포니아 오클랜드 태생으로 건설 기사이자 극작가이며, 강인한 체력의 소유자로 철인으로 불렸으나 볼트 남용 때문에 무법자라는 명성을 얻기도 했다. 그는 1958년 릭 칸더우드, 웨인 메리, 조지 휘트모어 등과 엘 캐피탄의 노즈를 초등반한다. 이 등반에 소요된 기간은 18개월이며, 실제 등반에 소요된 날짜는 47일이다.

그는 이 루트를 오를 때 65개의 피톤과 125개의 볼트를 사용하였다. 엄청난 양의 볼트 사용으로 인해 암벽을 손상했다고 비난을 받기도 하고 당시 그가 채택한 시지 클라이밍 전술이 비윤리적이라는 비난을 듣기도 했다. 하지만 이는 거벽 등반의 막을 여는 기폭제가 되었다.

그는 당시 인공 등반 대신 자유 등반을 강조한 로열 로빈스와 같은 등반가들과 불화를 겪기도 한다. 그가 많은 비난을 받기도 했지만 한편 당시 다른 등반가들은 그러한 대담하고 야심적인 루트를 등반할 정도로 용감하지 못했다.

그는 1964년 척 프래트Chuck Pratt, 이본 취나드 등과 마운트 왓킨스Mt. Watkins의 600미터가 넘는 남벽을 등반하고 1970년 갈렌 로웰과 하프돔 남벽을 오른다. 같은 해 엘 캐피탄의 다운 월을 개척 등반하기도 했으며 이때 300여 개의 볼트를 박아 물의를 일으킨다. 얼마 후 로빈스가 이 루트에 올라 하딩이 설치한 볼트를 제거했다. 이 일 때문에 둘 사이에 심한 논쟁이 일기도 했다. 저서로는 『다운워드 바운드(*Downward Bound*)』(1975)가 있다.

하러, 하인리히 Harrer, Heinrich 1912~2006

오스트리아 태생의 등반가다. 아이거 북벽을 초등반한 등산계의 전설적인 인물이다. 1938년 그라츠 대학 재학 중 카스파레크, 헤히마이어, 푀르크 등과 마의 북벽으로 이름난 아이거 북벽을 초등반하여 유명해졌다. 아이거가 초등되기까지 그 영광의 배후에는 무려 10여 명의 산악인들이 희생되었다.

하나의 벽에서 이렇게 많은 사람들이 희생된 예는 알프스 등반사에서 그리 흔치 않은 일이다. 이런 이유 때문에 사람들은 이 벽을 아이거 모르트 반트Eiger Mord Wand, 즉 'Nord(북)'를 'Mord(살인)'로 고쳐서 '아이거 살인벽'으로 부르기까지 하였다.

1939년 아우프슈나이터가 이끄는 낭가파르바트(8,126m) 독일 정찰대에 참가하였다. 이 정찰 등반 중 제2차 세계대전의 발발로 영국군의 포로가 되어 인도 수용소에 억류되었다가 1944년 티베트로 탈출하여 라사에서 달라이 라마의 교사가 되어 친분을 맺는다. 1951년 중국군의 티베트 침략으로 인도를 거쳐 고국으로 귀환하는데, 이때 남겨진 기록이 『티베트에서의 7년』이다. 이 책은 출간과 함께 커다란 반향을 불러일으켰으며, 영화로 만들어져 국내에서도 상영되었다.

이 영화가 제작될 무렵 그의 나치 친위대 전력이 드러나 여론의 집중 공격에 휘말려 곤욕을 치르기도 하였다.

그는 아이거 북벽 등정 후 나치 정권에서 수여하는 '산악 운동의 영웅' 칭호를 받는 등 나치 정권의 정치적 선전 도구로 이용되기도 하였다. 그는 루웬조리에서도 등반을 하였으며, 1962년에 뉴기니아 원정 등반 중 추락하여 부상을 입고 행방불명되었다가 귀국하였다. 1965년에는 인도·네팔 등 오지의 민속 습관을 연구하면서 히말라야 주변을 답파하는 등 노련한 등산가의 건재함을 보여 주었다.

저서로는 『티베트에서의 7년』(1953/1997) 『하얀 거미』(1958/1978) 『나는 석기시대에서 왔다(*I Come from the Stone Age*)』(1964)가 있다.

하벨러, 페터 Habeler, Peter 1942~

오스트리아 마이어호펜 태생의 등반가다. 20세에 1급 가이드 자격증을 따내고 오스트리아 가이드 협회 회장도 역임했다. 그는 메스너와 단짝을 이루며 1970년대 후반 히말라야 등반 스타일에 커다란 변화를 주도하면서, 시대를 앞서가는 기록적인 등반을 하였다. 8,000미터급에서 최초로 알파인 스타일을 실현했으며, 의학계에서 불가능하다고 단정지었던 에베레스트 무산소 초등정을 쟁취했다.

그는 소년 시절부터 고향인 칠러탈 알프스에서 등반 활동을 시작했으며, 티롤 출신 등반가인 제프 마이에를Sepp Mayerl의 영향을 받았다.

1964년 몽블랑 프레니 필러를 올라 제2등을 기록한다. 그는 1969년 남미의 예루파하(Yerupaja·6,635m)를 등반하고, 이를 계기로 마이에를과 급속도로 가까워진다. 그는 한 달 동안 미국에 머물면서 요세미티 엘 캐피탄의 살라테 월의 등반을 비롯해 수많은 등반을 하였다.

1974년 메스너와 함께 마터호른(4,477m) 북벽을 8시간 만에, 아이거 북벽을 10시간 만에 등정함으로써 매스컴의 각광을 받기 시작한다.

1975년 메스너와 하벨러는 가셔브룸 I(8,068m)을 5일 만에 무산소 알파인 스타일로 등정한다. 많은 인원이 모여 캠프를 전진시키는 극지법을 히말라야에서는 최상의 방법으로 여기던 당시에 단 두 사람이 해낸 이 등정 소식은 세계 산악계에 충격을 주었다. 이것은 하벨러에게는 최초의 고산 경험이었다. 1977년 그들은 다울라기리(8,167m) 남벽 등반을 시도하였으나 실패한다.

1978년 두 사람은 상식을 초월한 등반을 한다. 메스너와 하벨러는 세계 최고봉 에베레스트를 무산소로 등정하여 또 한 번 사람들을 놀라게 한다. 그러나 이 등반 이후 둘 사이의 우정에 금이 간다. 이 등반이 끝나고 하벨러는 『고독한 승리(*Der einsame Sieg*)』라는 등반기를 펴낸다. 이 등반기에 기록된 메스너에 관한 이야기가 메스너의 자존심을 상하게 한 것이 원인이 되어 그들이 헤어진 것으로 알려지고 있다.

그는 1984년 K2로 원정을 떠났으나, 등반 도중 부상을 입고 실패한다. 1985년에는 낭가파르바트를 원정하여 디아미르 루트를 통해 정상 등정에 성공한다. 1986년 고줌바캉 동릉에 도전하였으나 실패한 후, 초오유를 3일 만에 등정한다. 1988년 캉첸중가 북릉에 도전하여 정상 등정에 성공한다.

독일 뮌헨에서 발간하는 월간 등산 전문지 《알피니무스(*Alpinismus*)》의 편집자로 일했다.

하슬러, 구스타프 Hasler, Gustav 1877~1952

중부 알프스 베르너 오버란트에서 활동한 스위스의 부유한 실업가이자 등반가다. 1897년 동계 등반이 활발하게 이루어지던 무렵부터 본격적인 등반 활동을 시작한 그는 1902년에 아이거, 융프라우, 묀히를 등반했다. 1903년에는 피츠 베르니나, 에귀유 베르트 등을 동계에 등반하고 알레치호른의 하슬러 립Hasler Rib을 초등반했다. 1904년에는 아마터와 함께 핀스터아어호른 북동릉을 초등반했는데, 이 등반은 아직도 T. D. Sup(Tres Diffcile Superior, 극히 어려움)급 등반으로 여겨지고 있다.

하워드베리, 찰스 케네스 Howard-Bury, Charles Kenneth 1883~1963

인도에서 근무한 영국 육군 대령으로 32년에 걸친 멀고 험난했던 영국 에베레스트 원정사에 첫 거보를 딛는 1921년 제1차 원정대의 대장을 역임했다. 그는 등반가로서 탁월한 기량을 지닌 사람은 아니었으나, 변방 근무를 통하여 히말라야에 대한 풍부한 경험을 지니고 있었다. 1905년에 인도에 갔으며 1913년 텐산(Tian shan) 산맥을 답사하였다. 이 외에도 군인으로 근무하면서 카시미르, 가르왈 등을 탐험했다.

중앙아시아를 중심으로 한 히말라야에서의 풍부한 경험 때문에 1921년 영국 1차 에베레스트 원정대장에 발탁된다. 이 원정대는 에베레스트 아래의 대빙하를 발견하고 이를 롱북 빙하라고 명명한다. 하워드베리는 제1차 세계대전 중에 독일군의 포로가 되기도 했고, 나중에 두 차례에 걸쳐 영국 하원의원을 역임했다. 저서로는 『마운트 에베레스트: 정찰(*Mount Everest: The Reconnaissance*)』(1921)이 있다.

할린, 존 Harlin, John 1935~1966

미국의 등반가로 1966년 아이거 북벽에서 디레티시마 클라이밍을 시도하던 중 고정 로프의 절단으로 추락사하였다. 그는 요세미티의 등반 기술을 유럽 암장에서 유감없이 발휘하였으며, 스위스의 레이진에 국제 등산학교를 설립하고 많은 등반을 하였다.

1963년 헤밍, 프로스트 등과 에귀유 뒤 푸 남벽의 어려운 인공 등반 루트를 개척하고 프로스트와 프레니 봉의 레프트 핸드 히든 필러Left Hand Hidden Pillar를 개척하였다. 1965년 로빈스와 함께 드류 서벽과 남서 필러 사이에 할린·로빈스 루트를 개척하였다. 이 등반은 스카이훅, 러프, 봉 등을 사용하는 고도의 기술이 요구되는 등반이었다.

1966년 그는 아이거 북벽의 직등을 계획하고 헬리콥터를 이용하여 북벽의 직등 루트를 구간별로 촬영하였다. 그를 대장으로 두걸 해스턴, 레이턴 코어, 크리스 보닝턴 등 영국과 미국의 막강한 등반가들로 구성된 등반대가 조직되었다. 이들은 미리 고정 로프를 설치하고 단 한 번의 공격 시도로 정상까지 등반하기로 했다. 마침 때를 같이해 직등을 계획한 독일 원정대는 시지 클라이밍을 택하였다.

빙벽 등반 중 휴식을 취하는 존 할린

이후 영·미 팀도 독일 팀과 같은 방법을 취하게 되었으며 할린의 반대에도 불구하고 하얀 거미 아래 부분부터는 영·미 팀과 독일 팀이 함께 행동하기로 하였다. 하지만 그는 유마르를 사용하여 하얀 거미 아래 부분까지 오르던 중 로프가 끊어지면서 추락사한다. 할린 사망 후 그를 기념하기 위하여 동료들은 이 루트를 '존 할린 직등 루트'라고 불렀다.

존 할린의 장례식이 거행되던 시간에 그의 동료들은 정상 등정에 성공하였으며, 등반대로부터 장례식에 보내진 화환에는 '굿바이 존'이라는 고별사가 쓰여 있었다. 존 할린의 아이거 북벽 등반 관련 저서로는 『아이거, 북벽에서의 직등 30일의 기록』(1966/1978)이 있다.

해스턴, 두걸 Haston, Dougal 1940~1977

영국의 등반가로 스코틀랜드에서 제과업자의 아들로 태어났다. 에든버러 대학에서 철학을 전공하다 중퇴했다. 그는 10대부터 등반을 시작하여 1959년 돌로미테 지역의 암벽과 스코틀랜드 암장에서 몇 차례의 초등반을 이룩한다. 1966년 야망에 가득 찬 미국 등반가 존 할린에 의해 조직된 아이거 북벽 직등 등반대에 참가하여 할린의 추락사에도 불구하고 독일 등반대와 함께 초등반에 성공한다. 그는 할린이 사망한 후, 스위스 레이진에 설립한 국제 등산학교에서 책임자로 일했다.

그는 제르바수티 쿨루아르, 마터호른 북벽, 치마 오베스트 북벽, 동계 마터호른 북벽, 세로 토레 등을 등반했으며 1970년 보닝턴이 이끄는 안나푸르나 남벽 원정대에 참가해 윌런스와 함께 정상에 오른다. 이 등반은 히말라야 벽 등반의 문을 연 첫 번째의 쾌거였다.

이어 1971년 에베레스트 국제 등반대에 참가해 윌런스와 함께 남서벽에 도전하여 8,382미터까지 오르지만 기상 조건의 악화와 국적이 서로 다른 대원들 간의 불화로 인해 실패하고 만다. 하지만 1975년 보닝턴이 이끄는 에베레스트 남서벽 원정대에 참가하여 더그 스콧과 함께 정상에 오르고 1976년에는 그와 함께 매킨리 남벽에 새로운 루트를 개척하기도 했다.

그는 등산학교의 성공적인 운영과 책 발간에서 얻은 인세 수입 등으로 경제적인 여유를 갖고 안정된 생활을 영위하지만, 스위스에서 스키 활강 중 눈사태로 사망한다. 두걸 해스턴은 성품이 차가운 사람으로 알려져 있으나, 그의 오랜 파트너였던 스콧은 그가 섬세하고 인간미 넘치는 인물이었다고 말하고 있다. 저서로는 『저 높은 곳에서(*In High Places*)』(1972) 『아이거(*The Eiger*)』(1974) 『계산된 위험(*Calculated Risk*)』이 있다.

허드슨, 찰스 Hudson, Charles 1828~1865

19세기 영국의 등반가로 직업은 목사다. 초기 알프스 등반의 위대한 개척자이며, 알프스 등반사에서 황금시대를 장식했던 등반가 중 한 명이다. 강인한 체력의 소유자로 1853년 에귀유 뒤 구테Aiguille Du Goûter의 동계 단독 등반, 1855년 몬테로사 초등정을 하였고, 알프스 최고봉 몽블랑에서 최초로 가이드리스 등반을 하였다.

그는 1865년 에드워드 윔퍼의 마터호른 초등정에도 참가하였다. 7명으로 구성된 등반대는 체르마트를 출발하여 회른리 리지로 올라 등정에 성공하였다. 그러나 하산 도중 경험이 부족한 해도우가 미끄러지면서 허드슨, 더글러스, 크로 등이 함께 추락하자 로프가 하중을 견디지 못하고 끊어져 모두가 추락사하였다. 저서로는 케네디와 함께 쓴 『뜻이 있는 곳에 길이 있다(*Where There's a Will There's a Way*)』(1856)가 있다.

헌트, 헨리 세실 존 Hunt, Henry Cecil John 1910~1998

영국의 군인이자 등반가로 1953년 인류사적인 업적이라 할 수 있는 세계 최고봉 에베레스트 초등정을 지휘했다.

1923년부터 등반 활동을 시작한 그는 1953년 카라코람의 살토로캉리 원정대에 참가하였으며, 콜라호이(Kolahoi·5,452m)를 초등정하였고, 포스트 몬순에 캉첸중가 지역을 탐사하기도 하였다. 1937년 시킴의 제무 빙하Zemu Glacier에서부터 캉첸중가까지 탐사하고 네팔 피크 남서봉을 등정하였다.

1936년 에베레스트 원정대의 대원 선발 시 심장박동 이상이라는 의학 심사 위원회의 판정으로 원정대에서 탈락되었으나, 1953년 원정대에서는 십턴을 대신해서 그가 대장으로 임명된다. 이 원정에서 힐러리와 셰르파 텐징 노르가이가 정상을 밟았으며, 이 소식은 엘리자베스 2세의 대관식 전야에 전해져 영국 전체가 축제의 분위기로 들끓었다. 대장 헌트와 등정자인 힐러리는 이 공로로 경Sir의 칭호를 받았다.

젊었을 때 그는 부친을 따라 군인이 되었다. 그는 자신의 부하들에게 혹독한 산악 훈련을 시켰는데 이는 제2차 세계대전 중 상그로Sangro 전선에서 큰 도움이 되었다.

그는 1956년 육군에서 제대한 후 사회봉사 활동을 시작하여 봉사단체의 책임자로 10년 동안 일했으며, 나이지리아 내란 때는 수상의 자문역을 맡기도 하였다. 1960년대에는 소련, 동유럽 등과 등산에 관계된 일에 직접 참여하기도 했다. 1998년 11월 14일 향년 88세로 영국에서 사망했다.

저서로는 『에베레스트 등정(*The Ascent of Everest*)』(1953) 『내가 사랑한 등반 이야기들(*My Favorite Mountaineering Stories*)』(1978) 『삶은 만남이다(*Life is Meeting*)』(1978)가 있다.

헤를리히코퍼, 카를 마리아 Herrligkoffer, Karl Maria 1916~1991

독일의 등반가이자 의사이며 1953년 독일의 낭가파르바트 원정대장으로 헤르만 불이 초등정에 성공한 원정을 지휘했다. 그는 낭가파르바트에 총 8번의 원정을 시도하여 1953년, 1962년, 1970년 3차례나 성공을 거두었다.

첫 번째, 헤르만 불이 1,300미터의 고도차를 극복하고 단독 초등정을 이룩했고, 두 번째, 디아미르 페이스로 킨스호퍼, 만하르트, 뢰브가 2등을 기록했으며, 세 번째, 메스너 형제와 쿠엔 숄츠가 루팔 페이스로 정상에 올랐다. 당시 메스너는 정상에서 북서쪽으로 종주했다.

헤를리히코퍼는 1934년 낭가파르바트에서 죽은 메르클의 이복동생으로, 이복형의 한이 서린 낭가파르바트를 오르기 위해 1953년 '메르클 추모 원정대'라는 이름의 원정대를 조직했다. 하지만 그는 등반 경험이 미숙하여 실질적인 등반 활동은 아셴브레너가 맡고, 자신은 원정대의 조직을 추진하였다.

카를 마리아 헤를리히코퍼

낭가파르바트 초등 원정 당시 그는 기상 악화로 정상 공격 대원들에게 하산할 것을 지시했으나, 헤르만 불은 이를 어기고 단독으로 정상을 등정하였다. 이 일로 두 사람 사이의 불화는 오랫동안 지속되었으며 불이 낭가파르바트 등반기를 발간하자 대장이었던 자신과 사전 협의 없이 책을 발간한 것은 계약 위반이라는 이유를 들어 법정소송을 하기도 했다.

이후 1954년 브로드 피크 등반을 시도하였으나 시일이 지체되고 기상도 악화되어 철수한다. 1961년에는 낭가파르바트의 디아미르 페이스를 정찰하고 이듬해 이 벽을 직등하였다.

그는 이후에도 계속해서 낭가파르바트를 등반했는데 1963년에 루팔 페이스를 정찰하고 이듬해 등반을 시도하였으나 악천후로 철수한다. 1968년 '킨스호퍼 추모 원정대'라는 이름으로 재도전하였으나 대원들 사이의 불화로 실패하였다.

1970년 세 번째로 루팔 페이스 등반대를 조직했다. 이때 메스너 형제가 참가하여 루팔 페이스 초등에 성공하고 북서쪽으로 하산하였으나 라인홀트 메스너의 동생인 귄터 메스너는 지친 상태에서 눈사태에 쓸려 사망했다. 라인홀트 메스너도 구사일생으로 귀환하였으나 동상으로 발가락을 절단한다.

1972년에는 에베레스트 남서벽 원정대를 조직하였으나 등정에 실패하고 1975년 쿠엔을 추모하는 낭가파르바트 원정대를 조직하여 4캠프까지 진출하였으나 등정에 실패했다.

저서로는 『낭가파르바트(*Nanga Parbat*)』(1953) 『낭가파르바트의 마력 속으로(*In the Spell of Nanga Parbat*)』(1953) 『브로드 피크 8047미터에서의 독일인들(*Deutsche Am Broad Peak 8047m*)』(1955) 『마운트 에베레스트 1972(*Mount Everest 1972*)』(1973, 1974)가 있다.

헤밍, 개리 Hemming, Gary 1934 ~1969

미국의 암벽 등반가다. 1950년대 초 타퀴츠Tahquitz에서 등반 활동을 시작하여 요세미티를 비롯한 미국의 암장과 알프스를 두루 섭렵하였다. 1962년 켄달Kendall과 그랑드 조라스의 워커 스퍼를 등반하고 로열 로빈스와 4일에 걸쳐 드류 서벽을 직등하였다. 1963년 존 할린 등과 푸 남벽을 등반하였다.

헤밍이 등반한 이 루트들은 극도로 어려운 자유 등반 기술을 요하는 인공 등반 루트로 이 등반을 계기로 요세미티의 등반 방식과 장비가 알프스에 소개되는 계기가 되었다.

개리 헤밍

1966년 에귀유 베르트의 쿠튀리에Couturier 쿨루아르와 트리올레Triolet 북벽을 단독 등반하였다. 그는 드류 서벽에서 추락한 조난자들을 위해 적극적인 구조 활동을 하기도 했지만 침울한 성격의 소유자로 1969년 결국 자살하였다.

헤어초크, 오토 Herzog, Otto 1888~1964

카라비너를 최초로 고안하여 실용화한 독일의 등반가다. 1910년 독일 뮌헨의 소방수들이 화재 진압에 사용하던 클립을 헤어초크가 새로운 모양으로 고안하여 실용화한 것이 지금과 같은 카라비너의 효시다.

그는 화재 진압 훈련을 하는 소방대원들이 허리 벨트에 차고 있던 서양 배 모양의 쇠고리를 보고 이것을 암벽 등반에 응용할 수 있을 것이라고 착안한 후 연구를 거듭한 끝에 실용화에 성공했다. 같은 시기인 1910년 한스 피히틀에 의해 피톤의 기본형이 개발되고, 그의 등반 파트너인 헤어초크가 카라비너를 고안하여 암벽 등반에 이용하게 되자 등반은 비약적으로 발전했다.

그는 1921년에 하버G. Harber와 드라이친켄슈비체 북벽을 초등반하기도 했는데 이는 알프스 등반사에서 최초의 VI+급 등반으로 기록되고 있다. 이 시기는 헤어초크의 카라비너, 피히틀의 피톤, 한스 듈퍼의 듈퍼지츠 등 세 가지 등반 기술적 요소가 삼위일체를 이루며 인공 등반 기술이 확산되었다. 그 덕분에 암벽 등반은 6급 등반의 시대가 열리는 새로운 국면으로 돌입했다.

헤이스팅스, 제프리 Hastings, Geoffrey 1860~1941

영국 요크셔 출신의 등반가로 당대를 풍미하던 머메리와 슬링스비의 등반 파트너였다. 1885년부터 슬링스비와 등반을 시작한 그는 머메리와 함께 에귀유 드 그레퐁을 초등반하고, 머메리, 슬링스비, 콜리와 당 뒤 르캥과 에귀유 뒤 플랑 서벽을 초등반했다.

드류와 몽블랑의 브렌바 페이스에서 처음으로 가이드리스 등반을 하기도 한 그는 1895년 머메리, 콜리 등과 최초로 8,000미터급의 거봉인 낭가파르바트 등반을 시도했지만 이 등반은 머메리와 그를 수행한 2명의 구르카인이 희생되는 비극으로 끝나고 말았다. 그 후 슬링스비와 5차례에 걸쳐 노르웨이에 가서 여러 차례의 초등정과 탐험을 했다.

헤히마이어, 안데를 Heckmair, Anderl 1906~2005

1930년대에 활약했던 독일의 산악 가이드로 뮌헨파의 일원이다. 그는 한 시대를 대표할 만한 선구적인 등반가들 중 한 사람으로, 일정한 직업이 없어 많은 시간을 등반에 바칠 수 있었다. 1930년에 돌로미테의 자스 마오르Saas Maor 동벽을 등반하고 1932년에 그랑 샤르모즈 북벽 직등 루트를 등반했으나 그를 가장 유명하게 한 것은 1938년 아이거 북벽 초등반이다.

그는 루트비히 푀르크와 함께 북벽 등정을 시도하던 중 오스트리아의 등반가인 하러와 카스파레크도 등정을 원한다는 것을 알고 이들과 합동으로 아이거 북벽 초등정에 성공했다. 제2차 세계대전 후에도 세계 여러 곳에서 등반 활동을 했으며 독일의 유스호스텔 사업에도 관여했다. 그는 2005년 2월 1일 독일 바이에른 주 자택에서 향년 98세로 생을 마감했다.

저서로는 『산악인으로서의 나의 삶(*My Life as a Mountaineer*)』(1975)이 있다.

혼바인, 토머스 Hornbein, Thomas 1930~

미국의 등반가이자 마취과 전문의로 워싱턴 주립대학 교수다. 그는 1963년 세계 최초로 에베레스트 트래버스에 성공해 유명해졌다. 14세 때인 1944년에 미국 콜로라도의 마운트 시그널Mt. Signal을 오른 것을 시작으로 티턴, 캐스케이드, 레이니어 등에 새로운 루트를 개척하기도 했다.

1957년 매킨리 원정, 1960년 마셔브룸 원정에 참가하고 1963년 노먼 다이렌퍼스가 이끄는 미국 에베레스트 원정대에 참가했다. 이 원정에서 그는 언솔드와 함께 서릉으로 등정에 성공하고 남동릉으로 하산하던 중 8,485미터의 고소에서 비박을 한다. 이때 언솔드는 발가락을 전부 잃었지만 혼바인은 크램폰을 벗은 다음 발을 언솔드의 옷 속에 넣고 동상을 피했다.

에베레스트가 1953년 초등된 이후 10년 동안 대부분의 원정대는 가장 쉬운 길을 택해 오르고 다시 그 길로 하산했다. 하지만 미국 원정대는 서릉과 남동릉 두 방향에서 오르고 서릉 팀이 등정 후 남동릉으로 내려오는 획기적인 에베레스트 횡단에 도전하여 성공한다. 오늘날 서릉의 '혼바인 쿨루아르'는 당시 혼바인 대원의 이름에서 유래한다. 이 원정에서 산소 기구를 담당했던 그는 이후 고소용 산소 기구의 개선에 노력했다. 저서로는 『에베레스트, 더 웨스트 리지(*Everest, The West Ridge*)』(1998)가 있다.

휘터커, 제임스 Whittaker, James W. 1929~

미국 워싱턴에서 출생한 등반가로 혼바인과 함께 미국인 최초로 에베레스트에 오르는 기록을 세웠다. 그는 대학에서 생물학을 전공했으며 스키 강사로 활동했다. 1963년 노먼 다이렌퍼스가 이끄는 미국 에베레스트 원정대에 참가하여 셰르파 나왕곰부와 함께 미국인 최초로 남동릉을 거쳐 정상에 섰다. 뒤이어 언솔드와 혼바인도 서릉을 거쳐 2차 공격에 성공하였다. 그는 매킨리 원정에도 참가했으며, 시애틀에서 장비점을 경영했다.

그는 에베레스트 이외에도 1978년 미국 K2 등반대의 대장을 맡아 등정을 성공시켰다. 이 등반에서 존 로스켈리John Roskelly, 릭 리지웨이 Rick Ridgeway, 짐 위크와이어 등이 미국인 최초로 K2 정상에 올랐다. 이후 1990년 에베레스트 국제 등반대의 리더로 참여하기도 한 그는 미국 레이니어 산을 60회 이상 등반하고 캐스케이드 산군에서 수많은 등반 활동을 했다.

그는 에베레스트 등정 후 케네디 대통령의 초청으로 백악관에서 환대를 받았으며 《내셔널 지오그래픽》에서 수여하는 모험 분야의 상을 수상했다.

이후 레크리에이션 장비 회사를 운영하여 사업에 성공한 그는 미국 K2 원정대의 주 후원업체가 될 정도로 회사를 성장시켰다. 그는 "등산은 위험하지만 신중하게 대처하고 스스로를 돌본다면 여러 면에서 자동차 운전보다 안전하다"고 말했다.

휴스턴, 찰스 스니드 Houston, Charles Snead 1913~2009

고소생리高所生理 연구의 권위자로 하버드 대학을 졸업하고 컬럼비아 대학에서 의학박사 학위를 취득했다. 1925년부터 알프스에서 등반을 시작한 그는 1936년에 틸먼과 함께 난다데비 원정대를 조직하여 초등정에 성공했다. 이후 1938년과 1953년 두 차례에 걸쳐 K2 원정대를 조직하여 등정을 시도했으나 모두 실패로 끝났다.

1947년 해군에 입대하여 오퍼레이션 에베레스트Operation Everest에 가담해 저압에서 장기간 견딜 때 인체에 어떤 영향이 일어나는가에 대해 연구하고 연구가 끝난 뒤에는 물리학을 공부했다.

1962~64년 평화 봉사단의 책임자로 인도에서 근무하고 워싱턴 본

부에서 책임자로 일했다. 1967~79년까지 마운트 로건Mt. Logan에 위치한 고소생리 연구소의 책임자로 있으면서 자신의 역량을 유감없이 발휘했다. 이때 그가 이룩한 업적은 산소부족으로 인한 폐수종 조기 진단법의 개발이다. 그 이후로 버몬트 의대에서 의약과 환경위생학을 강의했다.

저서로 『파이브 마일스 하이(*Five Miles High*)』(1939) 『K2, 더 세비지 마운틴(*K2, the Savage Mountain*)』(1954) 『고소생리학—논문 모음집(*High Altitude Physiology—Collected Papers*)』(1980) 『높이 오르기(*Going High*)』(1981)가 있다.

히벨러, 토니 Hiebeler, Toni 1930~1984

오스트리아 등반가이며 언론인이다. 9세 때부터 동부 알프스에서 등산을 시작한 그는 1948년부터 벽 등반으로 눈을 돌렸다. 치네 북벽과 동남벽, 피츠 바딜레 북동벽과 그랑드 조라스 북벽에 이어 1961년 킨스호퍼, 암베르거Armberger, 만하르트와 함께 아이거 북벽 동계 초등에 성공해 더욱 유명해졌다.

그는 이론과 실제가 어우러진 산악 활동을 했으며 새로운 등반 방식에 대해서도 깊은 이해와 충고를 아끼지 않았다. 독일 뮌헨에서 발간하는 《알피니스무스(*Alpinismus*)》와 《베르그슈타이거(*Bergsteiger*)》지의 편집을 맡았다. 저서로는 『하얀 거미에 갇혀(*Im Banne der Spinne*)』(1961) 『히말라야와 카라코람(*Himalaya und Karakorum*)』(1980)이 있다.

토니 히벨러

힐, 린 Hill, Lynn 1961~

미국 미시건 주 태생의 여성 자유 등반가다. 암벽 등반의 뛰어난 업적으로 1984년 미국 알파인 클럽상을 수상했다. 그녀는 1994년 엘 캐피탄의 노즈를 루트에서 사전 연습을 한 뒤 그레이트 루프 피치만을 빼고 나머지 모든 피치를 자유 등반으로 올랐다.

스티브 셔튼의 확보를 받으며 등반을 시작한 그녀는 9월 19일 저녁 10시부터 등반을 시작, 23시간 동안 쉬지 않고 모든 피치를 선등으로 마무리한 뒤, 다음 날 저녁 9시에 등반을 끝냈다. 총 34피치의 노즈는 1957년 워런 하딩이 다양한 인공 등반 기술을 구사하여 초등했던 루트로, 그녀의 자유 등반으로 최난도 피치의 등급이 5.13b로 매겨졌다.

그녀는 1995년 키르키즈스탄의 악수 산군에서 그렉 차일드Greg Child와 함께 등반을 하면서 러시아 타워에서 페레스트로이카 크랙을 28시간 동안 전 구간 자유 등반(5.12급)했다. 또한 알렉스 로우와 함께 약 1,200미터의 PK4810(보스턴 피크)을 자유 등반으로 초등하는 기록을 세우기도 했다. 3일 동안 이루어진 이 등반은 5.12b급의 고난도 루트 개척이었다. 그녀는 1986년부터 12차례의 각종 국제 자유 등반 대회에 나가 9차례나 우승하는 저력을 보여주었다.

힐러리, 에드먼드 퍼시벌 Hillary, Edmund Percival 1919~2008

뉴질랜드 출신의 등반가로 세계 최고봉 에베레스트를 초등정하여 인류사적인 업적을 남겼다. 그는 원래 양봉업자였지만 뉴질랜드의 남알프스에서 등반 기술을 습득하고 조지 로에게 빙벽 등반 기술을 배우며 등반 활동을 시작했다.

1951년 로와 함께 히말라야 무쿠트 파르바트(Mukut Parbat·7,243m)

원정대를 조직했는데, 이는 뉴질랜드 최초의 히말라야 원정대였다. 그는 이 원정에서 로와 함께 정상에 오른 후 귀환 노중 영국 에베레스트 정찰대의 대장인 십턴의 요청으로 히말라야 정찰대에 합류한다. 이 정찰에서 그는 십턴과 맬러리가 등반 불가능이라고 판정을 내렸던 웨스턴 쿰 돌파에 확신을 얻는다. 정찰을 마치고 돌아와 이듬해 십턴의 초오유(8,201m) 원정에 참가했지만 실패로 끝난다.

1953년 에베레스트 원정대장으로 지명된 십턴은 그와 로를 대원으로 선발한다. 그러나 대장이 십턴에서 헌트로 바뀌자 힐러리는 원정대에서 탈퇴를 생각했으나 십턴과 헌트의 설득으로 이를 받아들인다.

그는 원정대의 셰르파 사다인 텐징 노르가이와 최상의 컨디션으로 완벽한 팀워크를 이루어 1953년 5월 29일 오전 11시 30분에 세계 최고봉의 정상에 섰다.

이 등정으로 그는 귀족 칭호를 받게 되었다. 그는 1954년 바룬Barun 빙하를 탐험하고 바룬체(Baruntse·7,220m)를 등정한다. 이후 1956~58년 남극 탐험에 참가하여 남극점에 도달하고 1959~60년에는 마칼루 국제 학술 탐험대를 조직한다. 이 탐험대의 목표는 우수한 장비를 사용하여 효과적인 고도 순응 훈련과 더불어 전설 속의 설인雪人인 예티Yeti를 수색하는 것이었다.

이 탐험대는 아마 다블람 등정에 성공하고 무산소로 마칼루 등정도 시도했으나 힐러리는 뇌혈관 이상으로 후퇴하고 나머지 공격대원도 폐수종에 걸려 결국 철수한다.

이후 그는 셰르파들을 위한 사업을 벌여 배닌 네팔에 가서 학교, 병원, 교량, 비행장 등을 세우며 그들을 도왔다. 그의 장남인 피터 힐러리Peter Hillary도 아버지의 뒤를 이어 산악 활동을 시작하여 1982년 로체에 도전하였으나 실패한다. 하지만 1990년 5월 에베레스트 정상에 올랐으며, 힐러리와 함께 정상에 오른 텐징 노르가이의 아들인 잠링 노르가이 또한 1996년 5월에 정상에 올라 2대에 걸쳐 부자가 정상에 오르는 기록을 세운다.

저서로 『하이 어드벤처』(1955/1989) 『남극 횡단(*The Crossing of Antarctica*)』(1959) 『나의 에베레스트 정복』(1975/1976) 『도전 없이 승리 없다(*Nothing Venture, Nothing Win*)』(1975)가 있다.

| 부록 |

세계 등산사 연대표

8,000미터급 14좌 등정자 현황

▪ 세계 등산사 연대표

1300년대

1334~36년 철학자 장 뷔리당과 시인 페트라르카가 프랑스 남부의 몽 방투(1,909m)를 등정한다.

1358년 보니파스 로타리오가 로슈멜롱(3,537m)을 등정한다. 알프스 지역에서 행해진 최초의 3,000미터급 등반이다.

1400년대

1400년경 잉카족들이 률라이라코(6,723m)를 비롯한 안데스 산맥의 여러 봉우리에 오른다. 이 정도의 고도를 오르는 등반은 1855년에 이르러서야 근대 등반가들에 의해 다시 행해진다.

1492년 프랑스 샤를 8세의 시종인 드 보프레가 왕의 명령에 따라 몽테귀유(2,806m)를 등정한다. 사다리와 로프 등 등반 기구들을 사용하여 험봉에 오른 최초의 기술적인 등반이다.

1500년대

1582년 에드문드 스코리가 당시까지 '지구의 최고봉'으로 알려져 있던 카나리 제도의 타이디 피크(3,176m)를 등정한다. 이 등반은 여론에 적지 않은 파장을 일으킨다.

1700년대

1738년 7월 20일 부귀에와 라 콩다민이 에콰도르의 코라존(4,791m)에 오르다. 그들은 "역사상 그 누구도 우리보다 더 높은 곳에 오르지 못했을 것이다. 우리는 해발 4,814미터까지 올랐다"고 말한다.

1770년 될뤽 형제가 기후에 대한 연구를 위하여 몽 뷔에(3,109m)에 오르다. 그들이 이 등반에서 한 비박은 고소에서 행해진 최초의 비박으로 기록된다.

1778년 그레소니의 주민들이 몬테로사의 사면에 있는 엔덱쿵스펠젠(4,366m)을 등정한다. 알프스 지역에서 행해진 최초의 4,000미터급 등반으로 기록된다.

1779년 '동부 알프스의 소쉬르'라고 불리는 벨사자르 아케가 트리글라브(2,863m)를 등정한다.

1786년 제네바의 과학자 오라스 베네딕트 드 소쉬르가 1760년에 몽블랑을 오르는 자에게 현상금을 주겠다고 제안한다. 이것이 동기가 되어 26년 만인 1786년에 샤모니 출신의 자크 발마와 미셸 가브리엘 파카르가 몽블랑(4,808m)을 초등하다. 소쉬르도 이듬해 몽블랑 등정에 성공한다.

1799년 폰 살름 추기경이 그의 측근들과 함께 클라인글로크너(3,783m)를 등정한다. 이듬해에는 그로스글로크너(3,798m)도 등반된다.

1800년대

1802년 라몽 드 카르보니에르가 가이드인 론도 및 로렌스와 함께 피레네 산군의 몬테 페르디토(3,353m)를 등정한다. 바야흐로 프랑코-스페인 지역의 등반이 개시된 것이다.

—— 독일의 과학자 알렉산더 폰 훔볼트가 고산병 증세에 대하여 연구하기 위하여 에콰도르에 있는 침보라소의 5,800미터 지점까지 오르다.

1820년 에드 제임스와 그의 동료들이 파이크스 피크(4,310m)를 등정한다. 로키 산맥에서 이루어진 최초의 고산 등반으로 기록된다.

1829년 엠마누엘 장군이 이끄는 러시아 과학자 원정대가 카프카스의 엘브루스에 오르다.

1861년 존 틴들이 발레 알프스의 바이스호른(4,512m)을 등정한다.

1864년 무어와 에드워드 윔퍼, 미셸 오귀스트 크로 등이 바르 네 에크렝(4,101m)에 오르다.

1865년 윔퍼, 프랜시스 더글러스, 찰스 허드슨, 더글러스 해도우와 미셸 크로, 페터 타우그발더 부자 등이 마터호른을 초등한다. 하산 도중 더글러스, 해도우, 크로즈, 허드슨이 사망하는 사고가 일어나자 '마터호른의 비극'이라 불리며 여론으로부터 엄청난 주목과 비난을 받는다.

1880년대

1880년 에드워드 윔퍼가 침보라소 정상에 오른다. 이로부터 유럽 이외의 지역의 산들에 대한 관심이 시작된다.

1882년 셀라 형제가 로프 등 인공 장비를 이용하여 당 뒤 제앙에 오른다. 이곳은 일찍이 머메리가 '정당한 방법'으로 오를 수 없는 곳이라고 말한 곳이었다. 셀라 형제는 로프와 케이블을 이용하여 이곳을 올랐는데, 이를 계기로 등반에서 '정당한 방법'이란 무엇인지에 대한 논의가 시작된다.

1890년대

1897년 빌헤름 파울케, 빌헬름 로뮐러와 그들의 동료들이 등반에서 최초로 스키를 사용한다. 이들은 그림셀에서 벨랄프까지 오버란트를 가로질러 간 다음 융프라우 사면에 있는 3,780미터까지 올랐다.

―― 마티아스 추어브리겐이 아메리카 대륙의 최고봉 아콩카과(6,962m)를 단독 등정하다.

1900년대

1903년 게오르그 로이히, 한스 판, 루트비히 디스텔이 카프카스의 우슈바(4,698m)의 두 봉우리를 최초로 연속 등반했다. 4번 이상의 비박을 감행한 엄청난 등반이었다.

1904년 구스타프 하슬러와 프리츠 아마터가 핀스터아어호른(4,275m)의 북벽을 등정하면서 이른바 알프스 북벽시대가 시작된다.

1906년 아브루치 공작이 이끄는 원정대가 아프리카의 루웬조리의 최고봉인 마게리타(5,119m)를 등정한다. 재등은 20년 후에 이루어진다.

1907년 토머스 조지 롱스태프가 가르왈 히말라야에 있는 트리술(7,120m)을 초등한다. 최초의 7,000미터급 등반으로 기록된다.

1909년 아브루치 공작이 이끄는 카라코람 원정대가 브로드 피크의 7,500미터 지점까지 오른다. 이는 당시까지 등반가들이 오른 최고의 고도였다.

1910년대

1910년 피터 앤더슨, 윌리엄 테일러, 찰스 맥거너걸이 매킨리의 북봉(6,187m)에 오른다. 이들은 알래스카의 금광 채굴업자들이었는데 매킨리의 주봉(6,194m)에도 올랐을 것으로 추정된다. 당시로서는 엄청난 용기를 필요로 하는 등반이었다.

1911년 귀도와 막스 메이어가 가이드인 안젤로 디보나와 함께 랄리데레반트의 북벽에 피톤을 박아 가며 루트를 낸다. 알프스의 벽에 피톤이 사용된 것은 이것이 처음이다.

——뮌니히의 파울 프로이스가 브렌타에 있는 캄파닐레 바소의 동벽을 로프를 쓰지 않고 2시간 만에 오른다. 이 루트는 1937년에 이르러서야 로프를 갖춘 등반대에 의해 재등된다.

1912년 한스 뒬퍼가 피톤, 카라비너, 이중 로프, 펜듈럼 등 현대 등반의 모든 기술을 총동원하여 플라이슈방크의 동벽을 등정한다.

1920년대

1922년 조지 맬러리와 테오도르 소머벨이 에베레스트 북벽의 8,225미터까지 무산소로 오른다. 인간이 8,000미터 위로 올라간 최초의 기록이다. 조시 핀치와 찰스 브루스가 산소통을 사용하여 8,326미터까지 올라간다.

1924년 맬러리와 어빈이 에베레스트 정상을 향해 가던 중 8,500미터 지점에서 실종된다.

1925년 에밀 졸레더와 구스타프 레텐바우어가 1,000미터당 15개의 피톤을 사용하여 푼타 치베타의 북벽을 등정한다. 현대 등반 초기의 쾌거로 꼽힌다.

1926년 독일의 벨첸바흐가 암벽 등반의 등급 체계(1~6급)를 만든다. 세계 암벽 등급 체계의 효시가 된다.

1930년대

1931년 에릭 얼 십턴, 프랭크 스마이드, 홀스워드와 셰르파 레와가 가르왈 히말라야의 카메트(7,756m)에 오른다. 당시까지 인간이 오른 가장 높은 고도의 봉우리였다.

——독일의 슈미트 형제가 알프스 3대 북벽 중의 하나인 마터호른 북벽을 등정한다. 이때 10발 크램폰과 암·빙벽용 등반 장비를 사용했다.

1933년 에밀리오 코미치와 디마이 형제가 피톤을 사용하여 돌로미테의 치마 그란데 디 라바레도 북벽을 등정한다.

1935년 리카르도 카신과 비토리오 라티가 돌로미테의 치마 오베스트 디 라바레도 북벽을 등정한다. 이들은 3일 동안 50개의 피톤을 사용하면서 올랐다. 당시로서는 가장 도전적이고 첨예한 등반이었다.

1936년 노엘 오델과 빌 틸먼이 난다데비(7,816m)에 올라 인간이 오른 최고봉의 고도 기록을 경신한다.

——아시아 국가로서는 최초로 일본 원정대가 인도 가르왈 지역의 난다코트(6,861m)를 초등정한다. 일본에서는 이 등반을 계기로 등반 열기가 고조된다.

1937년 독일의 제3차 낭가파르바트 원정대가 히말라야 등반 사상 최대의 조난 사고를 기록한다. 이 원정대에서 눈사태로 16명(대원 7명, 포터 9명)이 사망한다. 독일 원정대는 1934년 제2차 낭가파르바트 원정 때도 대장을 포함하여 10명이 사망한 바 있다.

1938년 아이거 북벽이 안데를 헤히마이어와 루트비히 푀르크 팀과 하인리히 하러와 프리츠 카스파레크 팀에 의해 등정된다. 이탈리아의 리카르도 카신, 우고 티조니, 지노 에스포지토가 그랑드 조라스의 푸앵트 워커 북벽을 등정한다.

1950년대

1950년 모리스 에르조그와 루이 라슈날이 안나푸르나를 초등하여 인류 최초로 8,000미터 이상 봉우리 정상에 서게 된다.

—— 앨런 스텍과 존 살라테가 요세미티의 센티널 록 북벽을 등정한다. 요세미티 최초의 거벽 등반으로 기록된다.

1952년 프랑스 원정대의 기도 마뇽과 리오넬 테레이가 파타고니아의 피츠 로이(3,375m)를 오른다.

1953년 존 헌트가 이끄는 영국 원정대의 에드먼드 힐러리와 셰르파 텐징 노르가이가 에베레스트에 오른다. 헤르만 불이 단독 등반으로 낭가파르바트를 초등정한다.

1954년 이탈리아 원정대의 아킬레 콤파뇨니와 리노 라체델리가 세계에서 두 번째로 높은 K2(8,611m)를 초등정한다.

—— 오스트리아 원정대가 초오유(8,201m)를 초등정한다. 히말라야 등반 사상 최초로 가을 시즌 포스트 몬순에 등정을 성공한 기록이다. 한편 프랑스 등반대가 7일간의 사투 끝에 남미 안데스의 최고봉 아콩카과(6,962m)의 표고차 3,000미터의 거대한 남벽을 오른다.

1955년 세계 3위 고봉 캉첸중가(8,586m)와 5위 고봉 마칼루(8,462m)가 영국과 프랑스 원정대에 의해 각각 초등정된다. 프랑스의 마칼루 등정은 전 대원이 정상에 오르는 완벽한 등정이었다.

—— 발터 보나티가 5일 만에 프티 드류의 남서 필러를 등정한다.

1956년 스위스 원정대가 로체(8,516m)를 초등정한 후 3일 뒤에 에베레스트 제2등에 성공하여 8,000미터급 2개 봉 연속 등성을 실현한 최초의 기록을 남긴다. 일본 원정대가 아시아권에서는 최초로 8,000미터급인 마나슬루(8,163m)를, 오스트리아 원정대가 가셔브룸 II(8,035m)를 각기 초등정한다.

1957년 오스트리아 원정대가 브로드 피크(8,047m)를 초등정한다. 대장을 포함하여 4명의 대원 모두가 정상을 등정한다. 이 등반대는 산소와 포터 없이 대원들이 직접 짐을 나르면서 3개의 고소 캠프만을 설치한 채 정상에 오른다. 이 등반은 8,000미터급 고산에서 이루어진 최초의 알파인 스타일 등반으로 기록된다.

1958년 미국 등반대가 가셔브룸 I(8,068m)을 초등정하여 그동안의 히말라야 등반에서의 열세를 만회하고 강대국의 체면을 세운다.

—— 워런 하딩, 조지 휘트모어, 웨인 메리 등이 요세미티의 엘 캐피탄 최초의 루트인 노즈를 개척한다.

1960년대

1961년 토니 히벨러, 발터 알름베르거, 토니 킨스호퍼, 안데를 만하르트가 아이거 북벽을 동계 초등한다.

—— 벨기에의 클라우디오 바르비에르가 돌로미테의 트레 치메 디 라바레도 5대 북벽을 하루 만에 단독으로 등정한다.

1962년 네팔 히말라야의 잔누, 쿰바카르나가 등정되면서 '보다 낮지만 보다 어려운' 봉우리를 추구하는 히말라야 등반의 새로운 경향이 시작된다.

1963년 발터 보나티와 코시모 차펠리가 그랑드 조라스의 워커 스퍼를 동계 초등한다.

—— 톰 프로스트, 스튜어트 풀턴, 존 할린, 개리 헤밍이 푸의 남벽을 등정함으로써 몽블랑 산군에 남아 있던 마지막 처녀 벽이 등정된다.

1965년 발터 보나티가 마터호른 북벽을 동계 단독 직등으로 등정한다.

1966~67년 니컬러스 클린치 대장이 지휘하는 미국 남극 등반대가 남극 최고봉 빈슨 매시프(5,140m)를 초등정한다.

1967년 스위스의 실뱅 소낭이 평균 경사도가 51도에 이르는 에귀유 드 블레티에르의 스펜서 쿨루아르를 스키로 하강한다. 알프스에서 이루어진 '극한 스키'의 시초로 기록된다.

1970년대

1970년 크리스 보닝턴이 이끄는 영국 원정대가 안나푸르나 남벽을 등정한다. 최초의 히말라야 거벽 등반이다.

—— 독일 원정대가 낭가파르바트 남릉 중앙벽인 루팔 페이스를 초등정한다.

1973년 폴란드 원정대가 겨울철에 힌두쿠시의 노사크(7,492m)를 등정, 히말라야 등반 사상 최초의 동계 등정을 기록한다.

1974년 카시미로 페라리가 이끄는 이탈리아 원정대가 '지구상에서 가장 어려운 봉우리'로 손꼽히던 세로 토레를 등정한다.

1975년 라인홀트 메스너와 페터 하벨러가 가셔브룸 I을 새로운 루트로 재등한다. 이들은 알파인 스타일로 이곳에 올라 히말라야 등반의 새 시대를 연다.

—— 일본 에베레스트 여성 원정대의 다베이 준코가 정상 등정에 성공하여 최초의 에베레스트 여성 등정자가 된다.

—— 크리스 보닝턴이 이끄는 영국 원정대가 에베레스트 남서벽 초등정에 성공한다.

1976년 조 태스커와 피터 보드맨이 가르왈의 창가방(6,864m) 서벽에 오름으로써 히말라야 등반의 난이도를 높인다.

1978년 라인홀트 메스너와 페터 하벨러가 최초로 산소 없이 에베레스트를 등정한다.

—— 이탈리아의 라인홀트 메스너가 에베레스트를 무산소로 오른 3개월 뒤에 낭가파르바트를 무산소로 단독 등정함으로써 8,000미터 봉에서 최초로 무산소, 단독, 연속 등정의 기록을 세운다.

1980년대

1980년 안제이 자바다가 이끄는 폴란드 원정대가 에베레스트를 동계 초등한다.

—— 라인홀트 메스너가 무산소로 에베레스트 북동릉을 단독 등반한다.

1983년 알프스에서 자유 등반이 많아진다. 스위스의 마르코 페드리니는 드뤼의 슈퍼 다이렉트를 너트만을 사용하여 자유 등반했고, 프랑스의 에릭 에스코피에는 푸 남벽을 자유 등반했다.

1984년 메스너와 한스 카머란더는 8,000미터급 가셔브룸 I, II 연속 등반에 성공한다. 이들은 사전에 등반 물자를 데포하거나 베이스 캠프를 경유하지 않은 채 등반을 계속하여 2개 봉 등정을 성사시킨다.

—— 노르웨이의 한스 크리스티안 도제트, 핀 델리, 다그 콜스루트, 스테인 아스헤인이 20일에 걸쳐 그레이트 트랑고 타워 동봉 남서벽에 노 리턴 루트를 개척한다.

1985년 세계 최초로 미국인 딕 베스가 7대륙 최고봉 등정에 성공한다.

—— 보이치에흐 쿠르티카와 로버트 샤워가 가셔브룸 IV 서벽을 등정한다.

1986년 라인홀트 메스너가 로체를 오름으로써 인류 최초로 8,000미터급 봉우리 14개를 모두 등정하는 개인 기록을 세운다. 메스너는 1970년 낭가파르바트 등정을 시작으로 16년 만에 완등을 이루어 낸다. 한편 세계 2위의 고봉 K2에서는 프랑스의 버느와 샤무가 24시간 만에 K2 정상에 오르는 기록을 이룩한다.

1987년 폴란드의 예지 쿠쿠츠카가 시샤팡마 등정을 끝으로 인류 역사상 두 번째로 8,000미터 14봉을 모두 등정한다. 1979년 로체를 시작으로 8년 만에 이룩한 기록이다.

1989년 슬로베니아의 토모 체센이 잔누 북벽과 로체 남벽(1990년)을 단독으로 초등정한다. 이는 스포츠 클라이밍과 알파인 클라이밍을 접목한 등반으로 등반의 수준을 한 차원 높인 사건이었다. 그러나 로체 남벽 등반의 진위 여부를 놓고 이론이 제기되고 있다.

1990년대

1990년 해수면에서부터 시작하여 에베레스트 정상에 오르는 최고의 등고登高 기록이 이룩된다. 호주의 매카트니 스네이프가 인도 항구 도시 캘커타 해변(해발 0m)에서 출발하여 700킬로미터에 이르는 긴 거리를 걸어 에베레스트 베이스캠프에 진입한 후 무산소로 정상 등정에 성공한다.

1991년 헝가리의 등반가 페테르 데카니와 어틸러 오주바트가 탈레이 사가르(6,904m) 북벽을 등정한다. 탈레이 사가르는 가르왈 히말라야에서 가장 어려운 봉우리들 중 하나로 꼽히며, 지구 전체를 놓고 보아도 세로 토레와 더불어 가장 어려운 봉우리로 꼽힌다.

1994년 미국의 여성 등반가 린 힐이 엘 캐피탄의 노즈를 자유 등반으로 오른다.

—— 노르웨이의 얼링 카게가 에베레스트를 등정함으로써 남극, 북극과 함께 3극점에 도달한 최초의 인물이 된다. 그의 남극점 탐험은 지원 없이 이루어진 단독 도보 탐험이다.

1995년 영국의 앨리슨 하그리브스가 여성 최초로 무산소 에베레스트 등정에 성공한다. 그녀는 이어서 K2도 연속 등정했으나, 하산 중에 실종된다.

—— 스위스의 에르하르트 로레탕이 세계에서 세 번째로 8,000미터 14봉 완등자가 된다.

1996년 스웨덴의 고란 크로프는 1995년에 스톡홀름에서 자전거를 타고 출발해 유럽 대륙을 횡단한 후, 터키-이란-파키스탄-인도를 거쳐서 1996년 2월에 장장 12,500킬로미터를 달려 카트만두에 도착한다. 그런 후에 단독으로 장비와 식량을 베이스캠프로 옮긴 후 6일치의 식량만 갖고 등반에 나서 5월 말에 에베레스트 무산소 단독 등정에 성공한다. 그는 등반을 마치고 자전거를 이용해 오던 길을 역행해 스톡홀름으로 돌아간다. 그는 유럽과 아시아를 통과하는 데만 130일의 일정을 소요했다. 해발 0미터에서 시작해 8,850미터까지 누구의 도움 없이 순전히 자력으로 등정하는 도전은 새로운 의미의 '정당한 방법'을 실천한 알피니즘으로 평가된다.

—— 멕시코의 카르솔리오와 폴란드의 크시슈토프 비엘리츠키가 8,000미터 14봉을 완등한다.

—— 네팔의 셰르파 앙리타가 1983년 에베레스트 첫 등정을 시작으로 1996년까지 무산소로 에베레스트를 10회나 등정하는 기록을 세운다.

1999년 죽음의 지대로 불리는 에베레스트 정상에서 산소 기구의 사용 없이 가장 오랜 시간을 체류한 기록이 네팔의 셰르파 바부치리에 의해 세워진다. 그는 정상에 텐트를 치고 21시간 30분을 체류한 뒤 다음 날 오전 8시에 하산해 가장 긴 시간을 정상에 머문 기록을 세운다.

2000년대

2000년 슬로베니아의 다보카르니차르가 에베레스트에서 최초의 스키 활강 기록을 세운다. 그는 정상에 오른 후 베이스캠프까지 5시간에 걸쳐 스키로 활강했다. 특수하게 만든 스키와 헬멧에 카메라를 장착하고 스키 활강의 전 과정을 녹화해 기록으로 남겼다.

2002년 네팔의 셰르파 아파가 1990년 첫 등정 후 2002년까지 12회나 에베레스트 정상에 올라 개인 최다 등정 기록을 세운다.

—— 일본의 와타나베 다마에가 63세 176일의 나이로 에베레스트 정상에 올라 여성 최고령 에베레스트 등정자로 기록된다. 같은 해 일본의 토미야수 이시카와가 65세 176일의 나이로 정상 등정에 성공한다. 그러나 남성 최고령 등정 기록은 1년 뒤에 경신된다.

2003년 일본의 프로 스키 선수 미우라 유이치로가 70세에 에베레스트 정상 등정에 성공하여 남성 최고령 등정자로 기록된다. 미우라는 1970년부터 1985년까지 세계 6대륙 최고봉에서 스키 활강을 성공적으로 마무리한 인물이다.

—— 네팔의 셰르파 락파 겔루가 에베레스트를 10시간 56분 46초 만에 올라 최단 등반 기록 시간을 세운다. 락파 겔루의 기록은 3일 전인 2003년 5월 23일 셰르파 펨바 도르제가 이룩한 12시간 45분의 기록을 2시간 가량 단축한 것이다.

2006년 일본의 다키오 아라야마가 70세 7개월의 나이로 에베레스트 정상 등정에 성공하여 2003년 미우라가 세운 기록을 경신한다.

2008년 1월 21일부터 24일까지 오랫동안 거론되었던 토레 트래버스의 초등이 아르헨티나의 롤란도 가리보티와 미국인 콜린 할리에 의해 초등된다. 세로 토레 산군 전체를 알파인 스타일로 횡단하는 전대미문의 등반이었다. 토레 트래버스는 아구야 스탄다르트, 푼타 헤론, 토레 에거와 세로 토레를 연결하는 북에서 남으로 이어지는 총 2,200미터의 트래버스다.

2012년 1월 21일 오스트리아의 21세의 스포츠 클라이머인 데이비드 라마가 3,128미터의 컴프레서 루트를 자유 등반으로 오르는 데 최초로 성공한다. 라마의 세로 토레 자유 등반은 같은 해 1월 마에스트리가 설치한 100여 개의 볼트를 제거한 후에 이루어졌다. 라마는 여러 차례 추락했음에도 불구하고 24시간에 걸쳐 이 루트를 자유 등반으로 오르는 데 성공했다.

2013년 5월 23일 미우라 유이치로가 80세의 나이로 에베레스트 정상 등정에 성공해 최고령 등정자의 기록을 다시 한 번 경신하다.

2015년 1월 14일 미국 요세미티 국립공원의 거벽 엘 캐피탄에서 37세의 토미 콜드웰과 31세의 케빈 조르게슨이 고도차 914미터의 돈 월을 자유 등반으로 올랐다. 돈 월은 난이도가 높은 루트로 평가받는 5.14d의 '여명의 벽'으로 이들은 19일간의 사투를 벌이며 인공 등반으로 돈 월 등반을 한 지 45년 만에 자유 등반에 성공한다.

▪ 8,000미터급 14좌 등정자 현황(2013년 봄 시즌까지)

순위	성명	국적	8,000미터급 최초 등정일	8,000미터급 14좌 완등일	완등 연령	비고
1	라인홀트 메스너	이탈리아	1970.06.27	1986.10.16	42	세계 최초, 무산소
2	예지 쿠쿠츠카	폴란드	1979.10.04	1987.09.18	39	최단 기간
3	에르하르트 로레탕	스위스	1982.06.10	1995.10.05	36	무산소
4	카를로스 카르솔리오	멕시코	1985.07.13	1996.05.12	34	
5	크시슈토프 비엘리츠키	폴란드	1980.02.17	1996.09.01	46	
6	후아니토 오이아르사발[1]	스페인	1985.05.15	1999.04.29	43	
7	세르지오 마르티니	이탈리아	1983.08.04	2000.05.19	51	
8	박영석[2]	한국	1993.05.16	2001.07.22	38	
9	엄홍길	한국	1988.09.26	2001.09.21	41	
10	알베르토 이누라테기	스페인	1991.09.30	2002.05.16	33	무산소
11	한왕용	한국	1994.09.28	2003.07.15	37	
12	에드 비에스터	미국	1989.05.18	2005.05.12	46	무산소
13	실비오 몬디넬리	이탈리아	1993.10.13	2007.07.12	49	무산소
14	이반 발레오	에콰도르	1997.09.19	2008.05.01	49	무산소
15	데니스 우룹코[3]	카자흐스탄	2000.05.24	2009.05.11	35	무산소
16	랄프 두모비치	독일	1990.05.11	2009.05.20	47	
17	베이카 구스타프손[4]	핀란드	1993.05.10	2009.07.26	41	무산소
18	앤드류 록	호주	1993.07.30	2009.10.02	48	
19	호예오 가르시아	포르투갈	1993.09.24	2010.04.17	43	무산소
20	피오트르 푸스텔니크	폴란드	1990.07.19	2010.04.27	58	최고령
21	오은선(여)	한국	1997.07.17	2010.04.02	44	캉첸중가 등정 의혹

순위	성명	국적	8,000미터급 최초 등정일	8,000미터급 14좌 완등일	완등연령	비고
22	에두르네 파사반(여)	스페인	2001.05.23	2010.05.17	36	
23	아벨레 블랑[5)]	이탈리아	1992.09.30	2011.04.26	56	무산소
24	밍마 셰르파	네팔	2000.05.12	2011.05.20	32	네팔 최초
25	겔린데 칼텐브루너(여)	오스트리아	1998.05.06	2011.08.23	41	여성 최초 무산소
26	바실리 피브트소프	카자흐스탄	2001.08.13	2011.08.23	36	
27	막수트 주마예프	카자흐스탄	2001.08.13	2011.08.23	34	무산소
28	김재수	한국	1990.10.06	2011.09.23	50	
29	마리오 판제리	이탈리아	1988.09.27	2012.05.18	48	무산소
30	히로타카 다케우치	일본	1995.05.22	2012.05.26	41	
31	다와 셰르파	네팔	2001.05.14	2013.04.30	30	최연소완등
32	김창호	한국	2005.07.14	2013.05.20	43	무산소
33	카를로스 파우너	스페인	2001	2013.05.22		무산소

(김창호 자료 제공, Eberhard Jurgalski for 8000ers.com 참고)

1) 오이아르사발은 1993년에 에베레스트 등정에서 산소를 사용하였으나 2001년 5월 23일에 무산소로 재등정했다.

2) 박영석은 1993년에 에베레스트를 남동릉 노말 루트로 등정했고 2009년 5월 2일에 남서벽 신 루트로 등정했다.

3) 데니스 우룹코는 2000년에 로체를 노말 루트로 등정했고 2010년 5월 16일에 변형 루트로 등정했다.

4) 구스타프손은 1993년에 에베레스트 등정에서 산소를 사용하였으나 1997년 5월 23일에 무산소로 재등정했다.

5) 아벨레 블랑은 1992년에 에베레스트 등정에서 산소를 사용하였으나 2010년 5월 24일에 무산소 재등정했다.

『검은 고독 흰 고독』, 라인홀트 메쓰너 저, 김영도 역, 평화출판사, 1983.
『그래도, 후회는 없다』, 피터 퍼스트브룩 저, 정영목 역, 지호, 2004.
『그러나 정상이 끝은 아니다』, 한스 카멀란더 저, 박규호 저, 랜덤하우스코리아, 2004.
『나는 살아서 돌아왔다』, 라인홀트 메쓰너 저, 김성진 역, 평화출판사, 1991.
『나의 에베레스트 정복』, 에드먼드 힐러리 저, 한영환 역, 덕문출판사, 1976.
『남극일기』, 로버트 팔콘 스콧 저, 박미경 역, 세상을여는창, 2005.
『도전』, 라인홀트 메스너 저, 김성진 역, 평화출판사, 1994.
『등산 50년』, 김정태, 한국산악회, 1976.
『모험으로의 출발』, 라인홀트 메스너 저, 김성진 역, 수문출판사, 1990.
『벌거벗은 산』, 라인홀트 메스너 저, 김성진 역, 이레, 2004.
『별빛과 폭풍설』, 가스똥 레뷔파 저, 김성진 역, 평화출판사, 1990.
『불가능한 꿈은 없다』, 딕 배스 외 저, 김두겸·황정일 역, 중앙M&B, 1998.
『비극의 낭가·파르밧』, 후릿츠 베히톨트 저, 안미정 역, 성문각, 1973.
『산의 영혼』, 프랭크 스마이드 저, 안정효 역, 수문출판사, 1990.
『산의 환상』, 프랭크 스마이드 저, 안정효 역, 수문출판사, 1989.
『설과 암』, 가스똥 레뷔파 저, 변형진 역, 교진사, 1971.
『세비지 아레나』, 죠 태스커 저, 허긍열 역, 설악, 1996.
『아이거』, 에르그 레네·페터 하아그 저, 이종호 역, 공동문화사, 1978.
『아이스 클라이밍』, 이반 슈나드 저, 김영도 역, 평화출판사, 1986.
『알프스 등반기』, 에드워드 휨퍼 저, 김영도·김창원 역, 평화출판사, 1988.
『알프스에서 카프카스로』, 알버트 머메리 저, 오정환 역, 수문출판사, 1994.

『알프스의 3대 북벽』, 안데를 헤크마이어 저, 이종호 역, 수문출판사, 1989.

『역동의 히말라야』, 남선우, 사람과산, 1998.

『영광과 비극의 히말라야 거봉 초등정기』, 후카다 규야 저, 손경석 역, 성문각, 1973.

『위대한 도전』, 이병철 편저, 가람기획, 1997.

『위험의 저편에』, 니콜라스 오콘넬 저, 허긍열 역, 설악, 1996.

『자유로운 영혼』, 라인홀트 메스너 저, 강용순 역, 문천, 1995.

『정상의 순례자들』, 신승모, 수문출판사, 1990.

『제7급』, 라인홀트 메쓰너, 김영도, 평화출판사, 1989.

『창가방 그 빛나는 벽』, 패터 보드맨·죠 태스커 저, 허긍열 역, 학문사, 1992.

『최초의 8000미터 안나푸르나』, 모리스 에르족 저, 최은숙 역, 수문출판사, 1997.

『퀘스트』, 크리스 보닝턴 저, 이정임·정미나 역, 생각의나무, 2004.

『텐징 노르가이』, 에드 더글러스 저, 강대은·신현승 역, 시공사, 2003.

『하늘과 땅 사이』, 김영도, 사람과산, 2000.

『하얀 거미』, 하인리히 하러 저, 이종호 역, 공동문화사, 1971.

『하이 어드벤처』, 에드먼드 힐라리 저, 한영환 역, 수문출판사, 1989.

『희박한 공기 속으로』, 존 크라카우어 저, 김훈 역, 황금가지, 1997.

『K2, 죽음을 부르는 산』, 김병준, 예문사, 1987.

『14번째 하늘에서』, 예지 쿠쿠츠카 저, 김영도·김성진 역, 수문출판사, 1993.

『8000미터 위와 아래』, 헤르만 불 저, 김영도 역, 수문출판사, 1996.

『外國山名辭典』, 三省堂編修所, 三省堂, 1984.

『北朝鮮の 山』, 飯上達雄, 國書刊行會. 1995.

A Century Mountaineering, Arnold Henry Moore Lunn, Allen&Unwin, 1957.

A History of Mountain Climbing, Roger Frison Roche · Sylvain Jouty, Flammarion, 1996.

Annapurna South Face, Chris Bonington, Mcgraw Hill Book Company Inc, 1971.

Big Wall Climbing, Doug Scott, Oxford University Press, 1974.

Climbing Ice, Yvon Chouinard, Sierra Club, 1978.

Crown of Himalaya 14×8000, Krzysztof Wielicki, Forum, 1997.

Eiger: Wall of Death, Arthur J. Roth, W. W. Norton&Company, 1982.

Encyclopedia of Mountaineering, Walt Unsworth, Penguin Books, 1977.

Everest: Impossible Victory, Peter Habeler, Sphere, 1979.

Everest, The Hard Way, Chris Bonington, Arrow, 1977.

Everest: The Mountaineering History(3rd Edition), Walt Unsworth, Mountaineers Books, 2000.

Faces of Everest, Major H. P. S. Ahluwalia, Vikas Pub. House, 1978.

Fifty Classic Climbs of North America, Steve Roper·Allen Steck, Sierra Club, 1979.

Ghosts of Everest, Eric R. Simonson et al., Mountaineers Books, 1999.

Great Ascents, Eric Newby, Viking Press, 1977.

High Asia, Jill Neate, Unwin Hyman, 1989.

History of the Great Mountaineering Adventures, Stefano Ardito, Mountaineers Books, 2000.

Hours of Exercise in the Alps, John Tyndall, D. Appleton&Company, 1871.

I Chose to Climb, Chris Bonington, Arrow, 1975.

Into Thin Air, Jon Krakauer, Villard, 1997.

Climbs in Japan and Korea, Clement Hugh Archer, 1936.

K2, The Savage Mountain, Charles S. Houston·Robert H. Bates, The Mountaineers, 1979.

Mountaineering and its Literature, W. R. Neate, The Mountaineers, 1980.

Mountains of The World, William M. Bueler, The Mountaineers, 1977.

My Vertical World, Jerzy Kukuczka, Mountaineers Books, 1992.

Nothing Venture, Nothing Win, Edmund Hillary, Hodder&Stoughton, 1975.

On Top of the World : The New Millennium, Richard Sale Eberhard

Jurgalski, Snowfinch Publishing, 2012.
Savage Arena, Joe Tasker, Methuen Publishing Ltd, 1982.
Scott's Last Voyage, Ann Savours, Praeger Publishers, 1975.
Sivalaya, Louis Charles Baume, Mountaineers Books, 1979.
The Age of Mountaineering, James Ramsey Ullman, J. B. Lippincott, 1954.
The Alpine Journal, Alpine club, 1931.
The Big Walls, Reinhold Messner, Oxford University Press, 1978.
The Conquest of Everest, John Hunt, E. P. Dutton, 1954.
The Guinness Book of Mountains and Mountaineering, Edward Pyatt, Guinness Superlatives, 1980.
The Mountaineer's Companion, Michael Ward, Eyre & Spottiswoode, 1966.
The Next Horizon, Chris Bonington, Arrow, 1978.
The Vertical World of Yosemite, Galen A. Rowell, Wilderness Press, 1974.
To the Summit, Joseph Poindexter, Black Dog&Leventhal, 1998.
To the Third Pole: The History of the High Himalaya, G. O. Dyhrenfurth, Werner Laurie, 1955.
Top Climbs, Garth Hattingh, Bruckmann, 1999.
Voices from the Summit, John Amatt(ed.)·Bernadette Mcdonald(ed.), National Geographic, 2000
Welzenbach's Climbs, Eric Roberts, Mountaineers Books, 1982.
《산서》, 한국산서회, 제7호, 1996.
《월간 마운틴》(2001/12~2005/3)
《월간 사람과 산》(1994/6, 7, 1997/1, 2000/2, 3, 5, 6, 8, 9, 11)
《월간 산》(1983/8~1984/2, 1987/9, 1993/8)
《내셔널 지오그래픽》(2003/5)

인명

ㄱ

가브리엘 로페 Gabriel Loppé 405~408
가브리엘 슈발리 Gabriel Chevalley 220
가스통 레뷔파 Gaston Rébuffat 163~164, 190, 261, 398~401, 504
개리 헤밍 Gary Hemming 168, 518, 524
갈첸 노르부 Gyaltsen Norbu 225, 241, 508
게오르크 빈클러 Georg Winkler 55~56
고란 크로프 Göran Kropp 377~378
고상돈 204
고트프리트 무칠레히너 Gottfried Mutschlechner 319
구스타프 레텐바우어 Gustar Lettenbauer 91
구스타프 하슬러 Gustav Hasler 63, 517
귀도 레이 Guido Rey 59, 401~402, 493
귄터 오스카 뒤렌푸르트 Günther Oscar Dyhrenfurth 136, 172, 174, 194, 236, 244, 248, 254~255, 279~280, 389 393~394, 444, 450, 523
기도 마뇬 Guido Magnone 411~412, 503, 508~509
김교신 102
김동관 339
김병준 214
김수길 93
김순주 272
김영도 204, 235
김영태 222, 287
김재수 269, 347
김정태 100~101
김준모 366
김창선 214, 250, 269
김창호 280, 347~348
김형진 365

ㄴ

남선우 222
노먼 다이렌퍼스 Norman Dyhrenfurth 243~244, 254, 389~390, 393, 457, 469, 527
노정환 102
니마 누르부 Nima Nurbu 418
니컬러스 클린치 Nicholas Clinch 257, 259, 500~501
닉 에스트코트 Nick Estcourt 275~276, 283~284
닐 보이가스 Nil Bohigas 274, 296

ㄷ

다베이 준코 田部井淳子 232, 270~272, 410
더글러스 윌리엄 프레시필드 Douglas William Freshfield 23, 59, 124, 234, 424, 442, 509~510
더글러스 키스 스콧(더그 스콧) Douglas Keith Scott

ㄹ

ㅁ

ㅂ

ㅅ

ㅇ

ㅈ

ㅊ

ㅋ

ㅌ

ㅍ

지명

ㄱ

ㄴ

ㅂ

ㅅ

ㅇ

ㅋ

ㅌ

ㅍ

ㅎ

사진 출처

© 김장호
152쪽 낭가파르바트 | 159쪽 낭가파르바트 루팔 페이스 | 211쪽 K2의 전경 | 219쪽 초오유 전경
228쪽 마나슬루 | 252쪽 브로드 피크 | 261쪽 다울라기리 | 269쪽 시샤팡마 | 319쪽 가셔브룸 II의 모습

© 남선우
43쪽 알프스 베터호른 | 286쪽 에베레스트 남봉 정상에 오르는 클라이머

© 변기태
177쪽 요세미티의 암벽들 | 179쪽 엘 캐피탄

© 염동우
115쪽 아이거 북벽의 전경 | 171쪽 아이거 북벽 | 173쪽 아이거 북벽 하단을 등반하는 클라이머

© 오영훈
373쪽 에베레스트 4캠프로 향하는 등반로의 모습

© 이명희
185쪽 세로 토레

© 이영준
274쪽 안나푸르나 남벽 | 403쪽 에르하르트 로레탕

© 정갑수
364쪽 탈레이 사가르 전경

© Getty Images 이매진스
147쪽 75년 만에 발견된 맬러리의 시신 | 180쪽 엘 캐피탄의 노즈 루트를 오르는 클라이머의 모습
247쪽 에베레스트의 힐러리 스텝

© Shutterstock
75쪽 몬테로사의 전경 | 113쪽 마터호른 북벽 | 119쪽 그랑드 조라스 북벽의 모습 | 223쪽 마칼루
237쪽 캉첸중가 | 249쪽 가셔브룸 IV | 336쪽 그레이트 트랑고 타워
345쪽 에베레스트, 마칼루, 로체의 모습 | 358쪽 로체 남벽

등산, 도전의 역사

초판 1쇄 2017년 3월 20일
초판 2쇄 2018년 1월 20일

지은이 | 이용대
펴낸이 | 송영석

주간 | 이혜진 · 이진숙
기획편집 | 박신애 · 정다움 · 김단비 · 정기현 · 심슬기
디자인 | 박윤정 · 김현철
마케팅 | 이종우 · 김유종 · 한승민
관리 | 송우석 · 황규성 · 전지연 · 채경민

펴낸곳 | (株)해냄출판사
등록번호 | 제10-229호
등록일자 | 1988년 5월 11일(설립일자 | 1983년 6월 24일)

04042 서울시 마포구 잔다리로 30 해냄빌딩 5 · 6층
대표전화 | 326-1600 **팩스** | 326-1624
홈페이지 | www.hainaim.com

ISBN 978-89-6574-589-1

파본은 본사나 구입하신 서점에서 교환하여 드립니다.

이 도서의 국립중앙도서관 출판예정도서목록(CIP)은 서지정보유통지원시스템 홈페이지(http://seoji.nl.go.kr)와 국가자료공동목록시스템(http://www.nl.go.kr/kolisnet)에서 이용하실 수 있습니다.(CIP제어번호:CIP2017006032)